L'invention
de la communication

DU MÊME AUTEUR

Mass média, idéologies et mouvement révolutionnaire. Chili 1970-1973, Anthropos, Paris, 1974.

Multinationales et systèmes de communication, Anthropos, Paris, 1976.

Donald l'imposteur, avec A. Dorfman, Alain Moreau, Paris, 1977.

De l'usage des médias en temps de crise, avec M. Mattelart, Alain Moreau, Paris, 1979.

Télévision, enjeux sans frontières, en coll. avec J.-M. Piemme, Presses universitaires de Grenoble, Grenoble, 1980.

Technologie, culture et communication, en coll. avec Y. Stourdzé, La Documentation française, Paris, 1982.

L'Ordinateur et le tiers monde, en coll. avec H. Schmucler, François Maspero, Paris, 1983.

La Culture contre la démocratie ? L'audiovisuel à l'heure transnationale, avec X. Delcourt et M. Mattelart, La Découverte, Paris, 1984.

Penser les médias, avec M. Mattelart, La Découverte, Paris, 1986.

Le Carnaval des images, avec M. Mattelart, La Documentation française, Paris, 1987.

L'Internationale publicitaire, La Découverte, Paris, 1989.

La Communication-monde. Histoire des idées et des stratégies, La Découverte, Paris, 1991 ; nouv. éd., 1999.

Histoire des théories de la communication, avec M. Mattelart, La Découverte, coll. « Repères », 1995, 1999, 2002.

Histoire de l'utopie planétaire. De la cité prophétique à la société globale, La Découverte, Paris, 1999 ; nouv. éd., 2000.

Histoire de la société de l'information, La Découverte, coll. « Repères », 2001.

La Mondialisation des médias contre la censure : tiers monde et audiovisuel sans frontières, De Boeck, Bruxelles, 2002.

La Mondialisation de la communication, PUF, Paris, 2002.

Introduction aux Cultural Studies, avec Érik Neveu, La Découverte, coll. « Repères », 2003.

Armand Mattelart

L'invention
de la communication

9 *bis*, rue Abel-Hovelacque
75013 Paris

Catalogage Électre-Bibliographie

MATTELART, ARMAND
L'invention de la communication
Paris : La Découverte, 1997 (La Découverte/Poche ; 43. Sciences humaines et sociales)
ISBN 2-7071-2791-4
RAMEAU :　　　　　　　　　communication : histoire.
DEWEY :　　　　　　　　　　302.3 : Psychologie sociale. Sociologie
　　　　　　　　　　　　　　de la communication (en général)
Public concerné :　　　　　　Tout public

En application des articles L. 122-10 à L. 122-12 du Code de la propriété intellectuelle, toute reproduction à usage collectif par photocopie, intégralement ou partiellement, du présent ouvrage est interdite sans autorisation du Centre français d'exploitation du droit de copie (CFC, 20, rue des Grands-Augustins, 75006 Paris). Toute autre forme de reproduction, intégrale ou partielle, est également interdite sans autorisation de l'éditeur.

Si vous désirez être tenu régulièrement informé de nos parutions, il vous suffit d'envoyer vos nom et adresse aux Éditions La Découverte, 9 *bis*, rue Abel-Hovelacque, 75013 Paris. Vous recevrez gratuitement notre bulletin trimestriel *À La Découverte*. Vous pouvez également nous contacter sur notre site **www.editionsladecouverte.fr**.

© Éditions La Découverte & Syros, Paris, 1994, 1997.

Il me semble... que malgré le proverbe : « Qui est sot dans sa ville, sot demeure en Castille », voir du pays et communiquer avec diverses nations rend les hommes plus habiles.

Cervantes, *Le Colloque des chiens* (1613)

Introduction

Le flux, le lien, l'espace et la mesure

« Communication : ce terme a un grand nombre d'acceptions » : ce constat ne date pas de la fin de notre millénaire mais de 1753. Ainsi débute l'article que Denis Diderot consacre au mot dans l'*Encyclopédie*, et qu'il rédige personnellement.

Déjà à cette époque, la communication parle la langue de plusieurs « sciences, arts et métiers » : belles-lettres, physique, théologie, science des fortifications, procédure pénale, voirie. Sa polysémie renvoie aux idées de partage, de communauté, de contiguïté, de continuité, d'incarnation et d'exhibition. Dans ce dictionnaire des Lumières, le négatif en apprend, toutefois, plus que le positif, ainsi que le démontre l'article « Excommunication ». Dû à la plume d'un ecclésiastique, il a le double mérite de nous faire soupçonner combien la matrice originelle de la « communication » est redevable du langage de l'Église, tout en ne s'y cantonnant pas. L'excommunication y est définie comme la « séparation de communication ou de commerce avec une personne avec laquelle on en avait auparavant ». « En ce sens, précise l'auteur, tout homme exclu d'une société ou d'un corps, et avec lequel les membres de ce corps n'ont plus de communication, peut être appelé excommunié. » La métaphore corporelle permet, en outre, de jauger jusqu'à quel point, déjà, le discours de la communication est dépendant de la référence organique pour se faire comprendre.

L'éclatement sémantique du terme n'empêche pas Diderot

de privilégier un sens lorsqu'il s'agit de nommer la « science de communiquer ». Dans l'ordonnancement des connaissances et de leurs « enchaînements » qui sert de trame à l'ensemble de l'*Encyclopédie*, seule a droit à ce titre la rhétorique, « mode d'entendement par la raison ».

Chaque époque historique et chaque type de société ont la configuration communicationnelle qu'ils méritent. Cette configuration avec ses divers niveaux, qu'ils soient économique, social, technique ou mental, et ses différentes échelles, locale, nationale, régionale ou internationale, produit un concept de communication hégémonique. Dans le passage d'une configuration à une autre, il importe de dégager continuités et ruptures. Au fil du temps étudié, le concept se sera maintes fois recomposé en une figure inédite, sans toutefois s'abstraire des éléments présents dans le mode de communication antérieur.

Cette histoire de l'invention de la communication est une invite à parcourir un tracé différent de celui que balise la communication dans sa modalité médiatique. La communication sera ici prise dans une vision plus large, englobant les multiples circuits d'échanges et de circulation des biens, des personnes et des messages. Cette définition couvre tout à la fois les voies de communication, les réseaux de transmission à longue distance et les moyens de l'échange symbolique, tels les expositions universelles, la haute culture, la religion, la langue et, bien sûr, les médias. Elle évoque aussi les diverses doctrines et théories qui ont contribué à penser ces phénomènes. Sont revisités sous l'éclairage de la communication des auteurs aussi divers que Vauban, Quesnay, Turgot, Adam Smith, Malthus, Saint-Simon, Comte, Fourier, Cabet, Proudhon, Enfantin, Darwin, Spencer, List, Ratzel, Marey, Taylor, Tarde ou Le Bon. Beaucoup d'autres sont redécouverts.

Cette histoire débute au XVIIe siècle, à une période où ni les médias, ni la liberté de presse n'existaient, pour se terminer dans la troisième décennie du XXe, au moment où émergent à peine les termes *mass media*, communication et culture de masse. Dans la période retenue, l'accent est placé sur le long XIXe siècle, que nombre d'historiens font commencer avec la Révolution de 1789 pour le clore au seuil de la Grande Guerre (d'autres allant même jusqu'à le prolonger jusqu'au second conflit mondial). Siècle fondateur des systèmes techniques de base de la communication, il l'est aussi du principe du libre-échange.

Ce livre s'ouvre lors des premières formulations stratégiques sur la maîtrise du mouvement par la Raison et la structuration d'un espace national marchand *via* l'établissement d'un système de voies de communication. Une problématique qui voit le jour dans le royaume de France. Il se ferme lorsque le fordisme, donnant le coup d'envoi aux études de marché, inaugure aux États-Unis la segmentation du territoire pour mieux communiquer avec ses cibles. Il incombe alors à la communication d'assurer la soudure entre la production en série et la consommation de masse, entre le travail et le spectacle, et, plus largement, d'apporter sa contribution à la gestion technique des opinions. C'est le moment précis où New York prend le pas sur Londres, hégémonique depuis les années 1780, comme centre d'une nouvelle économie-monde. L'économie changeant de tête et de base géographique, c'est le modèle d'universalité qui bascule. Et avec lui, la notion même de culture cosmopolite.

C'est autour de quatre histoires parallèles avec de nombreux carrefours et chemins de traverse que s'agence cette archéologie des savoirs sur la communication.

La première traite de la domestication des flux et de la société en mouvement. Elle cherche à comprendre comment les idées de progrès et de société perfectible escortent la naissance de la communication moderne. Comment aussi cette dernière a partie liée avec les avatars des idées de liberté et d'émancipation, mais aussi avec celles d'évolution et de développement. Sont au cœur de ces analyses l'arithmétique et l'anatomie politiques, les Lumières, la physiocratie, le libéralisme et l'évolutionnisme.

La deuxième aborde la place qu'occupe la communication dans la conception et la fabrication du lien universel. Elle remonte aux sources des premières formulations sur les réseaux de communication comme outil d'un globe solidaire, et analyse le décalage croissant entre les promesses et les faits, entre les doctrines et les politiques. Saint-Simon et le saint-simonisme font sur ce plan figure de précurseurs. Les expositions universelles qui matérialisent nombre d'idées soutenues par les tenants de l'industrialisme sont aussi des lieux où la notion de médiation et de négociation apparaît dans les scénarios des rapports internationaux et interculturels. Dans la quête de l'« Association universelle », les utopies et les anti-utopies de la cité communautaire représentent un moment singulier dans la réflexion sur l'avènement des réseaux techniques et de la civilisation de la machine.

La troisième histoire s'intéresse plus particulièrement à l'espace. Ce qui revient, en fait, à faire la généalogie des visions géopolitiques de la communication. Elle dresse un état des lieux des réseaux de communication et de culture qui, au XIXe, accompagnent la formation des hégémonies à l'ère des empires. Elle explique ensuite la genèse d'une pensée stratégique bouleversée par les nouveaux moyens de la mobilité.

Vient enfin l'histoire d'une normalisation, celle de l'émergence de l'individu calculable. Sur un triple plan. C'est d'abord l'invention de l'« homme moyen », prolégomène des débats sur l'« homme délinquant » et l'irruption dans la cité des foules et des publics. C'est ensuite la constitution des savoirs sur le corps en ses mouvements : de la chronophotographie mise au point pour mesurer les performances des athlètes, qui permet de découvrir le cinématographe, jusqu'au chronométrage des tâches dans l'atelier. C'est, enfin, la quête d'une définition du profil des usagers des productions culturelles destinées aux grandes majorités. Cette recherche se confond avec les premiers pas de l'institution publicitaire et le passage, par glissements progressifs, des cultures éparpillées à une culture de masse, produite centralement selon des normes industrielles.

Ce quatrième point est aussi un aboutissement puisque la mesure, le comptage et l'enregistrement sont, depuis les premières manifestations de la « raison statistique », des traits récurrents du long processus de construction du mode de communication moderne. Entre la découverte du microscope et l'invention du sondage d'opinion, entre les observatoires astronomiques et les observatoires statistiques de la multiplicité humaine, se déroule cette histoire de la pensée du calcul. Ce n'est pas un hasard si le deuxième millénaire se clôt sur le temps de la cybernétique dans lequel la communication et l'information jouent un rôle central.

Depuis que la communication – au-delà des diverses significations que lui a conférées chaque époque – a entamé sa trajectoire à la poursuite de l'idéal de la raison, la représentation que l'on s'en est faite est tiraillée entre l'émancipation et le contrôle, entre la transparence et l'opacité. D'un côté, la logique de l'affranchissement à l'égard de toutes entraves, de tous préjugés hérités de la pensée du dogme. De l'autre, la logique de la contrainte d'un ordre social et productif. Les moyens de délocalisation qui font échapper aux enfermements et aux frontières mentales et physiques permettent tout à la fois le débridement du mouvement et la consolidation du centre à partir de la périphérie. Les notions de liberté et de libération attachées à la communication s'affichent sous le paradoxe. Car l'histoire des configurations de la communication est, pour paraphraser Norbert Elias qui a inauguré le concept de « configuration », celle des diverses modalités que prennent les relations d'interdépendance qui lient les hommes les uns aux autres et les formes de contrôle de leurs affects et de leurs impulsions qu'exige la gestion des grands nombres.

Seule une conception évolutionniste de l'histoire, découpée en étapes successives et étanches, peut faire accroire que la mémoire des siècles ne continue pas à travailler le mode de communication contemporain. On n'en voudrait pour preuve que cette parenté qui existe entre les discours messianiques sur les réseaux de la vapeur et de l'électricité au XIXe siècle et ceux qui accompagneront au XXe les politiques de « sortie de crise » par les hautes technologies de l'information. A travers la « communication » – sous toutes ses formes techniques –, il s'est agi de rien moins que d'opérer le retour à une communauté première. Depuis longtemps, s'est tracée une ligne droite entre communication et religion, toutes deux se retrouvant pour relier (ou *religare*) les êtres humains. L'humanité n'a pas attendu l'effondrement de certaines utopies politiques pour investir la communication de la fonction de garde-fou contre la menace de désagrégation et pour requérir d'elle la création d'un nouveau lien social. Les espoirs démesurés en elle déposés, ce déterminisme vertueux de la technologie, ont été portés bien avant et par bien d'autres que les prophètes de l'informatique du XXe siècle.

Le cheminement qui nous a conduit à entamer cette recherche qui s'inscrit dans la lignée de notre précédent ouvrage, *La Communication-monde*, a son point de départ dans le présent. Il répond au besoin d'une prise de distance par rapport à une double logique.

D'abord, nous voulions échapper au tropisme d'une définition qui sacrifie trop à la sphère médiatique. Car ce champ de connaissances académiques et d'activités industrielles s'est révélé de nature capiteuse. Objet sans cesse dépassé par lui-même comme tout emblème de la modernité, où les anticipations n'ont cessé d'être revues à la baisse, il suscite une course infinie. Obligé de composer avec un objet d'études volatile, non stabilisé et difficilement stabilisable, l'observateur en est souvent réduit à se soumettre à sa « ligne de fuite en avant ». L'analyse univoque de ce média, à qui l'on fait jouer tour à tour le rôle de démiurge, de *deus ex machina* ou de bouc émissaire, fait souvent fi de la complexité culturelle croissante de nos sociétés. Elle donne à croire que tout se passe dans cet espace à haute visibilité alors que les grands enjeux du nouveau mode de communication ne se décident pas forcément là.

Notre autre souci a été de remonter à contre-courant d'un pragmatisme qui, sous l'effet du développement de l'expertise, n'a cessé, depuis les années quatre-vingt, d'étendre son emprise sur les façons de voir et de dire la communication. Des formes de pensée et des pratiques de communication inspirées par l'idéologie managériale ont investi les institutions et les acteurs sociaux les plus divers. L'intériorisation de ce nouveau mode de gestion de la « ressource humaine » rend du même fait plus solitaire la tâche d'enracinement de la réflexion sur la communication dans l'histoire des modes de régulation sociale qui accompagnent les mutations du pouvoir.

I
La société de flux

1
___

Les voies de la raison

Au cours du XVIIᵉ siècle, la Réforme intellectuelle met à l'ordre du jour le programme d'une science utile et liée aux faits d'où émerge la représentation d'un monde en mouvement, susceptible d'être changé.

L'avènement de la communication comme projet et mise en œuvre de la raison s'inscrit dans le droit fil de cet idéal de la perfectibilité des sociétés humaines. Une première problématique se noue autour des voies de communication et du lien qui les unit à la formation d'un espace national. Son foyer principal en est la France du XVIIᵉ et du XVIIIᵉ siècle où le transport des corps, des biens et des messages et l'instauration d'un marché intérieur unifié achoppent sur le faible développement des canaux et des routes.

Traduisant de nouveaux critères de connaissance et d'action, les métaphores de l'organisme et du mécanisme, du vivant et de la machine, sont mobilisées par la pensée économique et politique pour représenter les nouveaux modes de régulation et d'organisation de la société.

Philosophes du doute et du mouvement

Le XVIIᵉ siècle débute sous le signe de l'ingénieux Don Quichotte de la Manche. Il se clôt sous l'ingénieur Vauban (1633-1707). L'un s'est battu à champ découvert avec les moulins. L'autre a construit des places fortes et dirigé des sièges. Le chevalier errant, dont l'épitaphe dit « Qui fut porté par Rossinante/Voyageant en plus d'un sentier », est le symbole de la communication nomade. En revanche, l'architecte des fortifications, qui a aussi entrepris de faire dresser des cartes, a procédé à des recensements de la population et a inventorié les diverses voies de circulation, incarne une des premières tentatives de maîtrise de la communication. Tous deux préparent les Lumières.

Quel contraste frappant entre Rossinante, ce roussin qui a « plus d'infirmités en ses quartiers que le réal n'a lui-même de quarts » et se révèle, comme son cavalier, toujours prompt à céder aux enchantements, et la culture du cheval qui, tout entière située sous l'égide de Mars, prévaut à cette époque ! Cette culture équestre qui vient de loin aura encore de beaux jours devant elle. Cent quarante ans après la mort de Miguel de Cervantes Saavedra, l'*Encyclopédie* parlera toujours du cheval comme d'un « animal doué pour la guerre » et expliquera avec un luxe de détails comment depuis le livre de Job, en passant par l'*Iliade* et l'*Énéide*, il en a toujours été de la sorte. A l'article « Équitation », on pourra entre autres lire : « Le cheval anime en quelque sorte l'homme au moment du combat ; ses mouvements, ses agitations calment cette palpitation naturelle dont les plus braves guerriers ont de la peine à se défendre au premier appareil d'une bataille. »

En dépit des apparences, nous sommes bien de plain-pied dans une histoire de la communication. Rappelons-nous les analyses de Paul Virilio, penseur de la vitesse, sur l'invention du véhicule dans l'animal. « L'homme accède – écrit-il – à l'une des toutes premières formes de relativité, son territoire ne sera plus jamais ce qu'il était, la célérité du coursier l'en détachera progressivement. Les lieux deviendront des points de départ et d'arrivée, des rives que l'on quitte ou que l'on aborde, la superficie ne sera plus que la lisière du cabotage équestre [1]*. »

Entre le destrier et le cheval de fer de la fin du XIXe siècle, véritable ancêtre du tank, une longue histoire mène à l'équitation scientifique, l'hippologie, la science exacte des mouvements du cheval. La géométrie analytique du galop des montures introduit à l'art mécanique du moteur. La mathématisation des mouvements du cheval accompagnera le grand changement de la stratégie militaire que fut la lente

---

* Le texte des notes est rassemblé à la fin de l'ouvrage.

émergence de l'idée de mobilité et de mobilisation des armées en campagne.

Descartes, qui eut vingt ans l'année de la mort de Cervantes (1547-1616), se plaisait à répéter : « Donnez-moi de la matière et du mouvement, je vous ferai un monde. » L'auteur de *Don Quichotte*, lui, aurait pu remplacer le mot matière par celui d'imaginaire. Tous deux sont d'anciens soldats. Mais surtout des philosophes du doute, comme l'a magistralement analysé le spécialiste des études cervantines, Jean Cassou. Le doute cervantin est à la fois « successeur du doute de Montaigne, cousin du doute d'Hamlet, frère aîné du doute de Sigismond, le héros de *La vie est un songe* de Calderon, avant-coureur du doute méthodique de Descartes[2] ».

Dans la seconde partie de son *Don Quichotte*, publiée en 1615, l'auteur espagnol met en scène une « tête enchantée » de bronze, qui aurait été inventée par un disciple polonais d'un astrologue écossais, et qui, fixée à une table, répond aux questions qu'on lui pose. Cette expérience n'est pas sans rappeler que l'Espagne de l'époque est friande de ces automates androïdes dont la mode prendra son essor au XVIIIe siècle et qui constituent les ancêtres lointains de l'ordinateur. Mais l'aspect technique qui renvoie à des inventions du moment n'est pas ce qui retient l'attention de Cervantes. Ce qui l'intéresse, c'est le mythe littéraire de Pygmalion. N'a-t-il pas écrit en 1584, vingt et un ans avant la parution de la première partie de *Don Quichotte*, une pastorale dans le goût du temps, *Galatea* ? Cette « femme artificielle » de la mythologie grecque à laquelle Aphrodite, ne voulant pas céder à Pygmalion, donne vie en pénétrant dans la statue d'ivoire qu'il a couchée dans son lit en la suppliant d'avoir pitié de lui. Ce qui fascine l'Hidalgo dans ces « machines merveilleuses » que traquent les « sentinelles toujours en éveil de notre foi », l'Inquisition, ce sont leurs vertus d'illusionnisme. L'épisode se termine d'ailleurs sur le dévoilement du pot aux roses. C'est en réalité le neveu de l'aubergiste qui répond aux questions des hôtes grâce à un tuyau de laiton qui relie la tête de bronze à l'appartement inférieur. « Néanmoins – note Cervantes – la tête demeura pour enchantée dans l'opinion de don Quichotte et de Sancho Pança[3]. »

Si Cervantes avait vécu à la fin du XIXe siècle, il aurait probablement fait partie de cette lignée des magiciens et médiums de l'Académie de prestidigitateurs qui, de Jean-Eugène Robert-Houdin (1805-1871) à Georges Méliès

(1861-1938), ont assuré le passage du théâtre d'illusions à la lanterne magique. A l'inverse, aussi, si Méliès avait vécu au début du XVIIe, le scénario de son *Voyage à travers l'impossible*, cette « invraisemblable équipée d'un groupe de savants de la Société de Géographie incohérente » partis à la découverte du roi des astres, le Soleil, n'aurait pas fait pâle figure auprès du chevalier errant [4]. Sans oublier que le pionnier français des effets spéciaux a, lui aussi, pris argument du mythe antique en tournant en 1898 un *Pygmalion et Galatée* (que l'on croyait définitivement perdu, mais dont on a retrouvé une copie dans un grenier de Barcelone en 1993 !).

En revanche, Descartes à la recherche de la vérité universelle, d'un ordre des connaissances analogue à l'ordre mathématique, exerce son imagination en concevant des automates pour prouver que les bêtes n'ont point d'âme, de sentiments, de pensée et ne sont donc que de simples machines, des « animaux-machines », répondant à l'automatisme. En opposition à Montaigne qui, lui, pensait que les animaux se servaient mieux de la raison que l'homme.

Sous cet éclairage, l'expression « désenchantement du monde », créée par Max Weber (1864-1920) pour désigner l'avènement de la pensée scientifique et rationnelle en Occident, acquiert une résonance toute particulière.

Vauban et la topographie fluviale

A l'époque de Vauban, l'absence d'un système de communications fluide et cohérent est encore un obstacle majeur à une organisation de l'espace national français.

A peu près à la même époque où Cervantes écrit son *Don Quichotte*, le « grand voyer » Sully, partisan de la libre circulation des grains, a bien tenté d'élaborer les bases d'une politique. Mais les prémisses d'une politique des communications à l'échelon de tout le territoire n'apparaissent qu'avec le contrôleur général des finances de Louis XIV, Jean-Baptiste Colbert (1619-1683), et dans les années 1660. C'est d'ailleurs l'époque où un autre ministre, Louvois (1639-1691), effectue deux autres réformes essentielles : comme secrétaire d'État à la guerre, il réorganise de fond en comble l'armée en y introduisant la discipline, crée un corps d'ingénieurs et restructure le service des transports militaires ; comme surintendant général des Postes, il consacre le monopole intégral de l'acheminement de la correspondance, jusqu'alors partagé par l'État et des institutions privées comme l'Université. Colbert complète la réforme des moyens de déplacement en prenant des mesures pour améliorer l'espèce chevaline afin de contrecarrer la dépendance croissante du royaume en guerre à l'égard des chevaux étrangers. Trois édits organisent la construction et l'administration de haras nationaux et créent le label « étalon royal ».

Les relevés cartographiques du royaume ont commencé lorsque Colbert a engagé Jean-Dominique Cassini (1625-1712), premier d'une dynastie familiale d'astronomes et de géographes. La production cartographique est alors dominée depuis la moitié du XVIe siècle par les éditeurs et géographes d'Amsterdam. Vauban, quant à lui, crée le corps des ingénieurs géographes et s'applique à recenser les besoins et les progrès en matière de voies de communication, et plus spécialement les voies d'eau. Le corps du génie militaire est alors presque exclusivement chargé des travaux de navigation.

En 1699, Vauban rédige un mémoire sur la « navigation des rivières » – il en dénombre plus de 190 – où il suppute cas par cas les possibilités de rendre navigables celles qui ne le sont pas à travers des canaux « pour communiquer la navigation des rivières les unes aux autres ». C'est un travail qui vient couronner l'intérêt qu'il n'a cessé de porter à la navigation fluviale qui, selon ses estimations, permet d'économiser jusqu'à vingt-cinq fois sur le convoi terrestre.

Vauban insiste sur la question d'une meilleure gestion de l'impôt en vue de compter sur les ressources nécessaires à ces grands travaux indispensables au commerce. Et il conclut : « Pour peu que le roi s'y affectionnât et qu'il y mît du sien, il s'ensuivrait le plus grand bien qui pût jamais arriver à ce royaume, par le débit aisé de ses denrées, qui en procurerait un accroissement considérable, et par conséquent augmentation de bien et de commodités et une très grande facilité aux provinces de s'entresecourir les unes les autres dans les chères années et dans les temps de guerre [5]. » Cette idée de solidarité inter-provinciale est dans l'air depuis sa formulation par Antoine de Montchrestien au début du siècle. Dans son *Traité d'œconomie politique* (1615) – la première fois où apparaît le terme « économie politique » –, cet auteur mercantiliste prône la nécessité d'une « division du travail intra-nationale » (tout en refusant d'adhérer à l'idée de division internationale).

Quant à l'idée, plus générale et plus ancienne, de la dépendance réciproque que l'on trouve chez Vauban et bien d'autres, elle est loin d'être étrangère au sens que, pendant longtemps, on a conféré au mot « communication », en le rabattant sur celui de « commerce ». A l'article que l'*Encyclopédie* consacre à ce dernier en 1753, on pourra lire : « On entend par Commerce, dans le sens général, une *communication réciproque*. Il s'applique plus particulièrement à la communication que les hommes se font entre eux des productions de leurs terres et de leur industrie. La Providence infinie, dont la nature est l'ouvrage, a voulu, par la variété qu'elle y répand, mettre les hommes dans la dépendance les uns des autres : l'Être suprême en a formé les liens, afin de porter les peuples à conserver la paix entre eux et à s'aimer... Cette dépendance réciproque des hommes, par la variété des denrées qu'ils peuvent se fournir, s'étend sur les besoins réels ou sur les besoins d'opinion. » Montesquieu ne disait-il pas, lui-aussi, que « l'histoire du commerce est celle de la communication » ?

La politique de Colbert est en harmonie avec les estimations de Vauban. Elle accorde la priorité aux voies de navigation intérieure. L'invention des écluses par deux ingénieurs italiens de Viterbe, au XVIe siècle, avait rendu possible la création des canaux. Apportée en France par Léonard de Vinci, le premier essai avait eu lieu sur la Vilaine dans la période 1538-1575. Mais le premier grand canal, celui de Briare (de la Loire, premier des fleuves de France, à Buges, 59 km), commencé au début du siècle sous les auspices de Sully, ne sera inauguré qu'en 1642.

Le premier coup de pioche pour la réalisation du canal du Midi est donné en 1663 ; ce « canal de la jonction des mers » est achevé en 1684. Il parcourt 240 km, sur une largeur de 38 m. C'est le premier canal de cette ampleur construit en Europe. Pour le réaliser, son maître d'œuvre, Pierre-Paul Riquet (1604-1680) applique pour la première fois une mécanique hydraulique complexe. Autre innovation : l'ingénierie civile y emploie la poudre à canon pour creuser un tunnel. Ces grands travaux ne peuvent être menés que parce qu'est mise au point une minutieuse méthode de gestion des hommes. En contraste avec la société au travail de l'époque, traitements fixes, gratifications et même retraites assurent l'émulation. A l'origine de ce grand chantier royal, une commande à visée stratégique : il faut permettre à la flotte de passer de l'Atlantique à la Méditerranée en évitant Gibraltar. Mais le canal définitif ne sera pas assez large pour convoyer les bâtiments de guerre et ne pourra acheminer que bagages, armes et équipages des troupes[6].

Vauban lui-même dresse les plans de quatre autres canaux, notamment celui d'Orléans (1679, terminé en 1690). Tout cela représente cependant relativement peu par rapport aux besoins d'infrastructure qu'exige la construction d'un marché intérieur aux dimensions de la nation. Mais cela suffit pour que l'historien des transports allemand Richard von Kaufmann, dans un ouvrage publié dans les dernières années du XIXe siècle, y voie rétrospectivement la naissance du réseau étoilé qui va marquer ceux qui suivront par après. « L'examen de la configuration de la France, qui devait plus tard suggérer au gouvernement le meilleur plan pour l'établissement d'un réseau de voies ferrées, lui indiquait déjà l'importance des voies navigables naturelles du pays, de leur extension et de leur jonction par des canaux. Et c'est ainsi que s'est constitué un réseau de navigation intérieure rayonnant du centre du pays comme en rayonnent aussi les grandes lignes de chemin de fer[7]. »

Effet structurant d'une configuration naturelle ou non, pour Vauban, Paris ne peut être que le « vrai cœur du royaume », la « mère commune des Français et l'abrégé de la France ». « Si le Prince est à l'État ce que la tête est au corps humain – écrit-il en 1689 – (chose dont on ne peut pas douter), on peut dire que la ville capitale de cet État lui est ce que le cœur est à ce même corps : or le cœur est considéré comme le premier vivant et le dernier mourant ; le principe de vie, la source et le siège de la chaleur naturelle, qui de là se répartit dans toutes les parties du corps qu'elle anime et soutient jusqu'à ce qu'il ait totalement cessé de vivre[8]. »

Les ingénieurs des Ponts

La couverture nationale par la route rencontre, pour sa part, de nombreuses résistances administratives. Colbert invente les Ponts et Chaussées, chargés à partir de 1669 de la construction et de l'entretien des « ouvrages d'art, des routes, canaux, rivières et ports ». Le corps d'ingénieurs des Ponts et Chaussées, organisés en forme pyramidale, comme fonctionnaires au service de l'État, sera constitué définitivement en 1716.

En 1705, un arrêt commence à poser les bases d'une normalisation des tracés et du trafic (expropriation, alignement, droits et devoirs des riverains, poids et types de moyens de transport, etc.). Cela faisait pourtant près de deux siècles que les légistes avaient reconnu le caractère public des chemins, les faisant entrer dans le « domaine du souverain ». En 1720, une autre réglementation fixe la largeur des chemins et la plantation de leurs berges. En 1731, la police des routes se fait insistante. Elle « fait défense à tous les gravatiers, laboureurs, vignerons, jardiniers et autres, de combler les fossés et d'abattre les berges qui bornent la largeur des grands chemins et d'anticiper sur cette largeur par leurs labours ou autrement, de décharger aucuns gravats, fumiers, immondices et autres empêchements au passage public..., de dépaver les rues de Paris, de même que les chaussées des faubourgs, banlieues et chemins publics[9] ».

Il faut quand même attendre 1738 pour que soit émis le grand texte fondateur de la politique d'équipement routier de ce siècle (l'équivalent de ce que sera, au siècle suivant, la loi de 1842 sur la construction du réseau ferroviaire). Cette instruction du contrôleur général Jean Orry établit, par la même occasion, le recours au système des corvées pour la « confection des chemins ». Mais l'introduction de cet usage des corvées est, en fait, plus ancien. Il date des dernières années du règne de Louis XIV lorsqu'il fallut rendre les chemins praticables pour le transport des munitions dans les provinces en guerre. Certains intendants tirèrent les leçons de cette expérience, la généralisant en temps de paix. Mais les premières administrations de la route ne parviennent pas à soustraire leur gestion à l'emprise des trésoriers. Ce sera chose faite en 1743, avec la création du « Détail des Ponts et Chaussées » confié à Daniel Trudaine (1703-1769), qui consacre la séparation des services techniques et des services financiers.

En 1744, commence la mise en représentation systématique du territoire. La grande topographie fait son apparition. Un bureau central des dessinateurs, embryon de la future École des ponts et chaussées, est créé par Trudaine « pour la conduite et l'inspection des géographes et dessinateurs des plans et des cartes des routes et grands chemins du royaume[10] ». Le petit-fils du géographe de Colbert, César

Cassini de Thury (1714-1784), s'appuyant sur une vaste triangulation du pays, réalise la première carte à grande échelle (au 1/86 400). Ce travail est effectué grâce à des souscriptions volontaires et sous les auspices de l'Académie des sciences. La substitution progressive de l'atlas de Cassini par la carte d'état-major ne s'achèvera qu'en 1831, date à laquelle le corps des ingénieurs géographes fondé par Vauban est intégré au corps d'état-major (la publication de cette carte topographique réalisée au 1/80 000 s'étalera de 1832 à 1880).

En 1747, Trudaine préside à la création de l'École des ponts et chaussées (qui, en fait, ne prendra ce nom que dans les premières années 1770). 70 à 80 étudiants y sont formés. Les plus instruits enseignent aux autres depuis l'arithmétique jusqu'à l'hydraulique en passant par le trait de la charpente, la coupe des pierres et le calcul des terrasses. Tous apprennent, avec des professeurs étrangers à l'école, l'architecture, la physique, la chimie et la minéralogie. Tous sont ensuite envoyés sur le terrain pour « s'instruire dans la pratique des constructions : la levée des plans, les nivellements, etc.[11] ».

Sur le terrain, ces ingénieurs, en tentant de parvenir à la maîtrise des différentes phases d'élaboration du projet de construction, remettent en cause l'ancien mode d'organisation du travail des corporations et des systèmes de compagnonnage. En même temps que se forme un « esprit de corps », s'élaborent les fondements d'un nouvel idéal, guidé par la rationalité technique et économique, et d'une idéologie sur le rapport de la communication à la Nature et à la Raison.

La communication a comme mission de faire advenir la nature rationnelle, la bonne nature. Car il y a une nature irrationnelle et mauvaise. Une nature qui sépare, s'interpose entre les hommes, et est à l'origine des préjugés. C'est ce qu'expliquent bien Yves Chicoteau et Antoine Picon, historiens de cette institution, au terme d'une étude originale sur les dissertations (les « concours de style ») des élèves des Ponts, sous l'Ancien Régime : « En introduisant une distance entre des termes que la Raison devrait pourtant réunir, cette nature, fondamentalement mauvaise, doit être combattue. C'est tout le sens de l'action de l'ingénieur, qui établit des voies de communication, jetant des ponts au-dessus des précipices pour rapprocher les hommes. Venant illustrer ce point de vue, la métaphore de la famine est extrêmement fréquente sous la plume des ingénieurs des Ponts et Chaussées. En séparant les hommes, la nature crée les conditions de la disette, car elle permet que telle province regorge de grains tandis que telle autre manque de tout. L'ingénieur est alors investi d'une mission consistant à "corriger" ces inégalités, en permettant la circulation des marchandises. Transposée, cette conception fait de l'ingénieur le serviteur privilégié de la raison puisqu'il combat les préjugés en faisant communiquer les hommes entre eux. Le XVIIIe siècle considère, en effet, que les préjugés naissent de l'isolement, tandis que la Raison s'oppose à eux en permettant la réunion des individus[12]. » Pour ces ingénieurs, cette réunion qui correspond à la nature idéale se confond avec la carte comme projection d'un système rationnel où tout doit communiquer.

Ainsi commença à se former dans la France de l'Ancien Régime le socle d'une problématique des « communications », d'un mode propre de penser le rapport entre le mouvement, l'économie et la société, entre les « réseaux », l'État et l'unité nationale. Comme le signalera Fernand Braudel à la fin des années soixante-dix : « Vu les vastes proportions de la France, il est évident que les progrès des transports ont été, pour son unité, décisifs, sinon suffisants encore. C'est ce que disent à leur façon, pour des époques plus proches de nous, un historien, Jean Bouvier, qui soutient que le marché national n'a existé en France qu'avec l'achèvement de nos réseaux de voies ferrées ; et un économiste, Pierre Uri, qui va plus loin encore, assurant tout de go que la France actuelle ne sera une unité économique que le jour où le téléphone y aura la perfection "américaine". D'accord. Mais avec les routes que créent au XVIIIe siècle les admirables ingénieurs des Ponts et Chaussées, il y a eu sûrement une progression du marché national français[13]. »

Par contraste, au début du XVIIIe siècle, en Angleterre, la question de la circulation et de la communication n'est plus l'objet d'un débat théorique. Elle est déjà ancrée dans la réalité d'un marché intérieur, générateur d'échanges et de liens, qu'ont accéléré l'expédition irlandaise et la victoire sur l'Écosse. Le royaume s'est très tôt débarrassé de nombre de ses péages et autres barrières intérieures, et son système de communication est national. Attraction de la capitale, tête unique et énorme (10 % de la population), et réseau de cabotage et de voies d'eau se sont conjugués dans la mise en place de l'espace national. De substantiels investissements dans le premier quart du XVIIIe siècle parachèvent un réseau de rivières navigables de 1 160 miles qui met la plus grande partie du pays à 15 miles au plus d'un transport par eau [14]. Cela est facilité par un atout de taille : non seulement un territoire plus exigu et une noblesse de *gentlemen-entrepreneurs* acquis à la rationalité pécuniaire, mais des rivières au régime très régulier, faciles à approfondir, ne charriant pas d'alluvions et séparées par de faibles seuils que coupent aisément les canaux de jonction.

La France, en revanche, géant divisé contre lui-même, toujours écartelé entre Lyon et Paris, est encore à la recherche de son unification par le marché. Les cinq sixièmes de sa population habitent à la campagne, les autres en viennent ou en vivent. Forte de la conquête de son marché intérieur, l'Angleterre, où le poids des villes se situe alors autour de 30 %, commence déjà à rêver d'en faire le centre d'une nouvelle « économie-monde ». Il faudra toutefois qu'elle attende les années 1780 pour supplanter Amsterdam.

Vers une science utile

« L'évolution sociale s'oriente vers une structure relevant du calcul [15]. » C'est ce que pense Vauban. Son but est d'organiser un nouvel ordre où le chiffre permette une « conduite plus réglée » qui « tire du chaos et de la confusion ». Outre l'axe « voies de communication », ce projet général en comprend deux autres.

Cela débute avec l'édification de places fortes. Après la construction de la place de Lille, commencée en 1667, Vauban, successivement commissaire général des fortifications (1678), lieutenant général des armées (1688) et maréchal de France (1705), en bâtira trente-trois et en aménagera dix fois plus aux quatre coins d'un territoire national qui, dans l'espace de temps de 1667 à 1689, changera trois fois de frontières (traité d'Aix-la-Chapelle, traités de Nimègue, trêve de Ratisbonne).

Dans un opuscule, publié à La Haye en 1685, intitulé tout simplement *Le Directeur général des fortifications*, Vauban consigne son expérience de l'architecture des places. « Il est nécessaire, écrit-il, d'établir un ordre uniforme dans toutes les places que l'on fortifiera, qui en instruise et en sépare les fonctions de ceux qui en sont chargés, et qui en règle et en distribue les emplois selon la nécessité des ouvrages, et la capacité d'un chacun, afin de n'y employer que les gens utiles et nécessaires, et de ne charger personne de ce qu'il ne fait pas, ni de plus qu'il ne peut faire, ce défaut où l'on prend pas garde, étant ordinairement l'origine et la source de tous les désordres dans la conduite des fortifications. » Et il poursuit : « Pour parvenir à l'établissement de cet ordre, il est nécessaire d'entrer dans le détail des principaux emplois, et d'en donner une idée, qui fasse connaître à ceux qui en sont pourvus, quel doit être le dû de leur charge, et jusqu'où peut s'étendre leur fonction[16]. » Ce à quoi il s'attelle dans ce manuel d'instructions.

Quelque deux cents ans avant Taylor, ce précurseur de l'organisation scientifique du travail invente la « feuille de route » de chaque « fonction », de chaque « emploi », de chaque « tâche ». Préfigurant les travaux de l'ingénieur américain en vue de supprimer la « flânerie systématique » des ouvriers dans les ateliers des grandes aciéries, il fait la chasse aux « friponneries » auxquelles il tente de porter remède : « L'ouvrier qui est assuré de son gain ne se presse jamais, au lieu que celui qui ne gagne qu'autant qu'il travaille, n'a jamais besoin d'autre chasse-avant que son propre intérêt[17]. » Dans cette rationalisation du travail, il est difficile pour Vauban de ne pas mettre en question la corvée : « Il faut éviter tous les ouvrages à corvées qui demandent quelque façon, et de la promptitude, attendu que la diligence, et le savoir ne se trouvent jamais parmi des gens qui ne travaillent que par force, et ne tâchent qu'à couler le temps ; mais quand on sera obligé de s'en servir au remuement de terres, il leur faudra imposer la quantité qu'on leur voudra faire remuer, et la départir par communauté[18]. » Le directeur général des fortifications qui fait procéder au chronométrage des terrassements a aussi l'idée de faire procéder à des chronométrages systématiques du tir, ainsi que le note Michel Foucault.

Autre champ du calcul et de l'estimation cher à Vauban : les enquêtes. En 1686, il rédige une « Méthodologie générale et facile pour faire le dénombrement des peuples ». En 1696, il fait lever un « dénombrement des peuples, fonds de terre, bois et bestiaux de l'élection de Vézelay », la région qui l'a vu naître ; il récidive en commandant une vaste enquête aux intendants entre 1697 et 1700. Il produit un texte sur « la cochonnerie ou calcul estimatif pour connaître jusqu'où peut aller la production d'une truie pendant dix années de temps[19] ». Il va même jusqu'à calculer les chances de croissance des familles peuplant des colonies canadiennes jusque l'an 1970.

Vauban propose de généraliser les « projets de dénombrements ». Il indique la marche à suivre pour la création d'un corps d'« officiers ou de commissaires au dénombrement des peuples », conçoit des « formulaires en table » pour le réaliser. L'organisation de ces opérations au niveau national doit, selon lui, obéir à un principe militaire. Il propose de « diviser le peuple par décuries, comme les Chinois, ou par compagnies, comme nos régiments, et de créer des capitaines de paroisses, qui auront sous eux autant de lieutenants qu'il y aura de fois cinquante maisons ou environ, lesquels seront pareillement sous-ordonnés au commandant des lieux où il y en aura ». Dans chaque division, le capitaine et ses deux lieutenants visiteront les cinquante familles quatre fois l'an, allant de « maison en maison ». Se faisant présenter tous les membres de la famille, hommes, femmes et enfants, ils s'« informeront des changements et nouveautés qui y arrivent, et en chargeront leur registre, qu'ils renouvelleront tous les ans [20] ».

Cette description méticuleuse des procédures de dénombrement figure dans *La Dîme royale*, livre imprimé à l'insu du roi, en 1707, date de la mort de son auteur, mais déjà complètement terminé huit ans auparavant. Elle vient à l'appui d'un plaidoyer vigoureux en faveur d'une réévaluation du système d'imposition qui fait peser le plus gros de la charge sur cette « partie du peuple si utile et si méprisée, qui a tant souffert, et qui souffre tant ». Vauban y avance des propositions chiffrées dignes d'une conception moderne de l'impôt, chacun payant « à proportion de son revenu [21] ».

La période historique dans laquelle se manifeste la recherche par Vauban d'une « structure relevant du calcul » comme voie de sortie du chaos est à l'émergence de la science utile.

En 1667, Colbert fonde l'Observatoire de Paris dont il confie l'organisation à Jean-Dominique Cassini. L'année d'avant, le roi a autorisé un groupe de savants à se réunir au Louvre dans sa bibliothèque ; ce sont les prémisses de l'Académie royale des sciences. En Angleterre, Charles II a fondé en 1662 la Royal Society of London. Les nouveaux instruments qui permettent de scruter l'univers sidéral et de fixer les lois du mouvement des planètes accompagnent la lutte pour la conquête des marchés extérieurs et l'hégémonie navale.

La fusion des intérêts de l'État et de la science, qui ouvre la voie à la cartographie moderne, déclenche, en France, la première étude géodésique et le premier relevé détaillé des côtes, prélude d'un vaste plan d'expansion navale.

En 1676, cinq ans après la mise au point du télescope de Newton, l'Angleterre se dote d'un Observatoire. Rien n'est moins innocent que son emplacement : dans le parc de Greenwich qui domine l'embouchure de la Tamise.

Un quart de siècle avant, Oliver Cromwell, à travers le *Navigation Act*, a opté pour la protection douanière et maritime. Une politique inspirée par le mercantilisme libère le commerce dans le périmètre national. Les échanges extérieurs, eux, sont protégés, soutenus et impulsés par l'État. Pris par le Parlement croupion, un Parlement démembré au lendemain des victoires anglaises en Écosse, l'Acte de navigation stipulait que tout navire européen accostant en Angleterre n'y pourrait apporter que les produits de son pays ; les marchandises des autres continents ne pouvant être importées que par les seuls vaisseaux anglais. Ces mesures ne seront en fait abolies qu'à l'orée de la seconde moitié du XIXe siècle avec la montée du libre-échangisme, lorsque l'Empire britannique aura étayé, sur son propre territoire d'abord, les bases de son hégémonie mondiale, et construit sa puissance navale.

Une des premières missions confiées par le roi à l'Observatoire anglais est de résoudre le vieux problème de la mesure des longitudes en mer, c'est-à-dire le calcul de la position du bateau par rapport à l'est et à l'ouest. « Les effets pernicieux de l'ignorance de la longitude – observe l'historien américain des machines à mesurer le temps, David S. Landes – se trouvaient multipliés par les conséquences en matière de cartographie. Rappelons d'abord que tout système pour calculer le point à la mer ne vaut rien si les cartes ne sont pas exactes : à quoi bon savoir où on est si on ne sait pas ce qui se trouve autour ni où est le but ? Cela à court terme ; mais, à la longue, des points exacts permettent de construire des cartes exactes, car la carte, au fond, est la représentation de ces points. Elle est le principal moyen d'enregistrer et de transmettre l'information et l'expérience acquises dans le domaine de la navigation – au même titre que le livre en d'autres champs de la connaissance. Ainsi, dans la lutte internationale pour accéder aux richesses des Indes, les cartes étaient des atouts précieux, et les agents secrets des puissances intéressées payaient en or les copies de *padrons* portugais soigneusement surveillés... Les imprécisions de la cartographie persistèrent jusqu'au XIXe siècle, essentiellement parce que les méthodes astronomiques pour s'assurer de la longitude, les seules disponibles, n'étaient pas très fiables [22]. »

Ce n'est donc qu'au XIXe siècle que cette énigme livrera définitivement son secret avec l'invention du chronomètre de marine et l'établissement de tables détaillées sur les positions de la Lune. Sa résolution mobilisera de nombreux artisans horlogers et hommes de sciences, astronomes et mathématiciens. Leurs tâtonnements jalonneront non seulement le chemin des inventions de « machines automates à mesurer le temps » de plus en plus précises, mais plus globalement celui de la pensée du calcul.

La découverte du mouvement circulatoire

Les principes de cette science liée aux faits, le philosophe et chancelier d'Angleterre Francis Bacon (1561-1626) les établit en 1621. Son *Novum Organum* est un plaidoyer pour une théorie du progrès scientifique, et du progrès tout court par la science. Une science fondée sur les expériences et l'observation qui soit à même d'inventer les moyens de « nous rendre meilleurs et plus heureux » et de « rendre la vie humaine plus douce ». On secoue l'inertie séculaire du dogme et on se met à croire à la vertu du mouvement. Le monde devient perfectible.

L'idée de circulation, à laquelle est indissolublement liée la genèse du concept de communication moderne, voit le jour dans les laboratoires de cette Réforme scientifique. C'est la « première révolution biologique » qui la fait éclore [23]. La méthode d'observation microscopique contribue à la constitution de l'anatomie humaine et de l'anatomie comparée ainsi que d'une première physiologie.

En 1628, l'ouvrage de William Harvey (1578-1657), *Exercitatio anatomica de motu cordis et sanguinis in animalibus*, renverse les idées millénaires sur la circulation sanguine. La théorie antique de Claude Galien (131-210) prétendait que seules les veines contenaient du sang, produit d'une transformation du chyle élaboré aux dépens des aliments. Le médecin anglais découvre le mécanisme de la grande circulation et décrit ce que sont les mouvements du cœur : le sang arrive au cœur par les veines et en sort par les artères, les battements du cœur provoquant un mouvement perpétuel dans un circuit fermé. C'est la première représentation de la mécanique d'une fonction organique.

Quelque quarante ans plus tard, le naturaliste et médecin italien Marcello Malpighi (1628-1694) complète cette découverte physiologique en montrant comment s'effectue le passage du sang des artères dans les veines. Ce fondateur de l'anatomie microscopique, la future histologie, réalise la première étude anatomique complète d'un invertébré (le ver à soie) et procède à l'étude systématique et comparative des divers tissus animaux et végétaux. A cette occasion, s'opère le premier transplant scientifique du mot « réseau », réservé jusqu'alors à la dentelle. Le « réseau » de Malpighi étant, à l'origine, le « corps réticulaire de la peau » qui n'est observable que grâce à la nouvelle micro-optique. Les microscopes qui sont apparus vers 1615 resteront en effet des prototypes jusque vers 1660.

Pour exprimer sa découverte du mouvement circulaire du sang, Harvey fait appel, certes, à l'image de la pompe foulante et aspirante. Mais il recourt aussi à une image astronomique où il assimile le Soleil au cœur. Un Soleil qui occupe la place centrale dans le circuit évaporation des eaux, condensation en nuages, pluies et retour des eaux à la Terre, et nouveau cycle. Cette métaphore indique qu'avant cette révolution, qui touche les corps physiques, il y en a eu une autre qui a changé l'entendement des corps célestes. En 1543, l'essai de Nicolas Copernic (1473-1543), *De revolutionibus orbium celestium*, a sapé le dogme scolastique du géocentrisme, cette croyance en un cosmos hiérarchisé autour de la Terre. En moins d'un siècle et demi, se produit un bouleversement épistémologique : du monde clos à un univers infini. Ce passage s'amorce avec Copernic. Il continue avec Johannes Kepler (1571-1630), l'auteur de *Mysterium cosmographicum* (1596), le secret du monde, qui en 1611 met au point une lunette astronomique[24]. Il débouche sur Isaac Newton (1642-1727) qui en 1687 rassemble en un tout cohérent la vision d'un univers homogène et infini. C'est en transitant par la cosmologie copernicienne que le terme « système » effectuera sa percée à la fin du XVIIe pour devenir d'usage courant dans le discours philosophique au siècle suivant[25]. Et c'est encore par cette science que le terme « révolution » fera son entrée dans le vocabulaire politique.

Quant aux découvertes de la circulation sanguine, on lui doit le paradigme de la mécanique corporelle avec sa loi de la nécessité physiologique fonctionnelle, où les discours sur la communication et la société n'auront de cesse de puiser des métaphores.

Arithmétique politique et anatomie de l'organisme social

Vauban mettait l'analogie corporelle à contribution pour exprimer les liens qui unissent organiquement le pouvoir souverain et ses sujets, le centre de la carte et les flux drainés vers lui. L'écoulement part de ce centre et aboutit à lui.

Quelque cinquante ans après la disparition de l'auteur de *La Dîme royale*, Jean-Jacques Rousseau (1712-1778) fournira, à l'article « Économie publique ou politique » qu'il rédige pour l'*Encyclopédie*, une véritable épure de la métaphore du corps pour exprimer la communication qui donne vie et confère unité au corps politique comme corps organisé, comme « être moral ». « Les lois et les coutumes sont le cerveau, principe des nerfs et siège de l'entendement, de la volonté, et des sens, dont les juges et magistrats sont les organes ; le commerce, l'industrie et l'agriculture sont la bouche et l'estomac qui préparent la subsistance commune ; les finances publiques sont le sang qu'une sage économie, en faisant les fonctions du cœur, renvoie distribuer par tout le corps la nourriture et la vie ; les citoyens sont le corps et les membres qui font mouvoir, vivre et travailler la machine... La vie de l'un et de l'autre est le *moi* commun au tout, la sensibilité réciproque, et la correspondance interne de toutes les parties. Cette communication vient-elle à cesser, l'unité formelle à s'évanouir, et les parties contiguës à n'appartenir plus l'une à l'autre que par juxtaposition ? L'homme est mort ou l'État est dissous. »

Ce sont là des indices, parmi beaucoup d'autres, de ce que l'organisme est en train de s'imposer comme une grille de lecture des penseurs et des gouvernants. La métaphore leur sert à camper le scénario d'un monde perçu dans sa systématicité.

Dans un ouvrage de référence, intitulé *Les Métaphores de l'organisme*, publié en 1971, Judith Schlanger étudie le rôle d'*analogon* joué par l'idée d'organisme à la fin du XVIIIe siècle et au XIXe. Avant cette période, observe la philosophe, on peut dire que les analogies politiques restent « le plus naïvement anthropomorphiques », mais aussi « le plus rigoureusement méthodologiques et positives, dans la mesure où, de la connaissance du corps vivant à la connaissance de la société politique, il n'y a pas transposition d'intuition mais transfert des procédés et des normes du savoir scientifique[26] ». Cette observation s'ajuste parfaitement aux premières tentatives de formulation d'une science de l'économie sous le signe du mercantilisme.

Les précurseurs de l'économie politique et de la statistique parlent d'« anatomie politique ». Une expression forgée par sir William Petty (1623-1687) et développée dans son *Anatomie politique de l'Irlande*. Cette marche de l'Europe, soumise en 1641 dans le feu et le sang par Cromwell, est depuis lors assujettie totalement au marché anglais et est en passe de devenir le premier pays périphérique du futur Empire britannique, premier maillon de son « économie-monde », là où s'affûtent les armes et les préjugés de l'oppression coloniale. Sa production orientée par les besoins de la métropole se spécialise dans l'élevage et l'exportation des viandes salées de bœuf et de porc auxquelles les autochtones n'ont jamais accès. Dans sa satire *Modeste proposition pour empêcher les enfants pauvres en Irlande d'être à la charge de leurs parents et de leur pays et pour les rendre utiles au public*, l'Irlandais Jonathan Swift (1667-1745) proposera en 1729 que, pour résoudre la mendicité, on exporte les enfants des mendiants comme viande de boucherie. Petty, lui, le plus sérieusement du monde, va jusqu'à souhaiter que tous les habitants de l'Irlande (et de l'Écosse) soient transportés en Angleterre et qu'après cela ces contrées soient submergées par la mer.

Dans la préface de son ouvrage, William Petty, marin et médecin militaire, se réclame explicitement de Francis Bacon pour établir un parallèle entre le corps naturel et le corps politique, et justifier de la sorte son entreprise scientifique. « De même que les étudiants en médecine font leurs recherches sur des animaux ordinaires, qui ne coûtent pas cher, sur ceux dont ils connaissent le mieux les habitudes et qui présentent le moins de complexité des parties, de même j'ai choisi l'Irlande comme un animal politique de ce genre qui a à peine vingt ans ; où le fonctionnement de l'État n'est pas très compliqué, avec lequel j'ai été familier depuis l'état embryonnaire... A la vérité, les dissections curieuses ne peuvent se faire sans une variété d'instruments appropriés, tandis que moi, je n'ai eu à ma disposition qu'un simple couteau, un "clout" au lieu de nombreux auxiliaires qu'exige un pareil travail ; néanmoins, mon grossier examen est suffisant pour trouver à peu près l'endroit du foie, de la rate et des poumons, mais non pour distinguer les vaisseaux lymphatiques, le plexus, la corroïde, les valvules des vaisseaux à l'intérieur des parties plus délicates [27]. »

La monnaie est envisagée comme la « graisse du corps politique ». La graisse lubrifie le mouvement des muscles, nourrit lorsque les aliments manquent, remplit les cavités et embellit les corps, de même la monnaie d'un État « active ses mouvements, lui fournit la nourriture de l'étranger aux époques de la disette à l'intérieur, égalise les comptes en raison de la divisibilité, et embellit l'ensemble ». En excès, elle entame l'agilité. Les commerçants, dans cette économie corporelle, remplissent le « rôle de veines et d'artères, pour distribuer dans un mouvement circulatoire le sang de la sève nourrissante du corps politique ».

En 1698, l'Anglais Charles Davenant (1656-1714) écrira que « le commerce et l'industrie sont les seuls intermédiaires qui puissent assurer la digestion de l'or et de l'argent par quoi le corps de l'État se nourrit [28] ». Et citera l'exemple de l'Espagne coloniale où l'« estomac du corps de l'État » qu'est la population consommatrice n'a pu « digérer » l'argent des mines trop abondant. L'Écossais John Law (1671-1729), contrôleur général des finances de France, fera de la monnaie le sang du corps-État et définira la banque comme le « cœur du royaume où tout l'argent doit revenir pour recommencer la circulation [29] ».

Chez Petty, la métaphore de l'économie corporelle sert à articuler un projet de construction d'une science de la mesure. Le diagnostic rime avec la thérapeutique.

Affirmer la nécessité de mettre au point des « instruments appropriés » afin de « connaître la symétrie du corps politique, sa structure et ses proportions », et ainsi le « traiter », c'est « adopter la méthode qui consiste à s'exprimer en termes de *nombres, poids et mesures* : à se servir uniquement d'arguments donnés par les sens, et à ne considérer exclusivement que les causes qui ont des bases visibles dans la nature ; je laisse à la considération des autres, les arguments qui dépendent des idées, des opinions, des désirs, des passions variables des individus [30] ». Ce manifeste pour une science de l'observation sociale, Petty le place en tête de son ouvrage *Arithmétique politique* dont l'édition type parut à Londres en 1690, mais rédigé pour l'essentiel en 1671. Le sous-titre indiquait l'ampleur du programme : *Discours sur l'étendue et la valeur des terres, la population, la propriété bâtie, l'agriculture, l'industrie, le commerce, les pêcheries, les artisans, les marins, les soldats, les revenus publics, l'intérêt, les taxes, la surévaluation, les enregistrements, les banques, l'évaluation des hommes, l'augmentation de la milice, des ports, leur situation, la marine, la puissance maritime, etc.* (Le *etc.* est de Petty). On assiste là aux premiers pas du raisonnement économique mathématique, aux balbutiements des recherches démographiques.

Les historiens de la statistique situent entre 1650 et 1660 la naissance du calcul des probabilités, en tant que « procédure visant à asseoir la rationalité des choix en situations d'incertitude [31] ». En 1654, Blaise Pascal (1623-1662) invente la « géométrie du hasard », en réponse à la question du chevalier de Méré qui portait sur la manière de partager équitablement une mise entre des joueurs en cas d'interruption du jeu. Trois ans plus tard, le physicien et astronome hollandais Christiaan Huyghens (1629-1695), poursuivant les analyses de Pascal, fait paraître son *Calcul sur les jeux du hasard* et formule, à l'aide de son frère, une première table de mortalité.

La question de la multiplicité humaine par rapport aux subsistances, déjà présente chez Machiavel, Thomas More, Thomas Hobbes ou Bacon, suscite la recherche des lois qui président au mouvement de la population.

En 1662, un marchand de Londres, John Graunt (1620-1674), publie ses *Observations on the Bills of Mortality*, à partir des registres d'état civil de la ville qu'il compare avec ceux d'une paroisse du Hampshire [32]. En 1693, paraissent des tables étendues de mortalité, calculées par l'astronome Edmund Halley (1656-1742). Son souci majeur est celui d'un actuaire : fournir des éléments pour fixer scientifiquement les barèmes de l'assurance-vie, d'abord accessoire des assurances maritimes et contre l'incendie. On tente de se dégager de ce qui n'est encore qu'une série de combinaisons de jeux ou de paris sur la vie humaine et de fournir à celui dont le métier repose sur la notion fondamentale de risque un moyen de mesurer la probabilité, l'importance des chances auxquelles il se soumet. Mais la première compagnie d'assurance-vie appuyée sur des bases scientifiques ne sera fondée qu'en 1762, en Angleterre : la Society of Equitable Insurance module les annuités de son assurance en fonction de la probabilité de vie et des tranches d'âge. La longue tradition en matière d'assurances maritimes a placé l'Angleterre en tête de la recherche sur l'extension de la formule à d'autres domaines, notamment en matière d'assurance contre l'incendie. La première compagnie qui assure contre ce risque voit le jour en 1696, également dans la capitale anglaise. Le feu qui a ravagé pendant quatre jours en 1666 certains quartiers de la ville semble avoir été déterminant dans le lancement de la formule.

Les premiers ouvrages d'arithmétique politique, les premières études démographiques et statistiques, ou encore le premier calcul du « produit national du pays » par Gregory King (1648-1712), lient la théorie à la pratique. Ce qui n'est pas une surprise lorsque l'on sait que des hommes comme Locke et Newton sont des techniciens du problème monétaire[33]. S'esquisse ainsi un rôle social nouveau. Avec Graunt, Petty et Davenant, c'est l'« expertise qui naît », comme le note l'historien de la « raison statistique » Alain Desrosières : « L'expert à la compétence précise propose des techniques aux gouvernants, en essayant de les convaincre que, pour réaliser leurs desseins, ils doivent en passer par lui. Ils offrent un langage précisément articulé[34]. »

En dépit de l'ubiquité de l'organisme dans les analyses de cette économie politique embryonnaire, un des futurs concepts centraux de la communication, le réseau, reste encore à l'écart de cette langue du vivant. Au XVIIe, comme au siècle suivant, le terme « réseau » ne sort pas de l'orbite du langage des médecins où l'avait introduit Malpighi en transplantant le terme propre à l'art de la dentelle. C'est ainsi que dans l'*Encyclopédie*, le mot n'entretiendra encore aucun rapport avec la communication. Pas même dans l'article qui traite sur le même pied « Routes, voies et chemins » en insistant sur l'importance de l'héritage de l'infrastructure et des techniques de construction des voies de l'Empire romain. Le réseau parle encore – l'article date de 1765 – exclusivement la langue du fil et de la soierie. Il est défini comme un « ouvrage de fil simple, de fil d'or, d'argent ou de soie, tissu de manière qu'il a des mailles et des ouvertures ». L'âge du réseau n'est pas encore né.

Dans son ouvrage critique sur les totalités organiques que nous citions plus haut, Judith Schlanger écrit : « Les représentations liées à la notion d'organisme politique se situent dans un espace intellectuel complexe où interfèrent l'état – l'étape historique – d'élaboration des conceptions biologiques, et les convictions et les sensibilités politiques à la recherche de justifications et de formulations[35]. » L'on pourrait ajouter : où interfèrent aussi l'état et le mouvement des techniques de communication. Surtout lorsque l'on mesure le rôle d'*analogon* que l'idée d'organisme jouera, dès le XIXe siècle, dans la formation de l'idéologie de la communication, qui est aussi celle du réseau.

Apparaîtra alors un tout autre milieu signifiant des métaphores : « La notion d'organisme, en ses diverses composantes, note J. Schlanger, s'est trouvée généralisée et absolutisée en archétype de la rationalité. L'organisme ne désigne plus alors un ordre important mais localisé de phénomènes qui sont l'objet d'un savoir : il renvoie à un complexe de significations à partir duquel s'organise en droit tout savoir. Le terme d'organisme se trouve doué d'une puissance d'intégration rationnelle à laquelle on ne peut que faiblement comparer le rôle actuel [l'auteur écrit cela en 1971] de la notion de *structure* : ce n'est plus l'un des phénomènes naturels, c'est le type de la réalité rationnelle. On peut parler en ce sens d'une véritable rationalité organique [36]. »

Vaucanson, La Mettrie, Sade, la machine et le système

A côté de la métaphore du vivant, le XVIIIe siècle en voit fleurir une autre : celle du mécanisme, alimentée par la machine automate, cet ancêtre de la programmation qui « enchantait » Don Quichotte et son écuyer. Ce thème de la machine ne doit pas se comprendre par opposition à la pensée de l'organisme. Car, « l'un et l'autre sont des figures d'organisation et donc d'harmonie [37] ».

Jacques de Vaucanson (1709-1782) entreprend de construire des anatomies vivantes reproduisant les principales fonctions vitales, respiration, digestion, circulation. Il invente successivement un joueur de flûte et un canard artificiel, exposés à Paris en 1738. En 1745, il imagine le premier métier à tisser automatique, sans pouvoir toutefois le réaliser, et, enfin, s'attaque à la conception d'un « automate parleur ». L'*Encyclopédie* célèbre le dessein de l'inventeur qui, en digne représentant des Lumières, laisse à découvert les mécanismes du processus de digestion de son canard, en vue de « plutôt démontrer que de montrer simplement une machine ».

Les « machines automates à mesurer le temps », horloges à pendule et montres, ont aussi fait des progrès considérables. Galilée a conçu en 1637 l'horloge à pendule, sans réussir à la faire marcher. En 1656, Christiaan Huyghens a réalisé la première horloge à pendule pesant. En 1673, le même Huyghens a fait paraître un *Traité des horloges*. En 1690, l'Anglais John Floyer a ajouté l'aiguille des secondes afin de compter exactement le nombre de pulsations artérielles. Dans les années 1760, l'Anglais John Harrison et le Français Pierre Le Roy, chacun de leur côté, mettent au point une première horloge marine[38]. Avec le mécanisme horloger, s'est amorcée une théorie de la « production du mouvement régulier » qui débouche au XVIIIe siècle sur l'idée d'appliquer à la production les instruments automatiques mus par le ressort.

L'*Encyclopédie* consacre un article aux horloges en 1765. Relevant désormais de la « théorie du mouvement des corps » qui comprend ce que « la géométrie, le calcul, la mécanique et la physique ont de plus sublime », son auteur souligne que leur grand apport est d'avoir fait d'un art mécanique qui « n'exigeait que de la main-d'œuvre » une science où la main-d'œuvre n'est plus nécessaire. Figure emblématique de la *Machina machinarum*, la métaphore de l'horloge sert à Denis Diderot (1713-1784) à illustrer le concept de « système ». « Le système n'est autre chose que la disposition des différentes parties d'un art ou d'une science dans un état où elles se soutiennent toutes mutuellement, et où les dernières s'expliquent par les premières. Celles qui rendent raison des autres s'appellent principes, et le système est d'autant plus parfait que les principes sont en plus petit nombre : il est même à souhaiter qu'on les réduise à un seul. Car de même que dans une horloge il y a un principal ressort duquel tous les autres dépendent, il y a aussi dans tous les systèmes un premier principe auquel sont subordonnées les différentes parties qui le composent. »

D'autres s'autorisent de ce savoir sur les mécanismes de ces machines automates pour tracer un trait d'équivalence entre celles-ci et le corps humain, et parlent d'« homme-machine ». L'innovation de Vaucanson constitue un moment clé du développement de ce matérialisme mécaniste.

En 1747, l'année qui précède la parution du premier tome de l'*Encyclopédie*, le médecin Julien Offroy de La Mettrie (1709-1751) a fait paraître anonymement à Leyde, haut lieu de l'« iatromécanisme », cette doctrine qui réduit les fonctions vitales à des phénomènes physiques et mécaniques, un ouvrage qui porte précisément le titre *L'Homme-Machine*. « Le corps n'est qu'une horloge, dont le nouveau chyle est l'horloger », y postule-t-il [39]. Et plus explicitement : « Le corps humain est une horloge, mais immense, et construite avec tant d'artifice et d'habileté, que si la roue qui sert à marquer les secondes vient à s'arrêter, celle des minutes tourne et va toujours son train ; comme la roue des quarts continue à se mouvoir, et ainsi des autres, quand les premières, rouillées ou dérangées par quelque cause que ce soit, ont interrompu leur marche [40]. »

Ainsi peut se tisser un lien intellectuel entre le technicien Vaucanson et le médecin-philosophe La Mettrie qui voit dans les créations du premier l'œuvre d'un « nouveau Prométhée ». « Dans la perception des automates de Vaucanson, explique Paul-Laurent Assoun, exégète de *L'Homme-Machine*, le regard scientifique ne voit pas seulement le jeu d'une mécanique qui imite le vivant, mais le vivant lui-même, identifié dès longtemps comme mécanique, avouer sa vérité. La réalité s'avoue comme fiction, dans l'intuition que livre l'automate... Non pas que l'automate donnerait l'idée de l'homme-machine : mais dès lors que, sous sa figure, l'homme-machine est donné à *voir*, une nécessité s'impose dans le discours philosophique de le *nommer* – tâche longtemps ajournée – et de le fonder par le discours [41]. »

Le corps individuel est une machine ; le corps collectif, une machinerie dont l'organisation répond à une mécanique de même nature. Selon La Mettrie, « l'organisation est le premier mérite de l'homme, la source de tous les autres ; l'instruction est le second [42] ». Ce livre de l'âge classique apporte donc une vision organique des dispositifs sociaux. Ce qui fait dire à Michel Foucault qu'il est écrit sur deux registres : « Celui, anatomo-métaphysique, dont Descartes avait écrit les premières pages et que les médecins, les philosophes ont continué ; celui, technico-politique, qui fut constitué par tout un ensemble de règlements militaires, scolaires, hospitaliers et par des procédés empiriques et réfléchis pour contrôler ou corriger les opérations du corps... *L'Homme-Machine* de La Mettrie est à la fois une réduction matérialiste de l'âme et une théorie générale du dressage, au centre desquelles règne la notion de "docilité" qui joint au corps analysable le corps manipulable [43]. »

La Mettrie se situe sur cette trajectoire historique, qui s'étend du XVIe au XIXe siècle, de la mise en place d'une nouvelle « anatomie du pouvoir » à travers les technologies de la surveillance, ensemble de procédures minuscules pour quadriller, contrôler et mesurer les individus. Histoire au cours de laquelle cette économie du pouvoir construite sur la discipline-mécanisme, à la différence de la vieille discipline-blocus faite d'interdits et d'interdictions, se trouve investie d'une fonction : « assurer la fixation et permettre la circulation ». L'exercice de cette nouvelle manière de produire la volonté collective suppose un dispositif qui contraigne par le regard. C'est la mise en chantier des « observatoires de la multiplicité humaine » : « A côté de la grande technologie des lunettes, des lentilles, des faisceaux lumineux qui a fait corps avec la fondation de la physique et de la cosmologie nouvelles, il y a eu les petites techniques des surveillances multiples et entrecroisées, des regards qui doivent voir sans être vus : un art obscur de la lumière et du visible a préparé en sourdine un savoir nouveau sur l'homme, à travers des techniques pour l'assujettir et des procédés pour l'utiliser [44]. »

Mais il y a plus chez La Mettrie : son machinisme fonde une « sorte d'impérialisme de la jouissance ». La thèse de l'homme-machine a pour envers la thèse du déterminisme hédoniste. La jouissance est commandée et ordonnée par la machine. Si elle fait de l'individu la « cible du pouvoir », elle le transforme en même temps en une « cible de plaisir », liant indissolublement l'un à l'autre [45].

On retrouve dans la démarche pratique de Vaucanson de nombreux éléments constitutifs de la notion de système, comme « outil d'action », telle qu'elle émergera au XXe siècle des travaux d'un Ludwig von Bertalanffy ou autres précurseurs de la théorie des systèmes. Le système comme un « ensemble d'éléments en interaction, orienté vers la réalisation d'objectifs ». Il développe un projet global, un modèle d'ensemble, qui isole certaines fonctions dont les interrelations sont à organiser. Ces dernières obéissent à une règle (commande) qui dans certains cas est formulée à l'aide d'un code (programmation). Une ligne de continuité qu'a dégagée Jacques Perriault en 1982. Retraçant la genèse des notions de « système » et de « machine », cet historien des techniques a non seulement démonté le projet intellectuel du père des automates, mais il a identifié les points communs qui l'unissent à celui qu'affichera, une génération plus tard, le marquis de Sade (1740-1814) [46].

Roland Barthes avait déjà souligné en 1971 les nombreuses références du projet libertin à la mécanique, voire à des formules proches de l'algorithme, et avait été jusqu'à évoquer la programmation pour expliquer la répartition des rôles entre les partenaires dans l'arrangement de la machine amoureuse, une « machine totale ». Employant des grand A, grand B, pour désigner ces derniers, devenus bielles et pistons, Sade fonde leur identité dans celle d'un groupe automatique : « C'est, note Barthes, tout le groupe vivant qui est conçu, construit comme une machine... Ce qui la définit, c'est l'enclenchement de toutes les pièces, qui se joignent les unes aux autres comme si elles connaissaient leur rôle par cœur et qu'on n'eût à chercher en rien à improviser... Une fois en marche, elle tremble et bruit légèrement des mouvements convulsifs des participants. Il n'y plus qu'à la surveiller, comme fait un bon O.S. qui arpente, lubrifie, resserre, règle, change, etc.[47]. » La scène et la pratique sadiennes sont dominées par une « grande idée d'ordre » où les « dérèglements » répondent eux aussi à ce principe. Univers du « minutage » et de la « performance », la combinatoire y est déterminée par un ordonnateur : emplois du temps, rites, hiérarchies en font un espace extrêmement quadrillé, un espace clos et des fonctions gérées par un ensemble de règles qui prévoient les interactions.

Plus que des métaphores, note Perriault, ces schémas de relations sont principes du dispositif. Sous l'environnement programmé des échanges, le discours sadien révèle donc que « le projet de machine est conscient chez celui qui prononce l'arrangement et, par conséquent, chez Sade lui-même ». Mais rien ne permet de penser que chez lui, comme chez Vaucanson d'ailleurs, « il y ait conscience d'un concept abstrait sous-jacent qui se rapprocherait de celui de système dans sa définition contemporaine[48] ». Seul le maître d'œuvre de l'*Encyclopédie* manifeste ce niveau d'abstraction.

2

L'économie de circulation

Quelque quarante ans avant la chute de l'Ancien Régime, l'école des philosophes-économistes, la physiocratie, découvre le mécanisme des flux de la richesse et en dessine la représentation géométrique. C'est le premier système de lois de l'économique moderne. Fidèles à la philosophie des Lumières, ses représentants postulent que l'échange a un pouvoir créateur. Ils prônent donc la libre circulation des flux de biens et de main-d'œuvre ainsi que l'établissement d'une politique de construction et d'entretien des voies de communication. Leur doctrine inspire, pendant une brève période, une stratégie d'équipement routier et de suppression des entraves à l'échange. En revanche, l'idée qui en émane du rôle de la circulation des opinions, comme fondement d'une véritable sphère publique, reste marquée du sceau de l'ambiguïté.

Le schéma unificateur du territoire, surgi de la Révolution de 1789, commande l'harmonisation des normes de l'échange (poids et mesures et information statistique) et l'implantation d'un système national de télégraphe optique, dans un scénario où la raison arbitre les tensions entre l'universalisme et les intérêts locaux. Mais il faudra attendre l'arrivée de la locomotive couplée avec le télégraphe électrique pour voir s'ébaucher un bouleversement complet du mode de circulation.

François Quesnay et le Tableau économique

En 1758, le philosophe-économiste François Quesnay (1694-1774) fait paraître le *Tableau économique*, suivi de son *Explication* et des *Maximes générales du gouvernement économique*. Il s'agit d'une vision macroscopique et matérialiste de l'économie. Le tableau est cette figure géométrique, certes encore fort élémentaire, où les lignes, les flux, qui s'entrecroisent et s'enchevêtrent donnent à voir la circulation des richesses. Arbre généalogique de la marche des revenus, il constitue une ébauche d'une comptabilité économique nationale. Et c'est ainsi que, près de cent ans plus tard, l'interprétera Karl Marx (1818-1883) qui consacrera au tableau un long commentaire critique et reconnaîtra en l'initiateur de la physiocratie un des fondateurs de l'économie politique moderne.

Avant de publier le tableau, Quesnay a jeté les bases de sa philosophie de l'économie dans l'*Encyclopédie*. Non pas dans l'article consacré au terme « circulation », qui reste centré sur la circulation sanguine, mais dans deux autres intitulés « Fermiers » et « Grains », publiés respectivement en 1756 et l'année suivante. La question de la liberté du commerce des grains occupe alors une place importante dans le débat sur l'ouverture du régime. Ces deux articles constituent les premiers travaux sur des matières économiques de ce médecin déjà sexagénaire, connu jusqu'alors pour des traités sur les effets de la saignée (1730), l'économie animale (1736), la suppuration et la gangrène (1749), les fièvres continues (1753).

Dans la représentation physiocratique de la circulation des richesses, l'ensemble des circuits du monde économique est appréhendé comme une unité, un « système ». La circulation est double, comme l'est la circulation du sang. L'une s'effectue entre la nature (la terre) et l'homme ; l'autre entre les trois classes sociales qui composent la société. La *classe productive* est à l'origine du « produit net » ou « produit disponible agricole », l'excédent des richesses. La *classe des propriétaires* comprend le souverain, les possesseurs de terre et les « décimateurs », ceux qui ont le droit de lever la dîme ; cette classe subsiste par le produit net de la culture qui lui est payé chaque année par la classe productive. Enfin, la *classe stérile* ou non productive est celle des artisans, manufacturiers et marchands, tous les citoyens occupés à d'autres services et travaux que ceux de l'agriculture et dont les dépenses sont payées par les deux classes précédentes.

Ces analyses s'élaborent dans le contexte d'une nation majoritairement agricole. Pays le plus peuplé d'Europe, la France est confrontée au dilemme population/subsistance, suite à une importante croissance démographique due au recul de la mort – disparition de deux fléaux massifs, la peste et la guerre – et à l'atténuation progressive des « famines », fruit conjoint de hasards climatiques et de l'expansion économique. En moins d'un siècle, 5 à 7 millions de personnes vont s'ajouter aux quelque vingt millions qu'elle comptait à l'époque des enquêtes de Vauban. C'est d'ailleurs vers la moitié du siècle que le vocable « population » reçoit son acception moderne et se démarque de ses synonymes des époques antérieures comme « peuplade ».

Les hommes se multiplient à proportion des terres ; les travaux d'industrie qui occupent les hommes au préjudice de la culture des terres nuisent à la population et à l'accroissement des richesses : c'est ce que pose Quesnay, prenant acte de la faillite du mercantilisme et de son système industriel et commercial, truffé de règlements et de protections. Il mise tout sur l'agriculture, qui lui paraît le seul travail *productif*, la source unique des richesses. Son sort décide de celui de la société. Les arts, le « commerce de fabrique et de revente » ne renferment que des travaux stériles que le produit seul de l'agriculture – les « denrées et produits du cru » – peut salarier et soutenir. Or les cultivateurs ne peuvent s'enrichir que par la liberté et la sûreté de leurs personnes, de leurs travaux et de leurs biens. Il faut donc considérer que les corvées, les milices, les règlements qui prescrivent une certaine culture plutôt qu'une autre, les gênes et les prohibitions dans la commercialisation de la production sont des « fléaux publics ». Et c'est pour cela qu'il faut libérer toutes les circulations.

Dans cette première esquisse théorique sur la circulation des richesses, la circulation est envisagée de façon ample. Il y a la circulation « imparfaite » qui se passe entre deux classes seulement, et la « parfaite » qui se déroule entre les trois classes. La circulation englobe production, consommation et répartition. « Tel est le débit. Telle est la reproduction » : tranchant sur les idées de son temps, Quesnay postule que c'est seulement en « assurant le débit », c'est-à-dire en développant la consommation, que la richesse se perpétuera, se reproduira. Cette thèse est à ce point nouvelle que l'historien des doctrines économiques René Gonnard écrira dans les années 1920, la grande période de la doctrine « consommatiste » aux États-Unis : « C'est un des traits qui ont permis de parler de la "modernité" – je dirais presque l'américanisme – de l'économiste français[1]. »

Libre-échange intérieur, libre-échange extérieur, liberté de travail, liberté de cultiver son champ, libre prix, libre profit : telles sont les lois physiocratiques de cette circulation des richesses. Maxime originellement physiocratique, le « Laissez-faire. Laissez-passer » sera repris plus tard par le libéralisme. « Qu'on maintienne donc l'entière liberté du commerce ; car la police du commerce intérieure et extérieure la plus sûre, la plus exacte, la plus profitable à l'État et à la nation consiste dans la pleine liberté de la concurrence. » Telle est la maxime XXV du gouvernement économique d'un royaume agricole selon Quesnay[2]. Dans son mémoire sur « Le despotisme de la Chine », on lit encore : « La police naturelle du commerce est donc la concurrence libre et immense, qui procure à chaque nation le plus grand nombre d'acheteurs et de vendeurs, pour lui assurer le prix le plus avantageux dans ses ventes et dans ses achats[3]. »

La libération des flux concerne évidemment les circuits que doivent emprunter les denrées du cru. Une longue note sur l'état des chemins y est consacrée dès l'article « Fermiers ». Et la maxime XVII proclame : « Que l'on facilite les débouchés et les transports des productions et des marchandises de main-d'œuvre, par la réparation des chemins et par la navigation des canaux, des rivières et de la mer. »

Pour étayer sa thèse, Quesnay emprunte ses exemples aux civilisations lointaines. Dans son analyse du gouvernement des Incas (1767), Quesnay célèbre leurs « chemins de communication ». Dans son mémoire sur la Chine, rédigé la même année, il confesse son admiration pour l'organisation de ses rivières, lacs et canaux. Dans un chapitre intitulé « Le commerce considéré comme dépendance de l'agriculture », il consacre de longs développements aux facilités de transport dans cet empire : « La circulation et le débit y sont très prompts ; l'intérêt, qui fait la passion dominante du peuple chinois, le tient dans une activité continuelle ; tout est en mouvement dans les villes et dans les campagnes, les grandes routes sont aussi fréquentées que les rues de nos villes les plus commerçantes et tout l'empire ne semble qu'une vaste foire[4]. » Il ne tarit pas d'éloges sur la « magnificence de la construction » des routes, l'« attention singulière dans leur entretien », la « police admirable pour leur sûreté », parle des reposoirs qui les jalonnent, et de la distribution gratuite de thé que l'on y offre aux voyageurs, des châtiments exemplaires qui attendent les mandarins qui ne font point réparer ou entretenir les grands chemins.

Pour exprimer ses analyses économiques, Quesnay recourt certes à la métaphore anatomique de la circulation du sang. Mais, à l'inverse aussi, la métaphore de la circulation des rivières, alors qu'il n'est pas encore acquis à l'économie, lui sert pour décrire les changements qui arrivent pendant la saignée dans la circulation du sang [5]. Entre ses écrits sur l'hygiène comme « art de guérir par un bon régime » et ceux où il échafaude les principes d'une « science du gouvernement » comme hygiène universelle, la transition se fait en douceur. Quesnay applique aux seconds les mêmes règles générales que celles qu'il a suivies pour les premiers. Il se réclame de la méthode inductive : l'expérience et l'observation. Sans théorie, il n'y a ni science, ni art : ce leitmotiv est d'abord mis à l'épreuve dans ses polémiques avec les chirurgiens de son temps. Les introductions de certains de ses traités médicaux se transforment ainsi en de véritables dissertations sur les voies de la science et l'avancement des Lumières.

Quesnay s'explique, d'ailleurs, sur la légitimité du recours à l'analogie. Dans ses « Mémoires de l'Académie royale de chirurgie » de 1743, il affirme : « Où la certitude nous abandonne, il ne nous reste pour nous conduire que la *conjecture* et l'*analogie*... (Ce) sont des sources de lumière ; la vraisemblance, la comparaison des objets qui se ressemblent conduisent à des recherches ; et de ces recherches naît quelquefois la connaissance de la vérité... (Mais,) c'est une démarche délicate qui peut jeter dans des voies pleines d'erreurs et de périls. Elle doit donc être interdite à des esprits bornés ou peu éclairés [6]. » Une précaution que ne prendront pas toujours certains de ses disciples qui, plus enclins à la démarche spéculative qu'inductive, forceront le trait. Invitant à « anatomiser » les valeurs économiques (flux, reflux, épuisement des canaux et engorgement, etc.), ils contribueront à donner une nouvelle vigueur aux conjugaisons sociales de l'anatomie et de la physiologie [7].

Un espace pour le public éclairé

Ce qui confère une cohérence aux deux vies du médecin devenu philosophe-économiste, passé de l'« économie animale » à l'« économie politique », c'est par-dessus tout sa philosophie de la nature et de l'ordre naturel. Ses observations pathologiques le mènent à établir un axiome : « La nature est l'hygiène universelle ; c'est elle qui blesse, et c'est elle qui guérit[8]. » Chaque atteinte à ce code de la nature déclenche les moyens de la régulation, une loi qui s'applique autant au corps politique qu'au corps physique. C'est le propre de la « crise », explosion d'un état morbide antérieur, que de le faire savoir. Ses réflexions médicales reviennent sans cesse sur la théorie de la saignée et la théorie des fièvres, comme « arts de guérir ». Ainsi combat-il l'idée que la fièvre a quelque chose de mauvais en soi, et qu'il faut la supprimer, alors que souvent elle est le moyen par lequel la nature peut s'aider elle-même.

La nature en sa vertu curative est la grande institutrice de l'humanité. Dès son *Essai physique sur l'oeconomie animale* (1736), Quesnay définit l'économie comme une « organisation naturelle[9] ». Une des principales missions qu'il assigne aux tenants de la nouvelle économie politique est d'instruire le « corps moral de la nation, c'est-à-dire la partie pensante du peuple » sur les connaissances relatives aux lois de cet ordre naturel. « Le premier établissement politique du gouvernement serait l'institution des écoles pour l'enseignement de cette *science*... La connaissance évidente et générale des lois naturelles est donc la condition essentielle du concours des volontés[10]. » Là où il n'y a point cette instruction – à la fois publique et privée – tout n'est que ténèbres, car la connaissance de l'intérêt commun est le seul « lien social ». C'est ici que nous rejoignons la conception qu'a la physiocratie de l'aménagement de la sphère publique.

« Le détail de la doctrine chinoise mérite de servir de modèle à tous les États » : ces mots figurent au début de la conclusion du mémoire sur le « despotisme de la Chine » qui porte le titre « Comparaison des lois chinoises avec les principes naturels constitutifs des gouvernements prospères ».

Pour Quesnay, le parcours chinois à travers les récits de « voyageurs et des historiens, pour la plupart des témoins oculaires », est bien sûr un prétexte pour parler de façon plus libre des blocages institutionnels du royaume de France.

Ainsi, lorsqu'il s'émerveille de la « gazette du gouvernement intérieur de l'empire » et de sa véracité. Grâce à elle, « en Chine, les livres qui renferment les lois fondamentales de l'État sont dans les mains de tout le monde ; l'empereur doit s'y conformer. En vain un empereur voulut-il les abolir, ils triomphèrent de la tyrannie [11] ». Le « principe de publicité » y est donc avancé comme une des garanties de la démocratie dans une « nation instruite des lois naturelles ». « Dans cet empire immense – écrit-il plus loin, au moment de boucler l'ensemble –, toutes les erreurs et toutes les malversations des chefs sont continuellement divulguées par des écrits publics autorisés par le gouvernement, pour assurer, dans toutes les provinces d'un si grand royaume, l'observation des lois contre les abus de l'autorité, toujours éclairée par une réclamation libre, qui est une des conditions essentielles d'un gouvernement sûr et inaltérable [12]. »

On assiste ainsi dans la France de la seconde moitié du XVIIIe siècle à la lente et contradictoire émergence d'une théorie de la sphère publique qu'Habermas, après Marx, a judicieusement analysée : « Ce n'est qu'à partir du moment où les physiocrates l'ont comprise comme l'émanation du *public éclairé* lui-même, que l'*opinion publique* revêt le sens précis d'une opinion vraie, régénérée par la discussion critique au sein de la sphère publique – elle devient la dimension où s'abolit l'opposition entre *opinion* et *critique*. » Mais si les physiocrates sont les premiers à défendre l'idée d'un public faisant un usage politique de sa raison et, par là, celle de l'autonomie législative de la société civile par rapport aux interventions de l'État, « ils n'en restent pas moins les apologistes d'un régime absolutiste. Selon le mot de Marx, leur doctrine équivaut à une reproduction bourgeoise du système féodal. Alors que la société est en train de passer du mercantilisme au libéralisme, ils s'en tiennent au fondement de la domination féodale, et considèrent donc l'agriculture comme le seul travail productif... D'après eux, le monarque est commis à la protection de l'*ordre naturel* et c'est le *public éclairé* qui lui permet d'en pénétrer les lois [13] ».

La doctrine physiocratique ne réussira pourtant pas à transcender les limites du régime établi dans une France où ne cesse de s'accentuer l'isolement de la société par rapport à l'État. Le pouvoir législatif et exécutif ne pouvant être partagé, la « nation en corps », la nation assemblée, ne peut être en aucun cas détentrice du pouvoir de légiférer. Cette situation est très différente de celle de l'Angleterre à la même époque, où le *public spirit* est « une instance qui a le pouvoir de contraindre le législateur à se justifier [14] ».

Sans rester enfermé dans le royaume agricole des philosophes-économistes, on a un aperçu des tiraillements de cette période historique lorsqu'on parcourt l'*Encyclopédie* à la recherche d'une archéologie des termes qui ont jalonné l'émergence d'une sphère publique.

A l'article « Opinion », il n'y a pas de trace d'une définition qui avoisinerait l'opinion publique. Le sujet n'est traité qu'à travers la grille des opinions individuelles. S'il n'y a pas d'« opinion populaire » ou « générale », en revanche il y a, dans les articles « Peuple » et « Populaire(s) », des annotations sur le caractère ambivalent de ces notions. La rubrique « Peuple » insiste sur la difficulté à définir ce « nom collectif » parce qu'on s'en forme « des idées différentes dans les divers lieux, dans les divers temps, et selon la nature des gouvernements ». L'approche du mot « Populaire » est double : au singulier, à travers l'« État populaire » ou « démocratie », celui où « le peuple en corps a la souveraine puissance » ; au pluriel, à travers « ceux qui cherchent à s'attirer la bienveillance du peuple » pour le flouer. C'est à travers les amusements, le pain et les spectacles que les tyrans les plus odieux ont réussi dans l'histoire à se « rendre populaires ». Il s'en dégage une représentation fort négative du divertissement et du populaire.

Tout ce qui pourrait avoir quelque rapport avec une « opinion » émise par le vulgaire est connoté péjorativement : folle, inepte et impulsive. Ce qui n'est pas une surprise quand on sait que Condorcet ira jusqu'à définir en 1776 l'opinion populaire comme « celle de la partie du peuple la plus stupide et la plus misérable ». Pour se convaincre d'une autre réalité, il suffit de lire la recherche d'Arlette Farge sur l'existence d'une opinion publique populaire au XVIIIe siècle, cette « sphère publique plébéienne » que, dans son étude, Jürgen Habermas laisse délibérément de côté, se concentrant exclusivement sur la formation de l'opinion éclairée ou de l'espace critique lettré. En exploitant plusieurs sortes de sources contenant des « avis populaires » (chroniques, journaux, mémoires, procès-verbaux de police, nouvelles à la main, archives de la Bastille), l'historienne cherche à cerner des formes politiques d'acquiescement ou de mécontentement populaire face aux événements, visibles, réels et quotidiens, et au spectacle de la monarchie. « Sans existence ni statut, signale-t-elle, la parole populaire est un non-lieu politique en même temps qu'un lieu commun de la pratique sociale. Pourchassée par le pouvoir politique, elle prend forme et existence et s'élabore au cœur de ce système qui, contradictoirement, la nie et la prend en compte, donc, dans une certaine mesure, la crée. Inexistante et existante, la parole populaire sur les affaires du temps vit dans un entre-deux : entre le hors-lieu politique et le lieu commun d'une pratique toujours suspectée [15]. »

À défaut d'« Opinion publique », consultons le terme « public ». Le terme désigne soit le corps politique que forment entre eux tous les sujets d'un État, soit les citoyens d'une même ville.

Le mot « public » comme audience – dira-t-on bien plus tard – n'est pas présent dans la liste des acceptions de cette entrée. En revanche, il est utilisé à plusieurs reprises par Diderot dans les adresses successives qui précèdent certains tomes de l'*Encyclopédie*. Il est alors question du destinataire de cet ouvrage rédigé par « des gens de lettres » : « le public qui lit, et qui pense ». Quant aux notions de « masse » et de « foule », elles n'entretiennent strictement aucune relation avec le peuple, l'opinion ou le public. La masse appartient notamment à la physique ou à l'économie tandis que la foule définit au singulier une des opérations de manufacture des draps, et au pluriel, un des peuples d'Afrique.

C'est à Voltaire (1694-1778) qu'il est échu de présenter en 1757 une des institutions qui médiatise une sphère publique embryonnaire.

Dans l'article « Gazette » ou « Relation des affaires publiques », il relate l'histoire de cet « usage utile ». Inventée à Venise au commencement du XVIIe siècle, au temps où l'Italie était encore au « centre des négociations de l'Europe » et où la cité des Doges « était toujours l'asile de la liberté », elle doit son nom à la petite monnaie, la *gazetta*, qu'il fallait payer pour acquérir ces feuilles qui paraissaient une fois par semaine. Liberté, l'argument revient, provoquant ou à mots voilés, à maintes reprises, s'appuyant au besoin sur des comparaisons internationales. La référence chinoise est, là aussi, prise à témoin. Car si Venise est leur berceau en Europe, de tels journaux, signale Voltaire, sont le fait de la Chine depuis des temps immémoriaux. On y imprime tous les jours la gazette de l'empire par ordre de la cour.

Le philosophe fait allusion aux obstacles à une libre parole publique. Il rappelle que le médecin Théophraste Renaudot (1586-1653), qui donna à la France les premières gazettes en 1631, en fit longtemps le privilège d'une famille. Il signale aussi que si la seule ville de Londres compte désormais non moins d'une douzaine de ces « gazettes politiques » par semaine, on ne peut toutefois « les imprimer que sur du papier timbré, ce qui n'est pas une taxe indifférente pour l'État ». Quant aux gazettes de France, elles « ont toujours été revues par le ministère ». En contrepartie, tous ces journaux publics « n'ont jamais été souillés par la médisance et ont été toujours assez correctement écrits ». Ce qui n'est pas le cas des gazettes étrangères, comme celles publiées dans la capitale anglaise. A la différence de celles de Chine qui « ne regardent que cet empire », les gazettes d'Europe « embrassent l'univers ».

Diderot prend le relais en écrivant l'article « Journaliste », et très probablement celui, non signé, de « Journal » (1765). Le journal est défini comme « un ouvrage périodique qui contient les extraits des livres nouvellement imprimés, avec un détail des découvertes que l'on fait tous les jours dans les Arts et les Sciences ». Il doit être l'« ouvrage d'une société de savants ». Comme l'illustre la fondation, en France, du premier d'entre eux en 1665, le *Journal des savants*, qui a été « imité dans la plupart des autres pays sous une infinité de titres différents ». Tel, en Angleterre, *The History of the Works of the Learned* (1699).

Dans les deux entrées, s'exprime le scepticisme des Lumières à l'égard de cette nouvelle forme de diffusion des savoirs. L'« espèce » journal a été inventée « pour le soulagement de ceux qui sont ou trop occupés ou trop paresseux pour lire les livres entiers. C'est un moyen de satisfaire sa curiosité, et de devenir savant à peu de frais... On achète ou on laisse un livre d'après le bien ou le mal qu'ils [les journalistes] en disent ; moyen sûr d'avoir dans sa bibliothèque presque tous les mauvais livres qui ont paru, et qu'ils ont loués, et de n'en avoir aucun des bons qu'ils ont déchirés ».

Aussi est-ce sur une véritable proposition de code de déontologie professionnelle que Diderot termine l'article « Journaliste ». Non seulement il y plaide pour que l'intérêt de ce dernier « soit entièrement séparé de celui du libraire et de l'écrivain », mais il insiste sur sa mission pédagogique.

« Son art n'est point celui de faire rire mais d'analyser et d'instruire. Un journaliste plaisant est un plaisant journaliste. »

Turgot et la construction du réseau routier

A propos de la vie politique en France vers le milieu du XVIIIe siècle, Alexis de Tocqueville (1805-1859) constate ceci : « Tandis qu'en Angleterre ceux qui écrivaient sur le gouvernement et ceux qui gouvernaient étaient mêlés, les uns introduisant les idées nouvelles dans la pratique, les autres redressant et circonscrivant les théories à l'aide des faits, en France, le monde politique resta comme divisé en deux provinces séparées et sans commerce entre elles. Dans la première, on administrait ; dans la seconde, on établissait les principes abstraits sur lesquels toute administration eût dû se fonder. Ici, on prenait des mesures particulières que la routine indiquait ; là, on proclamait des lois générales, sans jamais songer aux moyens de les appliquer : aux uns, la conduite des affaires ; aux autres, la direction des intelligences [16]. »

Le réformateur Turgot (1727-1781), physiocrate indépendant, prendra le contre-pied de cette sentence. D'abord comme intendant de la généralité de Limoges de 1761 à 1774. Ensuite, en tant que ministre de Louis XVI, contrôleur général des Finances de 1774 jusqu'à la disgrâce, deux ans plus tard. Avec lui, les idées des philosophes-économistes se convertissent en art de gouverner. De la première charge publique, Turgot apprendra à se méfier des ordres et interdictions où tout est prétexte à perception de droits et à constitution d'offices. Sans doute pas assez, car il ne pourra déjouer les manœuvres des privilégiés, une fois au sommet de l'administration de l'État.

Sur le terrain, la conduite des affaires dans son intendance limousine en fera un solide connaisseur de la question des travaux publics. C'est sous sa gestion provinciale que sera inventé et appliqué un nouveau système d'empierrement des chemins. Les fondations des chaussées romaines qui servaient encore de références majeures étaient composées d'une ou de deux assises de pierres plates, puis de pierres moins grosses en se rapprochant de la surface. En 1770, l'ingénieur en chef de la généralité de Limoges, Pierre-Marie Trésaguet (1716-1796), innove en proposant des chaussées de cailloutis non mélangés de sable avec fondation et surface en forme de voûte. Ce procédé sera généralisé dans tout le royaume cinq ans plus tard. (Le prochain saut technique de l'empierrement attendra 1815 et sera l'œuvre du curateur des routes de Bristol, John McAdam [1756-1836], qui popularisera l'usage de la couche unique de pierres cassées et petits matériaux ; point de départ des progrès qui mèneront aux chaussées d'asphalte vers 1850. En 1860, le rouleau compresseur à vapeur fera son apparition.)

Briser l'isolement des provinces, tel est l'ordre du jour dans une France où disparaissent peu à peu les péages. Une chose est certaine : c'est alors que le réseau en étoile, centré sur Paris, prend forme. Une autre l'est moins : le nombre de kilomètres de routes ouvertes au cours des quarante dernières années de l'Ancien Régime. Les historiens se montrent d'une extrême prudence face au chiffre généralement cité de 40 000 kilomètres construits ou rectifiés, empierrés ou pavés, bordés de fossés et d'arbres et étalonnés par des bornes. « Grande mutation des routes en France au XVIIIe, ou changement limité ?, s'interroge Bernard Lepetit. Les données quantitatives manquent pour en décider. L'Ancien Régime finissant n'offre qu'une poignée d'évaluations globales, concordantes mais grossières : 6 000 lieues environ, soit un peu plus de 26 000 kilomètres de routes ouvertes dans l'ensemble du royaume, au début des années 1780. Précisons qu'une route réputée ouverte n'est pas pour autant achevée et "à l'état d'entretien" : il faut attendre 1855 pour que les deux notions d'ouverture et de perfection coïncident dans la quasi-totalité des cas [17]. » Et cet auteur va jusqu'à parler de l'« impossible couverture nationale » pour caractériser la période qui s'étend de 1775 à 1800 et le contexte dans lequel Turgot assume sa fonction de grand voyer du royaume : les coffres sont vides, et la main-d'œuvre forcée résiste de plus en plus à l'embrigadement.

Les maîtres d'œuvre du réseau routier sont loin de croire alors avoir atteint l'essentiel de leur objectif. Dans son *Traité de la construction des chemins*, publié en 1778, M. Gautier, architecte, ingénieur et inspecteur des grands chemins, ponts et chaussées du royaume, se sent encore, s'adressant au souverain, obligé de démontrer l'utilité d'un réseau routier convenable. « Les canaux de communication dans un État, aussi bien que les grandes routes qui le traversent et qui sont bien entretenues apportent l'abondance dans tous les endroits d'un royaume, et en entretiennent toute l'économie par la circulation[18]. » Et de décliner les avantages qu'apporterait un système routier en bon état qui permette, par exemple, à celui qui a trop de blé et manque de vin d'en acquérir et réciproquement. Les voitures exigeraient moins de chevaux et d'hommes et le matériel serait moins lourd, donc meilleur marché. Il y aurait, en hiver, la moitié plus de voyages utiles et moins de chevaux estropiés. Le roi épargnerait un sixième du coût de transport pour l'approvisionnement de ses troupes stationnées aux frontières, plus un autre quart vu le surenchérissement des marchandises par les fournisseurs à cause des chemins impraticables. Il y aurait plus de gens sur les routes : carrosses, voitures, chevaux, chaises de poste. Et donc les cabaretiers, « gagnant plus par le grand nombre, serviraient mieux et à meilleur marché ». Ces « commodités » attireraient plus de voyageurs étrangers qui apporteraient encore plus d'argent dans le royaume. Bref, la « multitude prodigieuse des petits échanges entre les vendeurs et les acheteurs serait encore la moitié plus grande dans les six mois d'hiver si les acheteurs et vendeurs n'avaient rien à craindre des mauvais chemins, et si les marchandises pouvaient se voiturer facilement aux foires, aux marchés, aux ports et aux villes ».

Dans ce paysage routier de pénurie, la réelle nouveauté de l'œuvre de Turgot est dans la contestation des corvées et la recherche d'un autre mode de financement des travaux publics. Démarche qu'il concrétise déjà dans son intendance de Limoges et qui lui vaudra l'admiration des voyageurs étrangers, comme l'Anglais Arthur Young[19].

En janvier 1776, le contrôleur général des Finances Turgot soumet au roi un mémoire proposant l'abolition de la corvée dans tout le royaume (en même temps que la suppression des droits en vigueur à Paris sur les grains, farines et denrées de première nécessité pour le peuple, celle des offices sur les ports, quais, halles et marchés de Paris, celle des jurandes). L'année précédente, Turgot a créé une « Régie des diligences et messageries », abrogeant les concessions aux particuliers, et a codifié l'enseignement dispensé à l'École des ponts et chaussées, lui fixant définitivement cette dénomination et instituant notamment les « concours de style » pour les élèves.

Le projet de suppression de la corvée donne lieu à un long échange épistolaire entre Turgot et le garde des Sceaux, Jean de Maurepas. Trois quarts de siècle après *La Dîme royale*, Turgot retrouve les accents de Vauban pour dénoncer les inégalités des sujets du roi face aux multiples impositions, charges et autres « fardeaux ». Turgot parle de l'inégalité des avantages et réclame de « revenir à la justice, qui doit faire charger de la dépense ceux qui y ont intérêt ». Ce n'est pas l'avis du garde des Sceaux qui résiste à l'idée d'une nouvelle imposition des propriétaires pour financer la construction des chemins et lui objecte que tous profitent au même titre des grandes routes bien entretenues. Ce qui lui vaut cette réponse ironique de la part du contrôleur des Finances : « Les voyageurs gagnent à la beauté des chemins d'aller plus vite. La beauté des chemins attire les voyageurs, en multiplie le nombre. Ces voyageurs dépensent de l'argent, consomment les denrées du pays, ce qui tourne toujours à l'avantage des propriétaires. Quant aux rouliers, leurs frais de voiture sont payés moins cher à proportion de ce qu'ils sont moins longtemps en chemin et ménagent davantage leurs équipages et leurs chevaux. De cette diminution des frais de voiture résulte la facilité de transporter les denrées plus loin et de les vendre mieux. Ainsi tout l'avantage est pour le propriétaire des terres qui vend mieux sa denrée. A l'égard des paysans qui vont à pied, M. le garde des Sceaux me permettra de croire que le plaisir de marcher sur un chemin bien caillouté ne compense pas pour eux la peine qu'ils ont eue à le construire sans salaire [20]. »

Ce débat est sans doute l'un des premiers dans l'histoire où le problème de la communication, champ si propice dès le début au mythe du partage et de la communion, est posé en termes d'inégalité et d'injustice sociale. A peine un siècle plus tard, poindra le mythe de l'égalité de tous devant le rail.

En février 1776, un édit du roi, se rangeant au principe que « les chemins doivent être faits aux dépens de ceux qui en profitent », supprime les corvées en temps de paix [21]. Le financement des ouvrages, désormais confiés à une entreprise sur adjudication, se fera grâce à une contribution des propriétaires fonciers.

Dans le long préambule de l'édit, la doctrine physiocratique de la prééminence de l'agriculture et des vertus de la circulation est à l'honneur : « La protection que nous devons à l'agriculture, qui est la véritable base de l'abondance et de la prospérité publiques, et la faveur que nous voulons accorder au commerce comme au plus sûr encouragement de l'agriculture, nous feront chercher à lier de plus en plus par des communications faciles toutes les parties de notre royaume, soit entre elles, soit avec les pays étrangers [22]. »

Un arrêt du Conseil d'État répartit les routes en quatre catégories, fixant à chacune une largeur. Dans ses attendus, il explique la raison pour laquelle il est attribué aux grandes routes une largeur moindre que celle qui leur était précédemment assignée : « Il était justice de laisser à l'industrie des cultivateurs, devenue libre, et à la reproduction des denrées tout ce qu'il ne serait pas absolument nécessaire de destiner aux chemins pour faciliter le commerce [23]. »

Jusqu'au bout de son mandat ministériel, la politique de Turgot reste ainsi fidèle à l'orthodoxie agrarienne de la physiocratie. Les routes sont conçues pour l'acheminement des « denrées du cru » et l'impôt proposé pour substituer la corvée grève principalement les propriétaires-cultivateurs, les manufacturiers et les négociants ayant été définis une fois pour toutes comme « classe stérile ».

L'année de la disgrâce du grand commis Turgot est celle du déclin du libéralisme agricole et de la physiocratie comme outil de gouvernement. Coïncidence et contraste : en cette année 1776, à Londres, paraît l'œuvre maîtresse d'Adam Smith, *Recherches sur la nature et les causes de la richesse des nations*, qui va marquer le libéralisme industriel et commercial du siècle suivant. Dans ses textes de jeunesse, ébauches d'une histoire universelle et d'une « géographie politique », qui datent des années 1750, le jeune Turgot avait proposé une première « théorie des étapes » du progrès : une approche des phases successives de développement par lesquelles passeraient, au cours de leur histoire, les sociétés humaines. La chasse, le pâturage, l'agriculture, le commerce et l'industrie. Mais il s'était arrêté en chemin, puisqu'il intégrait dans la troisième et dernière étape, représentée par la société agricole, le commerce et l'industrie [24]. L'économiste écossais, à son tour, propose une approche logico-historique de l'évolution des sociétés. Mais il distingue clairement l'étape industrielle du royaume agricole, dans une Angleterre où, selon Fernand Braudel, les transports intérieurs se multipliant, « la Révolution industrielle précoce est directement liée à une active économie de circulation [25] ». L'année où paraît son ouvrage est aussi celle où les États-Unis conquièrent leur indépendance.

Turgot renversé par les propriétaires taxés, l'édit « perpétuel et irrévocable » – termes qui figurent dans son préambule – sera considérablement rogné. Dès le mois d'août, l'option « corvée » était rétablie, ouvrant une période d'incertitudes et de tâtonnements où coexistent impositions et corvées. En 1786, la corvée est même considérée comme donnant droit à un salaire.

Circuler, c'est mesurer : l'adoption d'un système unique de poids et mesures

Le débat sur le type de financement des travaux exige une connaissance chiffrée des routes à construire, du degré d'avancement des réalisations dans les régions. Trois ans avant la fin de l'Ancien Régime, l'administration des Ponts et Chaussées mène la première grande enquête statistique sur l'état des routes[26]. Et à partir de 1789, l'œuvre d'unification du territoire va s'inscrire dans un cadre plus large, attribuant un rôle central à l'amélioration de la communication et de la fluidité des échanges : suppression des barrières douanières intérieures et des octrois, uniformisation du régime des impôts, élaboration d'un code unique, redécoupage administratif, obligation d'utiliser la langue française pour les actes publics, etc.

En 1794, l'École centrale des travaux publics ouvre ses portes. Un an plus tard, elle est rebaptisée École polytechnique. Sa direction en est confiée au directeur de la presque cinquantenaire École des ponts et chaussées, après un long débat contradictoire sur la nécessité de créer une école unique d'« ingénieurs nationaux » réunissant le corps du génie militaire et celui des ponts et chaussées. En 1795 également, la Convention crée les écoles d'application, dont une nouvelle École des ponts et chaussées[27]. Les stages en province pour les futurs ingénieurs, en pratique sous l'Ancien Régime, sont supprimés.

La puissance publique s'attaque aussi au problème de l'unité de la « langue » des échanges commerciaux, posé par la diversité des systèmes de poids et les mesures. Vieux problème s'il en est. Dans ses *Questions intéressantes sur la population, l'agriculture et le commerce*, Quesnay, donnant ses recommandations pour lever des enquêtes nationales dans ces domaines, notait dans la section « Usages » : « Les mesures du pays ; leurs variétés pour toutes les différentes denrées : les poids, les aunages, les mesures de terres, les mesures de grains, etc., en donner le détail par livres, onces, pieds et pouces[28] ? » Cette recommandation était précédée par cette autre : « Quel est le caractère des habitants ; d'où il vient, ce qui le détermine ? » Cette contiguïté n'était pas fortuite : elle indiquait à quel point le problème des poids et mesures était alors ressenti et vécu comme une question culturelle. Les mesures anciennes avaient un caractère non pas conventionnel, mais « significatif » : elles signifiaient ou exprimaient l'homme, les conditions de sa vie et de son travail ; elles avaient une signification sociale, elles étaient « un signe pourvu de sens[29] ». Ainsi, les mesures anthropométriques (pied, coudée, brasse, etc.) renvoyaient au caractère spécifique de chaque action. Ainsi, également, la valeur des mesures de contenance était déterminée par la dimension des moyens de transport.

D'où l'extrême diversité des poids et mesures (de distance, de superficie, de capacité). L'*Encyclopédie* avait même reproduit des tables d'équivalence. Une mesure de même appellation pouvait prendre une valeur différente selon le lieu, à l'intérieur des frontières comme à l'extérieur. 100 livres d'Amsterdam avaient la même valeur à Paris, La Rochelle, Saint-Malo et Besançon, mais valaient 89 à Genève, 105 à Bourges et à Bruxelles, 109 à Londres, 114 à Lille et à Madrid, 118 à Toulouse et dans le Haut-Languedoc, 123,5 à Marseille, 143 à Florence et 182 à Venise. En Espagne, le « quintal-macho » atteignait 150 livres, c'est-à-dire cinquante de plus que le quintal commun. Avec la différence pour le calcul de la livre, cette mesure d'outre-Pyrénées donnait à Paris un peu moins de 140 livres.

Plus complexe encore, l'étalon pouvait fluctuer selon la place occupée dans l'échelle sociale par l'acquéreur et le vendeur. Le poids du sac de grains n'était pas nécessairement le même pour le roturier et son seigneur, pour la campagne et la ville. Au demeurant, les cahiers de doléances attestent des nombreux cas où la mesure significative se transformait en un « instrument de tromperie », sous l'Ancien Régime.

Durant des siècles, depuis les réformes de Charlemagne, la royauté avait tenté de remédier aux inconvénients pour le commerce d'une telle gerbe d'étalons. Mais aucun des essais d'unification des poids et mesures n'avait réussi à vaincre les pesanteurs culturelles. La formule attribuée à Louis XI – « Dans un État, il ne faut qu'une loi, qu'un poids et qu'une mesure » – relevait toujours de l'incantatoire, alors que, outre-Manche, une telle décision avait été acquise dès le XIIe siècle. C'est ce que déplorait encore, en 1765, l'auteur de l'article « Mesure » dans le tome X de l'*Encyclopédie* : « On conçoit bien que les peuples ne s'accorderont jamais à prendre de concert, les mêmes poids et les mêmes mesures, mais la chose est possible dans un pays soumis au même maître. Henry Ier, roi d'Angleterre [entre 1100 et 1135], fixa dans ses états les mêmes poids et mesures ; ouvrage d'un sage législateur, qu'il mit à fin dans son royaume, et qu'on a toujours inutilement proposé dans celui-ci... Ne nous objectez pas que cette idée n'est qu'un projet spécieux, rempli d'inconvénients dans son exécution, et qui dans l'examen n'est qu'une peine inutile, une dispute de mots, parce que le prix des choses suit bientôt leur poids et leur mesure. Mais ne serait-il pas encore plus naturel d'éviter cette marche, de la prévenir, de simplifier et de faciliter le cours du commerce intérieur qui se fait difficilement, lorsqu'il faut sans cesse avoir présent à son esprit ou devant les yeux le tarif des poids et mesures des diverses provinces d'un royaume, pour y ajuster ses opérations ? » L'article était catalogué comme relevant de la matière « gouvernement ».

C'est en décembre 1799 qu'est promulguée la loi portant fixation du mètre et du gramme, unités fondamentales du système métrique. Cette loi est l'aboutissement institutionnel du décret rendu dès mai 1790 par lequel l'Assemblée nationale donnait naissance au système métrique. Pendant neuf ans, des commissions composées de savants éminents, géographes, astronomes, philosophes ou physiciens, tels Cassini, Condorcet, Laplace, Lavoisier, Monge, avaient travaillé sur une idée essentielle : « Emprunter les unités à la nature ». De leurs travaux sur le mesurage du méridien entre Dunkerque et Barcelone, de leurs observations du pendule, de leur recherche du poids de l'eau distillée, était né un dénominateur commun : le mètre comme fraction du méridien terrestre (le quarante-millionième). Menés parallèlement, les travaux concernant la nouvelle mesure conventionnelle du poids du kilogramme (18 827 grains) rappelaient, au passage, la longue histoire du blé qui avait jalonné la progressive libéralisation du commerce et de la circulation.

Le peuple résista longtemps à la nouvelle nomenclature. Un décret de 1812 dut même autoriser, pour ménager la transition, l'usage de certaines dénominations anciennes tout en les adaptant aux nouvelles mesures. Et ce n'est qu'en 1840 que le système métrique fut rendu exclusivement obligatoire.

Le nouvel étalon métrique fut un des éléments de base du dispositif de la réforme fiscale. Il facilita le calcul de l'assiette de l'impôt foncier, une question qui avait hanté tant Vauban que Turgot à la recherche d'un système d'imposition plus équitable. L'administration des Impôts directs commanda en 1803 à six « ingénieurs mécaniciens » des instruments d'arpentage afin que les géomètres établissent un cadastre. Ce travail monumental de relevés prendra près de quarante ans. En 1811, les instructions sur la méthode à suivre pour procéder à une telle opération furent rassemblées dans un *Recueil méthodique*. Pour le rédiger, les techniciens français du Premier Empire s'inspirèrent de l'expérience des Habsbourg dans une des provinces de la monarchie autrichienne, le Milanais, où, commencé en 1719, le cadastre fut terminé en 1760. A la différence des autres territoires des Habsbourg dans lesquels la réforme de l'impôt foncier ne rencontra pas le même succès, le Milanais s'était prêté de façon idéale à l'établissement d'un cadastre. A ceci une explication donnée par un spécialiste de l'histoire financière : « Ses caractères géographiques – une plaine quadrillée par des canaux –, son développement, le trafic que provoquait l'activité de la cité principale et des villes secondaires [30]. »

Produit des Lumières, de l'idéal d'égalité de tous devant la loi, le processus intellectuel d'abstraction qu'incarne la mesure fut présenté par ses initiateurs comme un des symboles de l'unité nationale et du progrès. Voici comment l'historien des poids et mesures, le Polonais Witold Kula, résumait en 1983 l'effet structurant de l'implantation de ce nouveau « système » : « L'idée des doctrinaires, parfaite dans sa pureté rationaliste, a pénétré les activités quotidiennes de la nation et, plus important encore, sa conscience quotidienne. La réforme métrique a permis d'abord de supprimer les innombrables occasions d'exploitation des pauvres par les riches, des naïfs par les rusés, des faibles par les forts. Grâce à ce système, on a réussi à imposer à toute la nation les mêmes catégories de pensée, représentations spatiales, idées nouvelles de poids et de dimensions et, chose la plus difficile, la division décimale... Imposer aux hommes les mêmes catégories de pensée afin qu'ils se comprennent mieux, n'est-ce pas une œuvre admirable [31] ? » Cette réflexion est à mettre en parallèle avec les analyses de Georges Canguilhem sur la généalogie de la « norme » et de la « normalisation ». « Sous ce rapport, il n'y a pas de différence entre la naissance de la grammaire en France au XVIIe siècle et l'institution du système métrique à la fin du XVIIIe... On commence par les normes grammaticales, pour finir par les normes morphologiques des hommes et des chevaux aux fins de défense nationale, en passant par les normes industrielles et hygiéniques[32]. »

Fruit de la raison, le système de comptage des poids et des mesures ne pouvait avoir qu'une vocation universelle. Dans sa période d'élaboration, Talleyrand avait offert à la Royal Society de Londres de s'associer à l'entreprise. L'offre déclinée, l'Angleterre résistera plus d'un siècle et demi à la réforme métrologique. Entre-temps, le mètre aura été exporté dans la plupart des pays européens et de l'Amérique latine. A la fin du XIXe siècle, en Europe, hormis l'Angleterre, seule la Russie ne s'était pas ralliée à la norme. Sous d'autres latitudes, les États-Unis, la Chine, le Japon et la Perse continuaient à y être réfractaires. Dès 1875, le mètre eut son organisation internationale : le Bureau international des poids et mesures, avec siège à Sèvres, dans le pavillon de Breteuil, dépôt de l'étalon-métal du « mètre international » et du « kilogramme international ».

Les mathématiciens eurent moins de succès dans leur réforme du temps. Leur calendrier de 1793 découpé en douze mois de trente jours, leur système décimal de décades et d'heures, et l'année débutant le jour de l'équinoxe d'automne où l'égalité est parfaite entre le jour et la nuit ne parvinrent pas à s'imposer et disparurent douze ans plus tard[33]. Le calendrier de Grégoire XIII (1582) reprit ses droits.

La « raison statistique »

Dans son *Esquisse d'un tableau historique des progrès de l'esprit humain*, parue en 1794, Marie Jean Antoine de Condorcet (1743-1794) avait appelé de ses vœux, au nom du combat contre les inégalités, l'institution d'une « langue universelle » qui serait le fruit de l'« application des méthodes des sciences mathématiques à de nouveaux objets ». Une langue de la « certitude géométrique » qui, « réservée uniquement pour les sciences, n'exprimant que ces combinaisons d'idées simples, qui se retrouvent exactement les mêmes dans tous les esprits, n'étant employées que pour des raisonnements d'une rigueur logique, pour des opérations de l'entendement précises et calculées, fût entendue par les hommes de tous les pays, et se traduisît dans tous leurs idiomes, sans pouvoir s'altérer comme eux, en passant dans l'usage commun[34] ». Cette langue universelle s'apprendrait avec la science elle-même, comme celle de l'algèbre, de sorte que l'on « connaîtrait le signe en même temps que l'objet, l'idée, l'opération qu'il désigne[35] ». Cette philosophie de la mesure exacte, qui inspire la réforme du système des poids et mesures, guide également l'organisation d'un système statistique.

A la fin du XVIIIe siècle, de façon générale, l'appareil de surveillance démographique fait défaut. Le contraste est frappant entre l'avancée des mesures de la mortalité et le retard des études sur la fécondité des mariages. Jusque-là, seule la mortalité a constitué un enjeu : pour les assureurs, nous l'avons vu, mais aussi pour la laïcisation. « En étudiant la mortalité – explique l'historien Hervé Le Bras –, les hommes du XVIIIe annexent leur destin qui n'est plus fixé arbitrairement par Dieu, mais qui se plie au calcul du hasard. Au contraire, la naissance, leur naissance, se produit de toute façon[36]. »

Le mesurage a pourtant franchi un cap depuis les années 1740 dans certains pays européens. En 1741, le pasteur prussien J.P. Süssmilch produit le premier ouvrage significatif de statistique mathématique, intitulé *Die göttliche ordnung in den veränderungen des menschlichen geslechlechts* (« L'ordre divin manifesté par le mouvement de la population »). C'est également un Allemand, Gottfried Achenwall, qui inaugure vers le milieu du siècle le mot « statistique », définie comme la « connaissance approfondie de la situation respective et comparative des États ». En 1746, le Français Deparcieux publie de nouvelles tables de mortalité dans un *Essai sur les probabilités de la vie humaine*. En 1755, paraît en France le livre de Richard Cantillon, *De la nature du commerce en général*. Écrit quelque quinze ans auparavant, c'est de ce livre posthume de l'auteur, irlandais d'origine et français d'adoption, disparu en 1733, que s'inspire de très près le marquis de Mirabeau, disciple de Quesnay, pour écrire son *Traité de population*, paru en 1757[37]. Avec Maurice de Saxe, et ses *Réflexions sur la propagation de l'espèce humaine*, jointes à ses *Mémoires militaires*, publiés sept ans après sa mort survenue en 1750, la démographie rejoint la pensée stratégique.

En 1776, le magistrat Jean-Baptiste Antoine de Montyon

publie, sous le nom de son secrétaire, Moheau, les premières évaluations systématiques sur l'état et le mouvement de la population française (*Recherches et considérations sur la population de la France*). Entre 1776 et 1786, il s'aventure sur le terrain de la « pathologie criminelle » dans les concentrations urbaines. Faisant procéder au relevé des condamnations dans la juridiction de Paris, il les classe selon le sexe, l'âge, l'occupation professionnelle, la nature et le lieu du délit ; il en résulte, trois ans avant la Révolution, ses *Observations sur la moralité de la France*.

Dans les années qui ont précédé la chute de l'Ancien Régime, des mathématiciens comme Condorcet et Laplace ont commencé à appliquer le calcul des probabilités à des problèmes en passe de devenir des impératifs de gouvernement : la détermination des modes d'élection les plus équitables, l'influence de la composition plurielle des jurys des tribunaux sur les jugements.

Les pays qui ont procédé à des dénombrements sur l'ensemble de leur population sont rares. La Suède et les deux autres États scandinaves qui ont levé un recensement en 1749 et les États-Unis d'Amérique, en 1790, font figure d'exception. L'Angleterre effectue son premier recensement en 1801. Le Parlement anglais, qui avait auparavant refusé tout dénombrement au nom des libertés individuelles, se plia cette fois au mouvement général à la faveur du climat de psychose causé par la parution du livre de Thomas R. Malthus sur lequel nous allons bientôt revenir.

En France, à l'instar des poids et mesures, la statistique devient un outil d'unification de la nation. Au tournant du siècle, à l'instigation du ministère de l'Intérieur, se crée un « bureau de statistique de la République ». « A ce moment, note Alain Desrosières, la statistique passe du manuscrit enfermé dans les archives de l'administration, à l'imprimé destiné en principe à un large public. Ce glissement est lié au fait que l'État *républicain*, devenu la *chose de tous*, représente la société tout entière, par le biais de la représentation électorale, mais aussi par les statistiques, devenues "miroir de la nation", et non plus seulement "miroir du prince". Cette ambition d'offrir à la société un reflet d'elle-même, à travers un réseau d'enquêtes commandées aux préfets, constitue la première orientation du nouveau bureau[38]. » Aléatoire jusque dans les années 1830, ce type d'institutions de collecte et de traitement statistiques, dont se sont dotés les États européens au cours de la période, commence alors à acquérir sa pleine légitimité comme art de gouverner.

Depuis les dernières décennies du XVIIIe siècle, comme le démontrent les préoccupations de Montyon à l'égard de la ville comme foyer du crime et l'ouvrage de Malthus, la question de l'état des « classes inférieures » hante le champ du savoir statistique. Donnant le ton, dès les années 1830, le mathématicien et astronome Adolphe Quételet (1796-1874) va tenter de déduire du calcul de certaines moyennes sur l'état et le mouvement criminel de la population les lois d'un ordre moral, parallèle à l'ordre physique. La problématique de l'« homme moyen », comme molécule conventionnelle de l'ordre social, prend son essor. On verra plus tard comment, avant que ne se termine le XIXe siècle, ce genre de recherches aura une incidence directe sur la formulation des débats sur le caractère de ces autres paramètres moyens que sont les foules, les publics et l'opinion collective.

La Commission centrale de statistique de la Belgique, que Quételet fonde, devient un modèle institutionnel pour d'autres pays. Dès 1832, Quételet propose aux Anglais la création de la future Royal Statistical Society dont les statuts seront approuvés deux ans plus tard. La Société de statistique de Paris, elle, verra le jour en 1860. En 1853, toujours sous l'impulsion du statisticien belge, se déroule à Bruxelles le premier congrès international de statistique, décidé deux ans plus tôt à Londres, lors d'une réunion organisée dans le cadre de la première Exposition universelle. En 1885, dix ans donc après la création du Bureau international des poids et mesures, la statistique aura son instance de représentation transfrontières : l'Institut international de statistique. La première grande phase de l'internationalisation moderne des nomenclatures battra alors son plein et les méthodes techniques de traitement des grands nombres seront en passe de changer. En 1880, le statisticien américain Hermann Hollerith (1860-1929), s'inspirant du métier à tisser de Joseph-Marie Jacquard (1752-1834), invente la machine à cartes perforées. Première application sur grande échelle : l'exploitation des données du recensement des États-Unis en 1890. Six ans plus tard, le statisticien fondera sa propre société pour produire et commercialiser son invention (en 1924, la Hollerith Tabulating Machines se métamorphosera en International Business Machines, IBM, le futur géant de l'informatique).

Télégraphe et chemin de fer : vers un nouvel usage du temps

Nécessité faisant loi, le pouvoir révolutionnaire donne en 1793 le coup d'envoi à un réseau de communication à distance ou « instantanée ». A l'arrière-plan, toujours cette vaste entreprise de rationalisation et de maîtrise de l'espace[39].

Reprenant un mode de communiquer qui remonte à la nuit des temps, l'abbé Claude Chappe (1763-1805), ingénieur et physicien, arrive à un moment opportun pour l'application de son télégraphe optique ou à bras. La logique de guerre fait de cette technique un auxiliaire des armées en campagne. Ses codes sont frappés du secret d'État, tout comme Napoléon frappe du secret d'État les cartes topographiques de Cassini, en s'en réservant l'usage, strictement militaire (la peur du complot et de la conspiration inspire également la restauration du « Cabinet noir », cette pratique de violation de la correspondance par l'administration des postes qui avait été abolie par la Révolution). Comme le note Yves Stourdzé : « Avec ce système, on a déjà la distinction, qu'on retrouvera plus tard, entre sémantique et signalétique, puisque, par exemple, les contenus des messages ne sont pas connus des stationnaires qui les transmettent de poste en poste (ils ne comprennent pas ce qu'ils transmettent), mais que, par contre, la signalétique du message est parfaitement bien comprise par eux (ils savent si, par exemple, il faut aller plus vite, stopper, commencer, recommencer, etc.). Au fond, il y a un double niveau de compréhension de la langue : une langue opératoire, qui est compréhensible par ceux qui font fonctionner les dispositifs, et une langue des contenus qui n'est dominée que par l'Administration[40]. »

Entre 1793 et 1855, le pays se couvrira du réseau le plus long du monde, sous surveillance des ministères de la Guerre et de l'Intérieur. Construit en étoile comme le réseau routier, il met en relation la capitale avec les grandes places fortes des frontières et des côtes et les villes stratégiques. La période napoléonienne constitue un moment décisif, non seulement du point de vue de l'extension internationale du télégraphe (qui ira jusqu'à Turin, Milan, Venise, Mayence, Tilsitt, Anvers et Amsterdam), mais de l'aménagement global du système de communications : création d'une Direction générale des postes sous tutelle du ministère des Finances (1804), et d'un service monté d'estafettes à l'échelle européenne (1805) ; réforme des Ponts et Chaussées (1805) ; redéploiement des haras nationaux (1806). Les estafettes acheminent les ordres et nouvelles urgentes dans une sacoche dont seuls l'expéditeur et le destinataire possèdent la clé ; elles servent aussi d'informateurs[41].

Le télégraphe ne sortira, en France, du giron de la Sécurité nationale et de ses codes secrets que lorsque, une fois inventé le télégraphe électrique par les Britanniques William Cooke et Charles Wheatstone et l'Américain Samuel Morse (1837), l'accès au service télégraphique sera autorisé aux compagnies de chemin de fer, aux bourses de commerce, aux agences de presse et au public. La libéralisation – toujours dans le cadre d'une administration d'État – ne débutera que lentement à partir de 1851. A cette date, l'Angleterre, qui depuis près de dix ans permet à quiconque le désire de mettre en service une liaison télégraphique, compte déjà 6 500 kilomètres de lignes[42]. Une densité de couverture qui n'a d'égale que celle de son système de voies ferrées.

Dès 1800, en effet, a commencé à se préciser la révolution de la vapeur appliquée au transport, une invention qui se prépare depuis le XVIe siècle. Pour pallier un manque de bois, l'Angleterre, à la différence de la France et des Pays-Bas, s'était engagée très tôt dans une très large exploitation du charbon. Ce combustible n'alimentera pas seulement plus tard les chaudières de ses trains. Son usage précoce dans les fabriques anglaises constitue un des facteurs qui favorisent l'essor d'un tissu industriel sur un marché intérieur de plus en plus vivant. Ainsi commence à se développer autour du charbon une problématique de la vapeur. D'autant plus que ces mines étant situées dans des cuvettes exceptionnellement saturées par les eaux de pluie, il a aussi fallu trouver une solution pour leur pompage. La pompe devint un des premiers terrains d'application de la vapeur (ce qu'a bien noté le romancier Herbert George Wells [1866-1946], historien perspicace des techniques de communication à ses heures[43]).

Ici plus qu'ailleurs, on pense à l'explication avancée par Fernand Braudel sur les conditions d'apparition des innovations « en continu » de la révolution industrielle : « Les inventions vont par groupes, par nappes, par séries, comme si elles s'appuyaient les unes sur les autres, ou comme si, plutôt, une société donnée les poussait toutes en avant[44]. » L'apparition du chemin de fer en est une illustration parmi d'autres.

Depuis le XVIIe siècle, les mines anglaises utilisent les rails, au début de simples barres de bois sur lesquelles roulent les chariots aux roues également de bois et qui permettent aux chevaux de tirer une charge trois fois plus lourde. En 1767, on commence à remplacer ces chemins de bois par des rails de fonte. Vingt-deux ans plus tard, l'Anglais William Jessop met au point le rail saillant et la roue munie d'un rebord. Le principe du roulement est trouvé pour une locomotive qu'il faut encore inventer. (On aura bientôt les viaducs mais pas le matériel roulant ! En 1779, le premier pont de fonte est construit à Coalbrookdale.)

Des essais sur route ont déjà eu lieu : en 1771, l'ingénieur militaire français Joseph Cugnot invente la première automobile à vapeur, le fardier ; en 1784, l'Écossais James Watt, le père du condenseur, perfectionne les inventions de Denis Papin (1680) et du « fire engine », la pompe à feu, de l'Anglais Thomas Savery (1698), et se contente de prendre un brevet ; en 1804, l'Anglais Richard Trevithick fait un essai non concluant de locomotive, d'abord sur route, ensuite sur rail, et recommence avec succès quatre ans plus tard ; l'engin de l'Américain Oliver Evans traverse la même année Philadelphie sur un mille et demi. Ce n'est toutefois qu'en 1829 que l'Anglais George Stephenson réussit à combiner l'échappement de la vapeur par la cheminée et la chaudière tubulaire, découverte par le Français Marc Seguin. La locomotive à vapeur peut commencer sa course. L'écartement des rails correspond à l'écartement normal des véhicules routiers de l'époque (4 pieds, 8 pouces et demi, soit 1,435 m). Il faudra toutefois plusieurs décennies pour que s'impose ce standard dans la patrie de l'inventeur de la locomotive, et tout autant pour qu'il devienne une norme partagée par la majorité des réseaux dans le monde. En Europe, seules la Russie et l'Espagne, pour des raisons de défense nationale, resteront résolument en marge de cette communauté du rail.

Du cheval au train, de la vitesse organique à la vitesse mécanique, dans le passage se dessine un nouveau mode de déplacement qui détermine un nouveau mode d'organisation de la société.

« Avec la machine à vapeur, note Paul Virilio, nous sommes en présence d'un armement du mouvement qui prolonge celui de la machine de guerre. Tout au long de l'évolution technique, nous trouvons d'ailleurs cet archétype, le "tube à feu" capable de diriger à la fois la puissance de l'énergie (poudre, vapeur, essence...) et le mouvement du vecteur (projectile, véhicule...)⁴⁵. » Les faits alignés par cet auteur sont largement probants.

En 1673, Christiaan Huyghens emprunte au canon, ou « machine à combustion interne monocylindrique », le modèle de sa « machine à poudre », ancêtre du moteur à explosion. Lorsque Cugnot met au point son fardier, c'est à la requête d'un inspecteur de l'artillerie royale. Un siècle après l'expérience de Huyghens, c'est un fusil rempli d'eau et obturé qui inspire au chaudronnier Evans l'idée de l'utilisation des hautes pressions, que Watt redoutait en raison des risques d'explosion, et qui lui fait construire des chaudières où la vapeur est produite à huit ou dix atmosphères. Le système multitubes qui permettra le développement et le perfectionnement des locomotives à chaudière tubulaire existait déjà depuis le XVIIᵉ siècle dans l'armement, toujours à l'affût de méthodes pour augmenter les cadences de tir. Le revolver à barillet de Samuel Colt (1832) servira de modèle pour le revolver photographique de l'astronome français Jules Janssen (1873), puis à Étienne Jules Marey pour son fusil chronophotographique.

Depuis la révolution militaire qui, selon les historiens de la stratégie, s'est opérée entre 1560 et 1660 (émergence des armées professionnelles, introduction de la discipline et de la poudre à canon), les besoins des armées ont trouvé des solutions chez les hommes de science. A preuve, la découverte par Galilée de la dynamique, du principe de l'inertie et de la loi de la composition des vitesses, et ses expériences sur la trajectoire d'un projectile qui déclenchent les progrès de la balistique⁴⁶.

Huyghens, on le sait, est l'inventeur du ressort à spirale, moment fondamental dans le développement de l'horloge. Le chemin de fer est le point d'aboutissement d'une rationalité où le quadrillage du temps sur une grande échelle s'allie à la mise en place de systèmes de sécurité qui appelle le mode militaire d'organisation. Avant de désigner des applications de nouvelles technologies, et avant même que la locomotive ou le télégraphe soient inventés, le terme « ligne de communications » fait d'abord ses preuves dans les traités des académies de guerre. Son transfert dans le vocabulaire civil ne se fait point sous le signe de la métaphore. Il est la traduction d'un régime d'organisation. « Le règlement des chemins de fer – observe Virilio – sera calqué sur le règlement militaire. Le culte de l'exactitude des horaires sera celui d'une stratégie de la tension nécessitée par les exigences de sécurité du trafic[47]. »

Ici se situe la série d'inventions sur la transmission des signaux, ou des « informations », dira-t-on plus tard, qui mènent aux systèmes automatiques de régulation des flux ferroviaires. Le télégraphe électrique y joue un rôle déterminant. Car, comme le remarquera le rapporteur de la première grande Exposition internationale de l'électricité en 1881 : « Le développement de l'exploitation des chemins de fer n'est réellement devenu possible, et l'admirable activité, qui en fut la conséquence, n'a pu prendre tout son essor que grâce à la télégraphie électrique, dont le concours, venu tout à fait à propos, a constamment secondé la locomotion à vapeur... L'accroissement considérable du trafic, les difficultés résultant, pour les exploitants, de l'insuffisance des installations primitives, sans doute améliorées, mais conçues d'après les prévisions que les faits ont dépassées de beaucoup ; les exigences d'une situation nouvelle, inattendue, dont le caractère progressif et fatalement envahissant est mieux apprécié aujourd'hui : telles sont les causes déterminantes qui ont impérieusement ouvert le champ si vaste de la pratique à cette science nouvelle[48]. »

Un des tout premiers usages du télégraphe électrique est, en effet, pour signaler les trains. Cela se passe en 1840 en Angleterre sur la ligne de Londres à Blackwall. Quatre ans plus tard, la première application du principe du « Block system » est faite sur une section à voie unique. Chaque chef de station peut déjà lire, sur un cadran à aiguille inventé par Wheatstone, la section sur laquelle est engagé le train qu'on signale électriquement, lors de son entrée dans cette section.

A partir de cette date, le principe du « Block system » ne cessera de se perfectionner. En 1835, il s'en était fallu de bien peu pour que les Allemands Wilhelm Weber et Carl Friedrich Gauss ne devançent les Anglais en expérimentant sur une de leurs premières lignes en construction un procédé où « toute rupture de rail serait automatiquement annoncée par le télégraphe ». Leur idée d'employer les rails comme conducteurs du télégraphe débouchera en 1880 aux États-Unis sur un « Block system » électro-automatique dénommé « Union Automatic Electric Signal ». Un système que les ingénieurs décrivent ainsi : « L'interruption du courant place automatiquement les signaux à l'arrêt, si bien que toute rupture de rail ou tout abandon, sur une section du "block", de véhicules isolés (qui dérivent, à leur profit, le courant de la ligne), donne lieu à l'interruption ou à l'affaiblissement du courant, et, par suite, provoque la mise à "danger" du signal protecteur de la section[49]. » Étape décisive dans une science et une pratique des signaux qui tentent de supprimer le concours de l'homme en matière de protection, de prévention de la collision, de la catastrophe, de la crise.

Dès la phase du modèle d'organisation mécanicien, les notions de crise et de gestion des crises dans une situation complexe sont liées à celles de communication et d'information. Elles deviendront de plus en plus centrales à mesure que l'on s'approchera du modèle d'organisation informationnel qui lui succédera à la fin de la Seconde Guerre mondiale. A l'origine du passage du modèle mécanicien au modèle caractérisé par le transport électronique des informations et de l'action, ou la « révolution du contrôle », il y a précisément le fait que les techniques d'information et de communication mises en œuvre au cours du XIXe siècle se montrent insuffisantes pour administrer l'accélération des vitesses de circulation de la production et de la distribution[50].

La nouvelle temporalité de l'univers ferroviaire a été le point de départ d'une nouvelle temporalité tout court. C'est à travers l'heure ferroviaire que s'est entamé le processus d'harmonisation qui mènera avant la fin du siècle à l'heure mondiale. Un processus qu'a mis en lumière l'historien américain David S. Landes dans son étude sur les horloges, la mesure du temps et la formation du monde moderne. En 1847, la British Railway Clearing House recommande aux diverses compagnies d'adopter l'heure de Greenwich dans toutes les gares. Ce qui rend possible l'adoption d'une « heure légale », c'est la mise au point de l'horlogerie électrique, laquelle permet la création d'un service national de l'heure. Les signaux transmis à intervalles réguliers aux horloges et aux gares de tout le pays unifient la mesure du temps sur l'ensemble du réseau britannique. La synchronisation, qui ne va pas sans résistances de la part des défenseurs des « heures locales » dont s'étaient longtemps accommodées les lignes de diligences, aligne sur la nouvelle norme les activités qui dépendent des transports rapides. En 1884, malgré l'opposition des partisans, cette fois, des « heures nationales », l'heure de Greenwich servira de point de référence pour fixer le temps universel[51].

Dans le *Grand dictionnaire universel du XIXe*, mis en chantier en 1865 sous la direction de Pierre Larousse, le réseau sera devenu « l'enchevêtrement d'objets disposés en lignes » et le terme s'appliquera fondamentalement aux chemins de fer, aux routes et aux canaux ainsi qu'au télégraphe. Ce sens se fixe à partir de 1849[52].

La communication aura été sacrée aune à laquelle mesurer la puissance d'un peuple, son bien-être social, sa prospérité, sa civilisation et le degré de liberté civile et politique qu'il a atteint : « Dans nos temps modernes, les nations les plus libres et les plus civilisées, c'est-à-dire la France, l'Angleterre la Belgique, la Hollande, l'Allemagne et les États-Unis, sont aussi celles qui possèdent les meilleures voies de communication. L'insuccès des anciennes colonies espagnoles à établir parmi elles la liberté et à développer leur civilisation, après avoir conquis leur indépendance, aurait pour cause, suivant la plupart des publicistes en renom qui ont visité ces pays, l'incurie profonde des nouveaux gouvernements à l'égard des voies de communication[53]. »

L'économiste français Paul Leroy-Beaulieu (1843-1916) pourra enfin écrire en 1890 : « La construction des routes et des chemins de fer est l'un des produits les plus tardifs du principe de la division du travail, l'une des applications les plus récentes de l'idée de capitalisation[54]. »

Vers 1825, les ingénieurs militaires avaient homologué le terme réseau pour désigner le dispositif articulant les fortifications, les galeries souterraines et les voies de communication. En 1802, le futur général Pierre-Alexandre Allent (1772-1837), officier du génie, avait inauguré, dans son « Essai sur la reconnaissance militaire », la représentation moderne du réseau, se référant au réseau hydrologique dont la topographie rappelait les ramifications de l'arbre[55].

Dès le XIXe siècle, le concept de réseau et la métaphore réticulaire connaîtront en France une fortune sans pareille par rapport aux usages qui seront les leurs dans d'autres langues.

3

Le carrefour de l'évolution

Le discours que la société du XIXe siècle accueille et fait fonctionner comme vrai est calqué sur le paradigme biologique. Ce régime de vérité prend le dessus dans la seconde moitié du siècle, à travers un périple sinueux. La biologie fait des emprunts à l'économie politique ; laquelle, à son tour, s'approprie des outils forgés par les sciences de la vie. Objets de la transaction : les concepts de développement/croissance et de division du travail. Ce chassé-croisé fait naître une première théorie sociologique qui situe explicitement la communication comme composante d'« appareils » dans un « système ».

Adam Smith et la théorisation de la division du travail

« Les plus grandes améliorations dans la puissance productive du travail, et la plus grande partie de l'habileté, de l'adresse, de l'intelligence avec lesquelles il est dirigé ou appliqué, sont dues, à ce qu'il semble, à la *division du travail*[1]. » Ainsi débute le premier chapitre de la *Richesse des nations* de l'Écossais Adam Smith (1723-1790).

Un exemple suit cette entrée en matière abrupte : le travail des ouvriers dans une manufacture d'épingles. Un tire le fil à la bobine. Un autre le dresse. Un troisième coupe la dressée. Un quatrième empointe. Un cinquième est employé à émoudre le bout qui doit recevoir la tête. Laquelle tête est soumise à trois opérations distinctes : on la coupe, on l'amollit, on la frappe. Puis, successivement, on jaunit les épingles, on les blanchit, on les éteint, on les sèche, on pique les papiers pour les emballer, on boute les épingles. De sorte que, pour devenir objet de consommation, l'épingle doit passer par dix-huit opérations distinctes. En fait, tous les objets de l'environnement journalier supposent une variété et une quantité de travail inouïes. Sans division du travail, « le plus petit particulier, dans un pays civilisé, ne pourrait être vêtu et meublé même selon ce que nous regardons assez mal à propos comme la manière la plus simple et la plus commune[2]. » Le trajet de la production d'une veste de laine en est une autre preuve : berger, teinturier, fileur, tisserand, foulonnier, marchand et voiturier, constructeurs de vaisseaux et de voiles, marins ramenant les différentes teintures rapportées des extrémités du monde, etc.

De l'exemple de la manufacture d'épingles, Smith tire une loi : plus haut est le degré de perfectionnement d'un pays, plus poussée est la séparation des emplois et métiers. Ce qui dans une « société encore un peu grossière » est l'ouvrage d'un seul homme, est la besogne de plusieurs dans une « société plus avancée ». Trois facteurs expliquent le gain de la puissance productive à mesure que le travail s'est divisé. L'habileté individuelle de chaque ouvrier s'est accrue ; il y a eu épargne de ce temps qui auparavant se perdait dans le passage d'un travail à un autre ; des machines ont été inventées qui abrègent et facilitent le travail, et qui permettent à une personne de remplir la tâche de plusieurs. Ce travail d'invention a engendré une « profession particulière qu'on nomme savants ou théoriciens », une occupation subdivisée en un grand nombre de branches différentes.

Smith n'est certes pas le premier à parler du principe de la division du travail. Avant lui, des philosophes comme Platon ou des spécialistes de l'économie comme William Petty et, plus près de lui, Turgot ont pressenti l'importance de cette notion. Mais il est le premier à s'en servir pour bâtir un système scientifique.

Étrange paradoxe que cette révolution conceptuelle. Pour étayer le concept, Adam Smith ne va pas chercher son exemple dans une fabrique de son pays qui entre dans la Révolution industrielle, avec plusieurs décennies d'avance sur l'Europe continentale, mais en Normandie, dans une « allemanderie » de Laigle, à trente lieues de Paris.

En fait, Smith emprunte, en se gardant de citer ses sources, son exemple à l'article « Épingle », publié dans le tome V de l'*Encyclopédie*, en 1755[3]. Il est signé par M. de Laire, qui vient de publier un ouvrage sur la philosophie de Francis Bacon. Cette étude extrêmement fouillée de l'épingle, définie comme « le plus mince, le plus commun, le moins précieux des ouvrages mécaniques, et cependant un de ceux qui demandent peut-être le plus de combinaisons », est illustrée dans un recueil publié parallèlement par trois planches dont deux doubles décrivant les dix-huit opérations par lesquelles passe ce petit objet, à partir du « gros fil » de cuivre venu d'Allemagne et de Suède[4].

L'article en question a même droit, en sa dernière page, à un commentaire de Diderot, qui saisit l'occasion pour rappeler la philosophie de son grand projet encyclopédique d'alliance entre la technologie et la théorie : l'ouvrage sur Bacon de M. de Laire, « joint à la description précédente, prouvera qu'un bon esprit peut quelquefois, avec le même succès, et s'élever aux contemplations les plus hautes de la philosophie, et descendre aux détails de la mécanique la plus minutieuse. Au reste, ceux qui connaîtraient un peu les vues que le philosophe anglais avait en composant ses ouvrages, ne seront pas étonnés de voir son disciple passer sans dédain de la recherche de lois générales de la nature, à l'emploi le moins important de ses productions[5] ».

Quant aux trois facteurs que retient Smith dans son analyse de l'impact de la division du travail sur l'augmentation de la productivité et de la richesse, leur ressemblance avec l'argumentation contenue dans l'article « Art », publié en 1751 dans le tome I de la même *Encyclopédie*, n'est pas non plus fortuite[6]. Tout cela indique également combien l'idée de séparation des tâches est déjà dans l'air du temps, comme le montre encore l'article « Fonction » de l'ouvrage de Diderot et d'Alembert. D'abord défini selon la stricte « économie animale » (« une action correspondant à la destination de l'organe qui l'exécute, comme la respiration est la fonction de la poitrine »), le terme dérive ensuite vers un sens plus général : « Actions, comme étant faites pour s'acquitter d'un devoir auquel leur structure et leur position les engagent. » Cette acception du mot est illustrée par les « dispositions et préparations que chaque ouvrier d'une imprimerie est obligé de faire, suivant le travail auquel il est destiné ».

Reste qu'Adam Smith sera le premier à faire la jonction

entre la petite fabrique normande, si minutieusement décortiquée par un philosophe français, et sa recherche de lois générales de la nature telles qu'elles opèrent dans l'économie des nations.

La division du travail n'est pas le produit d'une « sagesse humaine ». Elle est la « conséquence nécessaire, quoique lente et graduelle, d'un certain penchant naturel à tous les hommes qui ne se proposent pas des vues d'utilité aussi étendues : c'est ce penchant qui les porte à trafiquer, à faire des trocs et des échanges d'une chose pour une autre [7] ». Le problème étant que la propension universelle de la nature humaine à commercer, cette faculté d'échanger qui donne lieu à la division du travail, est limitée par l'étendue du marché. L'exiguïté de la sphère des échanges est incompatible avec la démultiplication.

C'est ici que Smith s'engage sur le thème des voies de communication. Elles constituent des agents essentiels dans l'extension des marchés, la complication progressive de la division du travail, et, comme telles, sont à la racine de la civilisation. La question occupe tout le chapitre 3 qui précède un autre consacré à la monnaie, cet autre moyen d'échange dont l'origine et l'usage prennent place dans le même cadre.

Dans le monde agi par des producteurs et consommateurs coéchangistes répondant au seul mobile psychologique individuel, la communication contribue à l'organisation du travail collectif (au sein de la fabrique, mais aussi dans la structuration des espaces économiques).

Du village à la ville, du commerce de ville à ville, de Londres à Calcutta, de la colonie à la métropole, Smith insiste sur le rôle de la navigation intérieure et extérieure. Son histoire est fluviale. Il attribue au Nil et à ses canaux la « grande opulence » de l'Égypte ancienne, saute aux multitudes de canaux des civilisations de la Chine et du Bengale pour, en contre-pied, mieux marquer l'« état de barbarie et de pauvreté » de l'Afrique intérieure, de toute une partie de l'Asie Mineure et de la Sibérie, dépourvues, elles, de moyens de communication. Indiquant au passage le rôle de la Meuse et du Rhin en Hollande et le peu d'utilité du Danube pour la Bavière, l'Autriche et la Hongrie.

Son histoire, ajustée à l'économie anglaise, est aussi et surtout maritime. A travers elle, on voit se dessiner le lent processus de construction du marché intérieur. « Comme la facilité des transports par eau ouvre un marché plus étendu à chaque espèce d'industrie que ne peut le faire le seul transport par terre, c'est sur les côtes de la mer et le long des rivières navigables que l'industrie de tout genre commence à se subdiviser et à faire des progrès ; et ce n'est ordinairement que longtemps après que ces progrès s'étendent jusqu'aux parties intérieures du pays... Puisque le transport par eau offre de si grands avantages, il est naturel que les premiers progrès de l'art et de l'industrie se soient montrés partout où cette facilité ouvre le monde entier pour marché au produit de chaque espèce de travail[8]. » Le libéral Smith est tellement convaincu de l'importance stratégique de cette ouverture au monde entier par la maîtrise des mers qu'il n'hésite pas à soutenir le *Navigation Act*, la vieille régulation protectionniste inspirée par le mercantilisme, au nom de la « défense de la Grande-Bretagne », indissociable de celle du commerce et de la flotte. (Le partisan du laissez-faire est plus conséquent avec sa doctrine lorsque, à propos de la construction des voies de terre, il affirme qu'il vaut mieux ne pas procéder à la construction d'une route si elle ne couvre pas, grâce au paiement des usagers, ses « frais de premier établissement et d'entretien ».)

Dans la *cosmopolis* commerciale du laissez-faire, division du travail et moyens de communication riment avec opulence et civilisation. Ils sont des indices de la croissance, un autre mot qui a commencé sa carrière ambiguë en ce siècle de Smith. Ils se conjuguent aussi avec la paix. La république économique universelle achemine le monde civilisé vers un « seul atelier », un « seul marché ». L'abolition des frontières par l'extension du marché fait disparaître les forces hostiles qui opposent les nations entre elles. Le marchand est citoyen du monde. « Un marchand n'est nécessairement citoyen d'aucun pays en particulier. Il lui est indifférent en quel lieu il tienne son commerce. »

Wakefield et Babbage : coopération et division du travail mental

L'école de l'économie classique anglaise relaiera, tout en les corrigeant ou les adaptant, les analyses de Smith. Elle les accentuera à mesure de la montée en force de l'hégémonie maritime de l'Angleterre. Passant en revue les « causes d'une puissance productive supérieure », John Stuart Mill (1806-1873) écrit en 1848 : « Un avantage naturel plus grand encore [que la fertilité du sol, le climat, l'abondance de produits minéraux] consiste dans une position maritime, une grande étendue de côtes, des ports et des refuges nombreux, et, en seconde ligne, des rivières, des cours d'eau navigables. Ces avantages ne sont rien d'autre que la facilité plus grande des transports. A moins d'études approfondies, on ne saurait se faire une idée juste de l'immense influence que les transports faciles ont sur la destinée d'une nation. Elle ne peut être appréciée que de ceux qui savent ce que la division du travail et l'échange peuvent amener de résultats dans la production[9]. » Mill retrouve ici des accents proches des stratèges militaires de l'époque et annonce les futures analyses de la nouvelle « géographie politique » de la fin du siècle.

Mais la nouveauté d'une réflexion sur la division du travail viendra en Angleterre de deux auteurs : Edward G. Wakefield (1796-1862) et Charles Babbage (1792-1871), laquelle sera largement reprise et intégrée par Mill dans ses *Principes d'économie politique*.

Le premier apportera un correctif au concept fondateur en y ajoutant un autre : la coopération, notion appelée, elle aussi, à servir de référence dans les figures de la communication moderne en ce XIXe siècle. La division du travail n'est qu'un aspect des choses ; elle n'est qu'une partie d'un principe d'économie politique plus général : la coopération, qui peut être simple ou complexe[10]. La première est la réunion de plusieurs ouvriers qui s'entraident dans une besogne spéciale (le travail à bord d'un navire pour carguer ou larguer les voiles, le déplacement de fardeaux, l'érection d'échafaudages, etc.). C'est le premier pas du progrès social. Le produit de ce travail commun est proportionnel à cette assistance mutuelle. Tous ceux qui coopèrent ont conscience de l'assistance qu'ils se prêtent. Situation différente de la coopération complexe, lorsqu'un ensemble d'ouvriers de spécialités diverses s'entraident par la division des opérations. Les hommes séparés, il leur faut une opération de l'esprit pour se rendre compte qu'ils coopèrent.

De ce principe, Wakefield tire une théorie et une pratique de l'aménagement du territoire dans les colonies. Le mode de colonisation suivi jusque-là était de placer des familles, chacune sur sa pièce de terre, les unes à côté des autres. Or, rien n'est plus dommageable au progrès et aux échanges. Dans toute colonie nouvelle, il faudrait installer, en même temps qu'une population agricole, une population urbaine proportionnelle, rapprocher les deux afin de constituer un marché pour leurs échanges. Car c'est le défaut de population urbaine qui limite la puissance productive d'une contrée, comme l'illustre le cas de l'Inde où les « besoins bornés et le peu d'énergie intellectuelle des agriculteurs et, jusqu'en ces derniers temps, l'insécurité de la propriété soumise à la rapacité fiscale et militaire, les empêchent de chercher à devenir consommateurs de produits fabriqués [11] ». La population urbaine aiguillonne les centres agricoles rapprochés.

Wakefield et Stuart Mill rattachent ainsi clairement la question de la division du travail à une théorie de l'organisation de la société.

L'apport du mathématicien Charles Babbage à la conceptualisation de la division du travail est d'un autre type. Il est, lui, intimement lié à l'histoire des machines d'information. Son ouvrage, *Economy of Machinery and Manufactures*, publié en 1832, est un des premiers à expliquer au grand public l'efficacité des machines pour mettre en œuvre des forces trop grandes pour la faiblesse de l'homme ou pour exécuter des travaux trop délicats pour la main : c'est un troisième élément de la division du travail que Smith n'avait fait qu'effleurer [12]. Les réflexions de Babbage sur la « division du travail mental » l'amènent, pour la première fois, à observer que la division du travail permet de classer les ouvriers selon leurs capacités, ce que Smith n'avait pas du tout entrevu [13].

Inventeur, Babbage travaillera longtemps à mécaniser les opérations de l'intelligence. Il élaborera deux projets de machines à calculer : la « machine à différence » (*difference engine*) et la « machine analytique » (*analytical engine*), ou « moulin à chiffres ». Seule la première sera réalisée. Pour la seconde, il imagine de combiner la panoplie de techniques existantes à l'époque (machine à vapeur, moulin, automatismes à programmation, mécanique) ; ce projet avorté est un des ancêtres des grands calculateurs avant l'arrivée de l'ordinateur [14]. Passer d'un mode de traitement manuel d'immenses séries de nombres au mécanique occupera Babbage jusqu'à la fin de sa vie ; il avait entamé cette tâche dès 1820, avec le propos explicite de faciliter le calcul des actuaires des compagnies d'assurance (le premier ouvrage, publié en 1826, de celui qui occupera la chaire qu'avait occupée Newton à Cambridge avait pour titre : *A Comparative View of the Various Institutions of the Assurance of Life*).

L'intéressant chez Babbage, c'est ce qu'il conte sur son propre cheminement pour en arriver à cette notion de division du travail mental, et comment il voit ceux qui l'ont précédé immédiatement. Il rapporte comment la lecture des travaux de Smith a inspiré les recherches du Français Gaspard de Prony (1755-1839). Cet ingénieur des Ponts et Chaussées, et directeur de l'école entre 1815 et 1839, avait été chargé en 1791 par la Commission des poids et mesures de dresser, pour le service géodésique, les tables logarithmiques et trigonométriques, à 14, 19 et 25 décimales, que nécessitait l'établissement du système métrique. C'est en parcourant – retour à l'envoyeur – le premier chapitre de l'auteur écossais que de Prony aurait conçu l'idée de « mettre les logarithmes en manufacture comme les épingles [15] ». L'ingénieur français répartit le travail en trois sections. La première, composée de cinq ou six spécialistes de la géométrie, était chargée de rechercher parmi les expressions analytiques d'une même fonction celle qui pourrait s'adapter le plus facilement à des calculs numériques simples. La deuxième, de sept ou huit mathématiciens, traduisait ces formules en chiffres. La dernière, de soixante à quatre-vingts calculateurs dont les neuf dixièmes ne savaient que les deux premières règles de l'arithmétique, faisait les opérations indiquées et confectionnait les tables. Le résultat en fut des tables qui embrassent non moins de dix-sept grands volumes *in folio*.

L'influence des analyses de Smith s'exercera d'ailleurs sur l'ensemble du continent européen. A partir de la *Richesse des nations*, il devint difficile de s'abstraire de ce qu'un chercheur anglo-saxon appellera beaucoup plus tard, dans les années vingt, l'« économisme historique ». « Toutes les manifestations de la vie sociale, le développement de tout l'organisme social et de chacune de ses parties, selon Smith, peuvent être expliqués en termes de nécessités et d'intérêts économiques. C'est cet aspect de la doctrine qui a été repris par les Français. Il sous-tend l'historicisme libéral depuis Tocqueville comme la philosophie de l'histoire du saint-simonisme et la sociologie d'Auguste Comte [16]. »

Mais avant d'en arriver là, et avant de juger de la pertinence de cette affirmation qui peut sembler péremptoire, il nous faut maintenant situer une autre thèse de l'économie politique anglaise.

Malthus et la concurrence vitale

La théorie du « progrès continu » et de la « perfectibilité des sociétés humaines » de Condorcet faisait de la suppression des inégalités, sociales et naturelles, le plus sûr garant de l'équilibre entre les subsistances et la population. La pensée démographique dans la France mercantiliste, puis physiocratique, avait épousé l'adage : « Il n'est richesse ni forces que d'hommes », voyant dans la croissance du nombre de ses habitants une source de prospérité et de puissance. En revanche, dans l'Angleterre de la fin du XVIIIe siècle, des doctrines commencent à apparaître qui refusent l'hypothèse optimiste d'une équation naturelle entre la progression des ressources et celle du nombre d'habitants, et pensent que l'une progresse de façon arithmétique et l'autre, géométrique. D'où une lutte pour la survie dans le cadre d'une sélection naturelle. Autour de cette question démographique va se nouer un débat plus large sur les voies du progrès.

C'est sur le déterminisme de cette « loi naturelle de la population » qu'en 1798 le pasteur Thomas R. Malthus (1766-1834) centre son ouvrage *An Essay on the Principle of Population, as it Affects the Future Improvement of Society, with Remarks on the Speculations of Mr Godwin, M. Condorcet, and Other Writers.* Le verdict est sans appel : « Un homme qui naît – clame-t-il dans la première édition de l'ouvrage – dans un monde déjà occupé, si sa famille ne peut le nourrir ou si la société ne peut utiliser son travail n'a pas le *moindre droit* à réclamer une portion quelconque de nourriture, et il est réellement de trop sur la Terre. Au grand banquet de la nature, il n'y a point de couvert mis pour lui. La nature lui commande de s'en aller et elle ne tarde pas à mettre elle-même cet ordre à exécution [17]. »

Le livre de Malthus prend donc comme cible les « systèmes d'égalité », ceux que défendent son compatriote William Godwin (1756-1836) dans *An Enquiry Concerning Political Justice and its Influence on General Virtue and Happiness* (1793) et Condorcet dans son *Esquisse*. Au-delà du penseur français, le pasteur vise tous les systèmes relatifs à la perfectibilité organique de l'homme et de la société dont l'incarnation majeure est la Révolution française et sa croyance en l'infinitude du progrès. A tous ceux qui accusent les institutions d'être la cause de la misère du peuple, il rétorque : « La cause principale et permanente de la pauvreté a peu ou point de rapport avec la forme de gouvernement, ou avec l'inégale division des biens – il n'est pas en la puissance des riches de fournir aux pauvres de l'occupation et du pain – et en conséquence les pauvres, par la *nature même des choses*, n'ont nul droit de leur en demander : telles sont les importantes vérités qui découlent du principe de population [18]. »

Précurseur de la « psychologie des foules », chère à la pensée conservatrice de la fin du XIXᵉ siècle qui écrira alors un chapitre important des doctrines de la communication, Malthus exprime la peur du peuple-populace qu'il rend responsable du retour au despotisme. « La multitude qui fait les émeutes est le produit d'une population excédente... Cette multitude égarée est un ennemi redoutable de la liberté qui fomente la tyrannie ou la fait naître. Si quelquefois, dans sa fureur, il semble la vouloir détruire, ce n'est que pour la rétablir sous une nouvelle forme [19]. »

Au modèle révolutionnaire synonyme à ses yeux d'anarchie et d'usurpation, Malthus oppose celui de l'évolution et de l'ordre, le « mode d'amélioration qui nous est prescrit par la nature ». A l'utopie égalitaire, il oppose la progressive réalité d'une société où les classes moyennes sont appelées à devenir de plus en plus larges. Seul l'« état moyen est, dans la société, le plus favorable à la vertu, à l'industrie et aux talents de tout genre ». La réussite sociale de cette classe moyenne s'instituera, pense-t-il, en modèle à imiter pour les classes inférieures à condition que « l'on n'ôte pas de la société l'espérance de s'élever et la crainte de déchoir », et que l'on laisse jouer « le ressort mouvant de la grande machine sociale, l'amour de soi et l'intérêt personnel ». A condition aussi que l'on laisse jouer la fonction régulatrice de ces deux institutions majeures que sont la propriété et le mariage, indispensables dans le développement du sentiment de responsabilité. Tout cela même si, admet-il, « tous les hommes ne peuvent pas former les classes moyennes ; les supérieures et les inférieures étant inévitables et de plus très utiles [20] ».

Sur cet horizon d'« espérances raisonnables » de capillarité et de mobilité sociales, Malthus, farouchement opposé à toute intervention de l'État en faveur des pauvres (*poor laws*), propose une pédagogie de diffusion du principe de population. L'intériorisation de ce principe dynamique par les classes inférieures, ce ralliement à la « contrainte morale » (*moral restraint*), leur permettrait de prendre leur mal en patience avant de profiter des « changements graduels » que les élites ne manqueront pas de promouvoir. Éducation et propagation de ces vérités qui touchent de près à leur bonheur devraient, tout en procurant à tous de « nouveaux moyens d'avancement », créer le consensus nécessaire à l'« évolution ». « Si ces vérités se propageaient – écrit-il dans son chapitre final –, ce qui, avec le temps, ne paraît pas improbable, les classes inférieures du peuple, prises en masse, deviendraient plus paisibles et plus amies de l'ordre ; elles seraient moins prêtes à exciter des tumultes dans les temps de disette ; en tout temps elles seraient moins faciles à agiter par des libelles séditieux et incendiaires, car elles sauraient combien peu le prix du travail et le moyen de soutenir une famille dépendent d'une révolution [21]. »

Malthus croit donc à la force de la persuasion, en ses vertus et en ses vices. Selon lui, seule l'action manipulatrice des meneurs ou leaders d'opinion, les « esprits mécontents et turbulents qui, nés dans les classes moyennes, cherchent à agiter le peuple », peut expliquer l'intranquillité sociale [22]. De même est-il convaincu que seule une contre-stratégie de diffusion du « principe de population » comme explication de son état peut enrayer les « demandes extravagantes » du peuple. A travers son modèle de la société régulée par l'« état moyen », Malthus est sans nul doute le premier à lier la question démographique, comme outil de gouvernement, à une stratégie cohérente de communication qui n'est pas étrangère à son expérience de prédicateur, comme pasteur de Lambeth.

Tous ces antécédents font de l'*Essai* un nœud essentiel dans la formation d'une théorie de la fonction régulatrice des institutions, de l'équilibre social. C'est ce qu'a bien vu le fondateur de la sociologie structurelle-fonctionnelle des États-Unis, Talcott Parsons, qui fait de l'auteur de l'*Essai* un des tout premiers précurseurs d'une théorie de la régulation, ou mieux, de l'autorégulation sociale [23]. En insistant sur la nécessité, pour les classes inférieures, d'intérioriser le principe de population, érigé en guide de comportement social, la doctrine malthusienne représente un tournant dans la légitimation de cette forme de pouvoir que Gilles Deleuze, interprétant la conception foucaldienne de la « discipline-mécanisme » comme intériorisation de la contrainte, dénomme « bio-pouvoir » ou « bio-politique des populations » : la vie comme enjeu et objet du pouvoir [24].

Un siècle après la publication de l'*Essai*, la peur que

manifeste Malthus à l'égard des foules en mouvement se ravivera dans l'Angleterre victorienne. Sous l'effet d'un phénomène que Malthus, en promouvant comme modèle de comportement celui des classes cultivées, n'avait guère prévu : la baisse de la fécondité des mariages des élites ! C'est le moment où le sociologue Herbert Spencer expose sa loi de l'individuation opposant sexe et cerveau : plus l'intellect se développe, plus les fonctions reproductives s'amenuisent[25]. C'est dans ce contexte que poindra, en cette même fin du XIXe siècle, la statistique mathématique anglaise, la biométrie, un jalon important dans les avancées des méthodes de comptage des grands nombres et de la régulation sociale par le chiffre.

Division du travail et lutte pour l'existence : posées ces deux prémisses venues de l'économie politique anglaise, il nous faut voir comment chacune d'elles a participé à l'émergence d'une théorie de l'évolution des sociétés humaines.

Les lois du développement et le positivisme d'Auguste Comte

Le concept de division du travail théorisé par Adam Smith va se conjuguer avec une autre tradition théorique, articulée, celle-là, autour du couple croissance/développement, et dont les concepts sont issus des sciences de la vie.

En 1759, un savant allemand établi en Russie, Caspar-Friedrich Wolff (1733-1794), publie un mémoire intitulé *Theoria generationis*. Cet ouvrage – suivi d'un autre, *De formatione intestinorum* (1768) – amorce une remise en question de concepts qui, quelque cent ans plus tard, d'enchaînement en enchaînement, débouche sur le transformisme darwinien ou la théorie de la descendance modifiée par le moyen de la sélection naturelle. Au cours de ce siècle, la position « épigénétique » prend le pas sur la position « préformationniste ». Pour la première, le vivant s'autoconstruit après la fécondation, les différentes parties dont l'ensemble constitue le corps se formant successivement. La seconde, elle, soutient que le vivant est déjà construit et ne fait que se développer après fécondation.

Les concepts de développement et d'évolution deviennent l'enjeu polémique de la connaissance des générations organiques. L'embryologie comme théorie du développement commence à conquérir son autonomie par rapport à l'anatomie.

Étudiant au microscope le développement du poulet dans l'œuf couvé, Wolff prouve que son intestin est d'abord une simple membrane qui se plissera, formera une gouttière, puis un tube. Réfutant l'idée que cet intestin existait préalablement en entier, Wolff montre que l'anatomie des êtres adultes, le système de leurs structures, n'est que l'aboutissement du système, plus complexe et plus fondamental, des structures embryonnaires. Le concept de développement s'oppose à l'explication mécaniste de l'origine des êtres vivants comme juxtaposition d'éléments non originairement organisés en totalité [26].

En 1828, un autre Allemand, lui aussi fixé en Russie, Karl von Baer (1792-1876), introduit de nouveaux concepts désormais constitutifs de celui de développement ou d'évolution. Dans le développement, il y a généralité initiale des caractères typiques, les généraux apparaissant avant les particuliers. Il y a homogénéité primordiale. La différenciation est progressive et l'hétérogénéité terminale. C'est ce que, quarante ans plus tard, le biologiste allemand Ernst Haeckel (1834-1919) dénommera la « loi biogénétique fondamentale ».

Développement, homogénéité, différenciation, hétérogénéité : ces concepts vont émigrer hors du domaine d'origine et servir de points d'appui à la sociologie naissante qui les croisera avec la notion de division du travail fournie par l'économie politique d'Adam Smith, mais aussi par celle de Turgot.

Le premier à se les approprier et à les mettre en système est Auguste Comte (1798-1857) dans son *Cours de philosophie positive* qui s'échelonne de 1830 à 1842. Son projet : bâtir les fondements d'une « véritable science du développement social », une physique sociale calquée sur la démarche biologique.

« Le progrès est le développement de l'ordre », écrit-il. Et ces notions d'ordre et de progrès, qui sont les bases de cette physique sociale, sont aussi indivisibles que le sont les notions d'organisation et de vie en biologie. Le progrès est prédéterminé, il ne peut transgresser certaines limites. L'organisme collectif qu'est la société obéit à une loi physiologique de développement progressif. « La qualification de *développement*, précise le fondateur du positivisme, a par sa nature le précieux avantage de déterminer directement en quoi consiste, de toute nécessité, le *perfectionnement* réel de l'humanité ; car il indique aussitôt le simple essor spontané, graduellement secondé par une culture convenable, des facultés fondamentales toujours préexistantes qui constituent l'ensemble de notre nature, sans aucune introduction quelconque de facultés nouvelles [27]. » Cette loi du développement ou du progrès continu de l'humanité est redevable des « recherches d'ovologie et d'embryologie », qui permettent de penser que « l'harmonie universelle et nécessaire entre les principales phases de l'évolution individuelle et les degrés successifs les mieux caractérisés de la grande hiérarchie organique constitue une des lois les plus constantes que présente la philosophie biologique [28] ». Ordre et progrès, le mouvement reste subordonné à l'équilibre, la dynamique sociale fondée sur la statique. L'histoire humaine devient l'histoire de la nature humaine. Cette histoire du développement fondamental et nécessaire de l'humanité répond à la « grande loi de la triple évolution intellectuelle ».

Cette idée, c'est le jeune Turgot qui, le premier, en a eu l'intuition. Dans les années 1750, le physiocrate indépendant avait, dans ses discours à la Sorbonne sur les bases d'une « géographie politique », identifié la complexité croissante des formes d'organisation sociale, insistant sur la grande loi du progrès des connaissances. Selon lui, l'évolution intellectuelle de l'humanité était passée par trois phases : théologique, métaphysique et scientifique. Ces observations de Turgot constituent, comme le reconnaîtra Comte, « les précieux aperçus primitifs sur la théorie générale de la perfectibilité humaine qui ont sans doute utilement préparé la pensée de Condorcet [29] ». Et, par là, celle du philosophe positiviste.

La « loi philosophique du progrès » de Comte conçoit l'histoire comme « la succession constante et indispensable des trois états généraux primitivement théologique, transitoirement métaphysique, et finalement positif, par lesquels passe toujours notre intelligence [30] ».

Cette loi explique, à la fois, l'histoire générale et celle de chacun de nous. Sous l'état théologique ou fictif, l'esprit humain cherche les causes premières et finales. Il attribue tous les phénomènes à des agents surnaturels, à des forces mystérieuses. Il en va pour les sociétés qui vivent cet état comme pour les enfants. Il y a des peuples-enfants comme il y a des enfants. A tous deux, il faut du merveilleux, du fétichisme, des êtres chimériques. L'état métaphysique est celui de l'adolescence, celui des abstractions personnifiées, le naturalisme étant la limite extrême du développement de cet état. Le stade adulte, le positif, s'appuie sur l'observation aidée du calcul. C'est l'âge scientifique, celui de la réalité, de l'utile, de l'organisation. L'idéal positiviste est de pouvoir considérer la diversité des phénomènes observables comme des cas particuliers d'un seul fait général, tel celui de la gravitation, par exemple. Selon que la société était théologique ou métaphysique, elle était conquérante, puis défensive. Dans son stade final positif, elle est industrielle.

La loi des trois états est aussi une clé pour comprendre l'apparition successive des diverses sciences. Une histoire qui a commencé avec le calcul, la géométrie, la mécanique rationnelle à partir desquels s'est formée la première catégorie scientifique : la mathématique. Laquelle a permis d'étudier les astres (astronomie), d'analyser l'environnement terrestre, la chaleur, la lumière, l'atmosphère, l'électricité (physique), et les substances (chimie). Pour enfin aboutir aux deux sciences de l'âge industriel : celle qui explique l'organisation des animaux et des plantes, la biologie, dont est issue la sociologie. En conclusion de la partie de ses cours consacrée à la biologie, où il passe en revue les notions d'appareil, d'organe, de tissu, de fonction, de propriété, Comte écrit : « La physique sociale, cette science vraiment définitive, qui prend nécessairement dans la science biologique proprement dite ses racines immédiates, constituera dès lors l'ensemble de la philosophie naturelle en un corps de doctrine complet et indivisible qui permette désormais à l'esprit humain de procéder toujours d'après des conceptions uniformément positives dans tous les modes quelconques de son activité, en faisant cesser l'anarchie intellectuelle qui caractérise notre état présent [31]. » Cette conclusion sert aussi d'introduction à la quatrième et dernière partie du cours qui a pour objet précisément la « physique sociale ».

A la différence des formulations théoriques du positivisme dans sa version anglaise, représenté par Herbert Spencer, on ne trouve dans l'histoire comtienne des trois états aucune esquisse d'application générale des notions de systèmes et d'appareils aux phénomènes et aux processus de communication. En ces années où le fondateur de la sociologie exerce son magistère, le contraste est frappant entre l'activité fébrile du saint-simonisme autour des réseaux techniques de communication, et le projet philosophique du positivisme. Le premier lie étroitement organisation industrielle et organisation scientifique. Comte, persuadé que seule une « immense élaboration philosophique qui ramène à une même loi fondamentale » peut préparer la « réforme rationnelle de la société en crise », dissocie les deux et s'investit unilatéralement dans l'accomplissement de la cité des savants. Il s'explique, d'ailleurs, de ce choix délibéré, dès son éloignement de Saint-Simon en 1822. Il a alors 24 ans et propose un « plan de travaux scientifiques nécessaires pour organiser la société ». « Ayant médité depuis longtemps les idées mères de M. de Saint-Simon, je me suis exclusivement attaché à systématiser, à développer et à perfectionner la partie des aperçus de ce philosophe qui se rapporte à la direction scientifique. Le travail a eu pour résultat la formation d'un système de politique positive que je commence aujourd'hui à soumettre au jugement des penseurs [32]. »

En 1848, neuf ans avant sa mort, alors que se joue le sort de la République, Comte se réclamera de cette cité de l'esprit qui renonce à tout pouvoir temporel, pour justifier la vocation universelle de son système positif. Préfaçant un rapport pour la réorganisation de la République française dans le cadre d'une « République occidentale Ordre et Progrès », il écrira : « La philosophie qui l'a conçue peut d'autant mieux recommander son adoption, d'abord en France, puis dans le reste de l'Occident, qu'elle s'y trouve politiquement désintéressée. Car les prêtres de l'Humanité ne peuvent aujourd'hui obtenir leur légitime ascendant spirituel que d'après leur renonciation fondamentale à toute autorité temporelle, locale ou centrale [33]. »

Comte n'échappe pas à une longue tradition du divorce entre la société française et le technique, à ces « silences » contre lesquels l'historien des techniques Bertrand Gille a rompu tant de lances : « Nous voyons se dessiner progressivement le monde technique français. La technique n'est pas ce que l'on souhaite : elle offre peu de satisfactions intellectuelles, au moins le pense-t-on, elle salit les mains... Il n'y a de technique ni chez Balzac qui ignore jusqu'au chemin de fer, ni chez Stendhal ni chez Flaubert ni chez Victor Hugo... Dans la littérature anglaise, on file, on tisse, on forge... Tout se tient, le système est entièrement construit [34]. »

La science sociale française, de filiation positive, tout au long de son histoire, assumera difficilement cette part essentielle du dispositif de régulation des sociétés industrielles que sont les réseaux techniques de communication.

Cela n'empêchera pas le positivisme comtien et sa théorie organique de la société d'exercer une profonde influence sur les hypothèses des futurs théoriciens de la communication. Et il n'est guère aujourd'hui de textes d'études sérieux de sociologie en la matière qui fasse l'impasse sur cette première strate de connaissances sociologiques inspirée par une vision fonctionnaliste, avant la lettre, des institutions sociales[35]. S'il en est ainsi, c'est parce que la notion de communication s'est progressivement rapprochée de celles de développement et de croissance. La communication, qui n'était qu'un indice du développement des sociétés humaines, est devenue, au fil du temps, une des expressions les plus patentes d'une conception du progrès, allant jusqu'à se confondre avec lui.

Herbert Spencer et la « société organique »

« Auguste Comte l'emporte sur tous ceux qui l'avaient précédé par la manière dont il conçoit les phénomènes sociaux ; entre autres supériorités, il a celle d'avoir reconnu la dépendance de la sociologie vis-à-vis de la biologie... Une société dans son ensemble, considérée à part des unités vivantes qui la composent, présente des phénomènes de croissance, de structure, et de fonctions, analogues aux phénomènes de croissance, de structure et de fonctions que présente l'individu ; et ceux-ci sont la clé des autres[36]. »

Cette affirmation est d'Herbert Spencer (1820-1903). Elle est extraite de *Study of Sociology*, publié à Londres en 1873. L'œuvre d'Auguste Comte continue à l'époque à causer une forte impression dans les milieux intellectuels anglais. John Stuart Mill lui a consacré un ouvrage flatteur huit ans auparavant, même si le Britannique est loin de partager les idées et les espérances du philosophe positiviste quant à l'équation progrès/démocratie.

Spencer ne s'inscrit pas pour autant dans la lignée du philosophe français. Le positiviste anglais s'en remet à l'initiative individuelle, refusant à l'État le droit d'intervenir dans les transactions commerciales, dans le régime de l'industrie, dans l'éducation nationale ou l'aide aux pauvres ; il dénonce l'« adoration de la législature » des hommes de son temps qu'il associe au fétichisme. Le Français, en revanche, se coule dans la tradition historique d'une culture d'État lorsqu'il dresse ses plans de réorganisation de la société. D'un côté, le

« nihilisme administratif », selon l'expression du naturaliste Thomas Huxley (1825-1895), de l'autre la gestion de la chose publique[37]. Pour Spencer, la contrainte étatique bloque la différenciation et paralyse la loi de la concurrence vitale et de la sélection naturelle.

Différence de poids, certes. Mais il y en a une autre, de caractère épistémologique. Tous deux, c'est vrai, adoptent une perspective évolutionniste, partant de la même loi embryologique de von Baer et de ses prédécesseurs. Mais Comte fonde sa « physique sociale », en transformant en physique la mathématique sociale du XVIIIe. Spencer, lui, crée sa « physiologie sociale », en reprenant le modèle de la mécanique, de la physique de l'énergie. L'univers est régi par les « forces ». La vie consiste en une action et une réaction incessantes de forces diverses. Ces forces tendent partout à se faire équilibre, mais dès que, pour une cause quelconque, cette tendance à l'équilibre est perturbée, les forces vitales gagnent en énergie. C'est la loi de l'instabilité de l'homogène.

Ces principes mécanistes sur la force, l'aspect physique donc, et non l'aspect biologique de l'évolutionnisme spencérien, attireront l'attention d'un Henri Bergson (1859-1941) qui lui consacrera en 1907 la fin de l'*Évolution créatrice*. Il reprochera à la méthode de Spencer de ne pas tenir ses promesses et d'éliminer la durée en reconstituant le mouvement à partir d'états, c'est-à-dire des résultats immobiles. Spencer, dit-il, « recompose le consolidé avec du consolidé, au lieu de retrouver le travail graduel de consolidation qu'est l'évolution même[38] ».

La physiologie sociale porte à l'extrême l'hypothèse de la continuité de l'ordre biologique et de l'ordre social. La société est un organisme. La loi du développement organique vaut pour tout progrès, « qu'il s'agisse du développement de la Terre, du développement de la vie à sa surface, du développement de la société, du gouvernement, de l'industrie, du commerce, du langage, de la littérature, de la science, de l'art ». Division du travail et progrès vont de pair. Le progrès est une nécessité, aussi sûre que le fait que l'homme doit « devenir parfait ». La civilisation est une phase de la nature, comme le « développement de l'embryon ou l'éclosion d'une fleur ».

De l'homogène à l'hétérogène, du simple au complexe, de la concentration à la différenciation, la « société organique » ou société industrielle, qui s'oppose aux « sociétés militaires » d'autrefois, est une société de plus en plus cohérente et intégrée ; ses fonctions sont de plus en plus nettement définies. « Si l'organisation consiste en une construction de l'ensemble telle qu'elle permette à ses parties d'accomplir des actions reliées par une dépendance mutuelle, moins l'organisation est avancée, plus les parties doivent être indépendantes les unes des autres ; tandis qu'au contraire, lorsque l'organisation est avancée, la dépendance des parties à l'égard du reste doit être si grande que la séparation des parties est funeste à l'agrégat. C'est une chose qui est aussi vraie de l'organisme individuel que de l'organisme social[39]. »

Ayant défini le terme « développement » comme passage de l'homogène à l'hétérogène, Spencer refuse de lui assimiler la « croissance » parce que, selon lui, elle n'implique pas modification de structure. En revanche, l'« évolution » englobe « développement » et « croissance ».

La sociologie évolutionniste spencérienne se propose d'étudier le développement des organismes sociaux, leurs appareils, leurs systèmes d'organes, leurs fonctions, en s'inspirant de la description des organismes biologiques. Spencer distingue ainsi dans la société trois grands « appareils d'organes » : l'appareil producteur ou d'entretien, le distributeur, le régulateur. La communication est une composante de base des deux derniers.

Le premier est à l'image du système qui accomplit l'alimentation du corps vivant ; ce sont les industries productives qui permettent la subsistance du corps social.

Le second type d'appareil d'organes assure la distribution de la substance nutritive. De même que les protozoaires n'ont pas de canaux, les « sociétés inférieures » ne comportent pas de canaux de commerce et d'échange. Et Spencer, ancien ingénieur des chemins de fer, de retracer le long cheminement des sentiers de chasse, des chemins de paroisse, des chemins à péage, des routes, du chemin de fer, et de les comparer avec ce qui se passe dans le corps. « La pression du trafic augmentant, le chemin de fer est venu s'ajouter à la route, ce qui fournit habituellement, au lieu d'un canal unique pour le mouvement dans les deux sens, un canal double, une ligne de montée et une de descente, analogue au double appareil de tubes par où, chez un animal supérieur, le sang s'éloigne du centre et s'y rend. Comme dans le système vasculaire complet les grands vaisseaux sanguins sont les plus directs, les vaisseaux divergents moins directs, les branches qui partent de ceux-ci plus contournées encore, et les capillaires enfin les plus tortueux de tous, de même nous voyons que les chemins de fer, qui sont les principales routes de transit à travers une société sont les plus droites, etc.[40]. »

L'appareil régulateur est celui qui rend possible la gestion des relations d'un centre dominant, de plus en plus volumineux et complexe, avec les centres subordonnés. Premier type de la régulation, l'information. Le corps politique est guidé par des informations qui lui arrivent par la voie de pétitions, de la presse, des enquêtes, des commissions, etc., ce qui lui permet de faire exécuter ses actions par des centres subordonnés. Dans le corps humain, cette fonction est du ressort du système nerveux, le cerveau tirant parti de l'information apportée par les centres sensitifs, pour déterminer quelles actions devront être excitées par les centres moteurs. Ganglions, épine dorsale, etc., tout reçoit une mission spécialisée dans cette cartographie analogique de l'information.

Autres organes par lesquels s'exerce la direction centrale : les moyens de communication par l'entremise desquels le centre peut affecter les parties, peut « propager son influence » (postes, télégraphe sémaphore, télégraphe électrique, agences de presse, etc.). Leur développement est commandé par l'accroissement de la dépendance mutuelle des parties. « Le seul fil télégraphique qui accompagne le système de chemin de fer dans toutes ses ramifications est le fil qui en arrête ou excite le trafic, de même le nerf qui accompagne partout une artère est le nerf vaso-moteur qui y règle la circulation... Quoique pour les fils télégraphiques en l'air on ait un autre mode d'isolement, les fils souterrains sont isolés d'une manière qui a de l'analogie avec celle qu'on observe dans les fibres nerveuses[41]. » La poste, elle, se voit définie comme l'organe « véhicule de l'impulsion qui excite ou arrête l'industrie locale ». Les dépêches sont comparées à des décharges nerveuses qui communiquent un mouvement d'un habitant d'une ville à celui d'une autre.

On l'a compris, rien n'échappe au scalpel de la théorie de l'ancien ingénieur dans cette quête de symétries entre le corps humain et le corps politique, entre la division économique du travail d'Adam Smith et la « division physiologique du travail ». Ce concept a été forgé par le physiologiste français Henri Milne-Edwards (1800-1885) et repris par un autre naturaliste, Charles Darwin, en 1859, soit plus de sept ans après la parution du premier mémoire de Spencer, publié dans la revue *Leader*, sur son projet d'une science organiciste.

L'influence décisive de l'évolutionnisme darwinien

« La sélection naturelle agit exclusivement au moyen de la conservation et de l'accumulation des variations qui sont utiles à chaque individu dans les conditions organiques et inorganiques où il peut se trouver placé à toutes les périodes de sa vie. Chaque être, et c'est là le but final du progrès, tend à se perfectionner de plus en plus relativement à ces conditions. Ce perfectionnement conduit inévitablement au progrès graduel de l'organisation du plus grand nombre des êtres vivants dans le monde entier[42]. »

Étendue de la différenciation des parties du même être et spécialisation de ces parties pour différentes fonctions, perfectionnement de la « division du travail physiologique », voilà von Baer repris par la théorie darwinienne du progrès de l'organisation du règne animal, le vivant animé. Ces théories sont développées dans un ouvrage majeur, *De l'origine des espèces*, paru en 1859, qui se propose d'étudier la nature des caractères, innés ou acquis par variation, c'est-à-dire au cours d'une évolution graduelle, à la différence du bond, du saut brutal de la mutation.

Les travaux qui fournissent à Darwin (1809-1882) les bases de cet ouvrage portent strictement sur les élevages de pigeons[43]. De même, c'est à partir de ses observations sur les coquillages, les cirripèdes, vivants et fossiles – cet « odieux groupe », comme il les nomme –, qu'il constitue, à la suite de son voyage autour du monde entre 1831 et 1836, un système de classification parfaitement cohérent qui lui servira de base méthodologique pour toute son œuvre[44]. Mais s'il parle peu de l'humain, dans la façon dont il parle du règne animal, il multiplie les repères d'un entendement anthropomorphique de ses analyses. Et de toute façon, nombre des lecteurs de ce livre au succès retentissant – la première édition est publiée en novembre et la seconde un mois et demi plus tard – n'hésitent pas, eux, à extrapoler à l'être humain le principe de la « sélection naturelle » (principe établi par Darwin après un minutieux classement généalogique des êtres organisés, ce « système naturel » où les degrés de différences acquises s'expriment par les termes variétés, espèces, genres, familles, ordres et classes).

La grille de lecture spencérienne ne sera d'ailleurs pas la dernière à favoriser un usage social de la théorie darwinienne qui aille dans le sens d'un évolutionnisme sociologique. Une fécondation réciproque est même souhaitée par Darwin lui-même. « J'entrevois – écrit-il en conclusion – dans un avenir éloigné des routes ouvertes à des recherches encore plus importantes. La psychologie sera solidement établie sur la base si bien définie déjà par M. Herbert Spencer, c'est-à-dire sur l'acquisition nécessairement graduelle de toutes les facultés et de toutes les attitudes mentales, ce qui jettera une vive lumière sur l'origine de l'homme et sur son histoire[45]. »

De plus, ayant fait de l'économie politique une source de son inspiration, Darwin, d'une façon ou d'une autre, doit en rendre compte. D'une part, c'est la lecture de l'*Essai sur le principe de population* qui déclenche la mise en théorie de ses longues observations. Comme il l'avoue tout de go dans son introduction : « Nous considérerons la lutte pour l'existence parmi les êtres organisés dans le monde entier, lutte qui doit inévitablement découler de la loi géométrique de leur augmentation en nombre. C'est la doctrine de Malthus appliquée à tout le règne animal et à tout le règne végétal[46]. » D'autre part, on ne le sait que trop, il y a les emprunts à Adam Smith. La loi d'airain malthusienne qui se retrouve sous le principe de la sélection naturelle infléchira son œuvre vers une « conception du monde déterministe, quantitative, mécaniste et newtonienne ». Avec les théories de l'auteur de la *Richesse des nations*, entreront le principe de divergence et les représentations de toute une école écossaise sur les opérations de marché, sa liberté et son ouverture. Curieux amalgame que réalise Darwin entre une vision statique et une explication dynamiste[47].

Mais Darwin est avant tout un homme de son temps, sujet de l'Empire victorien, parangon du « progrès ». « Un Anglais, écrivait-il au terme de son voyage autour du monde, ne peut visiter ces lointaines colonies sans ressentir un vif orgueil et une profonde satisfaction. Hisser où que ce soit le drapeau anglais, c'est être assuré d'attirer en cet endroit la prospérité, la richesse et la civilisation[48]. »

De l'origine des espèces s'est rapidement trouvé investi par les courants d'opinion les plus divers de son époque. La bourgeoisie industrielle y cherchera la légitimation de sa mission historique de classe porteuse du progrès. Le darwinisme social lui demandera d'apporter sa caution scientifique à une organisation inégalitaire de la société, voire une conception franchement oppressive des relations interindividuelles, interraciales ou interculturelles. A l'autre extrême du spectre politique, des théoriciens du socialisme verront chez Darwin la confirmation de leur critique de l'obscurantisme religieux et de la vision statique du monde. Sans parler des aberrations d'un darwinisme marxiste alliant déterminisme biologique et déterminisme social et traçant un trait d'équivalence entre la *Struggle for life* et la *Class Struggle*[49].

Avec la théorie de l'évolution par sélection naturelle, une interrogation scientifique qui n'a pas comme objet direct l'étude des sociétés humaines va ainsi influencer de façon décisive la façon de penser le social. Certaines techniques et procédures pour l'obtention de la vérité sont désormais valorisées, et le statut de ceux qui ont charge de dire ce qui fonctionne comme vrai est redéfini : « C'est sans doute avec Darwin, observe Michel Foucault, ou plutôt avec les évolutionnistes post-darwiniens, que l'"intellectuel spécifique", le "savant-expert", commence à apparaître nettement. Les relations orageuses entre l'évolutionnisme et les socialistes, les effets très ambigus de l'évolutionnisme (par exemple sur la sociologie, la criminalité, la psychiatrie, l'eugénisme) signalent le moment important où c'est au nom d'une vérité scientifique "locale" – aussi importante qu'elle soit – que se fait l'intervention du savant dans les luttes politiques qui lui sont contemporaines. Historiquement, Darwin représente ce point d'inflexion dans l'histoire de l'intellectuel occidental[50]. »

Le diffusionnisme et la généralisation de l'idéologie du progrès

A la fin du XIXe siècle, le modèle évolutionniste de biologisation du social sera devenu sens commun lorsqu'il s'agira de désigner les nouveaux systèmes de communication. L'extrait suivant d'un traité de géographie de l'époque l'illustre de façon éloquente : « Le globe terrestre constitue aujourd'hui un vaste organisme dont toutes les parties sont solidaires ; tout changement survenu dans l'une de ces parties retentit sur l'ensemble des autres : c'est l'effet des voies de communication ; leur développement est peut-être le trait caractéristique de l'époque contemporaine[51]. »

La communication devient « un des principaux agents de civilisation » dans une géographie à laquelle l'« harmonieux déterminisme de la vie naturelle fixe l'idéal ». Le globe comme corps organisé explique la nouvelle division internationale du travail et l'accroissement de la « dépendance réciproque des nations », gommant au passage les nouvelles hiérarchies de l'économie-monde et universalisant une idée particulière de l'histoire. Celle du décalogue libre-échangiste des *free-traders*, dont on sait combien elle fut pourfendue par Karl Marx avant même son inscription dans une politique : « On nous dit, écrivait-il en 1848, par exemple, que le libre-échange ferait naître une division internationale du travail qui assignerait à chaque pays une production en harmonie avec ses avantages naturels. Vous pensez peut-être, Messieurs, que le produit du café et du sucre, c'est la destinée naturelle. Deux siècles auparavant, la nature, qui ne se mêle guère du commerce, n'y avait mis ni caféier, ni canne à sucre... Si les libre-échangistes ne peuvent pas comprendre comment un pays peut s'enrichir aux dépens d'un autre, nous ne devons pas en être étonnés, puisque ces mêmes messieurs ne veulent pas non plus comprendre comment, dans l'intérieur d'un pays, une classe peut s'enrichir aux dépens d'une autre classe[52]. »

« La théorie de la sélection naturelle dépassait de beaucoup la biologie. Elle ratifiait le triomphe de l'*histoire* sur toutes les autres sciences, bien que sous ce rapport l'"histoire" fût généralement confondue par les contemporains avec le "progrès"[53]. » Ce constat est celui de l'historien britannique Eric Hobsbawm. Il dépasse largement aussi le cadre de l'œuvre de Darwin, pour s'appliquer à l'ensemble de la mentalité évolutionniste. Ennemie de la recherche des causes premières, propre à l'âge théologique, elle s'est égarée à la recherche de la cause finale.

Pour elle, l'histoire se déroule d'après le « modèle en morceau », pour reprendre l'heureuse expression de Braudel. Pour accéder à ce « progrès », les sociétés attardées ou privées du secours des Lumières doivent franchir les paliers successifs des âges ou des états de l'histoire. Le chemin qui y mène est une ligne droite, sans boucles, sans détours, sans retours, sans régressions, sans recroisements de chemins déjà parcourus. La règle d'or de cet irrésistible et « nécessaire » mouvement vers l'avant est l'imitation des modèles de perfectibilité représentés par les sociétés déjà parvenues au stade avancé : c'est ce que met en théorie, à partir du troisième quart du XIXe siècle, une certaine approche anthropologique connue sous le nom de diffusionisme.

Cet avatar du schématisme évolutionniste propose une échelle de valoration des différentes cultures. « De même que l'*Homo sapiens*, explique Robert Löwie (1883-1957), historien de l'ethnologie classique, était zoologiquement au sommet du royaume animal, de même l'Europe occidentale en 1870 était à la pointe de la civilisation. De même que la cellule individuelle était le point de départ hypothétique de l'évolution, de même un sauvage au bord de la bestialité devait servir de point d'origine pour la civilisation. Cependant, étant donné qu'on ne pouvait plus observer l'homme primitif, on lui substitua progressivement les sauvages modernes dans la mesure où ils différaient de la civilisation victorienne. D'autre part, les usages des Européens modernes non adaptés à leur position avancée, étaient comme ces organes rudimentaires d'animaux que Darwin avait comparés aux lettres d'un mot qu'on ne prononce plus. Une des erreurs fondamentales de tout ce raisonnement résidait dans l'équation naïve entre les groupes primitifs actuels et le sauvage primitif[54]. »

La vision d'une histoire tronçonnée imprègne également la science économique. Avant même que Spencer et Darwin ne publient leurs ouvrages, l'école historique d'économie politique allemande – qui démarre en 1843 avec l'ouvrage de son chef de file, Wilhelm Roscher (1817-1894), intitulé *Précis d'un cours d'économie politique d'après la méthode historique* – adopte le point de vue de l'évolution et se construit autour d'un concept de développement envisagé comme succession de phases. Un programme que Bruno Hildebrand synthétise dans le titre d'un ouvrage publié en 1876, *Les Phases du développement économique*, où il définit l'économie politique comme la « doctrine des lois du développement économique des nations[55] ». L'Allemagne qui est, avec l'Angleterre, le foyer d'une des deux grandes écoles diffusionnistes de la fin du siècle, donne également naissance à Albert Schaeffle (1831-1903) et son *Organisation et vie du corps social* (1885), un des exposés les plus systématiques – hormis celui de Spencer – de la méthode organiciste. Avant que ne se termine le siècle, le diffusionniste allemand Friedrich Ratzel posera les bases de la nouvelle géographie politique ou « géopolitique ».

La notion biomorphique de développement, héritée du xixe siècle, inspirera la politique de la Société des Nations après la Première Guerre mondiale. Dans ses statuts, approuvés en 1919, on pourra encore lire sous l'article « Garanties données par la Société aux peuples de race inférieure ou d'une civilisation insuffisamment développée » : « La Société des Nations veut limiter le droit à la force sur les peuples dits primitifs. Pour empêcher la domination absolue des forts sur les faibles, elle assimile ceux-ci à des mineurs et les prend sous sa tutelle. Cette tutelle sera confiée par elle aux nations les plus développées, qui l'exerceront en qualité de mandataires au nom de la Société. Cette tutelle variera selon le développement de ces peuples mineurs [56]. »

Le modèle évolutionniste est une composante essentielle des premières formulations sociologiques sur la communication. Il le restera au cours du siècle suivant.

En 1959, en l'année de la commémoration de la publication de *l'Origine des espèces*, Georges Canguilhem justifiait dans ces termes le travail qu'il avait entrepris avec une équipe pluridisciplinaire pour retracer la généalogie des concepts de « développement » et d'« évolution » : « Le sujet a été choisi en raison de l'intérêt actuel du concept de développement. En psychologie et en pédagogie, il est donné pour fondement aux pratiques d'une nouvelle technocratie. En politique, et sur le plan international notamment, le concept de sous-développement tend à rendre une bonne conscience aux nations ex-colonisatrices. Ainsi, une étude historique de l'élaboration des concepts de développement et d'évolution a pu paraître digne d'être tentée autrement que comme futilité d'érudition ou exercice scolaire [57]. »

On n'aurait pas pu mieux dire. L'année suivante, l'Américain Walt.W. Rostow fait paraître *The Stages of Economic Growth*, « Les étapes de la croissance économique » [58]. Partant de l'histoire du développement industriel de l'Angleterre, il en tire pour les « damnés de la terre » un modèle universel de trajet vers la modernisation et la phase suprême de haute consommation. En ces mêmes années, apparaissent doctrines et théories qui voient dans les moyens de communication de masse les agents de ce développement/modernisation calqué sur le centre. Jusqu'au jour de la fin des années soixante-dix où ces idéologies du progrès vertical et linéaire commenceront à faire eau de toutes parts, montrant tout à la fois leur incapacité à assurer le trajet promis aux grandes majorités vers le développement et à protéger la biosphère[59]. Ironie de l'histoire que ce retour brutal du vivant à partir duquel le modèle évolutionniste a prétendu rendre « naturelles » son idée et sa pratique du progrès !

II

Les utopies du lien universel

4

Le culte du réseau

« Tout par la vapeur et par l'électricité » ; « Substituer à l'exploitation de l'homme par l'homme l'exploitation du globe par l'humanité » : ces slogans résument la doctrine de l'école saint-simonienne. De l'utopie d'une société égalitaire prônée par Saint-Simon, cet idéal se transforme, chez ses disciples, en principe de réalité d'un mode de réorganisation de la société, une philosophie de l'entreprise, dans une France qui cherche sa voie vers la société industrielle. Avec l'apparition du chemin de fer, la figure du réseau préside à la première formulation d'une idéologie rédemptrice de la communication. Les réseaux de communication sont envisagés comme créateurs du nouveau lien universel.

Saint-Simon, l'organisme et l'organisation

Dans la genèse de la pensée sur la société-organisme au XIXe siècle, il y a un chaînon essentiel que nous n'avons pas encore abordé : celui que Comte appelait les « idées mères » de Claude Henri de Saint-Simon (1760-1825). Ces idées mères sont le point de départ d'un renouvellement de la grille de lecture empruntée au vivant. « La philosophie de Saint-Simon – note Pierre Musso –, intervenant au début du XIXe siècle après la Révolution française, rassemble les images symboliques du corps étatique identifié à une équivalence "organisme-réseau" et les remobilise pour élaborer une théorie de l'administration pensée comme transition/médiation entre systèmes sociaux : le passage célèbre du "gouvernement des hommes" à "l'administration des choses"[1]. » L'objectif de Saint-Simon est, en effet, de fournir des outils pour administrer l'économie organique de ce grand corps qu'est la société, ce « véritable être dont l'existence est plus ou moins vigoureuse ou chancelante, suivant que ses organes s'acquittent plus ou moins régulièrement des fonctions qui lui sont confiées ». Cette métaphore de l'organisme s'emboîte d'ailleurs sans problème avec celle du mécanisme : la société est une « véritable machine organisée » dont la vie des individus constitue les « rouages » et dont l'harmonie dépend de celle de tous les « ressorts » qui la composent, chacun d'eux devant fournir « nécessairement son contingent d'action et de réaction »[2].

La métaphore de l'organisme considéré comme un enchevêtrement ou un tissage de réseaux renvoie à un projet de science exacte et appliquée de l'organisation sociale, mieux de la « réorganisation du corps politique », maître mot de l'œuvre du philosophe. La science des êtres organisés et de leurs relations considérées comme phénomènes physiologiques, dont il ambitionne de jeter les bases, Saint-Simon la baptise « physiologie sociale ». Un terme directement lié aux avancées des recherches médicales du début du siècle.

En 1801, dans son ouvrage l'*Anatomie générale appliquée à la physiologie et à la médecine*, le physiologiste Xavier Bichat (1771-1802), fondateur de l'histologie moderne, a inauguré un siècle où la physiologie prendra son essor et fixera ses méthodes. Pendant ce siècle, les études des sciences de la vie se constituent en levant définitivement l'hypothèque de la représentation d'une nature éternelle, d'un monde vivant conçu comme « un système à régulation externe, géré du dehors par un pouvoir souverain[3] ». En scrutant cette « logique du vivant », les sciences de la vie vont exclure tout recours à des considérations extrascientifiques d'ordre métaphysique ou théologique. Plus de Dieu horloger suprême, plus de *deus ex machina*, actionné par un machiniste dans les coulisses du théâtre de la vie. A l'aide de nouvelles techniques comme la dessication, la putréfaction, la macération ou la coction, le physiologiste français dégage de ses observations la notion de tissu et découvre que l'ensemble des propriétés vitales de ces tissus, de leurs activités propres, constitue la vie. Ces observations histologiques débordent la conception de l'organe pour mettre en évidence les éléments qui le composent, les structures fondamentales de son organisation : l'anatomie a ses tissus simples qui, par leurs combinaisons, forment des organes[4].

Affranchi, lui-aussi, à l'égard de cette idée d'« un système à régulation externe », Saint-Simon transfère cette vision des combinaisons et des enchevêtrements, de l'anatomie au social, de l'organisme naturel à l'organisation comme production du réseau artificiel.

Chaque époque historique de la vie de l'espèce humaine, chaque « âge du corps social », se dote d'un « régime sanitaire » qui correspond à ses nécessités. Dans cette perspective biographique de l'histoire de la civilisation, une histoire conçue comme la « physiologie des différents âges », on ne peut conserver des « habitudes hygiéniques » qui ne correspondent plus au nouvel état physiologique, sous peine de fonctionner avec des institutions propres à l'âge de l'enfance alors que l'on accède à celui d'adulte[5]. Il faut donc trouver un « système hygiénique » qui convienne à cette nouvelle donne.

La physiologie sociale, cette « science de l'homme » au service de la politique comme « hygiène sociale », se propose précisément d'aider ce grand corps social, qui, au travail, garde la santé, et, désœuvré, sombre dans la maladie, à surmonter la crise. Cette notion de crise, Saint-Simon reproche à Condorcet de ne pas en avoir tenu compte et d'avoir cru trop facilement à un accomplissement des « progrès de l'esprit » par simple accumulation et d'une façon continue. Cette crise a pour cause fondamentale le « changement total du système social qui tend à s'opérer aujourd'hui chez les nations les plus civilisées ». Affectant le corps politique depuis trente ans, elle exprime le « passage du système féodal et théologique au système industriel et scientifique[6] ». De ne pas enrayer la crise, avertit Saint-Simon en 1821, on risque une « véritable et immense rétrogradation vers la barbarie ». Car la crise est un écueil sur lequel bute la « division du travail, tant spirituel que temporel », qui cherche à se déployer. Le rapport de l'individu avec la masse, l'interdépendance des parties, est bloqué. La société, en proie au désordre et à la confusion des idées, ne vit plus que sur une vitesse acquise ; elle n'est plus qu'un agglomérat d'individus isolés et concurrents. La sortie de l'état critique, le passage à un état organique, ne peut se faire que si la société se donne « un but d'activité ».

Au premier rang des facteurs responsables de la persistance

de la crise : les idées des légistes et des métaphysiciens, « littérateurs » et gens de lettres. Si leur influence a été déterminante dans la naissance d'un nouveau système, dorénavant, elle risque d'être inutile, voire néfaste pour un régime qui entre dans l'état adulte. « L'idée vague et métaphysique de liberté, telle qu'elle est en circulation aujourd'hui, si on continuait à la prendre pour base des doctrines politiques, tendrait éminemment à gêner l'action de la masse sur les individus[7]. » Les « idées négatives » qui ont aidé les Encyclopédistes à saper l'ordre ancien ne suffisent plus. A ces savoirs destructeurs et désorganisateurs, à ces savoirs de l'« insurrection scientifique », il est urgent de substituer une pensée et une pratique positives. Le monde a besoin d'une « Nouvelle Encyclopédie », d'une « nouvelle alliance entre Newton et Locke ».

Ce nouveau savoir, ces nouvelles Lumières, qui conjuguent science d'observation et science de l'organisation, Saint-Simon en construit le socle depuis la fin du XVIIIe. La période d'incubation théorique dure près de 18 ans au cours desquels il va tenter de faire une nouvelle synthèse des connaissances de l'époque. Il se met successivement à l'écoute des sciences physico-mathématiques, de la physique des corps bruts et de la physique des corps organisés, en suivant les enseignements de l'École polytechnique et de l'École de médecine. Des ingénieurs et mathématiciens, il retient la loi de l'attraction universelle qui, selon lui, doit remplacer Dieu et le « déisme ». « En disant que cette loi régit tous les phénomènes naturels, observe Judith Schlanger, Saint-Simon pose une interprétation physiciste de la gravitation : tout se comprend à partir des rapports de lutte, d'équilibre et d'action réciproque des solides et des fluides dans l'univers[8]. » A la physiologie ou physique des corps organisés, on sait déjà ce qu'il doit à travers les emprunts qu'il fait à l'histologie naissante.

Faire la synthèse de cet amas confus de connaissances en vue de formuler une doctrine capable de satisfaire les besoins des hommes, une philosophie pour la construction du « système industriel » : c'est la tâche que se fixe Saint-Simon à partir de 1814, date où il publie *De la réorganisation de la Société européenne*, jusqu'à son dernier ouvrage *Le Nouveau Christianisme*, paru en 1825. Lettres aux responsables politiques, aux législateurs, aux chefs d'industrie, aux ouvriers, création d'organes d'expression tels *L'Industrie, Le Politique*, et, enfin, en 1819, *L'Organisateur* où collabore encore activement son disciple de l'époque, Auguste Comte : Saint-Simon embrasse la cause des « industriels », « centre réel et foyer de la civilisation », les incitant à se rassembler et se mobiliser pour faire l'histoire. Le premier volume de son texte majeur sur le sujet, *Du système industriel*, paraît en 1821 ; c'est un recueil d'écrits de provenance disparate, lettres, tracts et brochures rédigés entre juin 1820 et janvier de l'année suivante.

La classe industrielle (les « cultivateurs », les « fabricants » et les « négociants »), ce sont « tous ceux qui travaillent à produire et à mettre à la portée de tous les membres de la société tous les moyens matériels de satisfaire leurs besoins ou leurs goûts physiques ». Mais seuls les savants positifs sont appelés à apporter leurs concours à la formation du noyau théorique qui donne cohérence au nouveau système. « Admettre des collaborateurs d'un autre genre de capacité serait un moyen infaillible de dénaturer le travail, et de le rendre aussi incohérent que l'*Encyclopédie*[9]. » Pour la propagation de ces nouvelles idées, il en va autrement : c'est un devoir pour tous de se transformer en apôtres.

Saint-Simon s'inspire du modèle de propagation de l'Église. « L'époque qui présente le plus d'analogie avec la nôtre, est celle où la partie civilisée de l'espèce humaine a passé du polythéisme au théisme, par l'établissement de la religion chrétienne... Dans cette mémorable révolution morale, on distingue très clairement les deux sortes d'actions que je viens d'indiquer : d'une part, la doctrine chrétienne a été coordonnée systématiquement par les philosophes de l'école d'Alexandrie ; d'une autre part, elle a été prêchée et répandue par des hommes sortis de toutes les classes, et même de celles dont l'intérêt particulier était le plus en opposition avec le nouveau système[10]. » Dans *Le Nouveau Christianisme*, devant les lenteurs des « industriels » à se mobiliser autour de l'entreprise d'édification du nouveau « système », Saint-Simon loue à nouveau le christianisme et les vertus de la fraternité chrétienne pour avoir si bien réussi à rendre une morale populaire.

Cette œuvre de propagation de la doctrine industrielle doit déborder les frontières. Car, « l'industrie est une ; tous ses membres étant unis par les intérêts généraux de la production, par le besoin qu'ils ont tous de sécurité et de liberté des échanges[11] ». Il faut coaliser les diverses forces politiques de l'industrie, l'union des industries nationales : c'est une des conditions pour assurer la paix dans une Europe qui sort des guerres de conquête napoléoniennes. Dans sa *Réorganisation de la Société européenne*, il propose de tisser une alliance étroite entre la France et l'Angleterre, en établissant une monnaie commune, une banque commune, une concertation commerciale permanente. Et pour l'ensemble du continent, regroupé en une « Confédération européenne », l'établissement d'un « parlement général » qui serait chargé de traiter des « intérêts communs de la société européenne » ainsi que l'alignement sur un « même code de morale tant générale que nationale et individuelle » devant être enseigné partout et reflétant le système de démonstrations positives [12]. *Du système industriel* insiste à nouveau sur le fait que le lien européen temporel – la communauté d'intérêts – qui va résulter du développement de l'industrie ne saurait en aucun cas dispenser d'un lien spirituel, des « idées morales communes ».

La nation comme grande société d'industrie

La constitution du système industriel ne se conçoit pas sans un important système de crédit et la mise en place d'un parlement industriel.

La circulation de l'argent donne à l'industrie une vie unitaire. Ce que Saint-Simon exprime par la vieille métaphore de la circulation sanguine : « L'argent est au corps politique ce que le sang est au cœur humain. Toute partie où le sang cesse de circuler languit et ne tarde pas à mourir. » Dans son schéma de réorganisation, l'« administration du budget » est donc la tâche par excellence de tout gouvernement qui se doit de « maintenir sécurité et liberté dans la production ». De compter sur cette irrigation continue par le crédit, l'industrie se développera spontanément. C'est d'ailleurs un des seuls rôles concédés au gouvernement. La nation n'étant autre chose qu'« une grande société d'industrie », le gouvernement ne peut en être que le « chargé d'affaires ».

Mais pour que cela s'accomplisse, il faut parallèlement instaurer un « parlement industriel » à trois chambres [13]. Les représentants qui y siégeront devront appartenir aux catégories sociales utiles, celles-là mêmes que Saint-Simon oppose aux « oisifs » dans son fameux pamphlet *La Parabole* (Supprimez princes, grands offices, évêques, etc., il n'en résultera aucun mal politique pour l'État. Perdez les cinquante premiers physiciens, physiologistes, poètes, etc., et il faudrait à la France au moins une génération pour se refaire).

La *chambre d'invention*, de 300 membres, se divise en trois sections. Une de 200 ingénieurs civils ; une deuxième de 50 poètes ou autres « inventeurs en littérature » ; la dernière, de 25 peintres, 15 sculpteurs ou architectes et de 10 musiciens. Leur mission consiste à présenter un projet de travaux publics (dessèchements, défrichements, percement de routes, ouverture de canaux) ; à mettre au point un projet de fêtes publiques d'un nouveau type : les « fêtes d'espérance » (on y exposera aux citoyens les projets de travaux arrêtés et on leur fera voir combien leur sort en sera amélioré) et celles du « souvenir » (on y montrera combien leur sort est préférable à celui de leurs ancêtres). Le noyau de cette chambre d'invention est composé de 86 ingénieurs en chef des Ponts et Chaussées pris dans les départements, de 40 membres de l'Académie de France et des peintres, sculpteurs et musiciens de l'Institut. C'est ce noyau qui coopte les autres membres de la Chambre qui peut s'associer une cinquantaine d'étrangers.

La *chambre d'examen*, composée de savants, établit « les lois hygiéniques du corps social ». Elle comporte 100 physiciens, spécialistes des corps organisés, 100 physiciens, spécialistes des corps bruts, et un nombre équivalent de mathématiciens. Son noyau se recrutant parmi les membres de l'Institut. Sa fonction est d'examiner les projets de la première chambre, d'établir un vaste projet d'éducation publique générale afin de rendre « les jeunes gens les plus capables possible de concevoir, de diriger et d'exécuter des travaux utiles » et de s'occuper d'un projet de « fêtes publiques » (fête des hommes, des femmes, des garçons, des filles, des pères et mères, des enfants, des chefs d'atelier, des ouvriers). Pour célébrer ces fêtes, partout seront envoyés des orateurs qui prononceront des discours sur les devoirs sociaux de ceux que l'on fête.

Enfin, la *chambre des communes* fait office de chambre d'exécution.

« Faire et défaire la nature à notre gré » : Saint-Simon pense que « la totalité du territoire français doit devenir un superbe parc à l'anglaise ». Il s'inscrit en droite ligne dans l'idéologie des ingénieurs des Ponts et Chaussées en lutte contre la nature irrationnelle et mauvaise.

Dans l'aménagement des routes et des canaux, précise Saint-Simon, il est indispensable de joindre l'utile à l'agréable en facilitant les transports et en rendant les voyages les plus plaisants à ceux qui se déplacent. Des sites parmi les plus pittoresques seront choisis le long de ces itinéraires et des terrains y seront consacrés comme « lieu de repos pour les voyageurs, et de séjour de plaisir pour les habitants du voisinage ». Chacun de ces jardins contiendra un musée des produits naturels et industriels des contrées environnantes et des habitations pour les artistes. Il faut « rendre le luxe national », le sortir des cours, des hôtels particuliers et des châteaux. La vision habituelle des productions des beaux-arts doit stimuler la faculté d'imagination et l'intelligence de ceux qui jusqu'à aujourd'hui sont rivés aux travaux matériels. En ces lieux, il y aura toujours des musiciens qui « enflammeront les habitants du canton de la passion dont les circonstances exigeront le développement, pour le plus grand bien de la nation ». On retrouve là un souci constant de Saint-Simon qui fait de la musique un moyen d'éducation populaire (il mit même sur pied une chorale ouvrière dans une manufacture de tissus de laine et demanda à l'auteur de *La Marseillaise*, Rouget de Lisle, de composer les paroles et la musique d'un *Premier chant des industriels* : « Honneur à nous, enfants de l'industrie ! »).

L'importance accordée par Saint-Simon aux travaux publics et à ses ingénieurs a aussi à voir avec un vieux rêve qu'il a jadis essayé de convertir en réalité. Il le raconte dans son autobiographie : « Je suis entré au service en 1777. Je partis pour l'Amérique en 1779 ; j'y ai servi sous les ordres de M. de Bouillé et sous ceux de Washington. A la paix, j'ai présenté au vice-roi du Mexique le projet d'établir, entre les deux mers, une communication qui est possible en rendant navigable la rivière *Inpartido*, dont une bouche verse dans notre océan, tandis que l'autre se décharge dans la mer du Sud. Mon projet ayant été froidement accueilli, je l'ai abandonné[14]. » On est alors en 1783 et Saint-Simon n'a que 23 ans. Revenu en France en 1786, il récidive et présente un plan de montage financier et de recrutement d'une main-d'œuvre militaire au gouvernement espagnol qui avait entrepris un canal qui devait faire communiquer Madrid à la mer mais manquait d'ouvriers et de fonds pour l'exécuter. La Révolution française empêchera la réalisation du projet. Neuf ans plus tard, Saint-Simon, en mal de moyens de subsistance, crée à Paris un établissement de transport public. Ce sera sa dernière incursion dans une entreprise entretenant quelque rapport avec les voies de communication. Et les débuts de sa carrière de philosophe et de futur doctrinaire du système industriel. Désormais, la communication n'apparaîtra plus que dans ses plans de sortie de la crise.

De la doctrine du philosophe de l'industrialisme sur la production de réseaux artificiels comme moyens de porter remède à la crise du corps politique, ses disciples extrairont, d'abord, un discours sur les vertus rédemptrices des nouvelles techniques et, ensuite, une stratégie de transition à l'âge positif à travers les réseaux de communication et ceux de la finance.

Le saint-simonisme aux temps de la prédication

L'auteur du *Nouveau Christianisme*, le seul « vrai », fondateur d'une nouvelle théocratie, avait imaginé trois grands prêtres : le prêtre de la science, celui de l'industrie et, chapeautant ces deux fonctionnaires sacerdotaux, le prêtre social, représentant de la nouvelle « religion sociale », source de sanction et d'ordre.

Saint-Simon disparu, naquirent l'Église et le culte saint-simoniens. De cette Église, le polytechnicien Barthélemy Prosper Enfantin (1796-1864) fut un des deux Pères suprêmes et Michel Chevalier (1806-1879), un des cardinaux, membre du sacré collège du Père. L'aventure se terminera devant la cour d'assises en juillet 1832 et la condamnation des chefs de l'école à des peines de prison pour contravention à l'article 291 du code pénal interdisant les réunions de plus de 20 personnes et immoralité. En novembre 1831, s'était opérée la rupture avec l'autre Père suprême, Saint-Amand Bazard (1791-1832). Le désaccord sur la question de l'émancipation de la chair, de la morale nouvelle et du « couple-prêtre », chère à Enfantin, qui arborait le titre de « libérateur de la femme », en cache un autre. Bazard cultive une vision conflictuelle de la société et du changement auquel il faut la soumettre, croyant à une opposition irrémédiable entre les classes. En revanche, Enfantin, tout en étant aussi critique des « privilégiés de la naissance qui écrasent le travailleur », pense en termes d'harmonie ; il croit possible de faire entrer pacifiquement « dans la *Sainte Famille humaine* tous ceux qui jusqu'ici en ont été *exclus* ou seulement y ont été traités comme *mineurs*[15] ». En premier lieu, le prolétaire et la femme.

Enfantin est convaincu de la force de la « prédication de la fraternité chrétienne ». Le schisme consommé, il se retrouve le pape unique de la religion saint-simonienne.

Ces années durant, l'apostolat devint pratique constante. Tribunes des fidèles : d'abord, *Le Producteur*, fondé en juin 1825 et liquidé fin de l'année suivante ; *L'Organisateur* ensuite, lancé en août 1829 ; et, enfin *Le Globe*, *Journal de la doctrine saint-simonienne*, à partir de 1830 jusqu'à sa fermeture deux ans plus tard. Entre 1828 et 1830, Bazard organise des conférences qui deviennent, sous la plume des plus jeunes membres de l'école, *L'Exposition de la doctrine saint-simonienne*. En avril 1830, commencent les prédications des saint-simoniens dans leur local parisien. En juillet de l'année suivante, naît la « Communion générale de la Famille saint-simonienne » tandis que s'organise la propagande ouvrière par quartiers. Aux fins de « propagation de la religion saint-simonienne parmi les industriels », Paris est divisé en quatre sections. Les actions seront de courte durée. L'organisation des quartiers est dissoute en novembre 1831 lors de la scission au sein de l'école. Assez de temps cependant pour voir émerger un schéma de militance apostolique.

Le « degré des industriels » hiérarchise les membres et cibles de la propagation [16]. Il y a les visiteurs, les aspirants, les fonctionnaires. Le dernier degré n'étant octroyé qu'à ceux qui ont été reconnus dignes de prendre part à l'œuvre d'apostolat, après un noviciat plus ou moins long. On leur délivre un diplôme et ils sont autorisés à travailler dans les ateliers de la famille. Chaque apôtre dresse journellement des rapports détaillés sur les personnes rencontrées à l'adresse des directeurs et sous-directeurs de ces sections (dont les permanences restent ouvertes tous les jours de 5 heures du matin à 10 heures du soir).

Le petit monde, le plus souvent des artisans, de la capitale est présent : charron, couturière, cordonnier, portier, repasseuse, sablier, serrurier, lingère, sellier, journalière, graveur, giletière, menuisier, etc. Quatre rapports extraits de la section qui regroupe le premier et le deuxième arrondissement.

– « M. Bottier, fleuriste travaille rue St-Honoré. Situation matérielle : l'homme et la femme travaillent. Le mari est très bon ouvrier dans sa partie et pourrait au besoin faire un chef d'atelier. Ils paraissent faire bon ménage et sont d'un caractère très doux. »

– « Madame Rondet, sage-femme, s'est fait une célébrité

dans son état par plusieurs découvertes importantes. Séparée de son mari depuis 8 ans, elle a obtenu deux brevets d'invention depuis cette époque. Elle s'est constamment appliquée aux perfectionnements de procédés utiles à l'humanité. Elle a eu à lutter contre l'envie qui s'attache d'ordinaire aux femmes qui se sentent le courage de s'élever au-dessus de leur sexe selon l'expression reçue. Elle a embrassé avec transport la foi nouvelle et la propage avec feu. »

– « M. Knobel, forgeron, un enfant, rue du Rocher. Il désire garder sa carte, prétend être saint-simonien mais je sais qu'il s'en rit. C'est un égoïste. Sa femme : mêmes sentiments que son mari. »

– « Mlle Bourgeois Amélie, artiste dramatique, est une jeune personne très intéressante. Elle débuta très jeune à l'Odéon dans le rôle d'enfant et ensuite fut admise au théâtre de M. Comte qui, à ce qu'il paraît, exploite rudement sa *petit acteur*. De graves sujets de plainte ont forcé la mère à la retirer de sa maison. Elle est dans le moment sans emploi et occupe avec sa mère un logement très modeste. Elle est musicienne et a sept ans de conservatoire. Mlle B. n'est pas jolie mais elle a la fraîcheur du printemps et malgré sa profession un peu scabreuse peut-être aussi sa pureté. Les deux dames connaissent la doctrine [17]. »

Les bilans sur l'état souvent désastreux de la situation financière des périodiques saint-simoniens jettent une lumière crue sur l'autre versant de la propagation. Ils témoignent des flottements dans l'approche du « public éclairé ». En 1826, le Père Enfantin retrace dans son rapport aux actionnaires les fluctuations du *Producteur*, alors en voie de liquidation malgré une première tentative d'ajustement à un type de lectorat. « Quelques-uns de nos lecteurs nous reprochaient d'être trop sérieux, d'autres trop éloignés des faits, d'autres enfin d'être obscurs... Profitant de ces reproches pour mieux choisir nos lecteurs..., nous devînmes plus sérieux encore en augmentant le volume du *Producteur* et en ne paraissant que mois par mois. Nous négligeâmes le plus possible les faits de détails pour nous occuper des généralités ; ces changements devaient aussi nous rendre plus obscurs pour des personnes peu habituées aux études philosophiques ; il nous mettait au contraire en relations directes plus faciles avec les hommes qui créent des idées neuves et avec ceux qui conservent le dépôt des richesses intellectuelles. En d'autres termes, *Le Producteur* devenait un journal de philosophes et de savants.

Dès lors notre succès financier était nécessairement retardé[18]. »

En 1831, année de la grande effervescence religieuse, pour le directeur du *Globe*, « Journal de la doctrine saint-simonienne », Michel Chevalier, il n'y a plus l'ombre d'un doute sur la stratégie à suivre. Il faut reprendre le vieux modèle de la Compagnie de Jésus, noyauter les pépinières des futures élites et toucher les « personnes influentes ». Dans une circulaire aux membres de la Famille leur demandant de coopérer dans l'établissement d'une liste d'envois gratis du journal, cet ancien élève de l'École polytechnique et des Mines observe : « Indiquez-nous donc, pour le département que vous habitez et pour les départements que vous connaissez, les personnes et les points de réunion sur lesquels vous croyez que doit tomber notre choix. Signalez-nous particulièrement en fait d'individualités les anciens élèves de l'École polytechnique, les médecins, les avocats, les ingénieurs... Sur votre liste vous aurez à indiquer succinctement le motif pour lequel vous croyez convenable d'adresser *Le Globe* à telle ou telle personne... Vous devez faire vos efforts pour que ces personnes l'étudient et le fassent lire autour d'elles. » Il en va, conclut-il, de la « propagation de notre foi », « œuvre qui sous ce rapport est éminemment religieuse »[19].

Un an après, Enfantin et Chevalier, ainsi que Charles Duveyrier étaient condamnés à un an de prison et 100 francs d'amende. Jusqu'à sa mort, en 1864, bien après les années tapageuses, Enfantin gardera cette relation pastorale avec ses disciples et ses fervents. Extrait d'une lettre personnelle adressée au Père par M. Soulard le 29 février 1862, peu après la publication de *La Vie éternelle*, une sorte de testament religieux et politique : « Les bornes d'une lettre sont trop étroites pour que je puisse vous dire toutes les impressions que m'a fait éprouver la lecture attentive de *La Vie éternelle*. Qu'il vous suffise de savoir que je suis entré à franc étrier dans la voie d'amour que vous avez ouverte à mon âme, et que, de simple disciple, passant soudainement à l'apostolat, je ne perds aucune occasion d'évangéliser autour de moi[20]. »

Église contre Église, cet empiétement du saint-simonisme sur le pouvoir spirituel ne sera jamais du goût du Vatican. Et pour cause, Saint-Simon lui-même n'avait-il pas accusé le pape et son Église d'hérésie pour n'offrir aux humains que le bonheur d'un Paradis outre-tombe et non sur terre ? En 1837, le père jésuite Cornelius Everboeck mandaté par la Congrégation du Saint-Office propose au pape d'émettre une encyclique contre la « secte » et sa doctrine dont l'influence se faisait déjà sentir dans la péninsule. Le Saint-Père n'alla pas jusque-là mais interdit la circulation des brochures saint-simoniennes dans les écoles.

Enlacer l'univers : Enfantin et le canal de Suez

« Espérez, fils de la patrie/La main qui brisera nos fers/ Tresse le réseau d'industrie/Qui doit enlacer l'univers », chante en 1835 le chansonnier saint-simonien Louis Vinçard dans *L'avenir est là* au cours de ses « tournées industrielles et pastorales », sillonnant la France avec un répertoire qui comprend d'autres chants comme *Foi nouvelle* et *L'homme nouveau*, sur l'air de *La Marseillaise*[21].

Si la Famille est officiellement dissoute en 1833, l'héritage saint-simonien ne l'est pas. Pour les uns, dépouillée de ses chimères religieuses, elle devient une doctrine de développement industriel, une doctrine de pouvoir et, accessoirement, un bréviaire pour la construction de leur trajectoire de gestionnaire ou de capitaine d'industrie. Pour les autres, les idées saint-simoniennes restent une part et un moment essentiels dans la formation d'une conscience socialiste. A moins d'être alternativement l'une et l'autre. Le fameux « modèle saint-simonien » n'est donc pas unique. A moins de passer à la trappe le caractère profondément subversif de l'auteur du *Système industriel* qui n'eut de cesse d'opposer au « libéralisme », comme force politique fondée sur le capital propriétaire et sur la classe des légistes employés à en défendre les droits, le potentiel nouveau de l'« industrialisme ». Ce qui est commun aux uns et autres, c'est cette croyance à la fois dans le « progrès » et dans le proche avènement de cette « Association universelle » qui doit succéder à l'antagonisme universel. Pour les uns, par le truchement des réseaux techniques du libre-échange des marchandises et des idées. Pour les autres, à travers les réseaux de la solidarité sociale.

En 1833, à sa sortie de prison, Enfantin s'embarque pour l'Égypte où les « Compagnons de la femme » ont préparé sa venue. Toujours cette quête mythique d'un messie féminin, la « Mère », qui doit procéder d'Orient et dont un siège vacant symbolisait la place aux côtés du Père suprême auquel elle devait s'unir. Dans ce voyage aux sources, il est accompagné par plusieurs polytechniciens, des architectes, des dessinateurs, des agriculteurs, des ouvriers, des médecins et littérateurs. Tous vont rejoindre le projet de la « communication des deux mers ». Un projet dont, sur place, s'occupe déjà l'ingénieur Linant de Bellefonds qui a repris les deux projets de Napoléon : le percement d'un canal et le barrage du Nil.

C'est l'époque du vice-roi Méhémet-Ali et du major général des armées égyptiennes Soliman Pacha. L'époque où experts français aident à créer des Écoles polytechnique et d'artillerie et à réorganiser l'École de médecine. Enfantin rêve de mettre sur pied une armée pacifique de travailleurs chargée de construire canal et barrage : « Un corps de 12 000 travailleurs réguliers, enrégimentés, gradés, disciplinés, vêtus, nourris et logés comme les régiments de l'armée, commandés par des ingénieurs – composé d'hommes et d'enfants, ayant musique en tête, la pioche et la hache sur l'épaule, le compas et l'équerre aux côtés, les sous-officiers et officiers le mètre en main [22]. » Une épidémie de choléra jointe aux pressions d'une Angleterre qui met tout en œuvre pour que la concession lui soit refusée ont raison du projet des grands ouvrages cher aux saint-simoniens. Enfantin revient en France en 1837. Le projet de l'union des deux mers a tourné court. Il sera repris plus tard par Ferdinand de Lesseps (1805-1894) qui s'associera une équipe multinationale et le mènera à bien jusqu'à son inauguration en 1869.

En 1845, Enfantin écrit aux autorités égyptiennes : « Nous avons la conscience d'avoir préparé cette grande œuvre comme jamais œuvre industrielle n'a été préparée ; il nous reste à l'accomplir avec vous comme jamais grande entreprise n'a été faite, c'est-à-dire sans rivalités nationales, avec le concours cordial de trois grands peuples que la politique a souvent divisés et que l'industrie doit unir. Il nous reste à faire, nous société industrielle, ce que la diplomatie tenterait en vain sans nous ; il nous reste à tracer sur le globe même le *signe de la paix* et à vrai dire le trait d'union entre deux parts du Vieux Monde, entre l'Orient et l'Occident [23]. »

Prenant en main neuf ans plus tard la responsabilité du projet, l'ingénieur de Lesseps ne fait pas appel à son concours lorsqu'il constitue une Commission universelle du canal de Suez. L'ancien Père suprême en concevra un vif dépit. Mais les idées saint-simoniennes seront à l'honneur dans l'éditorial du premier numéro de *L'Isthme de Suez*, sous-titré *Journal de l'Union des deux mers*, lancé le 25 juin 1856 par le constructeur du futur canal de Suez. « Organe et représentant d'un intérêt universel, étranger par le but qu'il se propose à tout esprit de nationalité exclusive, ce journal n'a rien et ne veut rien avoir de commun avec la politique des rivalités internationales et les partis intérieurs... Il se fera une loi d'éviter tout ce qui pourrait aigrir et diviser les grands intérêts qu'il aura pour mission de concilier et de fondre, dans une œuvre de travail et de paix[24]. » Dorénavant, la doctrine saint-simonienne fera partie du paysage naturel des grands travaux interocéaniques.

En 1841-1842, Enfantin se fait ethnographe. On le retrouve au sein de la Commission scientifique d'Algérie, créée quatre ans auparavant. Il y étudie les « populations indigènes de la province de Constantine », les classant d'après les « différences de langage, d'habitat et d'usages de culture » et identifiant « tout ce qui peut donner prise ou former obstacle aux progrès de la civilisation ». Un matériel qu'il recueille en 1843 dans un livre, *De la colonisation de l'Algérie*, où il plaide pour l'association. Saluant cette étude, le correspondant du *Daily National Intelligencer* de Washington note : « Excellent ouvrage scientifique et politique, le meilleur écrit dernièrement sur l'Algérie. Plein de bon sens et de vues justes, c'est sans doute pour cela qu'aucun journal ne l'a mentionné. Il est écrit par Enfantin, ancien grand prêtre des saints-simoniens. Il est étonnant de voir combien la plupart de tous ces hommes, d'abord enrôlés dans cette monstrueuse absurdité, ont viré depuis, devenant intelligents, sensibles et compétents[25]. »

Cette compétence sera reconnue par ses anciens apôtres devenus industriels des chemins de fer. Le polytechnicien Enfantin terminera administrateur de la compagnie PLM, la future « ligne impériale » qui joint les trois plus grandes villes françaises, Paris-Lyon-Marseille. Celle-là même qui devait relier la France à la Suisse, à l'Italie, aux autres pays de la Méditerranée. Il en hâtera la formation en tant qu'artisan de la fusion des multiples compagnies desservant les divers tronçons de la ligne.

Les réseaux « spirituels » et « matériels »

En 1832, Michel Chevalier avait écrit : « L'industrie, abstraction faite des industriels, se compose de centres de production unis entre eux par un lien relativement *matériel*, c'est-à-dire par les voies de transport, et par un lien relativement *spirituel*, c'est-à-dire par des banques... Il y a de si étroites relations entre le réseau des banques et le réseau des lignes de transport, que l'un des deux étant tracé avec la figure la plus convenable à la meilleure exploitation du globe, l'autre se trouve par là même pareillement déterminé dans ses éléments essentiels [26]. »

Cette anticipation était tout un programme. Une fois sortie de sa gangue militante, la philosophie du saint-simonisme personnifie le vigoureux esprit d'entreprise de l'époque. Au PLM, Enfantin retrouve Paulin Talabot, polytechnicien comme lui, pionnier des chemins de fer du Sud-Est et auteur d'un projet de canal entre Alexandrie et la mer Rouge.

Deux autres saint-simoniens, Émile et Isaac Pereire, participent depuis la fin des années trente à la construction de lignes dans le Nord, l'Est et le Sud-Ouest et se lancent à l'assaut des liaisons interocéaniques.

En 1855, ils fondent la Compagnie générale maritime. Depuis une quinzaine d'années, les *steamers* britanniques dominent les lignes maritimes vers les États-Unis, l'Amérique centrale et le Brésil. Le commerce français est tributaire des paquebots postaux de la Royal Mail pour recevoir ses ordres d'outre-mer. Outre l'établissement des services postaux – son but primordial –, la compagnie des deux frères, bientôt rebaptisée Compagnie générale transatlantique, met à profit une nouvelle division internationale du travail qui se précise de plus en plus. La mission qui lui est explicitement assignée ne laisse aucun doute à ce sujet : « Rattacher par des liens plus nombreux les colonies à la mère patrie et ouvrir une carrière illimitée à l'énergie et à la puissance d'expansion du génie national... Contribuer à l'équilibre entre les besoins de la consommation et les ressources de la production, non seulement par le transport de denrées et des matières premières, mais aussi par le déplacement des populations laborieuses et une meilleure répartition du travail humain [27]. »

A leur façon, les navires de la compagnie tressent le réseau de l'industrie et enlacent l'univers. A l'aller, ils exportent d'énormes quantités de marchandises françaises et transportent les immigrants. Au retour, ils approvisionnent l'agriculture en guano du Pérou et en nitrates du Chili ; ils mettent à la disposition de la population la viande des pays de La Plata, en développant sur place l'industrie des conserves alimentaires avec du bétail acheté par milliers de têtes. Les peaux préparées là-bas servent à l'industrie du cuir du vieux continent et les déchets à celle des engrais. Synergie étroite entre lignes maritimes, transport ferroviaire et complexe agro-industriel. En temps de guerre, les paquebots se convertissent en flotte auxiliaire de l'État ; ils transportent et ravitaillent les troupes. Baptême du feu : l'expédition militaire contre la république du Mexique entre 1864 et 1867.

Synergie également avec le crédit, nerf de toutes les entreprises de construction des grands réseaux techniques. « Instrument des temps modernes, comparable au point d'appui qu'Archimède demandait pour soulever le monde », aimaient à dire ces chefs d'entreprise.

A la fin 1852, les frères Pereire créent la Société générale de crédit mobilier. Leur réseau de correspondants s'accroît rapidement à l'étranger. Bientôt, ils participent à la construction de plus de 10 000 kilomètres de voies ferrées, en Autriche, en Espagne, en Suisse et en Russie. Ils sont dans la Société royale de la canalisation de l'Èbre, la Compagnie madrilène d'éclairage sans oublier l'Omnibus de Paris. Au grand dam de leurs rivaux, les Rothschild, autre grand maître d'œuvre des voies de communication, qui redoutent les abus d'un double monopole sur la finance et les transports. La réplique de la Haute Banque symbolisée précisément par les Rothschild – qui dans les années trente avaient pourtant misé sur les Pereire en les soutenant dans leurs premières entreprises de construction de voies ferrées dans le Nord – viendra en 1864 avec la création de la « Société générale pour favoriser le développement du commerce et de l'industrie en France ». Talabot – avec l'industriel Joseph-Eugène Schneider – en est une des chevilles ouvrières. Dans la liste des souscripteurs de cette institution financière : le Père Enfantin.

Pourquoi la coalition de la Haute Banque contre les deux frères ? Réponse de la Société générale : « La constitution, à l'échelle européenne, d'un vaste ensemble financier conduit les Pereire à démanteler le réseau des correspondants de la Haute Banque, réseau sans lequel cette dernière ne peut plus assurer le placement des grands emprunts publics. Une réaction des principaux représentants de la finance traditionnelle est inévitable. C'est la coalition des intérêts menacés par les Pereire qui réunira les principaux promoteurs de la Société générale[28]. »

En 1879, Marx fera, à sa façon, le bilan de cette alliance entre les « réseaux spirituels » et les « réseaux matériels ».

Dans une lettre à Nikolaï Danielson, historien-économiste et traducteur de l'édition russe du *Capital*, dont le premier volume est sorti à Hambourg douze ans auparavant, estimant sans doute qu'il n'avait pas assez insisté sur ce point dans son ouvrage, Marx écrit : « L'apparition des chemins de fer a été le *couronnement de l'œuvre* [en français] dans les pays où l'industrie moderne était la plus développée, l'Angleterre, les États-Unis, la Belgique, la France, etc. En les appelant "couronnement de l'œuvre", j'entends par là que (avec les bateaux à vapeur pour le trafic maritime et le télégraphe) ils ont été en fin de compte le *moyen de communication* correspondant aux moyens de production modernes ; je veux également dire qu'ils ont été la base d'énormes sociétés par actions et qu'ils ont en même temps constitué un nouveau point de départ pour toutes les compagnies bancaires. Bref, ils ont imprimé un essor insoupçonné à la *concentration du capital* et accéléré puissamment l'*activité cosmopolite* du capital de *prêt*, enserrant ainsi le monde entier dans un réseau de filouterie financière et d'endettement réciproque, forme capitaliste de la fraternité "internationale"[29]. »

On sait que, pour Marx, l'établissement des moyens de communication est inséparable de celui du marché mondial moderne, la transformation de tout capital en capital industriel engendrant la circulation (perfectionnement du système monétaire) et la centralisation rapide des capitaux. Ce ne sont pas, pense Marx, les techniques de communication qui sont indifférentes aux barrières religieuses, politiques, nationales et linguistiques, mais les marchandises sur ce marché aux dimensions de la planète. Croire le contraire équivaut à mettre la réalité la tête en bas, à métamorphoser les hommes en choses et les choses en êtres animés. C'est-à-dire sombrer dans le fétichisme ou, comme Barthes le dira plus tard, produire une « mythologie ». La forme mercantile est la forme générale de l'échange. Le langage universel est le langage des marchandises : le prix. Tout se vendant et tout s'achetant, le lien commun est l'argent, média symbolique et médiateur par excellence, *perpetuum mobile.*

Le mot indéterminé de la langue allemande *Verkehr*, qui à la fin du XIXe siècle sera utilisé par les stratèges de l'empire du Kaiser comme synonyme de ce que le français désigne par « communication(s) », est employé par Marx soit dans le sens large du mot « commerce », soit dans le sens de « rapports sociaux » (*Verkehrsform, Verkehrverhältnisse*, qui deviendront, au fil de l'œuvre marxienne, les « rapports de production » ou *Produktionsverhältnisse*). Si l'on veut donc à tout prix chercher chez Marx la trace du vocable « communication » dans son sens actuel, il faudrait y inclure toutes les formes de rapports de travail, d'échange, de propriété, de conscience, rapports entre individus, groupes, nations et États. Autant Marx croit à la détermination sociale des techniques de communication, autant les saint-simoniens adhèrent à une conception déterministe de ces dernières, leur demandant de refaire le monde.

Chevalier et le salut par le chemin de fer

De sa condamnation à douze mois de prison, Chevalier n'en fait que six à l'issue desquels Adolphe Thiers, alors ministre de l'Intérieur et des Travaux publics, le dépêche aux États-Unis pour y étudier l'organisation des voies de communication.

Le saint-simonien en profite pour étendre son champ d'observation au Mexique et à l'île de Cuba. A peine publiés les résultats de cette mission, sous le titre *Lettres sur l'Amérique du Nord*, en 1836, il enchaîne sur une deuxième. En Angleterre, celle-là, pour y observer la « crise industrielle » qui y sévit, et plus particulièrement ses répercussions dans le secteur ferroviaire. En cette année-là, une première panique s'empare des épargnants qui, dans l'engouement de la « Railways Mania » ont estimé les chemins de fer assez sûrs pour y faire des placements de père de famille. (D'autres chocs se produiront en 1847, en 1866, le fameux « Vendredi noir » de la Bourse de Londres, et aux alentours de 1880, qui tempéreront les enthousiasmes mais jamais ne les étoufferont). A partir de sa mission britannique, il publie en 1838 une étude comparative intitulée *Des intérêts matériels en France, travaux publics, routes, canaux, chemins de fer.*

Dans la France d'alors, le capital se montre encore frileux à l'égard du rail et le gouvernement hésite à s'engager. Certains pensent même que la priorité doit être aux routes ; d'autres encore, aux canaux. On retrouve là un vieux problème que la France traîne depuis Vauban : l'incapacité à penser et à réaliser un système national distribué entre les différents modes de trafic. Un historien de la route y a vu l'œuvre de la « persistance d'une pensée néo-physiocratique » dans la France profonde qui « a ancré durablement le pays dans la ruralité des notables et des producteurs indépendants [30] ». Entrant dans la polémique sur les avantages comparatifs du rail et de la route, *Le Journal des économistes* écrira encore en 1842 : « Affermissons nos routes. Rattachons à ces grandes voies nos innombrables villages perdus dans les terres. N'expérimentons qu'ensuite les chemins de fer [31]. » Tel semble être, en tout cas, le raisonnement hégémonique qui maintient la France dans le retard ferroviaire, après avoir longtemps empêché la réalisation d'un double réseau complémentaire de canaux et de routes.

Dans les années où Chevalier se voit confier ses missions à l'étranger, une seule expérience s'est jusqu'alors révélée concluante, celle du bassin minier de Saint-Étienne, berceau du réseau ferré français. L'Angleterre a déjà plusieurs longueurs d'avance. Les frères Pereire et un autre saint-simonien, Adolphe d'Eichtal, s'inspirent des principes de la ligne Manchester-Liverpool, ouverte par Stephenson en 1829, pour construire les quelque 18 kilomètres de la ligne Paris-Saint-Germain achevée en 1837. Thiers lui-même, qui qualifie le train de « jouet aux curieux », ne veut pas entendre parler de grandes lignes et ne voit d'utilité dans le rail que locale. Dans son voyage en Angleterre à la fin des années 1830, Tocqueville note l'étonnement de ses interlocuteurs devant le peu d'enthousiasme démontré pour le train par une mission officielle conduite par un polytechnicien. Dans un rapport officiel, resté célèbre, remis en 1838, le grand savant François Arago persifle les espérances de ceux qui croient que « deux tringles de fer parallèles donneraient une face nouvelle aux landes de Gascogne ». Il va jusqu'à contester les avantages stratégiques du déplacement des troupes par voie ferrée. Car, il faut voir, n'hésite-t-il pas à écrire, si « nos généraux ne décideront pas, en définitive, que les transports en wagons auraient pour résultat d'efféminer les troupes et de leur faire perdre cette faculté des grandes marches qui a joué un rôle si important dans le triomphe de nos armées [32] ».

Contraste à nouveau avec l'Angleterre où le père du régime libre-échangiste, le Premier ministre Robert Peel, proclame dès 1834, au meeting de Tamworth : « Hâtons-nous, hâtons-nous ; il est indispensable d'établir d'un bout à l'autre du royaume des communications à la vapeur, si la Grande-Bretagne veut maintenir dans le monde son rang et sa supériorité. » Alors qu'en France Thiers « s'estimerait heureux si l'on exécutait 20 kilomètres de chemins de fer par an [33] ». En janvier 1848, la France ne disposera que de 1 830 kilomètres de rails ; la Grande-Bretagne, elle, en exploitera près de 6 500.

La « pusillanimité sans pareille de la plupart des capitalistes français », que dénonce un chroniqueur de l'époque en stigmatisant leur « manque d'audace et d'intelligence », ne commencera à n'être plus qu'un mauvais souvenir qu'à partir de la loi de 1842 [34]. Sorte de transaction entre les partisans des compagnies privées et ceux de l'État, cette loi consacrera le système mixte et donnera le coup d'envoi à la construction des grandes lignes selon un réseau étoilé, centralisateur. Il faudra toutefois attendre encore neuf ans pour commencer à parler de rattrapage du temps perdu.

Ce qui permet à Chevalier de décrocher sa mission outre-Atlantique, c'est un article publié dans *Le Globe* en février 1832 sous le titre « Système de la Méditerranée ». Il y prend l'exact contre-pied de la morosité régnante. Au pessimisme des visions apocalyptiques des méfaits du rail et des tunnels laissant comme gruyère le paysage, il oppose l'optimisme déterministe des nouveaux réseaux. Un optimisme de nature ouvertement religieuse. Car, selon lui, la fonction des chemins de fer est assimilable à celle de la religion. « Si, comme on l'assure, le mot religion vient de *religare*, les chemins de fer ont plus de rapports qu'on ne le pense avec l'esprit religieux. Jamais il n'exista un instrument d'autant de puissance pour relier les peuples épars [35]. » Cette conviction sera sienne bien au-delà de l'article de 1832 alors même que l'on connaissait bien peu des conséquences de l'arrivée de ces techniques de transport.

« La Méditerranée va devenir le lit nuptial de l'Orient et de l'Occident » ; la grande lutte historique et le continuel champ de bataille vont se transformer en un « vaste forum sur tous les points duquel communieront les peuples jusqu'ici divisés », tel est le leitmotiv de ses prospectives sur le « Système méditerranéen » en 1832 [36].

La confédération des peuples autour d'un système méditerranéen englobant même la mer Noire et la Caspienne est le premier pas vers l'*Association universelle*. L'outil de ce plan de pacification : les moyens de communication. On n'a que trop discuté la question technique. La vitesse n'a été abordée que « sous le rapport de la marchandise ». Or, l'introduction de la vapeur sur les continents et sur les mers « sera une révolution non seulement industrielle, mais politique ». Il faut donc avoir le regard des « hommes qui ont la foi que l'humanité marche vers l'Association universelle ». Les chemins de fer figureront au premier rang parmi les moyens de transport qui relieront les divers points du « système méditerranéen ». Il y a complémentarité entre les grands cours d'eau et le chemin de fer. A celui-ci, qui doit longer ces voies de navigation, le transport des hommes et des produits légers. Aux premiers, les marchandises lourdes et encombrantes.

De Sébastopol à Gibraltar, de Carthagène à Smyrne, de Venise à Alexandrie, de Constantinople au golfe Persique par Bagdad et Bassora en passant par la Mésopotamie, Chevalier projette les rameaux de ce système imaginaire de voies de fer et d'eau et de mer qui, « civilisation circulante », vont « réveiller de leur torpeur des contrées assoupies » et en « relier les membres disjoints ». L'Italie et l'Espagne secoueront leur léthargie. Les villes de la Grèce et de l'Asie sortiront de leur sépulcre. Même la Russie profonde perdra le « caractère engourdi d'un peuple cerné par les neiges ». L'agriculture sera rendue florissante, la richesse minérale exploitée conformément à un grand plan d'ensemble, des fabriques de toute sorte façonneront les produits nécessaires au bien-être de l'homme. Construction gigantesque où un vaste système de banques répandra un « chyle salutaire dans toutes les veines de ce corps à la dévorante activité, aux articulations innombrables ». Devant une telle prospérité, les fièvres belliqueuses disparaîtront de la surface de la terre. Plus de guerres, plus de destructions, plus de « populations affamées qu'on pût décider à l'émeute ». Ce sera la « consécration de la paix du monde ».

Comment exécuter ce projet de Confédération méditerranéenne ? Grâce notamment à la reconversion des sommes énormes qui se consument dans la construction des places fortes, l'achat de matériel de guerre et l'entretien de soldats. Où l'on voit resurgir le vieux projet de Saint-Simon, qui est aussi celui d'Enfantin, de destiner les armées à des tâches pacifiques. La conquête étant résolument d'un autre âge. « Alors – prophétise Chevalier dans un autre travail – on ne recrutera plus les hommes pour leur enseigner l'art de *détruire* et de *tuer*, mais pour leur apprendre la *production* et la *création*. Les régiments deviendront des écoles d'arts et métiers où tous pourront être admis dès l'âge de seize ans. Les artilleurs seront les mécaniciens et les fondeurs de métaux ; les fonderies de canons deviendront des fabriques de machines à feu et de bateaux à vapeur ; la cavalerie formera le corps des laboureurs, des charrois, des postes, des voitures publiques[37]. » Et ainsi de suite jusqu'au glissement des attributions du ministère de la Guerre, responsable de l'École polytechnique, de Saint-Cyr, et des Écoles d'états-majors vers un « ministère de l'Industrie ».

Mais si cette confédération utopique par le rail est composée de multiples réseaux s'entrecroisant, s'enchevêtrant, brouillant ainsi la topographie des empires de l'âge guerrier, elle a toujours un centre. Car la vertu des nouveaux moyens de communication est quand même d'être un nouveau mode de gouverner. Et là, Chevalier se fait réaliste en tirant les premières leçons d'une France qui à l'époque est la seule à disposer d'un aussi vaste réseau de télégraphes manuels. « Par le chemin de fer et les bateaux à vapeur, et à l'aide de quelques autres découvertes modernes telles que le télégraphe, il deviendra facile de gouverner la majeure partie des continents qui bordent la Méditerranée avec la même unité, la même instantanéité qui subsiste aujourd'hui en France. Or entre tous les pays, l'Angleterre exceptée, la France est de beaucoup celui où il est le plus aisé de communiquer l'impulsion du centre jusqu'à l'extrême circonférence[38]. » A maintes reprises, Chevalier revient, dans d'autres textes publiés à la même époque, sur la nécessité d'une centralisation à partir de la tête de réseau : « Il n'y a pas de milieu entre la centralisation, c'est-à-dire l'unité, et l'anarchie... Il s'agit de transformer la centralisation de telle sorte qu'elle laisse le mouvement, la spontanéité, la vie, à la circonférence aujourd'hui inerte et passive autour du centre[39]. »

Même réalisme pragmatique lorsque ses rêveries le portent à anticiper l'origine et la direction des flux de la « poussée de la civilisation ». « Concevons que l'Europe s'étende peu à peu sur l'Asie, par les Russes au nord, par les Anglais au midi, par la Turquie à l'ouest ; supposons que, de leur côté, les Américains y affluent à l'est ; imaginons que pour mettre en activité le double courant qui de l'Amérique et de l'Europe viendrait visiter la vieille Asie, l'on perce les deux isthmes de Suez et de Panama, et représentons-nous, s'il est possible, le ravissant tableau qu'offrirait bientôt l'ancien continent[40]. » Nous sommes, rappelons-le, en 1832. Le canal de Suez sera ouvert à la navigation en 1869 et celui de Panama en 1914 !

Les contradictions du mythe de l'égalité par les moyens de

communication apparaissent pour la première fois. Au niveau du globe. Mais aussi au niveau des classes sociales. De Londres, le saint-simonien écrit en 1833 : « Améliorer les communications, c'est donc travailler à la liberté réelle, positive et pratique ; c'est faire participer tous les membres de la famille humaine à la faculté de parcourir et d'exploiter le globe qui lui a été donné en patrimoine ; c'est étendre les franchises du plus grand nombre autant et aussi bien qu'il est possible de le faire par des lois d'élection. Je dirais plus, c'est faire de l'égalité et de la démocratie. Des moyens de transports perfectionnés ont pour effet de réduire les distances non seulement d'un point à un autre, mais encore d'une classe à une autre classe [41]. » Proudhon a dû blêmir en lisant ces lignes. Lui qui s'insurgeait contre les « trains de prince » réservés aux « privilégiés de la fortune » par opposition aux « trains des mendiants », où les voyageurs étaient entassés debout « comme des porcs » sur de simples plates-formes [42]. Et même en Angleterre, le Parlement dut intervenir en faveur des trains populaires pour imposer aux exploitants privés un minimum de confort compatible avec les progrès techniques de l'époque. Ce fut, selon le mot d'un historien, la « première victoire démocratique en matière de chemins de fer [43] ».

En 1860, Napoléon III signait, sans l'avis des Chambres, le traité de commerce anglo-français. C'était l'avènement du libre-échange. Les principaux négociateurs : du côté anglais, Richard Cobden ; pour la part française, Michel Chevalier, nommé entre-temps professeur d'économie politique au Collège de France, conseiller du Prince et critique acerbe des théories égalitaires.

Le réseau routier avait, au XVIIIe siècle, obsédé les gouvernants français et les ingénieurs des Ponts et Chaussées. Au XIXe, le réseau ferré a mobilisé autorités, ingénieurs et philosophes. Dressant la liste des travaux importants publiés depuis 1824 sur les chemins de fer, le *Grand dictionnaire universel du XIXe* de Pierre Larousse pouvait sans trop exagérer affirmer au tournant du siècle : « C'est en France que la plus grande partie de ces ouvrages ont vu le jour. Les ingénieurs anglais ou américains ont généralement peu le temps ou le goût d'écrire ; aussi les ouvrages publiés en Angleterre et en Amérique sont-ils relativement en petit nombre... Quant à l'Allemagne, elle a compris de bonne heure l'utilité des chemins de fer, et elle a produit des ouvrages en grand nombre, dont plusieurs excellents, où la question est étudiée sous toutes les formes, tant théoriques que pratiques[44]. »

Comparés au foisonnement des réflexions sur le rail, d'autres moyens de l'Association universelle retiendront moins l'attention des ingénieurs et philosophes français. Un indice parmi d'autres : dans les archives personnelles d'Enfantin, on ne trouve qu'une seule référence au câble sous-marin et au télégraphe. Et encore n'est-ce qu'une coupure de presse ! Un article publié en 1858 dans le *Journal des travaux publics, de l'agriculture et du commerce, chemins de fer, mines, industrie*, dont voici un extrait : « Des dépêches annoncent la réussite de l'opération de la pose du câble électrique entre l'Irlande et Terre-Neuve. C'est un grand acheminement à l'établissement direct d'une correspondance télégraphique entre l'Europe et l'Amérique du nord... C'est là un fait d'une certaine importance au point de vue international. Les relations entre l'Amérique et l'Europe se modifieront profondément. Nous espérons qu'elles s'amélioreront beaucoup, le jour où il sera possible de correspondre à toute heure et à bref délai entre les centres industriels de notre hémisphère et les marchés de consommation de l'autre côté de l'Atlantique et *vice versa*[45]. »

Rien à voir avec les rêves utopiques de Michel Chevalier ceinturant l'univers de réseaux ferrés et chantant déjà les lendemains de l'exploitation du globe par l'humanité. Il faudra aller chercher dans les récits d'anticipation sociale de Jules Verne, qui compose son œuvre littéraire entre 1860 et 1906, les exploits du capitaine Nemo, des ingénieurs Robur et Smith dans *L'Île mystérieuse*, les aventures des polytechniciens, véritables héros prométhéens du progrès, dans les *Voyages extraordinaires* pour que la vapeur et l'électricité s'allient pour parler aux imaginaires. « Il est légitime de placer Jules Verne, nous dit Jean Chesneaux, dans la lignée lointaine des socialistes utopiques de la première moitié du XIXe. A cinquante années de distance, les rêves généreux et confus de Saint-Simon et de Fourier, d'Enfantin et du Dr Guépin sont une des sources auxquelles il a puisé, pour dessiner sa vision des *Mondes connus et inconnus*[46]. »

L'annonce publicitaire : le legs du saint-simonisme

« Le plus habile – proclame dans *Le Globe*, en 1832, M. Chevalier – sera celui qui... embrassera dans sa sollicitude les intérêts du *maître* et les intérêts des *ouvriers*, ceux du *riche* et ceux du *pauvre*, ceux de l'*oisif* et ceux du *travailleur*, et se donnera pour mission de concilier tous ces intérêts et de les fondre ensemble, de dissiper les alarmes des uns et de tempérer la fougue des autres. Celui qui ainsi animé du sentiment de l'Association universelle des peuples, des classes, des partis et des individus, aura puissance de tenir son langage à la portée du plus grand nombre, et fera consister sa prétention dans la simplicité et la popularité de son discours ; celui-là aura un prodigieux succès [47]. »

Transcender les clivages politiques et sociaux : ce manifeste, cohérent avec la vision harmonique de la société saint-simonienne d'Enfantin, n'avait pratiquement pas eu le temps d'être mis en application.

Treize ans plus tard, le « poète de Dieu », Charles Duveyrier (1803-1866), ancien collaborateur du *Globe* où il a signé deux articles lyriques « De la femme » et « Aux femmes », se souvient des grands principes de cette période de militance fervente. Converti aux affaires, il crée la Société générale des annonces (SGA) avec quelques sympathisants de la doctrine. L'entreprise durera quatre ans. Elle sera liquidée en 1849, au creux de la première « vague Kondratieff », celle-là même qui, amenant la crise économique, contribuera à l'insurrection parisienne de 1848 et à la proclamation de la République.

L'ambition de la société de Duveyrier est de prendre en régie les grands quotidiens de la capitale, de rassembler leur potentiel publicitaire, faisant jouer ainsi le pouvoir d'échelle en s'assurant le droit exclusif d'y insérer des annonces. Rien d'entièrement nouveau que cette facette d'un projet de monopole qui n'a pas attendu le saint-simonisme pour voir se déclencher de telles pressions vers la concentration. Le processus a débuté lorsque la publicité est devenue un moyen de financer la presse, c'est-à-dire depuis les années 1820, avant même qu'Émile de Girardin ne lance *La Presse* (1836) [48]. Il a continué avec Charles Louis Havas, qui a fondé en 1832 un bureau de traduction des journaux étrangers pour ses clients français, a progressivement étendu ses zones de compétence, confectionnant des bulletins, des feuilles ou des correspondances sur la Bourse, les nouvelles ou les comptes rendus de l'activité ministérielle, jetant les bases à la fois de la formule de la « régie publicitaire » et de sa future grande agence de presse internationale. Dans une France où le développement de la publicité et des grands journaux accuse un retard certain par rapport à l'Angleterre. Au cours des années 1830-1850, le *Times*, créé en 1785, comporte huit, douze, voire seize feuillets, plus d'éventuels suppléments consacrés uniquement à la publicité. Alors que les quotidiens français ne dépasseront pas la moyenne de quatre pages au cours du XIXe [49].

Ce qui, en revanche, est inédit dans le paysage publicitaire de la presse parisienne de l'époque, c'est la proposition d'un nouveau type d'annonces, dites « omnibus ». Des annonces à prix réduits, présentées de façon monotone selon un classement utile aux classes populaires : locations, offres et demandes d'emplois, objets d'occasion et avis divers. S'inspirant de l'expérience des « coffee houses » de Londres, Duveyrier se propose d'ouvrir des bureaux locaux – généralement installés dans des cabinets de lecture – dans les 48 quartiers de la capitale afin de faciliter à ces clients le placement de leurs insertions. A ce moment-là, fort significativement, ces « petites annonces » sont souvent appelées « annonces anglaises ». Pour justifier ce service offert au grand public, le saint-simonien recourt à l'argument de la « démocratisation de la publicité ». Dans une société où les annonceurs les plus humbles, ménagères, maîtresses de maison, etc. en quête de « bon marché » disposent de peu de moyens d'échange publics et où le petit peuple des gens de maison et des ouvriers de Paris cherchent les contacts avec les « producteurs », la SGA a la prétention de leur fournir.

Ce propos ne fait pas oublier à Duveyrier l'axe central de son projet de la SGA qui reste la centralisation de la régie publicitaire des grands quotidiens. La première vague de la concession des réseaux ferroviaires va l'aider puissamment. Les grandes compagnies se convertissent en source d'annonces juteuse dans un climat de spéculation financière. L'adjudication des lignes à des firmes privées qui les construisent et les exploitent force les candidats à faire la chasse aux actionnaires dont le nombre et l'importance permettent d'enlever le contrat. La publicité est mise à contribution pour mobiliser l'opinion. Dans cette tâche, Duveyrier retrouve le réseau des entrepreneurs et ingénieurs saint-simoniens, dont les Pereire. Mais ce qui permet à la SGA un essor fulgurant est aussi la cause de ses déboires. Déjà ralenties par la crise de 1847, les constructions ferroviaires marquent un coup d'arrêt lors de la révolution de février 1848. La Bourse reste fermée deux semaines. Les valeurs des chemins de fer suivent la baisse générale de la cote. Le Paris-Orléans des Pereire, par exemple, qui donnait déjà du 12 % de dividende chute de 1 410 à 420 francs, le 10 avril. Du 23 février au 12 avril, les actions des chemins de fer perdent plus de 315 millions [50]. Aux interruptions de trafic, voire aux actions de sabotage, aux grèves des ouvriers demandant de fortes augmentations de salaire, s'ajoutaient les revendications des cheminots exigeant le renvoi des mécaniciens anglais venus les former. Plus fondamental encore, la République de 1848 remettait en question la loi de 1842 en cherchant à nationaliser les chemins de fer.

De la tentative pionnière de rationalisation des transactions publicitaires, les historiens de cette institution, Gérard Lagneau et Marc Martin, retirent deux choses. D'une part, quoique brève, l'expérience de la SGA sera toutefois suffisante pour laisser en héritage un modèle d'organisation du commerce des annonces qui marquera dans les décennies à venir l'industrie publicitaire en France. La société fondée par Duveyrier fournissant un programme de relations entre le support, l'annonceur et le consommateur. C'est cette formule de régie publicitaire qui resurgit en 1865 lorsque commence à se déployer une autre « Société générale des annonces » en rassemblant sous un même chapeau les courtiers-régisseurs qui contrôlent le marché de la publicité en France. Socle de la puissance de l'agence Havas qui combinera jusqu'à la fin de la Seconde Guerre mondiale à la fois le secteur Information et le secteur Publicité. D'autre part, ces mêmes historiens estiment que l'« annonce saint-simonienne », expression institutionnelle du modèle français de publicité qui tente d'harmoniser et d'articuler les intérêts des petites gens et ceux des grandes entreprises, sera pour beaucoup dans le retard accumulé par la France dans le développement ultérieur de son marché et de son industrie publicitaires [51].

A peine la clé mise sous la porte, le « poète de Dieu » se lance dans une autre aventure, reprenant toujours l'idée centrale chère à Chevalier en 1832 : la réconciliation des antagonismes sociaux. Le 1er novembre 1848, Charles Duveyrier fonde *Le Crédit* et en devient rédacteur en chef. Enfantin y entre. La publication vivra vingt et un mois, cinq mois de plus que *Le Globe*. Dans le programme de ce nouvel organe de presse : « Ni la république des sans-cœur, ni la république des sans-culottes. Nous voulons une république humaine, intelligente, industrielle, libérale, magnanime, une république que les prolétaires défendent, que les banquiers créditent, que les rois respectent, que les peuples envient, que les femmes et les prêtres bénissent, que les poètes un jour puissent chanter[52]. »

Le Crédit publiera en feuilletons notamment *La Petite Fadette* de George Sand (1804-1876). Au collaborateur de Duveyrier à la direction du journal qui lui demande d'atténuer la préface de son œuvre, G. Sand écrit : « Quant à adoucir ma pensée au goût des bourgeois, c'est ce que je n'ai jamais su faire et que je n'essayerai pas d'apprendre à quarante-cinq ans... Je suis bien fâchée que vous fassiez ce journal dans le sens de M. Cavaignac [général qui réprima l'insurrection parisienne de juin 1848]. Vous êtes une belle âme et un noble caractère, vous regretterez votre confiance plus tard, ainsi que tous ces ménagements que vous avez et que vous me conseillez à moi-même d'avoir pour *les bourgeois*, car c'est vous-même qui les appelez ainsi. Ils sont les plus forts. Ce serait une raison de plus pour leur dire leurs vérités, car lorsqu'ils seront les plus faibles votre franchise n'aura pas grand mérite[53]. » (G. Sand n'a par ailleurs jamais épargné ses critiques vis-à-vis de ce qu'elle considérait l'autocratie du Père.)

Voilà campées par la fondatrice de l'hebdomadaire *La Cause du peuple* (9 avril 1848) les profondes ambiguïtés de la doctrine saint-simonienne qui, née avec l'idée généreuse de libérer la femme et le prolétaire, se retrouve construisant l'hégémonie de la bourgeoisie industrielle montante.

« Les saint-simoniens – observera en 1939 Walter Benjamin (1892-1940) – ont prévu le développement de l'industrie mondiale ; ils n'ont pas prévu la lutte des classes. C'est pourquoi, en regard de la participation à toutes les entreprises industrielles et commerciales vers le milieu du XIXe siècle, on doit reconnaître leur impuissance dans les questions qui concernent le prolétariat[54]. » Le philosophe de l'école de Francfort écrira cela à propos de la façon dont les saint-simoniens, Michel Chevalier au premier chef, projetant d'exploiter le globe, se « sont emparés de l'idée des expositions universelles ». Ces grands événements de mise en représentation de « la vapeur et de l'électricité » à l'usage de la masse qui ont constitué, dans la seconde moitié du XIXe, une

« école où les foules écartées de force de la consommation se pénètrent de la valeur d'échange des marchandises jusqu'au point de s'identifier avec elles : "Il est défendu de toucher aux objets exposés[55]." »

5

Le temple de l'industrie

L'âge d'or des Expositions universelles s'étend sur toute la seconde moitié du XIXᵉ siècle. Leur idée-force est de « donner la mesure, les degrés de civilisation et des progrès auxquels ont atteint les diverses nations[1]. » A l'origine, le terme « universel » signifie simplement l'ouverture à tous les « produits du travail humain », à toutes les branches d'activité. Mais l'adjectif devient vite indissociable de la fortune de l'universalisme de l'idéologie du progrès, et des nations qui l'incarnent. Ces « grands événements de mise en représentation de la vapeur et de l'électricité » constituent déjà en eux-mêmes une nouvelle forme de communication. Mais il y a plus : ils vont échanger avec la photographie, le câble, l'image animée, le téléphone, le télégraphe et autres techniques de communication naissantes, leurs grands récits sur l'avènement de l'« Association universelle ».

Ces manifestations intermittentes accueillent aussi dans leur giron des congrès et des conférences autour de thèmes et de protagonistes les plus divers. Elles donnent ainsi l'occasion de s'exprimer à la quête contradictoire de nouvelles formes de médiation et de négociation internationales, entre États ainsi qu'entre sociétés civiles.

Genèse de l'exposition industrielle

La première Exposition industrielle internationale de l'histoire se tient à Londres en 1851, à l'aube de l'ère victorienne, dans une Angleterre qui depuis peu a opté pour le libre-échangisme. Cette « Great Exhibition of the Works of Industry of All Nations » a pour décor le Crystal Palace. « All Nations » : cela se résume alors aux vingt-cinq pays invités, par voie diplomatique, à exposer.

En 1837, l'architecte du Crystal Palace, Joseph Paxton, a déjà construit la serre de Chatsworth où s'acclimatent des plantes tropicales. Pour concevoir les structures du palais, Paxton, en phase avec la décennie qui verra le triomphe des naturalistes, avoue s'être laissé guider par le monde organique en s'inspirant des nervures de la feuille d'un nénuphar géant baptisé *Victoria Regia*[2]. C'est un symbole d'une nouvelle ère qui s'ouvre, mais il y en a un autre : la volonté de transparence. Le bâtiment fait pénétrer la lumière. « Non seulement le thème même de l'exposition est d'universalité, d'unification – "Messieurs ! l'Exposition de 1851 sera un témoignage fidèle et une image vivante de l'étape à laquelle est parvenue l'humanité sur la voie de cette grande tâche *unificatrice*..." –, mais l'architecture du bâtiment, parce que fondée sur l'utilisation du fer, du bois et du verre, semble dissoudre les formes classiques, celles de la clôture et de la fortification : "Aucun repère ne permet d'évaluer... les distances et les dimensions véritables, et *tout devient immatériel*[3]." » Ce sont les germes de ce que Yves Stourdzé appelle le « paradigme cristallin ». Cette construction de verre qui assure à la lumière une présence en continu préfigure la « fée électricité » et son réseau technique : « La luminosité, la transparence – tous les processus par lesquels des flux traversent sans être interrompus –, bref le continu (la lumière ou le son se propagent en tout lieu et détruisent les zones d'obscurité ou de silence)[4]. » Avant, il y aura eu les immenses verrières des « grands magasins », construits par les ingénieurs français, qui, eux aussi, font éclater la dichotomie intérieur/extérieur.

Après la première Exposition internationale, les plus grandes seront organisées à cinq reprises à Paris (1855, 1867, 1878, 1889, 1900), une nouvelle fois à Londres (1862), une fois à Vienne, Philadelphie et Chicago, respectivement en 1873, 1876 et 1893. Les dix-sept mille exposants du Palais de cristal attirent six millions de personnes pendant 141 jours. L'Exposition de Paris qui clôture le siècle durera 205 jours et rassemblera huit fois plus de visiteurs autour de ses quatre-vingt-trois mille exposants. Entre-temps, la formule « exposition internationale » aura fait florès aux quatre coins du monde, même si cette appellation reste à géométrie variable. Sydney, Calcutta, Buenos Aires, Rio de Janeiro, Bogota, Amsterdam, Bruxelles, Bombay, Melbourne, Barcelone, Édimbourg, São Paulo, Moscou, et bien d'autres villes organiseront de tels événements. Seules, parmi les puissances du moment, la Chine et le Japon se montrent réfractaires à cette nouvelle forme de rapports entre les nations par l'industrie. Ce qui ne les empêche pas d'être présents dans les expositions organisées sur d'autres territoires que le leur où ils vont alimenter l'imaginaire de l'extrême-orientalisme.

Si l'Angleterre est la première à internationaliser la formule de l'exposition industrielle, elle n'en est pas pour autant l'inventeur. C'est, en effet, dans la France de la fin du XVIIIe siècle que cette nouvelle forme de communication – que l'on dénommera au siècle suivant « événementielle » – est conçue. En 1798, le ministre de l'Intérieur du Directoire, François de Neufchâteau, décrète la tenue d'une « exposition publique annuelle de produits de l'industrie française » et lui fixe un double objectif : faire le bilan de la production nationale et stimuler les industriels français dans la lutte contre l'Angleterre monarchique. Tout confère à l'événement une allure de campagne guerrière. Dans le défilé d'ouverture se succèdent l'école des trompettes, un détachement de cavalerie, les deux premiers pelotons d'appariteurs, des tambours, la musique militaire à pied, un peloton d'infanterie, les hérauts, le régulateur de la fête, les artistes inscrits pour l'exposition, le jury. Et Neufchâteau réserve la médaille d'or à « celui qui porte le plus préjudice à l'industrie anglaise[5] ».

Au cours de la première moitié du XIXe, la capitale organisera une dizaine d'événements de ce type. L'Exposition de 1849 aurait dû revêtir un caractère international. Mais la franche opposition des industriels et des chambres de commerce à l'élargissement de la participation a raison de la proposition gouvernementale : la majorité d'entre eux ne s'estime pas en mesure d'affronter la concurrence étrangère sur son marché intérieur.

L'apparition de la formule « exposition industrielle » coïncide avec la suppression des barrières de tout type mises en

133

travers des échanges par l'Ancien Régime. Sa genèse n'a donc que peu à voir avec celle des grandes foires qui ont eu leur apogée au XVIᵉ siècle (Anvers, Bergen op Zoom, Francfort, Leipzig, Medina del Campo, Lyon, Besançon, Beaucaire, Nijni-Novgorod, etc.). Ces carrefours-festivités du commerce avaient mis en rapport consommateur et producteur, acheteur et vendeur, suppléant en quelque sorte la pauvreté des voies de communication et des moyens d'échange. Dans un espace économique protégé par les péages, les taxes et les droits, les foires apparaissaient comme des « zones de libre-échange », des « territoires d'exception », jouissant d'avantages fiscaux dont ne bénéficiaient point les formes ordinaires du commerce. A partir du XVIIᵉ siècle, cette vieille institution perd en Europe de son importance au profit d'autres lieux, d'autres circuits d'échange, permanents ceux-là, les Bourses, les places marchandes, mais aussi les boutiques. La nouvelle économie-monde centrée sur Amsterdam, siège de la prestigieuse Compagnie des Indes orientales, se construit sur un marché des valeurs caractérisé par le volume, la fluidité, la publicité et la liberté spéculative des transactions. Le flux continu prend le pas sur les rencontres épisodiques[6].

Dans les enceintes de l'exposition industrielle, rien ne se vend ; rien ne s'achète. On y expose des machines qui servent à faire les produits, on montre les moyens de production employés pour les fabriquer. On cherche, de la sorte, à promouvoir l'innovation technologique, à rapprocher l'industrie de la société et à stimuler le patriotisme industriel et la fierté nationale tout court. La première édition annonce déjà le rituel de ces joutes de l'émulation : au Champ-de-Mars, lieu de fête de la Révolution, on dresse un temple de l'industrie au centre d'une cour carrée bordée d'une galerie de 68 arcades ; industriels, savants, ingénieurs, ouvriers sont récompensés par des médailles, des citations ou des mentions. De plus, ce lieu d'initiation au progrès scientifique et industriel est accessible gratuitement aux visiteurs (les entrées ne devenant payantes qu'avec l'internationalisation).

Ce même ministre de l'Intérieur qui donne le coup d'envoi à la formule a, entre 1797 et 1799, commencé à jeter les bases d'un futur service de statistique générale, en envoyant régulièrement des formulaires dans les municipalités pour obtenir les informations les plus diverses. Le chimiste Jean Chaptal, qui poursuivra cette œuvre sous l'Empire, prononce le discours d'inauguration de la première exposition nationale. Rien ne paraît plus logique que d'allier le « bilan de la production nationale » à la recherche de nomenclatures. Les expositions sont, de ce point de vue, un laboratoire grandeur nature : la complexité de plus en plus grande des classements de la production est la preuve matérielle du perfectionnement de la division du travail qu'Adam Smith vient de théoriser. Dès l'exposition de Londres, la communauté internationale des statisticiens, sous la présidence d'Adolphe Quételet, sera une des premières à se constituer et à décider de se réunir pour normaliser ses instruments d'observation et d'analyse. Le même événement lancera définitivement les discussions sur l'internationalisation du système métrique.

En début de siècle, l'exposition industrielle nationale ne comporte que quatre sections : arts mécaniques, arts chimiques, beaux-arts et tissus. En 1867, l'Exposition universelle de Paris comprendra 10 groupes et 95 classes. Et le principe de classification aura sa transcription dans l'espace exposition. C'est la première fois que s'applique la « théorie de l'espace universel ». L'édifice doit être le plus flexible possible, capable de recevoir n'importe quel contenu. Le résultat est que, sur le Champ-de-Mars, s'élève un palais, station terminale, sans douane, de marchandises venues du monde entier, composé de deux demi-cercles de 190 m de rayon environ, reliés par un rectangle de 380 m de long sur 110 m de large. On y a appliqué un principe de classification en abscisses et ordonnées adapté à une solution circulaire. Chaque anneau contient une branche de la production, chaque secteur rayonnant la production d'une nation. Le visiteur, en suivant une galerie concentrique, passe en revue les produits d'un même groupe dans les différents pays ; en suivant un des secteurs du milieu à la périphèrie, il passe en revue, pour un même pays, l'histoire du travail, les œuvres d'art, les arts libéraux, le mobilier, le vêtement, les produits des industries extractives, les intruments et procédés des arts usuels, les aliments frais ou conservés. Hors du périmètre de ce palais central, se dressent les pavillons bigarrés de style national, autorisés pour la première fois dans un événement de ce genre.

Les concepteurs majeurs de cette exposition de 1867, moment fort de la pensée du calcul, sont Frédéric Le Play (1806-1882) et Michel Chevalier. Le premier, commissaire général de cette exposition et de celle de 1855, imagine le classement statistique qu'il réalise avec les architectes. Spécialiste de la méthode ethnographique, il est notamment pionnier de la collecte de l'information sur les industries. Le second, comme maître d'œuvre de la publication des rapports officiels sur l'Exposition, en dessine la philosophie. Chevalier a déjà fait partie des jurys ou de la délégation officielle lors des trois Expositions universelles précédentes organisées à Londres et à Paris.

Londres s'avisa dans les années 1870 de changer les règles de la formule « exposition universelle » en organisant une série d'expositions annuelles par branche industrielle. L'expérience ne fut guère concluante et s'interrompit au bout de quatre ans. La dernière grande Exposition industrielle londonienne du XIXe siècle fut donc celle de 1862. L'Exposition du Crystal Palace aura au moins donné au monde le premier musée des sciences et techniques de l'âge industriel, le Science Museum de Londres, fondé en 1857.

Paris, capitale de la culture universelle

L'Exposition du Crystal Palace est due à une initiative privée sous patronage royal. Celle de Paris, en revanche, est formulée à partir de l'État, et pilotée par de grands commis en association avec les chefs d'entreprise, les ingénieurs et les institutions savantes. L'Exposition française est celle qui porte le plus de charges symboliques. Et c'est sans doute une des raisons pour lesquelles le discours d'accompagnement qu'elle sécrète y occupe une telle place. Un discours qui mûrit à mesure que Paris s'installe comme « capitale du XIXe », selon l'expression de Walter Benjamin. L'Empire victorien a beau dominer outrageusement les réseaux de la communication technique à travers le monde, reflet de son hégémonie industrielle et commerciale, Paris continuera à fixer la norme de la « culture légitime ».

Un consul de France en Argentine l'avait bien compris, lui qui ne s'embarrasse pas de mots dans un rapport envoyé au ministre du Commerce et de l'Industrie, à l'occasion d'une Exposition internationale tenue à Buenos Aires, au cours de laquelle avait été inaugurée la statue de Domingo F. Sarmiento, homme d'État, écrivain et éducateur de l'Argentine, réalisée par Rodin. « Le goût de la culture française – écrit-il à son ministre de tutelle – l'emporte, auprès de l'élite de la société, sur toutes les productions étrangères. Nos écrivains, nos auteurs dramatiques, nos penseurs trouvent là-bas des lecteurs et des auditeurs assidus... Conservons donc l'avance acquise sur les autres nations grâce à notre suprématie artistique. C'est chose facile[7]. » Mais comme toujours depuis l'Exposition du Crystal Palace, qui fut la première à célébrer ses industries du luxe, les délégués de la France ont constamment besoin de se rassurer sur l'autre fonction des expositions, qui est d'emporter des marchés. « D'autres succès – continue le fonctionnaire consulaire – nous sont réservés qui ne seront pas moins utiles que ceux d'hier à notre pays et à son extension commerciale et industrielle qui doit marcher de pair avec le prestige de la pensée française. C'est qu'en effet nous avons frappé un grand coup, en montrant par la part que nous avons prise aux expositions de chemins de fer, d'agriculture et d'hygiène, que nous sommes capables d'égaler et, sur bien des points, de surpasser nos rivaux par l'excellence de nos produits, la qualité de nos inventions, la perfection de notre fabrication[8]. » L'endroit est particulièrement névralgique : l'économie du pays, le commerce des viandes et du blé, les lignes de chemins de fer et de télégraphe sont, à l'époque, dans leur grande majorité aux mains des compagnies britanniques.

Le tropisme des élites est un fait. Quel meilleur symbole que ce Brésil qui, renversant son empereur en 1889, s'empresse d'inscrire sur le drapeau de la nouvelle République la devise du positivisme, « Ordre et Progrès ». La philosophie de Comte y devient même objet d'un culte au point que des Brésiliens rachèteront en 1903 la demeure parisienne de son égérie Clotilde de Vaux pour la convertir en temple de la « Religion de l'Humanité », inscrivant sur le frontispice : « L'Amour pour principe. L'Ordre pour base. Le Progrès pour but. » Ce « principe », ajouté tardivement par Comte à sa doctrine sous l'influence de Clotilde, fut souvent éclipsé dans les successives acculturations dont sera l'objet sa conception du progrès universel. Sous les cieux étrangers, la pensée comtienne est, en effet, promise à une étrange destinée. Se fondant avec le libéralisme politique, elle sert à combattre les régimes autoritaires et les forces cléricales. Mais les dictatures, à leur tour, y font appel pour mettre de l'ordre chez elles en choisissant de se lancer à marche forcée vers le progrès industriel. L'illustration la plus probante en est le Mexique sous la férule du général Porfirio Diaz entre 1884 et 1911[9]. Comme le note un historien latino-américain : « Ce long gouvernement de Porfirio Diaz et de ses conseillers positivistes a permis la dernière grande offensive contre le monde de l'Indien [10]. » Le choc en retour ne se fit guère attendre. En 1911, éclatait la première révolution indigène et paysanne des temps modernes.

La grande vague d'« européisation » a beaucoup été étudiée par les historiens du sous-continent. C'est l'époque des transplants du système éducatif, du schéma d'organisation de la justice en vigueur en France, celle de l'influence marquante des modèles urbanistiques de Haussmann, qui aident à remodeler les grandes capitales comme Buenos Aires, Rio de Janeiro ou Santiago du Chili. Voici comment l'historien uruguayen Gustavo Beyhaut décrit ces nouveaux flux à sens unique : « L'européisation de la civilisation latino-américaine fut le fruit à la fois d'impositions extérieures et d'une plus grande réceptivité de la part des groupes locaux. Pour les premières, il faut insister sur le pouvoir uniformisant qu'a joué l'application de la technique à la production et aux communications. L'Amérique latine centra principalement son attention sur l'Angleterre et la France. La première l'attirait pour ses progrès techniques et sa puissance économique croissante. La France, elle, séduisait par ses modes de vie (sans doute plus adaptés aux aspirations des élites locales que les normes de comportement britanniques), éblouissait par ses progrès intellectuels et le raffinement de ses industries de luxe [11]. » Pour désigner cet attrait des élites, l'économiste brésilien Celso Furtado parle de leur « attitude bovaryste », ce mode de comportement qui les fait se tourner vers les dernières manifestations artistiques des saisons parisiennes et dédaigner d'autres formes d'expression culturelle nées dans le pays et liées aux classes populaires [12].

Ce sont là des éléments indispensables pour comprendre le rôle des expositions parisiennes dans le maintien d'une hégémonie culturelle dont témoignent la participation importante des pays latino-américains et l'intérêt que les organisateurs leur portent. Les rapports officiels des commissaires français sont prolixes sur cette région du monde, se hasardant même à se lancer dans la prospective. Un extrait des rapports officiels de l'Exposition de 1889 où l'ensemble des sections américaines est baptisé « Exposition du Nouveau Monde » : « L'étude des ressources présentes et surtout futures de pays d'avenir tels que la République argentine doit appeler toute notre attention, car il est incontestable que l'axe du monde se déplace. La civilisation pénètre partout, et y apporte avec elle l'industrie perfectionnée et les rapides moyens de fabrication et de production. Avant peu, tous ces pays neufs de l'Amérique du Sud, hier États de quatrième ordre, suivant l'exemple des États-Unis dans la voie du progrès constant, atteindront une puissance égale aux États séculaires de la vieille Europe. La sève puisée de ce côté-ci de l'Atlantique aura germé d'une façon étonnante de l'autre côté [13]. »

Cet échantillon de l'évaluation du rapport interculturel est à comparer avec cet autre, en provenance du même rapport, consacré à l'impact probable de l'Exposition non plus sur des nations souveraines, mais sur les colonies : « Il est à craindre que les égards dont petits et grands ont joui, pendant leur séjour en France, n'aient quelque peu gâté nos administrés ou protégés d'outre-mer et ne les aient rendus plus exigeants que de raison. Quoi qu'il en soit, il est permis d'affirmer que leur séjour aura eu, en somme, beaucoup d'avantages à côté de légers inconvénients. Ils ont certainement gagné quelque chose à notre contact ; leur esprit s'est entrouvert à des idées nouvelles, et le rôle moralisateur de la France chez ces peuples, si éloignés encore de notre civilisation, deviendra plus facile que par le passé [14]. » L'Exposition de 1889 est, en effet, la première à organiser une « Exposition des colonies françaises et des pays de protectorat ».

Les grands récits de la concorde générale

« Faire le tour de ce palais, circulaire comme l'équateur, c'est littéralement tourner autour du monde, tous les peuples sont venus : ennemis vivent en paix côte à côte. Ainsi qu'à l'origine des choses sur l'orbe des eaux, l'Esprit divin plane sur cet orbe de fer. » Ce texte figure dans une publication internationale autorisée par la commission impériale de l'Exposition universelle de 1867 [15].

La pacification, la réconciliation des antagonismes sociaux, est un thème récurrent de l'imaginaire des Expositions universelles. A l'occasion de celle de Londres, deux dramaturges entonnent dans un théâtre parisien : « Chaque industrie, exposant ses trophées/Dans ce bazar du progrès général,/Semble avoir pris la baguette des fées/Pour enrichir le Palais de Cristal... Riches, savants, artistes, prolétaires,/Chacun travaille au bien-être commun ;/Et, s'unissant comme de nobles frères,/Ils veulent tous le bonheur de chacun [16]. »

Lors de l'exposition-commémoration du premier centenaire de la Révolution, on lit, toujours dans un rapport officiel : « Vous avez là dans ces galeries, dans ces monuments, sous ces dômes, vous avez en quelque sorte la représentation de l'unité matérielle de l'espèce humaine, de cette union dans le travail, dans la lutte pour l'existence, dans la lutte contre la misère et contre la faim, et vous avez ici la représentation de l'unité morale du genre humain. Ce que nous enseignent les choses qui sont exposées sous nos yeux, la fraternité du genre humain, nous venons ici de tous les coins du monde la proclamer [17]. »

L'Exposition universelle partage avec le réseau de communication le même imaginaire, la même quête d'un paradis perdu de la communauté et de la communion humaines. L'une et l'autre se relancent et se confortent mutuellement dans la construction du mythe de ce lien universel transparent.

Les promesses des innovations en matière de communication scandent ces grands événements. L'Exposition de 1851 coupe le fil de la première liaison télégraphique par câble sous-marin, entre Douvres et Calais. A celle de 1855, l'appareil télégraphique imprimeur de l'Anglo-Américain David Hughes a la vedette. En 1867, ce sont à nouveau les câbles sous-marins qui sont à l'honneur, quelques mois seulement après la mise en exploitation du premier câble transatlantique. En 1876, à Philadelphie, lors de l'Exposition qui commémore le centenaire de l'Indépendance des États-Unis, le téléphone de Graham Bell fonctionne pour la première fois. En 1893, à Chicago, c'est la première ligne interurbaine Chicago-New York. Depuis 1851, les canaux interocéaniques font partie du paysage de la communication universelle. En 1889, le canal de Suez et celui, en projet, de Panama dressent pavillon. A l'égal de la Compagnie générale transatlantique. Et c'est sans doute à la « communication » que la tour Eiffel, fort contestée lors de son inauguration, dut de ne pas être rasée une fois terminées les festivités du centenaire de la Révolution. Quelques années plus tard, elle était appelée à jouer un rôle important dans le développement des liaisons, d'abord militaires et ensuite civiles, de la TSF.

La vapeur, elle, sera de toutes les parties, jusqu'à l'explosion de la fée électricité à l'Exposition internationale qui lui est réservée à l'initiative de la France en 1881, trois ans à peine après l'invention de la lampe à incandescence d'Edison (1847-1931). Mais à la différence des autres, où, sauf en cas de guerre, toutes les nations souveraines sont en général invitées, ne sont conviées à ce rassemblement que quinze nations. La plupart, européennes, en sus du Japon et des États-Unis d'Amérique. Et pour cause, c'est la première concertation internationale qui a pour mission explicite de « codifier la science électrique, et d'en sonder les profondeurs [18] ». Elle ne regarde que les savants et industriels des pays qui en produisent les applications. Télégraphe, câble sous-marin, chemins de fer, navigation, phonographe, etc., tous les progrès en ces domaines sont passés en revue par les participants aux congrès scientifiques qui complètent l'Exposition, qui joue d'ailleurs le rôle de laboratoire. Les grandes unités électriques, comme l'ampère, y sont décidées et deviennent langage universel. L'Exposition de Chicago de 1893 verra le triomphe d'Edison au Palais de l'électricité. Un Edison qui avait déjà fait sensation en 1889 avec son phonographe, inventé en 1878.

L'image n'est pas en reste. La photographie et ses avancées successives sont un fil d'ariane de toutes les expositions universelles. La première Exposition internationale de Paris avait émerveillé le public des badauds avec sa section spéciale réservée à la photographie. Quarante-cinq ans plus tard, sur 100 personnes qui passent par les guichets de l'Exposition, 17 en moyenne sont munies d'une « chambre photographique portative [19] ». Dès 1878, l'image animée commence sa saga. Le praxinoscope – cet appareil qui, reposant sur un tambour de glaces autour duquel tourne une bande d'images, crée l'impression d'animation – inventé par Émile Reynaud remporte alors un vif succès de curiosité. A l'Exposition de Paris 1900, c'est le triomphe du cinématographe avec les frères Lumière, cinq ans après la première projection publique au Grand Café. A l'entrée du XXe siècle, le film devient le symbole même de l'universalité. « Les images animées – remarque Jack London (1876-1916) – abattent les barrières de la pauvreté et de l'environnement qui barraient les routes menant à l'éducation, et distribue le savoir dans un langage que tout le monde peut comprendre. Le travailleur au pauvre vocabulaire est l'égal du savant... L'éducation universelle, c'est le message... Le temps et la distance ont été annihilés par le film magique pour rapprocher les peuples du monde... Regardez, frappé d'horreur, les scènes de guerre, et vous devenez un avocat de la paix... Par ce moyen magique, les extrêmes de la société se rapprochent d'un pas dans l'inévitable rééquilibrage de la condition humaine [20]. »

L'introduction aux rapports officiels de l'Exposition de 1867, rédigée par Michel Chevalier, est sans nul doute le document où se conjuguent de la façon la plus limpide les vertus universalisantes à la fois de la communication et de l'Exposition. Le conseiller de Napoléon III y décrit comment l'horizon s'est élargi depuis le commencement du siècle sous l'effet des communications qui portent le « génie de l'Europe aux contrées reléguées à un rang inférieur », comment la vapeur, le télégraphe et les migrations ont permis l'expansion de la « grande triade de l'Europe moderne, la France, l'Angleterre et l'Allemagne ». A ces pays qui constituent le « socle de la civilisation occidentale », et où les « forces de l'esprit humain ont acquis leur plus grand développement, et où la morale, la science et l'industrie ont revêtu une formule supérieure à tout ce qui s'était vu auparavant », le saint-simonien ajoute les États-Unis, parce que vivant « sur le même fonds d'idées religieuses, morales, sociales, politiques et scientifiques [21] ».

Trente-cinq ans après son article du *Globe* sur la Confédération méditerranéenne par le rail, il spécule, cette fois, sur les combinaisons possibles entre les chemins de fer et le canal interocéanique de Panama pour relier Pacifique et Atlantique, Amérique du Nord et Amérique du Sud. Utopiste invétéré de la communication, Chevalier retrouve parfois les accents lyriques de sa jeunesse pour célébrer les bienfaits des moyens qui réduisent les distances : « Le besoin des échanges porte tous les peuples à se rapprocher. Le sentiment de l'unité de la famille humaine les y excite, comme un instinct naturel qui jamais ne sommeille. Leurs relations réciproques sont activées par la politique, qui, malgré elle, sous la pression de l'opinion publique, prend fréquemment le caractère humanitaire, par l'ascendant qu'a acquis sur le monde entier la race de Japhet. Les nouveaux moyens de locomotion resserrent de plus en plus ces relations. On peut, dès aujourd'hui, considérer comme étant au moment de triompher le principe, également cher à la philosophie et à la religion, de la solidarité des peuples et des races [22]. »

Mais, cette fois, Chevalier n'est plus entièrement dupe. Sa conclusion évoque l'antagonisme qui subsiste en Europe entre deux tendances : la « pensée de l'harmonie » et le « droit du sabre et du canon », l'industrie et l'organisation militaire. Il y voit même une source de déclin qui pourrait favoriser une future hégémonie du « colosse » américain sur le monde. « L'Europe, dont les enfants, réunis dans l'enceinte de l'Exposition, semblaient prêts à se serrer dans les bras les uns des autres, offre bien plus l'aspect d'un camp que celui d'un groupe de communautés d'hommes industrieux et éclairés, honorant Dieu, aimant leurs semblables, jaloux de faciliter le progrès universel et individuel par le développement de la liberté générale et des libertés particulières. Si loin qu'on remonte dans l'histoire, on ne retrouvera jamais une pareille collection d'hommes armés, un pareil amoncellement d'instruments de guerre [23]. » Jusqu'à la veille de la Première Guerre mondiale, cette tension entre guerre et paix, entre le ton grave de la menace et les flonflons de la fête universelle ne cessera de traverser les grandes expositions, malgré la prédominance du discours pacificateur des organisateurs de ces grandes assises industrielles. Au sein même de leurs enceintes, les machines de la destruction s'exhibent au même titre que celles de production. A propos de l'Exposition de 1867, Émile Zola fustige dans *L'Argent* la foule des curieux qui se pressent pour toucher les fameux canons Krupp de cette « fête impériale », ce « mensonge de féeries ». (En 1889, l'Exposition comptera une section militaire à part entière.)

1867, c'est aussi la date de l'exécution de l'empereur Maximilien installé sur le trône du Mexique par Napoléon III alors en guerre contre la République et son président Benito Juarez. Exécution dont le pouvoir fit tout pour taire la nouvelle jusqu'à la fin de la cérémonie de clôture de l'Exposition universelle ! De cette autre politique, Chevalier, spécialiste des questions américaines, était un des conseillers principaux. Ne fut-ce pas lui qui lança l'idée du « pan-latinisme » en réponse au « pan-américanisme » de Washington attaché plus que jamais à défendre les principes de sa doctrine Monroe (1823) qui lui assurait le contrôle des pays du Sud au nom de la sauvegarde de sa sécurité nationale ? Le saint-simonien fit même partie de la mission scientifique qui, voulant répéter l'expérience de 1798 de Bonaparte en Égypte, accompagna le corps expéditionnaire français débarqué à Veracruz.

La légitimation de cette aventure impériale conduit Chevalier à écrire un essai de géopolitique sur le Mexique où il va jusqu'à conseiller un usage stratégique du train : « Le plus dangereux adversaire que nos vaillants soldats eussent à trouver sur leur chemin est la fièvre jaune... Pour combattre ce fléau... un des moyens est la construction d'un chemin de fer sur lequel les troupes, aussitôt débarquées à Vera-Cruz, franchiraient en quelques heures la zone infectée... Ce chemin de fer rendrait à l'expédition un autre service, celui d'assurer ses communications avec la Vera-Cruz, d'où viendraient nécessairement les renforts, les munitions, le matériel, et par où arrivera même une partie des approvisionnements, tout ce qu'on ne pourra pas tirer du pays même. » Et il conclut : « D'ailleurs, pour une armée, la rapidité et la sûreté des communications et la facilité de se mettre en rapport avec sa base d'opération sont des avantages d'un prix inestimable[24]. »

Le « pan-américanisme », pour sa part, trouvera dans la World's Fair de Philadelphie (1876) et, surtout, celle de Chicago en l'honneur du quatrième centenaire du voyage de Christophe Colomb, inaugurée en 1892 mais ouverte au public l'année suivante, une occasion de réaffirmer sa prétention à un espace géopolitique englobant les pays du sud de l'Amérique.

Un espace public international en formation

Dès sa première édition, à travers les congrès qui s'y déroulent, l'Exposition universelle devient un lieu de concertations internationales. Nous l'avons déjà constaté à propos de l'harmonisation de la statistique et des poids et mesures.

Informels jusqu'en 1878, un arrêté instituera les congrès et les conférences dans les expositions parisiennes. Dans les autres, ils relèvent de la coutume. Dans les années 1870 leur nombre croît. Le contexte mondial est alors à la multiplication des liens transfrontières. Le bilan sur le rythme d'apparition des associations et ententes internationales, dressé par l'historien Werner Sombart (1863-1941) au tournant du siècle, est, à ce titre, plus qu'éloquent : avant 1850, il ne s'en crée que 7 ; dans les vingt années suivantes, 17 ; de 1870 à 1880, 20 ; de 1880 à 1890, 31. Ce chiffre double dans la dernière décennie[25].

Accrochés aux expositions, les congrès remplissent un rôle décisif, notamment dans la création de plusieurs institutions chargées de réguler les rapports internationaux en matière de communication.

A l'Exposition de Vienne en 1873, le congrès sur la propriété industrielle propose la première convention internationale sur les brevets. A celle de Paris de 1878, s'organise sous la présidence de Victor Hugo le congrès de la propriété littéraire. Huit ans plus tard, est créée l'Union internationale de Berne pour la protection des œuvres littéraires et artistiques. Mais la convention n'est signée que par dix États.

En 1878, également, un congrès tenu à Paris révise le premier traité de l'Union générale des postes, constituée à Berne quatre ans auparavant, et, à cette occasion, troque son nom pour l'Union postale universelle, réitérant les fondements de sa mission civilisatrice : « Le service des postes ne doit pas être considéré comme une institution financière... Des masses de peuples, par la puissance des circonstances, sont fixées sur la place de leur naissance – *glebae adscripti* ; fort peu, proportionnellement, sont à même de faire des achats et des ventes dans leurs lieux respectifs, ou de voir de près les grands progrès qui caractérisent notre époque, si même les résultats de l'industrie, réunis dans des expositions dans les capitales du monde, viennent s'offrir aux regards du spectateur. Ce rapprochement des dépositaires de la pensée et des industriels de différents pays, dans un but commun, vers lequel tend le développement économique ainsi que les développements en général, s'aperçoit, tout d'abord, sur la grande artère qu'on appelle la Poste. Tout progrès quelconque, politique, moral ou matériel, imprime un mouvement plus fort à cette artère, fait ressortir encore davantage l'importance de la liberté complète de la correspondance[26]. » Vingt-deux pays, tous européens à l'exception des États-Unis, signent cet accord. Les premières décisions de l'institution visent à assurer le respect du droit à la correspondance et à faciliter l'échange des valeurs déclarées et des mandats de poste. L'invention du timbre-poste a déjà alors près de quarante ans, et son inventeur, l'Anglais sir Rowland Hill, aura bientôt sa statue en bronze sur piédestal de granit, devant la Bourse de la City.

L'Union postale n'est pas la première instance de régulation de la communication internationale à se mettre en place et à utiliser les agoras des expositions universelles pour réunir ses adhérents. Elle a été précédée par l'Union télégraphique internationale, fondée en 1865, lors d'une conférence convoquée par Napoléon III à laquelle assistaient une vingtaine de pays. Cette union est même la première organisation internationale interétatique de l'ère moderne [27].

Hormis la fonction de rencontre entre délégués gouvernementaux, l'Exposition universelle joue, par-dessus tout, le rôle de forum des groupements les plus divers : mouvements sociaux, sociétés savantes, associations aux finalités les plus disparates s'y donnent rendez-vous.

En 1878, 32 congrès internationaux sont rattachés à l'Exposition de Paris ; en 1889, pas moins de 69. S'y succèdent les congrès scientifiques (sciences géographiques, aéronautique, anthropologie criminelle, médecine légale, chronométrie, météorologie, sciences ethnographiques, médecine vétérinaire, statistique, zoologie, psychologie physiologique, médecine mentale, enseignement, bibliographie des sciences mathématiques, etc.), les congrès catégoriels (architectes, photographes, sténographes, électriciens, sapeurs-pompiers, boulangers, mais aussi les colombophiles, les spécialistes du sauvetage, les homéopathes et la Société des gens de lettres), les congrès sur les questions sociales (alcoolisme, repos hebdomadaire, assistance publique, institutions de prévoyance, habitations à bon marché, sort des aveugles, participation aux bénéfices, etc.), les congrès de la Paix, de la monnaie, pour l'étude des questions coloniales, des coopératives de consommation, de la propriété artistique, de la propriété industrielle, pour la protection des œuvres d'art et des monuments, des traditions populaires, des cercles populaires. Quelques exemples suffisent à illustrer le foisonnement.

L'Exposition de 1862, à Londres à laquelle participent des délégations ouvrières, est le prélude de l'Internationale fondée deux ans plus tard sous le nom d'Association internationale des travailleurs. L'adresse de la délégation des ouvriers parisiens a même servi de référence à l'élaboration des statuts de cette Ire Internationale.

L'Exposition de 1889 est le berceau des futurs jeux Olympiques de l'ère moderne qui, pour se légitimer, passent d'abord par la grille de la pédagogie. Pierre de Coubertin (1863-1937) y organise un congrès sur la « propagation des exercices physiques dans l'éducation », premier pas de l'internationalisation du projet de rétablissement des jeux Olympiques. Une autre forme de la concorde universelle dans l'émulation pointe à l'horizon. « Il n'appartient ni à une race ni à une époque de s'en attribuer le monopole exclusif... L'olympisme est un renverseur de cloisons. Il réclame l'air et la lumière pour tous... Exportons des rameurs, des coureurs, des escrimeurs : voilà le libre-échange de l'avenir et, le jour où il sera introduit dans les mœurs de la vieille Europe, la cause de la paix aura reçu un nouvel et puissant appui [28]. »

Mais cette Exposition de 1889 a surtout été l'affirmation de la discipline ethnographique et ethnologique, couplée avec l'Exposition coloniale. C'est l'époque des justifications de la conquête coloniale, marquées par la théorie évolutionniste [29].

La préoccupation ethnologique est aussi présente à la World's Fair de Chicago, en 1893, qui confie à l'anthropologue Franz Boas le soin d'organiser les expositions anthropologiques de la commémoration de la geste de Colomb. A Chicago, également, se tient un des premiers congrès sur le rôle international de la presse, qui se termine sur une déclaration d'intention : « La presse doit chercher à dissiper les malentendus entre les nations. Avec le télégraphe dans les principaux centres de l'activité humaine, on peut éclairer l'opinion publique et démasquer les intrigues égoïstes et corruptrices des serviteurs des monarchies, intrigues dont le résultat a été de pousser les nations à s'entretuer [30]. »

Toujours à Chicago, les organisations féminines font leur percée. L'exposition compte un « Board of Lady Managers », qui a son propre pavillon et met sur pied parallèlement un Congrès des femmes. Ce qui s'y discute n'est pas du goût du commissaire français, Camille Krantz, qui marque sa désapprobation face à la « longue suite de panégyriques de la femme et de violentes critiques à l'adresse de la société moderne et des hommes » et aux « intempérances de langage fort regrettables [31] ». La délégation féminine de la France s'y fait remarquer par la précision de ses statistiques sur la condition de la femme.

En 1900, à Paris, ont lieu les « congrès féministes internationaux » qui débattent notamment des conditions d'emploi des bonnes. La comparaison avec les États-Unis, préfiguration du futur, est inévitable : « Jamais une jeune fille n'entrera dans une maison particulière pour y être domestique... Dans peu de temps les machines remplaceront les bras humains : machines à laver et essuyer la vaisselle, à cirer et brosser les chaussures, à balayer et battre les tapis ; des calorifères communs chaufferont toute la ville ; des cuisines et restaurants fourniront à domicile la nourriture de la famille, quand cette famille n'habitera pas les hôtels. Voilà, d'après les

Américains, les conditions des grandes civilisations de l'Avenir, et surtout de l'émancipation des femmes. Les habitudes familiales du continent nous portent à croire que nous ne verrons pas de sitôt réaliser dans la vieille Europe l'idéal du Nouveau monde [32]. »

En 1889, vingt mille personnes ont assisté aux congrès organisés à l'occasion de l'Exposition, et le rapporteur officiel s'est posé la question de leur efficacité : « Tout d'abord, il faut compter l'avantage très réel qui résulte de la réunion de personnes s'occupant de questions du même ordre, qui souvent n'étaient pas auparavant en relation directe et qui sont mises à même de discuter sans intermédiaire. Souvent bien des malentendus se dissipent ainsi... Quant aux conséquences des congrès au point de vue de leurs travaux, elles ont été très réelles dans certains cas : on a pu arriver à une entente sur une œuvre commune, sur les règles à suivre dans une nomenclature, sur la marche à suivre dans les recherches à faire en vue de l'étude d'une question. Dans d'autres cas, les congrès ont fourni des renseignements précieux qui, joints à ceux qu'on possédait déjà, permettront de résumer le sujet dans un travail d'ensemble, ou qui contribueront à compléter une enquête... [Toutefois], certains congrès ont abouti seulement à exprimer une fois de plus des idées bonnes, justes, qui sont généralement admises, mais sans donner le moyen d'arriver à la réalisation pratique [33]. »

Si l'Exposition universelle est un lieu où se forme un espace public international, elle est aussi un endroit autour duquel se cristallise la peur de l'autre. Le rapprochement des peuples, la communication internationale, est aussi foyer de contamination transfrontières. Dès l'exposition du Crystal Palace, les détracteurs de la formule ne manquent pas de brandir le risque d'épidémie que représente l'invasion des foules qu'elle occasionne dans une grande capitale qui concentre 10 % de la population d'Angleterre et du pays de Galles. Fort symboliquement, la question de l'« hygiène » devient une science en voie d'internationalisation en même temps que la statistique. En effet, à la demande du gouvernement français, se réunit en cette année 1851 une première conférence sanitaire internationale en vue de codifier les mesures à prendre pour contrer choléra, fièvre jaune et autres épidémies. Mais à la différence du succès des spécialistes de la statistique morale, les représentants des douze pays qui y sont conviés n'arrivent même pas à se mettre d'accord sur un code minimum. Ce n'est qu'au début du XXᵉ siècle que sera créé un Office international d'hygiène publique. Mais à chaque Exposition universelle, la question, lancinante, reviendra sur le tapis.

L'anthropologie post-darwinienne, comme le signale Alain Corbin, conduira de plus en plus à « mettre l'accent sur l'odeur spécifique des races et des ethnies », certains commentateurs s'offusquant « de l'odeur des Nègres entassés pour l'Exposition dans le Village du champ de Mars [34] ». Le rapporteur de l'Exposition 1889 se sentira toujours obligé de détailler dans son compte rendu officiel les mesures prises par les commissaires pour combattre le « danger d'épidémie par l'encombrement des indigènes, en général d'une propreté douteuse » : aération par vasistas, water-closets réservés, urinoirs pourvus d'eau courante, robinets d'eau de source pour « éviter la typhoïde », filtres Pasteur pour l'eau potable, un employé affecté toute la durée de l'exposition « au service d'entretien de ces diverses installations d'hygiène, lavant à grande eau, désinfectant et surveillant [35] ».

Cette préoccupation hygiéniste à l'œuvre dans ces microcosmes internationaux est à l'image de celle qui guide les stratégies sanitaires des gouvernements vis-à-vis des populations laborieuses des métropoles urbaines depuis le début du siècle (c'est de 1803 que le *Dictionnaire historique Robert* date l'essor du mot hygiène comme « médecine préservatrice », ceux d'hygiène mentale et d'hygiène publique, respectivement de 1808 et de 1833 ; ce qui indique combien novateur était Saint-Simon en utilisant la notion dans sa physiologie sociale !). Un siècle au cours duquel ne cesseront de se perfectionner les mesures pour désodoriser l'espace public comme l'espace privé : à travers la ventilation, ou « contrôle de la circulation des flux aériens », le « désentassement », la « désinfection », l'évacuation immédiate de l'immondice [36]. Premiers laboratoires de cette stratégie de désodorisation, dès la fin du XVIIIᵉ siècle : la tente du soldat, le vaisseau, l'hôpital et la prison.

Au moment où se réunit la première conférence sanitaire internationale, Londres offre déjà un modèle. En 1848, l'Angleterre s'est dotée d'un ministère de la Santé publique pour lutter contre la « saleté ». Douze ans plus tard, ses ingénieurs entreprennent la construction du grand réseau d'égouts londoniens, système bientôt adopté par Bruxelles et plusieurs grandes villes de la Confédération germanique. Les administrations françaises, en revanche, y opposent un long refus. Un autre réseau, celui d'alimentation en eau potable, complétera bientôt le dispositif de salubrité publique des pays industriels.

Ces stratégies de l'hygiène sociale, et de lutte contre les odeurs socialement distribuées, et les représentations des couches populaires qu'elles fomentent serviront en partie de toile de fond aux premiers débats sur la nature des foules.

Le syndrome de Buffalo Bill : le progrès au péril du spectacle

L'Exposition de Paris 1900 marque le sommet de la courbe ascendante des expositions universelles. Elle est la plus cosmopolite. Elle est la plus universelle, dans le sens originel de l'appellation, eu égard à la variété des produits exposés. Mais c'est aussi le moment où le modèle entre en crise.

Certains commencent à parler du dévoiement de la formule par la logique du spectacle : « De plus en plus les expositions universelles perdent leur premier caractère et deviennent des entreprises de plaisir. L'intérêt de l'industrie et du commerce n'en est plus que le prétexte, l'amusement son but... Il faudra, pour favoriser l'expansion commerciale du pays, recourir à d'autres moyens moins coûteux, plus productifs[37]. » Et ceux-là pensent que seules les expositions spécifiques sont encore à même de produire des effets en termes de découvertes et d'innovations.

De nombreux stands sont consacrés aux « images animées ». Les frères Lumière installent dans la galerie des Machines un cinématographe géant qui projette des vues sur un écran de 25 mètres de large et de 16 mètres de haut. Pour filmer l'exposition, Georges Méliès met au point un pied tournant afin de prendre des vues panoramiques. Il en résulte dix-sept films que l'on colorie[38]. Mais l'exploitation du Cinéorama, ce cinéma circulaire inventé par Raoul Grimoin-Sanson qui doit les projeter en procurant aux spectateurs des sensations extraordinaires, notamment lors d'une scène d'ascension en ballon, trébuche par suite de « diverses défectuosités dans l'exécution soit de la salle, située au pied de la tour Eiffel, soit des appareils cinématographiques[39] ».

Le grand public peut admirer à cette même Exposition de 1900 une gamme variée d'automobiles. On y célèbre le cinquième anniversaire de la naissance du véhicule à moteur, en présence des constructeurs Benz, fondé en 1883, Daimler

(1890), Peugeot (1885), Renault (1898), Ford (1892) et Fiat (1899), sans oublier le fabricant de pneumatiques Michelin (1895) qui, à cette occasion, fait éditer son premier guide routier. Des courses et des concours avec défilé sont organisés pour commémorer la première course automobile (1895, Bordeaux-Paris). Le sport de compétition fait son apparition : championnats de fleuret amateurs, concours de tir, courses cyclistes, concours aéronautiques (d'altitude, de vitesse, de distance, de durée de voyage, de direction, de photographie en ballon). La présence remarquée des grands magasins comme Le Bon Marché, ouvert en 1852, Le Printemps (1865) ou La Samaritaine (1869) indique non seulement la tendance à la commercialisation mais aussi la pression exercée par le modèle de leur système de distribution sur le mode de concevoir l'Exposition elle-même [40]. Ces innovations dérangent ceux qui continuent à raisonner en termes de projet pédagogique et de quête initiatique du savoir.

Déjà en 1889, le rapporteur général s'était inquiété de la dérive vers l'« amusement ». Critiquant les « acrobaties excessives » proches de celles des grandes foires, et même des Folies-Bergère, il appelait à « plus de décence » : « Qu'on cherche les amusements, les curiosités, tout ce qui peut attirer et retenir dans une ville les provinciaux et les étrangers, rien de plus naturel et de plus juste. Mais il faut avoir assez de tact, nous dirions volontiers assez de respect de soi-même et de son pays, pour ne pas recourir à des "attractions" trop grossières. Cela est vrai, surtout quand à une fête internationale se joint une solennité patriotique. Le contraste choque d'honnêtes gens [41]. »

Les attractions bariolées venues de l'Amérique jouent, en 1889, les trouble-fête. Les murs de Paris sont couverts des affiches gigantesques de William Cody, *alias Buffalo Bill*, le « Napoléon de la prairie ». Avec ses « Peaux-Rouges » et ses buffles, il fait la une de *L'Illustration*. Le numéro du 22 juin met en contraste sur une même page un simulacre d'attaque d'un convoi d'émigrants par les Indiens et une tapisserie des Gobelins représentant Henri IV. Métaphore de deux façons de se distraire. Le journaliste Rastignac essaie sa verve en confrontant deux types de visiteurs. Le « grincheux » : « Buffalo Bill enfonce Corneille. On se moque des Corot, des Delacroix, et l'on court à la rue du Caire [une rue composée de façades de maisons égyptiennes de diverses époques, deux mosquées, une école, un minaret, des portes, habitée par quelque 160 autochtones, marchands, ouvriers, âniers, cafetiers, danseuses]. Tout se traduit par une immense bacchanale. On se moque de l'industrie, du progrès. On se rue au plaisir. La foule mange du saucisson sur les pelouses. Elle se vautre là comme dans une kermesse de barrière. Et la tour Eiffel [que l'on inaugure à l'occasion], l'odieuse tour Eiffel. Quand pourrais-je, assis sur le galet ou sous les arbres, ne pas voir cette immense asperge, triomphe de la badauderie en fer. » Le « satisfait » : « Quelle vie, c'est la joie, le rire, le mouvement, une fièvre heureuse... Tout est plein, les cafés, les restaurants, les théâtres. Et quel siècle que celui qui a produit en art et en industrie ce qu'on voit au Champ-de-Mars ! Ah les Delacroix, les Millet, les Corot ! Et Edison par-dessus ! La foule est de bonne humeur, voit tout, va partout [42]. »

Bref, avec ses « tonalités ardentes », sa « fantaisie extraordinaire », le spectacle mis en scène par le journaliste Crawford avec le concours de l'acteur Note Salsbury ramène le « galop infernal des légendes ». « Comment voulez-vous que le théâtre lutte devant ces réalités où toutes les lectures de Fenimore Cooper ou de Gabriel Ferry prennent corps, touchant du doigt les imaginations même des romanciers [43] ? » Pour rivaliser avec de tels spectacles, ou encore avec celui de la tour Eiffel éclairée à l'électricité ou incendiée aux feux de Bengale, Sarah Bernhardt, « pour faire de l'argent, aurait besoin de mourir sur la deuxième plate-forme [44] ».

Déritualisation, donc. Les parcours balisés de l'ascétique apprentissage du progrès et du travail, et de la haute culture, encore intouchés dans les années 1870, entrent en conflit avec les usages indisciplinés de la fête, du loisir, du « droit à la paresse », selon l'expression de Paul Lafargue en 1880. « Le sybaritisme envahit un peu toutes les classes. Le populaire n'a plus goût à attendre trop longtemps un plaisir », constate le chroniqueur de *L'Illustration* [45]. En poussant le gigantisme à ses extrêmes et en multipliant les spectacles, l'Exposition de Chicago de 1893 n'est pas la dernière à saper le socle des temples de l'industrie.

Bien des années plus tard, résonnera toujours l'écho des premiers pas du rêve américain dans l'imaginaire des Français : « Soleil/Buffalo Bill/Barnum/Tu nous grises/Comme l'opium. » (Jean Cocteau).

6

La cité communautaire

Les utopies sociales de la première moitié du XIXᵉ siècle ont en filigrane le *Discours sur l'inégalité* et l'« homme naturel » du premier Rousseau, lui-même foyer convergent et divergent où se croisent Platon, Campanella et More. Elles déclinent, chacune à leur manière, les idées de communauté des biens, d'égalité, d'harmonie et de fraternité universelles. La communication fait partie de l'architecture de ces sociétés harmonieuses.

Avant la fin du siècle, la pensée communautaire guidera les premiers représentants d'un socialisme autogestionnaire et anti-autoritaire dans leurs propositions de réforme du régime juridique des voies de communication. Sous son signe, une première notion de « service public » fera son apparition, opposant déjà les partisans du « tout à l'État » et ceux du « tout au marché ».

Ouvrant la voie à une autre parole sur l'aménagement de la société et du monde, la pensée communautaire prépare les doctrines qui, au siècle suivant, salueront les vertus libératrices de la civilisation technique et de ses réseaux. Quant au scepticisme à l'égard du potentiel émancipateur de la société technicienne, il faudra attendre les années vingt pour le voir amorcer une percée sensible dans les spéculations sur la société du futur.

De la Nouvelle Atlantide au Phalanstère de Charles Fourier

La communication n'a pas attendu d'avoir une définition aux contours précis pour rejoindre le récit utopique du nouvel âge scientifique. Elle est même née avec lui. Dans un texte inachevé, commencé en 1623 et publié en 1627, un an après sa mort, Francis Bacon imagine une cité idéale basée sur la science, *The New Atlantis* (La Nouvelle Atlantide)[1].

Cette première « science-fiction » se déroule dans l'île de Bensalem qui ressemble à l'Atlantide qu'avait imaginée Platon. On perfectionne les espèces végétales à des fins médicales ; les expériences sont faites sur des animaux, avant de l'être sur le corps humain. Le lieu est riche d'instruments de précision, d'outils destinés à produire des mouvements de tout type : on imite le vol des oiseaux, on vole ; on navigue sous les mers ; on connaît le mouvement perpétuel. Mais cet arsenal d'inventions qui invitent au voyage contraste avec la clôture naturelle géographique de la Nouvelle Atlantide, le refus de l'étranger, l'interdiction de communiquer avec le dehors, l'imposition d'un strict secret et les grandes restrictions mises aux déplacements des insulaires. La communauté scientifique est organisée selon une rigoureuse division du travail. Dans la maison des sciences, ou « Maison de Salomon », seuls certains savants, triés sur le volet, sont autorisés à se rendre à l'extérieur pour s'informer des découvertes scientifiques qui peuvent être utiles pour leurs compatriotes ; d'autres cherchent dans les livres les expériences utiles ; d'autres font des recherches dans les arts mécaniques ; d'autres encore classent les expériences ; les « interprètes de la nature », quant à eux, les mettent en système et tâchent d'en tirer des principes.

L'utopiste Charles Fourier (1772-1837) prend l'exact contre-pied de cette clôture communicationnelle. Le territoire d'Harmonie a les dimensions du monde. Un monde dont il redessine à sa guise la géographie, imaginant la planète du futur. Il fait sauter la calotte polaire et fait naître au pôle un « anneau » ou une « couronne boréale » qui distribue le double fluide de la chaleur et de la lumière. Sous l'effet de l'adoucissement général du climat, de nouvelles terres offertes à la mise en culture permettent de « porter le genre humain au grand complet de trois milliards », condition nécessaire pour les « créations harmoniques ». La Terre, immense organisme vital, n'a, en effet, pas encore fini de se créer. « Toute création s'opère par la conjonction d'un fluide boréal, qui est mâle, avec un fluide austral, qui est femelle. Une planète est un être qui a deux âmes et deux sexes, et qui procrée comme l'animal ou le végétal par la réunion de deux substances génératrices... Croire que la terre ne fera pas de nouvelles créations et se bornera à celles que nous voyons, ce serait croire qu'une femme qui a pu faire un enfant n'en pourra faire un deuxième, un troisième, un dixième[2]. » Changeant l'axe du globe, Fourier permute la topographie des villes, des pays, des continents, des astres. Il fait de Constantinople la capitale du monde et perce les « canaux navigables de Suez et Panama », « jeux d'enfants pour les armées industrielles de la Hiérarchie sphérique[3] ».

Le phalanstère, unité d'organisation de la société harmonienne, est une figure et une affaire de communication. Cette « association qui cultive un canton » et exploite une lieue carrée de terrain est un vaste bâtiment où vit une phalange. Son architecture intérieure et extérieure et les paysages sont conçus de manière à assurer aux Harmoniens le plein épanouissement de leurs passions en associant environnement naturel et cadre bâti et en conjuguant le fonctionnel et la beauté. « Le centre de cette construction est affecté aux fonctions paisibles, aux salles de repas, de bourse, de conseil, de bibliothèque, d'étude. Dans ce centre sont placés le temple, la tour d'ordre, le télégraphe, les pigeons de correspondance, le carillon de cérémonies, l'observatoire, la cour d'hiver garnie de plantes résineuses, et située en arrière de la cour de parade[4]. » Ce centre est entouré de jardins. A la cour de parade, succède une place de manœuvres, flanquée à gauche des lieux bruyants (ateliers, forges, enfants) et à droite, de l'espace réservé au caravansérail, aux bals et aux étrangers. Enfin, viennent les étables, les greniers et les magasins qui donnent sur les terres de « grande culture ». Des « rues-galeries », calquées sur les « passages » et « arcades » du Palais-Royal, relient les divers corps de logis du phalanstère. « Les rues-galeries sont une méthode de communication interne... La Phalange n'a point de rue extérieure ou voie découverte exposée aux injures de l'air ; tous les quartiers de l'édifice nominal (qui comporte trois étages) peuvent être parcourus dans une large galerie, qui règne au premier étage et dans tous les corps de bâtiments ; aux extrémités de cette voie sont des couloirs sur colonnes, ou des souterrains ornés, ménageant dans toutes les parties et attenances du Palais, une communication abritée, élégante, et tempérée en toutes saisons par les secours des poêles ou des ventilateurs[5]. »

Est-il besoin de rappeler qu'au moment où Fourier imagine le plan du centre d'un palais d'Harmonie, il ne connaît encore que le télégraphe optique, non accessible au public français, et que les pigeons servent toujours à transmettre les nouvelles ? Mais qu'à cela ne tienne, Fourier dans son génie divinatoire va plus loin : il annonce la « transmission miragique » dans un monde qui, mieux instruit des secrets de l'atmosphère, va mettre en correspondance Londres et l'Inde en moins de quatre heures. La planète Mercure, avisée des arrivages et mouvements de bateaux par les astronomes d'Asie, en transmettra la liste aux astronomes de Londres[6].

Pour le saint-simonien Michel Chevalier, les moyens de communication sont en quelque sorte une prothèse sociale : ils déterminent, *per se*, un nouveau type de relations sociales. Pour son aîné Fourier, ils sont des instruments au service de réseaux de rapports sociaux aux combinaisons multiples par lesquels se réalisent les passions de chacun et chacune.

Des utopistes du XIXᵉ siècle, Fourier est le plus radical. Il se méfie de tout pouvoir et ne maintient aucun lien avec le « sacerdoce » et l'« administration », évitant « toute recherche sur ce qui touche aux intérêts du trône et de l'autel[7] ». Il pratique le doute et l'écart absolus : doute à l'égard de la « Civilisation » et de tous les préjugés ; écart par rapport aux sciences existantes, « égarement de la raison », qu'il juge globalement « incertaines ». Lui, simple « sergent de boutique », commerçant malchanceux et « illitéré », « va confondre les bibliothèques politiques et morales, fruit honteux des charlateneries antiques et modernes ». Cette règle de conduite, il la proclame dès son premier ouvrage, *Théorie des quatre mouvements*, qui paraît en 1808.

Newton et Leibnitz ont découvert les lois du premier mouvement : le matériel. Lui, annonce la découverte des trois autres, le social, l'animal et l'organique. Le premier doit expliquer les lois selon lesquelles Dieu a réglé l'ordonnance et la succession des divers mécanismes sociaux dans tous les globes habités. Le deuxième, les lois selon lesquelles se distribuent les passions et les instincts à tous les êtres de la création dans les divers globes. Le dernier, les lois qui président à la répartition des propriétés, des formes, des couleurs, des saveurs, etc. entre toutes les substances créées ou à créer. De la synthèse des quatre mouvements, Fourier tire les « lois de la vie universelle », les « lois des Destinées », « lois mathématiques du mouvement universel ».

La Terre, qui est censée devoir vivre 80 000 ans, n'a vécu jusqu'à ce jour que 5 000 ans d'épreuves et de misères. Cette sombre période s'achèvera avec la disparition de la « Civilisation ». Car l'histoire du « mouvement civilisé » se déroule selon un scénario en quatre phases biographiques : deux phases de « vibration ascendante » ou gradation (l'enfance, l'accroissement) ; deux phases de « vibration descendante » ou dégradation (le déclin, la caducité). Alors viendront pour la Terre 70 000 ans de bonheur et d'union, sa période d'apogée, pour ensuite replonger dans des maux de toutes sortes, prélude à sa disparition.

La période actuelle correspond à la phase « déclin » de la « Civilisation ». « Les civilisés sont très malheureux » : des trois sociétés qui se partagent la Terre – la Civilisation, la Barbarie et la Sauvagerie –, aucune n'est capable de sortir le globe de l'infirmité qui l'afflige. Les deux dernières, inertes par définition, sont atteintes de paralysie ; la première d'impuissance politique. Les « faiseurs de systèmes commerciaux », le « laissez-faire des sangsues qu'on appelle marchands » ont précipité l'âge actuel de la civilisation dans tous les « vices de l'hydre mercantile ». Le consommateur est sans cesse berné. Tant sont variés les « crimes du commerce » : l'agiotage engendre des salaires décroissants ; l'accaparement, des disettes factices ; la banqueroute, la « lésion sociétaire » ; l'usure, l'estimation arbitraire ; le parasitisme, la fausseté légalisée ; l'insolidarité, la monnaie individuelle. Les fabriques ne sont que des « bagnes mitigés ». Les institutions de civilisés comme le mariage permanent avilissent la femme. La civilisation est donc un « monde à rebours » où le « système de perfectibilité perfectible, l'idéologie, a fait de l'Égoïsme ou du *moi* la base de tous nos calculs [8] ».

L'idée de progrès n'est qu'un leurre et les disciples des systèmes de Saint-Simon (et de l'Anglais Owen), ses « tartufes ». « C'est un mot à la mode – lance Fourier à leur adresse en 1831, au moment de l'apogée du *Globe* –, comme sympathie, association, moi humain, éclectisme, rationalisme, industrialisme. Chacun s'empare de ces mots en vogue, chacun y coud quelque système de progrès rapide et vol sublime vers le perfectionnement de la perfectibilité, et vers la perfectibilisation du perfectibilisantisme de civilisation perfectible. En réplique à ces illusions, je demande qu'est-ce que le progrès d'un état social qui, accumulant mille théories sur la richesse des nations, parvient, à force de travail, à conduire les deux tiers de ses habitants à la famine[9] ? » Le verdict tombe, implacable : le saint-simonisme et les jésuites sont deux sectes, deux associations « théocratico-politiques » qui s'appliquent à « maîtriser les gouvernements et capter les hoiries[10] ».

La seule association qui conduira à l'« état sociétaire », à la société de l'abondance Harmonie, est celle qui s'applique à l'industrie primordiale, à celles des cultures (et plus spécialement celle des arbres fruitiers, le poirier en premier lieu) et des ménages, l'« industrie naturelle combinée, attrayante, véridique ». Pour accéder à cette phase d'« association composée », il faut suivre ce « mouvement pivotal » qu'est l'« attraction passionnelle » : transformer en plaisir les travaux auxquels les salariés ne sont enchaînés que par la nécessité de vivre. Aux « plaisirs civilisés » qui ne sont que des « fonctions improductives », Fourier oppose les « plaisirs inconnus en civilisation », la variété de plaisirs liés aux travaux devenus attrayants. Son œuvre est cette « boussole sociale » qui doit « guider la politique humaine dans le labyrinthe des passions ».

Jouer sur le clavier passionnel : tout comme il y a douze notes musicales, il y a douze passions. Cinq sensitives qui « tendent à l'exercice plein et direct des cinq sens » et qui peuvent être réunies sous un seul chef : le luxisme ou le « désir du luxe ». Quatre affectives qui « tendent à former les quatre groupes d'amour, d'amitié, de familisme et d'ambition », base du « groupisme ou désir des groupes ». Trois distributives ou « mécanisantes » qui sont totalement méconnues par l'ordre civilisé qui les traite comme des vices pour cause de désordre. C'est dans ces trois passions, expression du « sériïsme » ou « désir des séries », que se loge le « ressort d'harmonie sociétaire ».

La première passion distributive est la cabaliste ou esprit de parti, cette passion de l'intrigue, cette fougue calculée qui meut les courtisans, les ambitieux, les meneurs, les commerçants ou le monde galant. La deuxième, la composite ou fougue aveugle, domaine de l'amour par excellence, enthousiasme qui exclut la raison, état d'ivresse qui naît de l'union de deux plaisirs, un des sens, un de l'âme. La troisième passion a nom l'alternante ou la papillonne, ce besoin de variété périodique, de situations contrastées, qui, si elle n'est pas satisfaite, engendre tiédeur et ennui, rendant illusoire toute jouissance. Dans la hiérarchie de la « mécanique sociale », la papillonne est la passion qui occupe le plus haut rang. Elle est l'« agent de transition universelle ». Et pour cette raison, la plus proscrite par l'industrie civilisée qui s'oppose à une organisation du travail en séances courtes et variées d'une heure et demie à deux heures au plus.

Le résultat de toutes les passions – la tige passionnelle – donne l'« unitéisme » ou « harmonisme », la tendance à l'unité, synonyme de « philanthropie illimitée », inconnue dans l'ordre civilisé universellement dominé par la « contre-passion » ou « égoïsme ». La combinaison des douze passions dans les individus peut donner un maximum de 810 caractères ou types passionnels. Un chiffre-fétiche puisque, multiplié par deux, il sert à fixer le nombre de membres d'une phalange normale d'attraction appelée à vivre dans un phalanstère. Ce chiffre de l'Ordre combiné se retrouve également, d'après le schéma organique de la construction fouriériste, dans « les solides du corps humain », les « muscles d'homme et de femme » s'élevant à un chiffre semblable. Car « le corps humain est un abrégé du Mouvement de l'univers ». A travers la dissection des « plus menus détails anatomiques », on peut admirer le « tableau parfait du jeu des passions et du mécanisme social [11] ».

La condition à remplir pour arriver à l'industrie attrayante est de former des séries passionnées – d'où le mot sériïsme – de groupes subordonnées au jeu des trois passions « mécanisantes ». La première engrène les séries, la deuxième les rivalise, la troisième les exalte. Chaque série passionnée est composée de personnes inégales en tous sens, en âges, fortunes, passions, caractères et goûts ; plus les inégalités sont graduées et contrastées, plus la série s'entraîne au travail, produit des bénéfices, et offre d'harmonie sociale.

L'erreur des visions morales de fraternité, comme le saint-simonisme, est de ne pas identifier le « mécanisme géométrique des passions et des caractères, des passions et des goûts ». « Mécaniser n'est pas concilier, mais utiliser réciproquement des discordes et antipathies ; la morale veut changer les hommes et leurs passions ; la mécanique sociétaire les emploie tels qu'ils sont [12]. » A défaut de ne pas former cette mécanique générale, on s'expose à ne pas « établir de rapprochement industriel entre les trois classes riche, moyenne et pauvre », à rater l'« association intégrale », l'Harmonie, l'union des passions et des rapports au travail. « Intégral » est un terme nodal chez Fourier : il sert aussi à désigner l'idéal de l'« homme intégral », l'homme épanoui, par rapport à l'« homme abstrait ». Perfection intégrale des corps, « méthodiquement estropiés dans le système civilisé » ; perfection intégrale de l'esprit, par l'union de la pratique à la théorie et l'enchaînement de toutes les connaissances, par la combinaison du travail et du plaisir, de l'économique et du ludique. Chaque individu n'étant à son tour qu'une « parcelle de l'âme intégrale qui exige 2 000 (ou plus) âmes différentes ». C'est tout ce monde où chacun dépend dans son être de la vie de l'ensemble, où chacun représente une note dans une symphonie, qui vit en communautés distribuées en phalanstères. Les Séristères, eux, sont les lieux de réunion des séries passionnées, là où se démultiplient les gammes et les accords, tissant les réseaux les plus variés.

La métaphore de la machine se combine avec celle de l'organisme pour produire l'image de ce nouveau monde. Ce qui faisait dire à Walter Benjamin que « la plus intime impulsion donnée à l'utopie fouriériste, il faut la voir dans l'apparition des machines. Le phalanstère devait ramener les hommes à un système de rapports où la moralité n'a plus rien à faire... Fourier ne songe pas à se fier pour cela à la vertu, mais à un fonctionnement efficace de la société dont les forces motrices sont les passions. Par les engrenages des passions, par la combinaison complexe des passions mécanistes avec la passion cabaliste, Fourier se représente la psychologie collective comme un mécanisme d'horlogerie [13] ».

Tout dans le mode d'organisation du territoire harmonien appelle à la communication. La « bourse » ou « assemblée de négociations », en est le plus vivant exemple. Critique des mécanismes boursiers, source des vices de l'hydre commerciale, Fourier les parodie et les subvertit, tout comme il détournait les rues-galeries de leurs fins primivement commerciales, en en faisant des maisons d'habitation. Tenue dans le plus petit canton, on y traite chaque jour de la « disposition des repas et des travaux », des « réunions de travail et de plaisir pour les jours suivants, de l'emprunt de cohortes entre divers cantons qui se concertent pour associer leur industrie et leurs divertissements », de « galanterie, de voyages et autres ». Pour concilier la quantité considérable d'« intrigues » que doit débrouiller la bourse chaque jour, Fourier avance la solution suivante : « Il y a des fonctionnaires de toute espèce, et des dispositions au moyen desquelles chaque individu peut suivre une trentaine d'intrigues à la fois ; de sorte que la bourse du moindre canton est plus animée que celles de Londres ou Amsterdam. On y négocie principalement par signaux au moyen desquels chaque négociateur dirigeant peut, de son bureau, entrer en débat avec tous les individus, et intriguer, par ses acolytes, pour 20 groupes, 20 séries, 20 cantons à la fois, sans vacarme ni confusion. Les femmes, les enfants négocient ainsi que les hommes pour fixer leurs réunions de toute espèce, et les luttes qui s'élèvent chaque jour à ce sujet entre les séries, les groupes et les individus forment le jeu le plus piquant, l'intrigue la plus compliquée, et la plus active qui puisse exister. Ainsi la bourse est-elle un grand divertissement [14]. » L'idée de l'information codée est une constante de l'œuvre fouriériste : « On créera un langage de signaux, comme on en a créé pour les évolutions maritimes, le télégraphe, les sourds-muets, etc. [15]. »

Pas d'Harmonie sans unité universelle ; pas d'unité universelle sans moyens de communication. Fourier énumère quelques emplois que peut faire la phalange de sa propre « unité domestique et industrielle » pour promouvoir « l'unité dans toutes les relations du globe ». En premier lieu, il inscrit « Unité en langage, de mesures, de signes typographiques et voie de communication ». Mais il conclut : « A ne parler que de cet accord, comment le monde civilisé ose-t-il parler d'unité, se vanter de perfectionnement, de vol sublime, quand il n'est même pas arrivé au plus bas ressort d'harmonie, en voies de communication ? Deux civilisés, un Français et un Allemand, qui se disent perfectibilisés par la métaphysique de Kant ou de Condillac, ne savent pas même s'entendre, se parler ; ils sont, dans cette branche de relations, fort au-dessous des brutes ; car chaque animal sait de prime abord établir entre lui et son semblable toutes les communications dont leur espèce est susceptible... Si donc la civilisation échoue sur les unités les plus urgentes, celle de communication dont elle possède tous les germes, que sera-ce des unités sur lesquelles elle est réellement entravée, comme les quarantaines sanitaires, l'extirpation générale des maladies [16]. »

Dans un ouvrage posthume intitulé *Le Nouveau Monde amoureux*, retrouvé bien plus tard et qui ne sera publié qu'en 1967, on découvre combien, dans la construction de ce lien universel, l'épicurien Fourier attache de l'importance à la nourriture, « le plaisir du goût », le « mouvement aromal », le « mécanisme passionné de la gastronomie combinée ». Cette passion semble même à cet adepte de la « gastrosophie », cousin de Brillat-Savarin (1755-1826), plus universelle que l'autre passion primordiale, la passion « pivotale » de la sexualité, parce que convoquant tous les âges, y compris les enfants exclus de l'amour. Les repas en Harmonie ménagent d'ailleurs les « intrigues de toutes sortes » où les plaisirs de la table sont reliés à l'amour. C'est, selon Fourier, ce qui explique la valeur acquise par les symboles chrétiens du pain et du vin, « véritable communion mystique [17] ».

Fourier meurt en 1837. En 1842, une colonie fouriériste avortera au Brésil, cette même terre où Thomas More, encore sous le choc de la « découverte des Amériques » et inspiré par Vespucci, avait placé en 1516 sa république idéale. En 1843, des disciples américains se saisiront de ses conceptions sur l'« attraction passionnelle » et son expression architecturale pour construire leur territoire communautaire. En 1855, la communauté, la North American Phalanx, votait sa dissolution [18]. Quant à ses disciples français de l'époque, écoutons le jugement de Simone Debout, spécialiste de l'œuvre de Fourier : « Fourier eut certes des disciples mais, simples ou importants, Just Muiron ou Victor Considérant, ils méconnurent le bizarre génie de leur maître. De son œuvre ils reçurent ce qu'ils pouvaient comprendre : une doctrine à leur mesure. Hostiles aux vaticinations de ce prodigieux commis voyageur du Dieu, Feu, Nature, ils laissèrent échapper les plus étonnantes trouvailles où se combinent **le burlesque** et le profond [19]. »

A l'instar d'autres fouriéristes, le polytechnicien Victor Considérant (1808-1893) s'insurgera en 1838 contre l'« engouement » et la « manie des chemins de fer », véritable exemple de la « déraison sociale de notre temps ». Alors que les cinq sixièmes de la population, alléguera-t-il, vivent en état de misère, l'État dépense des sommes fabuleuses pour les construire. Dans cette polémique contre le rail, Considérant plaide pour la découverte d'une « machine qui faciliterait la locomotion sur les routes ordinaires » et qui pourra « anéantir d'un coup, pour jamais, les capitaux immenses qu'on propose d'enfouir dans les chemins de fer [20] ». Cette attitude tranche non seulement sur celle des saint-simoniens mais aussi sur celle de l'utopiste Étienne Cabet.

Le voyage aux sources d'Étienne Cabet

« Voilà les grands chemins de fer en rouge, les petits en jaune, les routes à ornières en bleu, et tous les autres chemins en noir. Voyez aussi tous les canaux, grands et petits, toutes les rivières navigables ou canalisées. Vous voyez également toutes les mines et les carrières en exploitation. Voyez aussi les chemins provinciaux sur cette carte de la province, et les chemins communaux sur cette carte de la commune. Et dites-moi maintenant s'il est possible de voir des communications plus multipliées et plus faciles. J'étais en effet émerveillé car c'est mieux encore qu'en Angleterre[21]. » Nous voilà transportés en Icarie, en cette terre imaginaire du sage Icar, pour y suivre les aventures de Lord Carisdall, à travers le « traité » ou « roman philosophique et social », *Voyage en Icarie*, publié en 1840 par Étienne Cabet (1788-1856), ex-député, ex-procureur général et avocat à la cour royale.

La communauté, c'est le mariage et la famille purifiés et perfectionnés, la fraternité, l'association, l'unité, la démocratie, l'égalité, l'organisation du travail, le triomphe des machines, la solidarité, le secours mutuel, une assurance universelle, l'ordre, l'économie, l'administration, l'intelligence, le triomphe de l'éducation, le bonheur pour tous ; la communauté, c'est l'idéal de presque tous les philosophes ; c'est le christianisme : voilà brossés par Cabet les traits de la communauté idéale et du « communisme icarien[22] ».

Cabet revendique la « pureté primitive » du christianisme. Il s'inscrit dans une longue filiation communautaire qu'il n'hésite pas à faire remonter à Moïse, aux esséniens ou Thérapeutes, au roi Lycurgue, à Socrate et à Platon, à saint Jean Chrysostome et à Pélage, à Thomas More, etc. Et chronologiquement plus près, à Morelly, l'auteur du *Code de la nature* (1755). Un auteur qui est déjà devenu une source d'inspiration pour toute la pensée communautaire. Depuis le début du XIXᵉ siècle, le réformateur anglais Robert Owen s'en réclame pour instaurer son « Nouvel ordre moral » dans les communautés de New Lanark, sur les bords de la Clyde, en Écosse, et de New Harmony en Indiana. Rousseau, Babeuf, Saint-Simon et Fourier – sans toujours lui faire droit – ont également lu Morelly. Un auteur que la postérité considérera comme le « véritable précurseur du mouvement de pensée communautaire » et une « des sources principales du socialisme moderne[23] ».

Avec Morelly, mais aussi avec More, Cabet partage le retour aux préceptes du christianisme primitif, l'admiration pour les assemblées chrétiennes des origines, la croyance en un « âge d'or ». L'Icarie est « une seconde Terre promise, un Éden, un Élysée, un nouveau Paradis terrestre [24] ». Ce qui rapproche encore Cabet de Morelly et l'éloigne radicalement de Rousseau, c'est un point de vue commun sur la positivité des sciences et des techniques. « Les machines sont un bien par elles-mêmes, puisqu'elles soulagent le travailleur en augmentant la production : c'est l'organisation sociale qui est vicieuse et qui vicie tout... De tous les systèmes sociaux, la Communauté est celui qui facilite le plus les grandes et puissantes machines, parce que c'est celui qui concentre le plus toute la puissance intellectuelle et matérielle d'une grande nation... On inventera d'innombrables machines, on fera tout faire par les machines ; et l'homme, émule et rival du Créateur, réduira son rôle à celui d'un inventeur et d'un commandeur de machines [25]. »

La croyance aux bienfaits de la concentration machinique en vue de l'établissement de l'égalité parfaite et la communauté des biens inspire chez Cabet un modèle d'organisation de la presse en Icarie. « Les imprimeries nationales où les machines sont tellement multipliées que ce sont elles qui font presque tout, remplaçant, nous dit-on, près de 50 000 ouvriers : tout est tellement combiné que le chiffon se transforme en papier et passe immédiatement sur la presse, qui l'imprime des deux côtés, et qui le dépose tout imprimé et séché dans l'atelier de pliure, qui se trouve à droite avec d'autres bâtiments immenses et parallèles pour l'assemblage, la piqûre, et la brochure des feuilles imprimées, pour la reliure des livres et pour les dépôts de librairie [26]. » Cette concentration des machines dans un lieu unique doit réconcilier la production et l'habitat.

L'Icarie compte un seul journal à l'échelle de la commune, un seul au niveau provincial, un seul pour la nation. Il n'y a pas besoin de plus puisque le mal est coupé à sa racine : plus de spéculation d'argent, plus de monopole, plus d'intérêt personnel, plus de partialité, de calomnies, d'injures, de fausses nouvelles, plus de contradictions journalières, plus d'incertitudes et de confusion des doctrines. La rédaction des journaux est confiée à des fonctionnaires publics élus par le peuple ou ses représentants, « désintéressés, temporaires et révocables ». Ces journaux ne sont que des « procès-verbaux ». « Ils ne contiennent que des récits et des faits, sans aucune discussion de la part du journaliste. Comme tout autre citoyen peut soumettre son opinion à son Assemblée communale, qui la discute et qui l'appuie ou qui la réfute ; et quand chacun peut publier son opinion en la soumettant à son Assemblée, pourquoi lui permettre de la publier d'une autre manière, qui laisserait sans contrôle de dangereuses erreurs ? Notre liberté de presse, à nous, c'est notre droit de proposition dans nos assemblées populaires. L'opinion de ces Assemblées, voilà notre opinion publique ! Et notre presse, qui fait connaître toutes nos propositions, toutes les discussions et toutes nos délibérations avec le chiffre et avec l'opinion de la minorité, est, dans toute la force du mot, l'expression de notre opinion publique[27]. »

L'Icarie prédispose aux voyages et aux déplacements. Il n'y a point de douanes. La Reine, c'est la République et elle possède les voitures, les chevaux, les hôtels, les bateaux à vapeur dont dispose ce territoire maillé d'un réseau serré de grands chemins de fer, de routes et de canaux. Pour se déplacer en ville, prolifèrent les « chars populaires » ou « staragomi », des omnibus à deux étages. Pour le transport interurbain, les « chars voyageurs » ou « staramoli » qui allient confort et sécurité.

Pour communiquer avec les peuples étrangers, la représentation populaire d'Icarie a approuvé un projet pour « faire composer une langue nouvelle, parfaitement rationnelle et régulière, ne présentant aucune exception aux principes adoptés et renfermant le plus petit nombre de règles possibles, par conséquent la plus simple, la plus laconique et la plus facile à apprendre »[28].

Fourier ne s'était guère préoccupé d'élaborer une stratégie pour entrer dans l'âge communautaire. Le réformateur moral et chef de file du communisme chrétien, lui, insiste sur les moyens à mettre en œuvre pour y parvenir : « A la communauté, l'avenir, par la seule puissance de la Raison et de la Vérité[29]. » Il faut écrire, discuter, persuader en convainquant les riches et les pauvres jusqu'à ce que tous, Peuple, Électeurs, Législateurs et Gouvernants, soient convertis au principe de communauté. « Prêchez, convertissez, propagez. » Reprenez le bâton de pèlerin de « Jésus-Christ, le plus intrépide propagandiste et le plus hardi révolutionnaire qui eût jamais paru sur la Terre[30] ».

Cabet tenta par deux fois, au Texas et dans l'Illinois à

Nauvoo, de faire l'expérience d'une société communautaire. Exclu de la communauté de Nauvoo en septembre 1856, il meurt un mois plus tard. La dissolution de la dernière communauté – celle de Corning en Iowa, fondée à partir de restes de celle de l'Illinois – se produira en 1898.

« Toute l'histoire d'Icarie – écrira en 1981 le philosophe Jacques Rancière au terme de son étude sur les "archives du rêve ouvrier" – ne sera à vrai dire que ce règlement de comptes interminable entre des voyageurs qui n'ont pas trouvé l'Icarie promise par les écrits du Fondateur et un Fondateur qui a trouvé, à la place des Icariens annoncés, cette étrange armée d'êtres doubles, affectés à la fois de la vanité des philanthropes et de l'avidité des désespérés, engagés dans la contradiction infinie du dévouement découragé et de la jouissance impatiente [31]. »

Reste que ces décennies du rêve communautaire harmonien et icarien sont aussi celles où fleurissent en France les premiers « journaux populaires » et les « journaux faits par les ouvriers eux-mêmes », fondés par des « partageux » ou « rouges », fouriéristes, saint-simoniens ou communistes. Des journaux à l'existence souvent précaire, tels *L'Atelier, La Ruche populaire, L'Union, La Femme libre, La Fraternité, L'Humanitaire, La Voix des femmes, Le Républicain populaire et social*, etc. Cabet lui-même lança trois publications (*Le Populaire, Bon sens, Propagande républicaine*) [32].

Proudhon, De Paepe et l'émancipation communale

A propos des utopies de la première moitié du XIXe siècle, Marx parlait de « peintures imaginatives de la société future », surgies des « aspirations premières et prémonitoires à une transformation générale de la société ». Seule la forme rudimentaire de l'antagonisme des classes à leur époque lui paraissait expliquer la tendance de cette « contestation chimérique » à se croire au-dessus de la mêlée et à vouloir améliorer l'existence de l'ensemble de la société, sans distinction. L'auteur du *Manifeste communiste* pensait en 1848 que l'importance de ces doctrines qui voulaient donner corps à « tous ces châteaux en Espagne », cette « édition in-douze de la Nouvelle Jérusalem », était « en raison inverse du mouvement historique » : plus le prolétariat s'organiserait en classe sociale, moins se révéleraient nécessaires ces « inventions personnelles qui se substituaient à la praxis sociale ». Plus le socialisme scientifique avancerait, plus les disciples du socialisme utopique se convertiraient en « sectes réactionnaires [33] ». Cette quête de la communauté sera, toutefois, beaucoup plus sinueuse que ne le prévoyait Marx. La pensée communautaire éclairera les premiers débats sur le rôle à attribuer à l'État et à la société civile organisée dans la construction et la gestion des voies de communication.

A l'époque où la résistance au rail se fait tenace dans de nombreux secteurs, le théoricien de l'anarchisme individualiste, Pierre-Joseph Proudhon (1809-1864), prend ouvertement parti contre tous ceux qui pensent que « la création des voies ferrées doit réaliser la paix universelle rêvée par Bernardin de Saint-Pierre ». A ceux qui proclament que, « grâce à ce moyen de transport, les haines, les antipathies, les préjugés qui séparent les peuples vont enfin s'évanouir », il reproche de pratiquer la diversion. Il estime que la priorité devrait être à la suppression des « foyers de misère, de mésintelligence, de vices et de crimes que sont les villes et les communes ». Avant que de vouloir fonder « la bonne intelligence universelle, la prospérité et l'association du genre humain par les routes de fer », il faut « nous mettre chez nous en bonne intelligence, en voie d'ordre et de prospérité [34] ». Il rencontre, en cela, les arguments du fouriériste Victor Considérant. Pour autant, Proudhon ne se situe pas comme un utopiste. Il s'en défend même avec d'autant plus de virulence que Marx l'inclut dans les représentants du socialisme utopique. Proudhon ironise sur les « sentimentales extases » de Fourier, Owen, Cabet et de l'école saint-simonienne. De Fourier, il va jusqu'à écrire qu'il est un « farceur renouvelé de Panurge, de Triboulet, de Campanella [35] ».

L'idée du réseau national entrée dans les mœurs de l'État, Proudhon revient à la charge contre le modèle ferroviaire en publiant en 1855 *Des réformes à opérer dans l'exploitation des chemins de fer*. C'est une attaque en règle contre le modèle en étoile adopté par l'État : « Sur le réseau en échiquier, réseau fédératif et égalitaire, des routes de terre et des voies navigables, est venu se superposer le réseau monarchique et centralisateur des chemins de fer, tendant à subalterniser les départements à la capitale, à faire d'une grande nation, jusqu'alors libre, un peuple de fonctionnaires et de serfs, et à donner le démenti aux lois les plus certaines de la science économique en général et en particulier de l'industrie voiturière[36]. »

Si la grande et petite voirie, les canaux et les fleuves doivent appartenir à l'État et être entretenus à ses frais, en revanche, estime Proudhon, le chemin de fer doit être soumis à d'autres règles. L'État doit se charger de la construction de la voie, des travaux de terrassement, des ouvrages d'art, et conserver pour lui le domaine éminent sur la voie. Puis, moyennant conditions relatives surtout aux tarifs, il doit en abandonner l'exploitation à des compagnies particulières destinées à se transformer un jour en compagnies de travailleurs. Une idée qu'il a lancée dans son ouvrage majeur *Idée générale de la révolution au XIXe siècle* (1851).

Dans le cadre de son projet fédéraliste et contractuel de décentralisation en direction des autorités locales, il confie l'exploitation des chemins de fer à des compagnies ouvrières qui concluent un contrat avec le département. Dans certains cas, ce sera avec la commune, la cellule sociale de base, celle à partir de laquelle il faut reconstruire la société de bas en haut[37]. La solution fédéraliste et mutuelliste lui paraît la plus conséquente avec l'anarchisme individualiste, qui cherche, selon ses propres mots, à « construire un monde entre la propriété et la communauté ». Deux institutions qu'il renvoie dos à dos pour cause de menace sur la liberté individuelle. On a là la stricte application de la formule magique du « contrat » par lequel l'anarchisme proudhonien croit dissoudre et remplacer l'organisation étatique en même temps que restaurer la volonté autonome de l'individu. La société s'organise selon une multitude de contrats à tous les étages, à la fois dans le domaine politique et économique. Ces contrats s'engendrent les uns les autres, entre groupes de citoyens, communes, cantons, départements, corps de métiers, compagnies, etc. dans une société qui tire son dynamisme de l'autonomie respective de l'économique et du politique. C'est l'« anarchie positive », l'absence de pouvoir et d'autorité. On l'aura compris : cette doctrine n'est pensable qu'en réaction contre un modèle hypercentralisé d'État comme celui incarné par l'État jacobin.

La question soulevée par Proudhon ne cessera de hanter le mouvement socialiste jusqu'à la fin du siècle. Par qui doivent être organisés et exécutés les divers services publics ? Ce débat sera relancé dans les années 1870 par le Belge César De Paepe (1841-1890), représentant de l'aile anarchiste ou anti-autoritaire de la Ire Internationale (par opposition à son aile centralisatrice et autoritaire, plus proche de Marx). Ici non plus, le lieu d'origine de cette nouvelle phase de discussions sur l'idée du service public n'est point neutre. A une tradition d'État faible, la Belgique allie un mouvement ouvrier qui va de pair avec la sociabilité réelle des associations et des coopératives.

A l'idée jacobine de l'État omnipotent et de la « Commune subalternisée », De Paepe oppose la « Commune émancipée ». Au refus viscéral de l'État, l'État investi et infléchi par les communes fédérées. « L'État devient essentiellement l'organe de l'unité scientifique et des grands travaux d'ensemble nécessaires à la société [38]. »

La montée en puissance d'un mouvement ouvrier international qui croit que la prise du pouvoir d'État est une condition préalable à tout changement social, laissera la question en suspens. En 1874, devant les adhérents de la Ire Internationale, à la veille de la scission du mouvement ouvrier, De Paepe campe les divergences : « Ce qui nous touche de très près, c'est la répulsion instinctive qu'éprouvent pour toute fonction confiée à l'État, pour toute intervention de l'État, des socialistes qui sur les autres points marchent côte à côte avec nous ; entre ceux-là et nous, nous croyons qu'il existe tout simplement un grand malentendu : peut-être le mot État est-il le seul point qui nous sépare d'eux... Mais à côté de ceux qui nous reprocheront le rôle que nous attribuons à l'État, il y a aussi ceux qui repousseront le rôle que nous attribuons à la Commune. Pour les jacobins de toutes nuances, l'État est le grand Tout, le dieu Pan, en qui tout doit vivre et se mouvoir. Pour eux, l'État n'est pas seulement un organe particulier, mais le corps tout entier. Ils ne comprennent pas, ceux-là, que l'on puisse entrer dans la vie sans billet d'entrée de l'État, ni s'en aller de ce monde sans passeport de l'État [39]. »

Kropotkine, Geddes : du paléotechnique au néotechnique

Avec Kropotkine et Geddes, on rejoint les premiers débats sur la construction d'une géographie et d'une sociologie qui installeraient la technique au centre d'une interrogation sur le devenir des civilisations.

Il y a un instinct de solidarité et de sociabilité humaines, il y a dans la nature une loi de l'aide réciproque qui est aussi forte que la loi de la lutte réciproque. C'est ce qu'affirme le géographe russe Piotr Kropotkine (1842-1921) dans un ouvrage édité à Londres en 1902 sous le titre de *L'Entr'aide, un facteur d'évolution*, dont les chapitres sont d'abord parus sous forme d'articles entre 1890 et 1896[40].

Cette grande figure de l'anarchisme trouve son hypothèse chez Darwin, non pas le Darwin de la « Struggle for Existence », mais celui de *The Descent of Man*, publié en 1871. « Le désir d'aider – avait écrit le naturaliste – les membres de leur communauté d'une manière générale, mais, plus ordinairement, le désir de réaliser certains actes définis entraîne les animaux sociables. L'homme obéit à ce même désir général d'aider ses semblables[41]. »

Après avoir analysé l'hégémonie des rapports de concurrence et d'élimination, l'anthropologie darwinienne a, en effet, entrepris de penser l'« effet réversif de l'évolution », selon la judicieuse expression du philosophe Patrick Tort[42]. La sélection naturelle sélectionne certes des variations organiques, mais aussi des variations d'instincts. Parmi ces dernières figurent celles qui ont produit les instincts sociaux. Ceux-ci s'accompagnent, dans leur développement, d'une poussée de la rationalité, d'un dépérissement des instincts individuels, et d'un accroissement indéfini du sentiment de *sympathie*, qui porte à secourir et à réhabiliter les faibles au lieu de les éliminer. La sélection naturelle a donc ainsi sélectionné progressivement *son contraire*, en favorisant à travers l'hégémonie des instincts sociaux la domination de plus en plus accusée des comportements *antisélectifs*. C'est, selon Darwin, cette sélection de la forme « altruiste-assimilative » contre une forme anciennement dominante, dissimilative-éliminatoire, qui produit, sans « saut », ni « rupture », la *civilisation*. La sélection de la civilisation et de ses caractères éthiques fondamentaux se fait au détriment de la performance génétique dans la mesure où elle protège les êtres infirmes et permet leur reproduction. Pour regrettable qu'elle soit sur le plan étroitement biologique de la santé du groupe et de l'espèce, cette conséquence de la civilisation doit cependant, selon Darwin, être supportée, car c'est le faible prix à payer pour jouir d'un avantage qui exprime supérieurement la nature de l'homme, et qui n'est plus d'ordre biologique, mais éthico-culturel.

Cette « loi naturelle de l'appui mutuel » qui complète la

formule de « lutte pour la vie » est le fil rouge de la pensée du prince Kropotkine qui, condamné – à tort – au procès des anarchistes de Lyon en 1883, fait trois ans de prison à Clairvaux, et puis s'installe en Angleterre jusqu'en 1917, date à laquelle il retourne dans son pays natal. Cette conviction en la force de la sympathie et de la fraternité entre les « habitants de la grande patrie » anime également son compagnon de militance, le géographe français Élisée Reclus (1830-1905), auteur d'une monumentale *Nouvelle Géographie universelle*, publiée entre 1876 et 1893 : « Grâce aux croisements incessants de peuple à peuple et de race à race, grâce aux migrations prodigieuses qui s'accomplissent et aux facilités croissantes qu'offrent les échanges et les voies de communication, l'équilibre de population s'établira graduellement dans les diverses contrées, chaque pays fournira sa part de richesses au grand avoir de l'humanité, et, sur la Terre, ce que l'on appelle la civilisation aura "son centre partout, sa circonférence nulle part"[43]. » Pour réaliser son grand œuvre, Reclus s'était explicitement « placé à ce point de vue de la solidarité humaine ». Un point de vue complètement dissonant par rapport à celui des géographes qui, en cette fin de siècle, sont nombreux à prêter leur concours aux stratégies de conquêtes impériales.

Kropotkine, fervent de l'idée de science et de progrès, mise, pour la recréation d'un tissu communautaire, sur les vertus décentralisatrices des nouvelles formes d'énergie. Le rêve fouriériste de l'« instruction intégrale » et du « travail attrayant » lui paraît enfin à portée de main. L'électricité ouvre une ère nouvelle ; la distribution de la force à domicile et dans les plus petits villages favorise une nouvelle distribution territoriale des industries ; elle permet d'imaginer « une combinaison intelligente des travaux industriels avec l'agriculture intensive ainsi que du travail intellectuel avec le travail manuel » : c'est la thèse centrale que l'anarchiste développe dans un ouvrage qui porte un titre-programme : *Champs, usines et ateliers ou l'industrie combinée avec l'agriculture et le travail cérébral avec le travail manuel*, publié à Londres en 1898. Un ouvrage qu'il conclut sur cette exhortation : « Retournez à la terre et coopérez avec vos voisins, au lieu d'ériger de hautes murailles pour vous dérober à leurs regards ; utilisez ce que l'expérience nous a déjà appris et appelez à votre aide la science et l'invention technique, qui jamais ne manqueront de répondre à cet appel – Voyez ce qu'elles ont su faire pour la guerre... Construisez l'usine et l'atelier à proximité de vos champs et de vos jardins, et travaillez-y... Faites que vos usines et vos ateliers ne soient plus des lieux maudits, où hommes, femmes et enfants n'entrent que parce qu'ils y sont poussés par la faim ; mais qu'ils soient des laboratoires rationnels où l'homme sera attiré par le désir d'y trouver un travail à son goût et où, aidé par le moteur et la machine, il choisira le genre d'activité qui réponde le mieux à ses inclinations [44]. »

La question fondamentale « Que devons-nous produire, et comment ? », « Qu'est-ce que produire pour la satisfaction des besoins humains » n'a, estime Kropotkine, que trop été laissée à l'arrière-plan par l'économie politique, alors que c'en devrait être le « vrai sujet ».

Ces critiques à l'industrialisme, unies à une confiance sans bornes en un progrès technique réorienté, auront des effets directs sur un biologiste d'origine écossaise, Patrick Geddes. Il représente un maillon essentiel pour comprendre la filiation lointaine qui unit certaines des doctrines de la communication de la seconde moitié du XXe siècle à une pensée née à la fin du XIXe.

Patrick Geddes (1854-1932) a partagé sa vie professionnelle entre les universités d'Édimbourg et de Londres, les Collèges écossais de Paris et de Montpellier, tout en se ménageant de longs séjours de travail à Bombay, à New York ou au Mexique. Biologiste de formation, et darwinien comme nombre de ses contemporains, un surmenage des yeux causé par des travaux excessifs au microscope le conduit au bord de la cécité et l'éloigne des laboratoires de botanique et de biologie marine. De son séjour en chambre obscure, il tire un projet : la classification des connaissances et l'expression graphique de la pensée [45]. Sa conversion à la sociologie se fait sous le double patronage du positivisme d'Auguste Comte et des travaux ethnographiques de Frédéric Le Play [46].

En 1892, il fonde à Édimbourg un institut qu'il appelle « The Outlook Tower », installé sur le sommet d'une colline dans un bâtiment qui avait servi d'observatoire à un opticien amateur d'astronomie. Saluée à l'époque comme le « premier laboratoire de sociologie du monde », cette tour de guet qui domine toute la ville et la région avoisinante non seulement abrite un centre de recherches et d'enseignement en sciences sociales mais un « musée-index » qui recense et classe les ressources matérielles, intellectuelles et spirituelles de cette région.

Cette tour est tout un symbole. Elle est la concrétisation architecturale et muséographique d'un projet pédagogique de science sociale. Sur la plus haute terrasse s'élève le dôme d'une *camera obscura*. Sur un écran, le visiteur, qu'il soit étudiant, savant ou simple citoyen, voit défiler des scènes vivantes de la ville, de la région et de ses habitants. Cette chambre noire, point de départ pour l'étude de la région, enseigne une façon de voir, de regarder, d'observer.

Ensuite, on descend sur les « Terrasses aux points de vue », aux « Outlooks ». Le visiteur voit son environnement réel avec les yeux du météorologue, du géologue, du botaniste, du peintre, du poète, de l'historien, du sociologue, du géographe, de l'anthropologue, de l'économiste, etc.

Chaque étage est consacré à un niveau géographique de la réalité. Sous les terrasses, c'est celui d'Édimbourg avec ses plans, cartes et photographies. Suivent l'Écosse, les pays de langue anglaise et l'Europe. Édimbourg et sa région étant toujours situés par rapport à tous ces niveaux-étages. Au rez-de-chaussée, un immense globe terrestre au 10/1 000 000 et un buste de Pallas rappellent que tout savoir naît de l'expérience dans ce monde.

A Le Play, auteur des premières études fondées sur l'observation directe des milieux populaires, Geddes emprunte surtout une « méthode d'observation » : les monographies. Mais dans la formule « Lieu-Travail-Famille » prise comme unité d'analyse par le Français ancré dans une tradition religieuse patriarcale, il préfère substituer au terme famille celui de peuple qui « recouvre la famille, le groupe de familles et l'esprit de la vie sociale qui pénètre tout et qui les modèle en tant que communauté (*Place-Work-Folk*)[47] ». Ces monographies ou relevés de type ethnographique sur les « pratiques sociales » répondent à une triple démarche : observer les faits, interroger les habitants sur ce qui échappe à une investigation directe, se renseigner auprès des membres de la localité qui connaissent depuis longtemps la famille ou qui influent sur son existence. Geddes forge l'outil « Regional Survey ». Pour ce pionnier de l'urbanisme et plus spécifiquement du « Town Planning Movement », les monographies régionales deviennent des instruments essentiels pour repenser l'aménagement des villes et leur articulation avec la campagne. D'où la connexion étroite de Geddes avec les axes de recherche et de réflexion développés à l'époque par Kropotkine et Reclus.

L'influence du géographe russe installé à Londres se fait sentir dans la conceptualisation proposée par Geddes pour distinguer, à partir des différentes formes d'énergie, à l'intérieur de l'ère de l'industrialisation, deux périodes : la « paléotechnique », « mécanique », sous l'emprise de la vapeur, qui concorde avec l'« âge impérial-financier », l'ère du *Kriegspiel*, et la « néotechnique », l'âge de l'électricité, l'âge de la décentralisation, de la redistribution territoriale, du *Friedenspiel*. Dans sa définition des divers « états » par lesquels est passée l'humanité, Geddes prolonge l'enseignement de Comte en y incorporant les observations et intuitions des géographes anarchistes sur l'évolution récente des sociétés contemporaines.

De ce concept de néotechnique, l'Écossais se fait ardent propagateur. Une occasion majeure lui en est donnée par l'Exposition universelle de Paris 1900. Il met sur pied, avec l'appui des plus hautes autorités scientifiques de France, du Royaume-Uni et des États-Unis, une « École internationale ». 800 leçons sur « les arts, les sciences appliquées, l'industrie, l'économie sociale, la paix » qui se distribuent sur 120 jours, prononcées en 4 langues par une centaine de professeurs, avec une assistance fluctuant entre 50 et 300 auditeurs, le tout accompagné de 450 visites guidées par ces enseignants dans les sections, pavillons et palais de l'Exposition. Geddes y expose sa théorie sur les étapes techniques de l'industrialisation et fait découvrir à ses auditeurs les indices de l'âge néotechnique en organisant un tour commenté par lui-même de l'Exposition. Dans le guide de la manifestation, Geddes explique : « Il ne s'agit pas seulement d'organiser la plus vaste de toutes les Écoles de Vacances jusqu'à présent ; notre projet a aussi un but synthétique. Il essaie d'examiner et de présenter l'Exposition dans ses aspects les plus élevés – le Musée du Présent interprété par l'Université du Présent... On reproche aux projets d'éducation populaire, non toujours sans raison, d'être superficiels, tandis que les études purement académiques sont susceptibles d'attirer le reproche d'être d'une intensité étroite ou d'une généralité vague. Mais dans la présence de ce musée concret de l'Exposition et des valeurs critiques et constructives des Congrès, nous pouvons espérer réconcilier, sinon complètement du moins en quelque degré, l'exactitude spécialiste et la clarté synthétique [48]. »

Après la clôture, Geddes se bat en vain pour transformer les palais de la Rue des Nations en « Musées de sociologie ». Citoyen du monde, il ne cesse de professer une foi inébranlable en la vertu pacifique de la circulation des savoirs et de la coopération scientifique internationale. Un quart de siècle plus tard, à la Conférence de l'éducation mondiale à Édimbourg, il présente avec le Belge Paul Otlet (1868-1944), pionnier de la bibliologie, ancêtre des sciences de l'information, des plans pour une véritable Cité mondiale. Un lieu qui comprendrait notamment une université à vocation mondiale, un musée synthétique des connaissances humaines, un siège social pour toutes les associations internationales, un institut qui réaliserait un répertoire bibliographique universel recensant tous les livres, articles, recueils et images[49]. La recherche assidue d'un principe de classification des sciences, et plus particulièrement des sciences sociales dont il pensait qu'« elles s'étaient trop peu préoccupées de la dimension internationale », sera chez l'Écossais constante.

Début des années trente, les idées de Kropotkine et de Geddes sont relayées aux États-Unis par de nombreux architectes de Chicago, symbole de la « Cité électrique », et par Lewis Mumford (1895-1990) qui, dans *Technics and Civilization* (1934), reprend la classification de l'Écossais et fait du changement technologique un élément central de l'évolution de la civilisation. Une œuvre qui célèbre les vertus décentralisatrices d'une technique électrique dont les potentialités sont encore bridées par le capitalisme et attend un projet socialiste pour réaliser la nouvelle communauté[50].

Cette vision rédemptrice de la technologie développée par Mumford, qui en 1922 a également écrit une histoire des utopies, sera assumée par Marshall McLuhan (1911-1980) dans son premier ouvrage *The Mechanical Bride : Folklore of Industrial Man* (1951), une critique à l'industrialisme[51]. Mais quelque dix ans plus tard, au moment où le professeur canadien sombre dans le déterminisme optimiste du « Village global » par téléviseurs interposés, Mumford est ailleurs. Il renie violemment toutes ses conceptions sur l'effet salvateur des nouvelles technologies[52].

Samuel Butler et l'évolution machinique

Note détonnante par rapport à un débat enfermé dans l'utopie sociale et son dilemme instrumental bon/mauvais usage de la technique et de la science : l'interrogation sur la raison machinique contenue dans *Erewhon*, de l'Anglais Samuel Butler (1835-1902), publié d'abord à compte d'auteur en 1872. Un recueil d'essais humoristiques et satiriques reliés par une fiction romanesque que Valéry Larbaud, traducteur de l'œuvre en français, place en descendance directe des *Voyages de Gulliver* de Swift et des *Histoires comiques (Voyages aux États de la Lune et du Soleil)* de Cyrano de Bergerac.

Erewhon, c'est l'anagramme de *No Where*, le lieu de nulle part, l'*ou-topos* grec. Les aventures sont celles du découvreur de ce peuple ignoré jusque-là du reste de la Terre. En Erewhon, le musée est rempli de vitrines dont la plus grande place est occupée par des machines de toute espèce, brisées et rouillées. Des morceaux, étiquetés, de machine à vapeur, un cylindre, un piston et un balancier rompu, des pendules, des montres : bref, des « fragments d'un grand nombre de nos inventions les plus modernes », à ceci près que ces objets semblent être vieux de plusieurs siècles. A peine entré dans le pays, le héros est mis en prison parce qu'il possède sur lui une montre en état de marche, alors que dans cette société, les montres et tous les autres mécanismes sont hors d'usage, des curiosités. Introduire une montre est un délit aussi grave que d'avoir la fièvre typhoïde (les Lilliputiens de Swift, eux, avaient pris la montre de Gulliver pour son dieu, tant il la sortait et la regardait).

C'est que cinq cents ans auparavant, s'est produit en Erewhon une guerre meurtrière qui a opposé les deux partis, les Machinistes et les Antimachinistes. Les derniers ont eu le dessus et ont supprimé toute trace des inventions mécaniques du passé. Rien, depuis lors, n'a jamais été tenté pour les remettre en usage. Le savant est un archéologue qui fouille le passé machinique comme on peut le faire, en Angleterre, avec les pointes de flèches en silex.

Un livre a provoqué cette révolution radicale : le « Livre des Machines ». L'auteur y développait l'idée qu'il était possible de découvrir déjà des signes précurseurs d'une nouvelle phase de la vie animale : de nouveaux organismes sont en préparation qui seraient capables dans un avenir lointain de servir de réceptacle d'une nouvelle espèce de conscience. « Le fait que les machines ne possèdent actuellement que fort peu de conscience ne nous autorise nullement à croire que la conscience mécanique n'atteindra pas à la longue un développement dangereux pour notre espèce[53]. » Peut-on, en effet, affirmer que la machine à vapeur n'a pas de conscience ? Jusqu'à présent, la locomotive en marche qui lance un cri d'alarme s'exprime à travers l'oreille du mécanicien. Le risque est grand de voir les machines atteindre à l'existence animée ou quasi animée : « Ne pouvons-nous pas imaginer qu'un jour viendra où elles n'auront plus besoin de cette oreille, et où elles entendront grâce à la délicatesse de leur propre organisation ? et où leurs moyens d'expression se seront élevés, depuis le cri de l'animal, jusqu'à un langage compliqué comme celui de l'homme[54]. »

De même, on peut fort bien imaginer que ces machines acquièrent leur propre système de reproduction, la machine étant capable de reproduire systématiquement une autre machine. Si nous laissons les machines accumuler les perfectionnements, et se modifier de génération en génération, il se pourrait que le maître perçant dans le serviteur, la place de l'homme soit remise fondamentalement en cause. « La puissance de l'habitude est immense, et cette révolution se fera si lentement, que le sentiment que l'homme a de sa dignité ne sera jamais vivement choqué. Notre esclavage s'approchera de nous sans bruit et à pas imperceptibles[55]. » Si l'individu pense comme il pense, et sent comme il sent, ce sera « grâce aux changements qu'ont opérés en lui les machines ». Son âme sera le « produit de la machine ».

D'autres savants ont eu beau réfuter cette prospective apocalyptique du développement moral et intellectuel de l'espèce humaine, arguant que toute la nature et la fonction d'une machine la prédisposent à n'être qu'un « membre supplémentaire », un « membre extra-corporel » de l'homme, « mammifère machiné ». Rien n'y a fait. La première hypothèse a gagné, déchaînant une guerre civile qui s'est soldée par la destruction de toute machine.

Zamiatine et Kremniov : anti-utopie et utopie venues du froid

On sait que des philosophes prennent appui sur la fermeture du récit utopique pour l'interpréter comme le « roman de l'État », le récit prosaïque des conditions de sa rationalité et de son efficacité. « L'utopie – écrit Pierre-François Moreau – pense en termes de techniques de gestion sociale... On ne gère rien mieux qu'un espace fermé. Clore le temps, le pays, les lois, les fortunes ou leurs signes : autant de façons d'empêcher l'enclenchement de tout processus qui échappe à la rationalité – de tout "marché noir" de la vie [56]. »

Voilà un argument auquel aurait pu souscrire l'ingénieur russe Evguéni Zamiatine (1884-1937). Et ce, depuis son premier roman paru à Saint-Pétersbourg en 1918, à son retour d'Angleterre où il venait de passer près de deux ans à superviser la construction de brise-glaces commandés par le gouvernement tsariste. Dans cette satire de la vie provinciale anglaise, intitulée *Les Insulaires*, on retrouve déjà les thèmes qui vont l'obséder jusqu'à sa mort : l'univers programmé, déshumanisé, l'enfer climatisé : « Le visage d'un homme convenable doit rester aussi immuable que l'éternité, que la constitution britannique. Et à propos, savez-vous qu'on présente un *bill* au Parlement proposant que tous les Britanniques aient des nez de même longueur. Eh bien, c'est évidemment la seule dissonance qu'il convient de supprimer ; et alors : tous identiques, comme les boutons, comme les automobiles Ford, comme dix mille numéros du *Times*. Ce sera grandiose, pour le moins [57]. »

Zamiatine se situe aux antipodes des utopies de la cité idéale et de tous les organisateurs de sociétés futures. Il parle des « couleurs roses et mièvres des utopies » ; il se sent plus proche des « couleurs sinistres d'un Goya » qu'il croit déceler dans l'immense majorité des romans de fiction sociale et de science-fiction de H.G. Wells, comme *La Guerre des mondes, La Machine à explorer le temps, Les Premiers Hommes dans la lune* et *La Guerre dans les airs*, tous ouvrages qui, selon lui, ont su mettre en lumière les défauts de l'organisation sociale existante. On doit d'ailleurs à Zamiatine deux portraits généalogiques de Wells, qu'il situe par rapport à ses contemporains et aux auteurs d'utopies : « Le bien-être congelé, l'équilibre social paradisiaque pétrifié sont liés logiquement au contenu de l'utopie : un sujet statique et une absence d'intrigue. Dans les romans de fiction sociale, le sujet est toujours dynamique, construit sur des collisions, sur la lutte ; l'intrigue est complexe et intéressante. Wells exprime constamment son fantastique social et sa science-fiction sous la forme de la robinsonnade, du roman d'aventure typique si prisé dans la littérature anglo-saxonne [58]. »

Zamiatine pressent la mécanisation de la vie et l'emprise des grandes machines, qu'elles soient la technique, la Grande Machine de l'État ou la Religion. Il prédit une humanité huilée comme une locomotive, entraînée « comme sur des rails ». Les rails sont les « Préceptes du Salut obligatoire » dont est l'auteur Mr Dewly, le pasteur des *Insulaires* : « La vie doit devenir une machine bien réglée et nous conduire avec une inéluctabilité mécanique au but souhaité [59]. » La sagesse de la vie étant dans les chiffres, les préceptes déclinent des horaires précis sur les différentes activités (pour l'absorption de nourriture, pour la pénitence, pour jouir de l'air frais, pour les œuvres de bienfaisance, pour l'accomplissement du devoir conjugal), ainsi que des rubriques pour traiter les diverses humeurs (émotion sincère, indignation froide, etc.). Pour les maisons, un style de construction et de décor intérieur ; pour les gens, un type d'habillement. Dans ce monde qui condamne les humains au Salut obligatoire, la seule chose impossible à faire rentrer dans les horaires est le rêve ; la seule peur est de voir le « train dérailler et rester couché, les roues en l'air, au bas du remblai ». Ce qui ne manque jamais de se passer car Zamiatine, à la différence de l'île fermée de la *Nouvelle Atlantide*, fait toujours surgir avec malice le « corps étranger » qui s'introduit dans les « rouages » de la machine toute-puissante.

Dans *Nous autres*, Zamiatine va beaucoup plus loin. Écrit en 1920, interdit de publication par le régime soviétique, ce livre circulera sous le manteau, déchaînant l'ire des censeurs. Certains y ont lu une satire du régime socialiste, quoiqu'il fût encore trop tôt pour étayer un récit à partir de cette réalité. D'autres l'ont interprété de façon plus large, y voyant une peinture des dérives de tout État-Léviathan et de la machine que tous contribuent à diviniser [60]. Quoi qu'il en soit, l'œuvre a joué la fonction d'un oracle. Bolchevique puis dissident, Zamiatine mourra en exil à Paris.

Entre la liberté sans bonheur et le bonheur sans liberté, les constructeurs de l'« État unique » ont choisi le second terme. La vie y est mathématiquement parfaite, régie par les « Tables des Heures ». « Nous autres », c'est un corps à mille têtes où personne n'a de nom, où chacun est représenté par un numéro et se réjouit d'être molécule, atome, phagocyte. Les autres sont d'autres moi-même que j'aperçois à travers les murs avec ma chambre, mes vêtements, mes mouvements, répétés mille fois. En chacun de Nous autres, il y a un métronome invisible, un automate, avec comme voix un phonographe. Le plus grand de tous les monuments littéraires anciens – il a deux mille ans – parvenus jusqu'à Nous autres est l'« Indicateur des Chemins de Fer ». Taylor est célébré comme le « plus génial des anciens ». En dépit des limites qui furent celles des temps reculés où il a vécu : « Il est vrai, malgré tout, qu'il n'a pas su penser son idée jusqu'au bout et étendre son système à *toute* la vie, à chaque pas, à chaque mouvement ; il n'a pas su intégrer dans son système les vingt-quatre heures de la journée. Comment ont-ils pu écrire des bibliothèques entières sur un Kant quelconque et remarquer à peine Taylor, ce prophète qui a su regarder dix siècles en avant[61]. » Seuls les chrétiens, nos uniques prédécesseurs, « connaissaient la grandeur de l'Église "du seul troupeau" et, s'ils savaient que l'humilité est une qualité et l'orgueil un vice, nous savons que "Nous" vient de Dieu et "moi" du diable[62]. »

La maladie, c'est l'imagination. La Science nationale de l'État unique a découvert le centre de l'imagination. Une triple application des rayons X vous guérira à jamais. C'est la « Grande Opération ». Neutralisé ce centre, « vous êtes parfaits, vous êtes comme des machines ; le chemin du bonheur à cent pour cent est ouvert[63] ». Les ennemis du bonheur, de l'Harmonie, les numéros qui trahissent la raison, ce sont ceux qui refusent le bonheur, qui ne veulent pas se sauver.

Nous autres trace la voie à Aldous Huxley, l'auteur du *Meilleur des mondes* (1932) et à *1984* de George Orwell (1949).

Mais avant la construction de ce monde orwellien, il y aura eu un autre 1984. En 1920, l'année où Zamiatine écrit *Nous autres*, un petit roman utopique réussit à franchir le barrage de la censure soviétique et est tiré à 20 000 exemplaires par les Éditions de l'État nouvellement créées, et préfacé par son directeur qui ne lui ménage pas ses critiques. Son titre : *Le voyage de mon frère Alexis au pays de l'utopie paysanne*. Son auteur : Ivan Kremniov, pseudonyme de l'économiste, spécialiste des questions agraires, Alexandre V. Chayanov (1888-1939). Le lieu de l'action : la Russie de 1984 !

La division en ville et campagne est périmée. Le paysan n'est plus ce prolétaire en puissance. Le socialisme étatique a échoué, entraînant dans sa chute la faillite du modèle collectiviste, de l'urbanisation et de l'État macrocéphale. Les stimulants de l'économie privée ont été rétablis. Tout a débuté en 1930 avec la « grande révolution paysanne ». Persuadés du « danger que représentaient pour un régime démocratique les énormes concentrations urbaines de population », les partis paysans ont fait adopter par le Congrès des soviets un décret condamnant à la destruction les villes de plus de 20 000 habitants. Le concept de ville – un lieu se suffisant à lui-même, la campagne lui servant de piédestal – a complètement disparu. Les villes et les villages ne sont plus que le « point d'application d'un nœud de connexions sociales », un lieu de rassemblement, la place centrale du district, des lieux, pleins de couleurs, de culture, théâtres, musées, cafétérias, loisirs, et de services publics[64]. Si Moscou conserve encore 100 000 habitants, il y a des hôtels pour quatre millions de personnes, et pour 100 000 dans chaque district de 10 000 habitants. Les usines ont déménagé à la campagne et les champs sont exploités en coopératives. Des inventions techniques orientées par le nouveau plan d'aménagement foncier ont permis d'installer les « météophores », réseau de 4 500 stations de flux magnétiques capable de maîtriser les conditions atmosphériques.

L'habitat rural est disséminé. Mais une politique intelligente de voies de communication a mis chaque paysan à une heure ou une heure et demie de sa ville. Et il y va souvent. L'administration de ces voies est, d'ailleurs, avec la justice, une des deux seules à dépendre d'un pouvoir central, d'un contrôle d'État, un État devenu moyen et non plus fin en soi. Car l'essentiel de l'organisation de la vie sociale se trouve ailleurs : non seulement les coopératives, mais différentes associations, des congrès, des ligues, des journaux et autres organes d'opinion publique, des académies, des clubs.

L'enfantement de ce nouveau mode d'organisation de la société n'a pas été sans douleur. Parallèlement à la politique de création de voies de communication, il a fallu susciter leur usage par la population en vue de la faire profiter de tous les éléments de culture réunis dans les « nœuds sociaux ». Une « ligue spéciale d'organisation de l'opinion publique » a même été formée pour aiguillonner les paysans. L'idée des voyages obligatoires pour les jeunes gens et les jeunes filles, empruntée aux corporations médiévales, a été restaurée pour mettre chacun et chacune en contact avec le monde entier et élargir son horizon. En 1984, ces campagnes de « mise sous tension psychique » ne sont plus nécessaires. Car, la « culture d'un peuple qui a atteint un niveau spirituel très élevé continue de se maintenir automatiquement et acquiert une stabilité interne[65] ».

Dans l'histoire réelle, 1930 sera l'année de la collectivisation qui mènera Kremniov-Chayanov devant le peloton d'exécution neuf ans plus tard.

III
L'espace géopolitique

7

La hiérarchisation du monde

Le monde comme atelier et marché uniques, des nations mutuellement dépendantes réparties selon une division internationale du travail qui serait inscrite dans la nature des choses, l'humanité associée dans l'exploitation du globe : ces représentations de la planète ne résistent pas à l'analyse de la cartographie des flux de communication à l'ère des empires.

Les réseaux techniques ont une configuration centripète. Leurs points de départ sont divers, mais leurs points d'arrivée convergent vers un petit nombre de pays. Au centre de ce système : la capitale de l'Empire victorien. Dans la périphérie, les schémas d'implantation des réseaux de chemins de fer et de la communication à distance sont calqués sur les besoins de sa nouvelle économie-monde.

Les échanges inégaux à l'heure universelle

En 1884 se tient la Conférence internationale du méridien. Dans la foulée des accords interétatiques de l'époque, vingt-cinq pays décident de s'aligner sur Greenwich pour fixer le temps universel. Depuis longtemps, les navigateurs du monde entier avaient pris l'observatoire bâti à l'embouchure de la Tamise comme point de référence. Mais qu'à cela ne tienne.

Mathématiquement neutre, ce point géographique ne l'est pas politiquement. Les susceptibilités nationales portent à voir, dans cette normalisation de l'heure mondiale et cette partition temporelle du globe, une véritable provocation, une mise au pas de l'univers par l'Empire britannique. Après avoir vainement proposé de situer le méridien zéro à l'Observatoire de Paris, dont la longitude diffère de celle de Greenwich d'à peine deux degrés, les Français font bande à part. Lorsqu'en 1891 les autorités, de concert avec l'Académie des sciences, adoptent une heure légale, elle est exprimée par rapport au temps de la capitale, retardé de 9 minutes 21 secondes. Cette heure moyenne de Paris (PMT) n'est en fait pas autre chose que le temps moyen de Greenwich (GMT), mais sans le mot « Greenwich ». Ce n'est qu'en 1911 qu'une convention internationale accorde définitivement de diviser la Terre en 24 fuseaux horaires de chacun 15º de longitude, l'axe du fuseau 0 passant par le lieu où est installé l'observatoire astronomique anglais. Entre-temps, non seulement les nationalismes horaires se seront apaisés, mais surtout, les expériences de Guglielmo Marconi (1874-1937) auront permis de proposer à chaque pays de se situer dorénavant selon un signal transmis par onde sonore à partir de neuf points d'émission répartis sur le globe. Tout en se ralliant à l'heure universelle, la France décidera d'avancer ses horloges d'une heure par rapport à celles de Londres [1].

Par-delà la réaction à fleur de nationalisme, une chose est sûre : si de la Ville Lumière rayonnent les modèles d'une haute culture qui se veut universelle, en revanche, c'est de Londres que partent les grands réseaux techniques de l'économie-monde.

Ce concept d'économie-monde, Fernand Braudel le définit à partir d'une triple réalité : un espace géographique donné ; l'existence d'un pôle, « centre du monde » ; des zones intermédiaires autour de ce pivot central et de très larges marges qui dans la division du travail se trouvent subordonnées et dépendantes des besoins du centre qui dicte sa loi. Ce schéma de relations a un nom : l'échange inégal. Cet échange crée des disparités qui vont croissant entre le cœur et la périphérie du système capitaliste. Ce qui fait dire à Immanuel Wallerstein en dialogue avec l'historien des *Annales* que le capitalisme est une « création de l'inégalité du monde » et qu'il ne peut se concevoir que dans un espace démesuré, « universaliste »[2].

La fécondité du concept d'économie-monde associé à celui d'échange créateur d'inégalités réside en ceci : il propose une explication autrement plus satisfaisante que l'habituel « modèle successif » d'une histoire découpée en tranches, suivant la loi biographique des âges. En insistant sur la simultanéité et le synchronisme, il resitue l'interdépendance au temps du monde dans les contradictions que lui enlèvent les différentes variantes de la thèse évolutionniste.

L'Europe a fourni la matrice d'un capitalisme aux dimensions mondiales. Décentrages et recentrages ont vu l'hégémonie de Venise se mettre en place à partir de 1380, laquelle est relayée par celle d'Anvers vers 1500 pour repasser à la Méditerranée, cette fois à Gênes, vers 1550 et retourner vers le nord, à Amsterdam, vers 1590-1610. Londres, soutenue par son marché national, ne devient définitivement la « pointe dominante » d'une nouvelle économie-monde qu'entre 1780 et 1815 pour le rester jusqu'en 1929. Après les guerres napoléoniennes, la Banque d'Angleterre reconstitue ses réserves. La livre sterling s'impose comme monnaie internationale et Londres détrône définitivement Amsterdam comme place bancaire et boursière. Avec l'hégémonie britannique, note Braudel, « pour la première fois, l'économie mondiale européenne, bousculant les autres, va prétendre dominer l'économie mondiale et s'identifier avec elle à travers un univers où tout obstacle s'effacera devant l'Anglais, lui d'abord, mais aussi devant l'Européen [3] ».

Le fossé entre le monde industriel et les autres va commencer à se creuser. Reprenant les études statistiques de Paul Bairoch, Braudel tente de mesurer l'évolution de l'écart. En 1750, l'addition du produit national brut des pays que l'on classera plus de deux cents ans plus tard dans les « pays développés » (Europe occidentale, Union soviétique, Amérique du Nord et Japon) était de 35 milliards de dollars 1960, contre 120 au reste du monde ; en 1860, de 115 contre 165. Le dépassement ne s'accomplit que dans les vingt dernières années du XIXe siècle : 176 contre 169 en 1880 ; 290 contre 188 en 1900. La différence sera de 3 000 contre 1 000 à la fin des années soixante-dix [4].

L'expansion des États européens atteint son faîte entre 1884 et 1900. Pendant cette période, l'Empire britannique s'agrandit de quelque 6,75 millions de kilomètres carrés et de 57 millions d'habitants. La France de 6,3 millions de kilomètres carrés avec une population de 36,5 millions. L'Allemagne de 1,8 million de kilomètres carrés et de 14 millions d'habitants [5].

Empire du câble

Quelle est donc la configuration des flux communicationnels de la *Pax britannica* et de sa partition de l'économie-monde en zones concentriques ?

L'Empire à proprement parler comprend le quart de la population du globe et couvre un cinquième des terres émergées. Son emprise s'étend sur et sous les sept mers.

La mer fait d'ailleurs partie du sentiment national. « L'Anglais – observe Elias Canetti dans un chapitre sur les "symboles de masse nationaux" – serait *capitaine* avec un petit groupe de gens sur un vaisseau, *autour de lui et sous lui la mer*. Il est presque seul, même en qualité de capitaine isolé de son équipage par nombre de choses. Quant à la mer, elle est *dominée*, voilà la représentation capitale. Les navires sont solitaires sur son immense étendue, comme des individus séparés, et personnifiés en un capitaine dont l'autorité est incontestée. La route qu'il suit est l'ordre qu'il donne à la mer, et c'est proprement la mer qui doit obéir : cela, seul le fait que l'exécution de cet ordre passe par l'équipage nous le dissimule[6]. »

L'Empire victorien contrôle les grandes voies de navigation, à commencer par le canal de Suez, point stratégique par excellence. La convention de Constantinople a beau avoir neutralisé ce canal en 1888, pour le placer à l'abri des actes de guerre, en réalité l'Angleterre y assure la sécurité. Zone critique, la Méditerranée est étroitement tenue à l'ouest, au centre et à l'est, et continuée par une mer Rouge serrée aux deux extrémités et un océan Indien qui n'est plus qu'un lac anglais. C'est par cette route que s'effectue le plus gros des échanges avec les colonies, premier partenaire commercial de la métropole. Au tournant du siècle, le déséquilibre des flux maritimes qui transitent par la voie interocéanique est criant : les navires anglais représentent, à eux seuls, plus de 60 % du trafic et du tonnage. Loin derrière, viennent la flotte commerciale allemande avec un peu plus de 10 % et la française avec 5 %. La marine de guerre, qui s'est partagé le globe en neuf stations navales, assure partout la surveillance du libre flux. La flotte commerciale et le port de Londres sont aussi les premiers du monde. La spécialisation des docks et des entrepôts, le partage des tâches entre les différents ports britanniques (de Liverpool, de Cardiff, de Hull et Grimsby, de la Tyne, du Firth of Forth, de Glasgow, de Southampton, etc.) sont une image vivante de la diversité des flux d'échanges correspondant à la division du travail de l'économie-monde.

Sous les mers, le premier maillon d'un réseau de communication qui enserre le globe a commencé en 1851 avec la pose du premier câble sous-marin, le Transmanche. Le dernier maillon s'achève en 1902 sur l'inauguration du câble transpacifique. Montrant la convergence des divers réseaux techniques pendant toute cette période, ce câble qui relie, par les îles Fidji, la Colombie-Britannique à l'Australie et à la Nouvelle-Zélande, part de Vancouver, où aboutissent le Transcanadien et le télégraphe qui traverse le Canada d'est en ouest.

Avant la fin des années 1870, le câble franchit le seuil des contingences techniques. Enveloppement du fil de cuivre (du chanvre goudronné au caoutchouc en passant par la guttapercha), structure organique des filins, exploration de la topographie du fond marin, dévidage du câble par un navire conçu à cette fin, autant de questions qu'il a fallu résoudre avant que ne se déploie réellement l'ère de la communication sous-marine. Ce n'est par exemple qu'au troisième essai que peut s'établir en 1866 une liaison transatlantique permanente, après les ruptures de câble de 1858 et de 1865. Le premier essai d'immersion d'un câble en 1859 en direction de la mer Rouge et des Indes est également un insuccès.

Après la percée dans l'Atlantique nord, le réseau britannique s'étend dès 1870 à l'Inde et à Singapour, à l'Australie et à la Chine en 1871, à l'Amérique du Sud trois ans plus tard, et à l'Afrique occidentale dans les années 1880. (Sur terre, c'est entre 1850 et 1865 que le télégraphe a commencé à relier les États entre eux, pour le moins en Europe. Cette période culmine avec la création de l'Union internationale télégraphique.)

Dès 1866, l'Angleterre s'équipe d'une flotte de bateaux câbliers, la Great Eastern. La France attendra le début du siècle suivant pour se doter de ce type de bâtiments spécialisés. Le premier câble reliant Calais à Douvres, et à la place financière de Londres, avait été posé grâce à une concession faite par Napoléon III à un constructeur britannique. Dans les trente ans qui suivront, les câbliers anglais posent pour le réseau français une ligne transatlantique, huit lignes dans la Manche, douze dans la Méditerranée (dont le premier câble de liaison avec la Corse et l'Algérie), et plusieurs en Asie.

La suprématie des compagnies britanniques est écrasante. Leur contrôle du réseau est soit direct, par la propriété, ou indirect, par le transit. En 1904, elles constituent les deux tiers du réseau mondial de câbles sous-marins et 22 des 25 firmes mondiales leur sont affiliées. La grande majorité des compagnies de câbles ont leur siège social à Londres. Seules Paris et New York en abritent chacune trois ; Berlin, Copenhague et Buenos Aires, chacune une. Les six bâtiments de la flotte câblière française ne font pas le poids face aux vingt-cinq navires britanniques qui constituent une armada plus de dix fois plus puissante en tonnage[7]. A la force de frappe financière de la City, à l'appui de l'Amirauté et aux subventions de l'État, s'ajoute la position privilégiée de Londres comme lieu où se fixe le cours des matières premières qui entrent dans la composition du câble. Le cuivre ou le caoutchouc sont des produits que l'Empire peut accaparer suite à son hégémonie sur les mines ou les plantations dans des pays aussi divers que le Chili ou la Malaisie.

Eastern Telegraph, Eastern Extension Australasian and China Telegraph, Brazilian Submarine Telegraph, etc. : le réseau d'exploitation du câble sous-marin britannique est aux mains de compagnies privées, à la différence du réseau français qui est du ressort public. D'un point de vue diplomatique et stratégique, ce régime de propriété privée ne change rien à l'affaire. Tant est grand l'enchevêtrement des intérêts dans la gestion de ce réseau planétaire, comme le confirment de nombreux événements. En 1870, la notification de la déclaration de guerre ne parvient à l'escadre française d'Extrême-Orient qu'après avoir été communiquée aux navires de guerre allemands, à ce moment dans les ports chinois. En 1885, pendant l'expédition du Tonkin, l'incident de Langson, à la frontière chinoise, est télégraphié de Londres à l'ambassade anglaise à Paris, avant d'être connu du gouvernement français. En 1893, l'ultimatum envoyé de Paris à l'amiral Humann, pour être remis à Bangkok, est communiqué au Foreign Office par les compagnies anglaises chargées de le télégraphier. En 1894, la France apprend la mort du sultan du Maroc par la même voie. En 1898, lors de l'affrontement entre les plans d'expansion coloniale de la France et ceux de l'Angleterre à Fachoda, Paris ne peut communiquer avec le Soudan et le chef de l'expédition française qu'à travers les réseaux de la puissance rivale.

L'agence de presse Reuter, fondée en 1851, après la française Havas (1835) et l'allemande Wolff (1849), met à profit les réseaux de la puissance qui l'abrite. Dans l'accord de répartition du marché mondial souscrit en 1870 par le cartel des trois grandes agences internationales, la londonienne s'est réservé les territoires de l'Empire et a fait de l'information commerciale et financière une de ses spécificités[8].

L'Amirauté britannique sera la première à tirer profit des expériences de radiocommunication, menées par Marconi (première liaison sans fil en 1897 et première transmission à travers l'Atlantique nord, quatre ans plus tard). Les principaux utilisateurs de cette technique sont pour l'essentiel les puissances navales qui y recourent pour faire communiquer leurs navires entre eux et avec la terre : hormis l'Angleterre, ce sont l'Allemagne, la France, les États-Unis et la Russie. En tant qu'usagers principaux, ces pays pèsent de tout leur poids sur la formulation des règles pour l'usage du spectre des fréquences de radiodiffusion. L'Union radiotélégraphique internationale, fondée à Berlin en 1906 par vingt-huit États, adopte la règle, de nature impériale, du « premier arrivé, premier servi » ; il suffit à un pays de notifier à l'Union son intention d'utiliser telle ou telle longueur d'ondes pour en devenir allocataire, une doctrine qui fera que, un demi-siècle plus tard, le spectre radiophonique mondial sera pratiquement monopolisé par les grands pays industriels[9].

Au tournant du siècle, la domination sans partage de l'Empire britannique sur les réseaux de communication à longue distance sera de plus en plus contestée. Un exemple, relevé dans *L'Illustration* du 12 mai 1900, en fait foi : « On annonce que le gouvernement turc vient de charger une compagnie allemande de la construction immédiate d'une ligne télégraphique destinée à relier la Syrie au Hedjaz, cette partie de l'Arabie saoudite qui renferme Médine et La Mecque... On fait ressortir à ce sujet qu'en s'adressant aux Allemands pour l'établissement de cette ligne, au lieu d'accepter les propositions anglaises qui lui avaient été faites, le gouvernement ottoman a suivi l'exemple donné par d'autres nations européennes qui cherchent à s'affranchir, de plus en plus, du contrôle britannique pour leurs communications télégraphiques[10]. » L'Empire allemand tente, alors, de damer le pion à Londres en participant activement à la construction du Badgad Bahn ou chemin de fer des trois « B » (Berlin-Byzance-Bagdad). Par ce moyen, l'Allemagne pangermaniste cherche à court-circuiter le goulot de Suez, en jetant les bases d'une voie d'accès terrestre aux Indes et à l'Extrême-Orient. Elle est entrée en scène dans cette région du monde vers 1890, lorsqu'elle a décroché la concession de la ligne vers Ankara. Elle concurrençait ainsi directement l'Empire britannique dont les ingénieurs et les capitaux avaient assuré, trente ans auparavant, la première liaison ferrée de l'Empire ottoman qui avait permis d'acheminer vers le port de Smyrne les produits des riches régions d'Anatolie[11].

Les États-Unis, aussi, supportent de plus en plus mal la prééminence des compagnies anglaises. En 1903, ils posent leur propre câble transpacifique reliant San Francisco par Honolulu et Guam à Manille. Cinq ans auparavant, les Philippines sont entrées dans leur orbite, au terme d'une des premières expéditions impériales modernes.

De la périphérie vers le centre

La dépendance à l'égard de la technologie, des ingénieurs et des opérateurs étrangers prend une signification différente à mesure que l'on s'éloigne du cœur du système. Les contraintes de la subordination aux compagnies britanniques n'empêcheront pas cette nation intermédiaire qu'est la France de construire un réseau international qui réponde à ses intérêts économiques et politiques. Ce sera chose tardive, mais faite vers 1920.

En revanche, les rapports de sujétion vis-à-vis de la pointe dominante vont s'inscrire dans les tracés même des réseaux de communication nationaux des zones périphériques. L'extraversion sera la règle. Le cas des territoires coloniaux où le chemin de fer et le télégraphe s'implantent fondamentalement selon le modèle de la « voie de pénétration » représente sans doute un schéma extrême. La raison militaire de transport de troupes a été à l'origine de nombreux réseaux ferroviaires. Ce fut notamment le cas de l'Inde – au moins jusqu'à la mutinerie des Cipayes en 1857-1858 – qui connut ses premiers chemins de fer dès 1853. La nécessité d'établir des liaisons entre les ports et les mines et autres gisements de matières premières a fait le reste, privant le plus souvent ces contrées de communications transversales et les coupant, souvent, de leurs proches voisins lorsqu'ils sont inféodés aux empires rivaux.

Il est donc difficile de parler d'un modèle de communication synonyme d'intégration nationale, encore moins d'intégration sociale. Le rêve de Michel Chevalier en un train outil du rapprochement des classes, des ethnies et des peuples y est constamment mis à mal dans les récits de voyageurs européens d'alors. Tel celui-ci en provenance d'un rapport de M. Dauvers sur les chemins de fer de l'Inde pour 1865-1866 : « On peut se faire difficilement une idée du luxe de ces wagons-lits des Indes, de ces *sleeping-carriages*... Les wagons des troisièmes classes sont loin d'avoir ce confortable : ce sont de grandes caisses sans compartiments, où l'on fait entrer les pauvres Hindous en les poussant et les culbutant, et où on les enferme à clef. Il y en a quelquefois bon nombre de plus qu'il n'y a de places, mais on part sans faire attention à leurs plaintes et à leurs cris ; ils se pressent, se tassent et s'étouffent jusqu'à leur destination [12]. »

Dans les nations souveraines, le modèle orienté vers les besoins du système central est aussi à l'œuvre avec des modalités propres. C'est notamment le cas des pays latino-américains. Pratiquement aucun ne possède un réseau ferroviaire uniforme. Le modèle est celui de réseaux multiples à écartements de voie différents et gérés par diverses compagnies privées.

L'Argentine est un cas de figure. L'ère du chemin de fer s'ouvre en 1861 avec l'inauguration du réseau Sud. Pour près des deux tiers, les lignes sont construites par des ingénieurs britanniques et grâce aux capitaux de même nationalité, le reste l'étant par des compagnies françaises. Ces dernières adoptent pour les voies l'écartement métrique. Quant aux Anglais, pour la majorité de leurs lignes, ils choisissent non pas leur propre norme de Stephenson mais une autre, de 1,676 m, qui correspond à celle d'un matériel de récupération ayant servi lors de la guerre de Crimée ! La norme de Stephenson n'est observée que sur environ 10 % des réseaux. L'armature de la gare centrale de Buenos Aires, elle, est conçue à Liverpool. Originellement, elle était destinée à Calcutta ! Quant au tracé en éventail, extrêmement peu dense, centré pour l'essentiel sur le port de Buenos Aires, il suit la voie directe des exportations vers la métropole en viandes et céréales.

On comprend mieux le lien qui s'est noué au XIXe siècle entre la concession des voies ferrées et la formation de l'hégémonie économique de Londres, lorsque l'on sait qu'une partie des frais de construction fut payée en terres, situées le long de la voie et embrassant, de chaque côté, une largeur de

45 kilomètres. Terres qui à leur tour furent colonisées par une société britannique, la Central Argentine Land Co.

La suprématie ferroviaire rime avec le monopole sur les câbles et les fils. De 1882 à 1929, la United River Plate Telephone Company Limited sera au centre du dispositif argentin de télécommunications. La firme américaine International Telegraph & Telephone (ITT) prendra la relève et, à l'instar des Britanniques au temps de leur hégémonie incontestée, fera de Buenos Aires le quartier général de ses activités pour l'ensemble de l'Amérique du Sud[13].

Pour nombre d'Argentins contemporains de l'implantation de ces réseaux techniques, le problème de la souveraineté nationale suscité plus tard par cette servitude n'est en tout cas pas perçu comme tel à l'époque. Au contraire. Le rapport officiel de l'Argentine à l'Exposition de Philadelphie en 1876, rédigé en français, *lingua franca* de la diplomatie d'alors, par Ricardo Napp, épouse le sens commun qui préside à la philosophie de ces événements. « Ainsi que le chemin de fer, le fil télégraphique a rendu d'immenses services à notre pays. Il fallait autrefois plusieurs semaines pour avoir des nouvelles de provinces éloignées. Cet inconvénient se faisait surtout sentir lorsqu'une révolte éclatait dans une province distante de la capitale. D'après la Constitution fédérale, les États voisins ne peuvent intervenir dans une querelle sans l'autorisation du gouvernement central. L'insurrection avait donc le temps de se développer avant qu'aucune mesure pût être prise contre elle. Les communications télégraphiques ont donc contribué puissamment à affermir la tranquillité dont la République jouit actuellement... Outre le réseau intérieur, nous sommes en communication télégraphique directe avec plusieurs pays. La première ligne télégraphique allant au-delà des frontières fut établie par une société anglaise entre Buenos Aires et Montevideo ; ces deux villes sont liées par un câble submergé dans le Plata. Cette entreprise obtient d'excellents résultats. Une autre compagnie se forma bientôt après pour relier par-dessus les Cordillères Buenos Aires et Valparaiso et les autres ports du Pacifique. Une troisième ligne, qui nous a mis en relation avec l'Europe, fonctionne depuis quelques mois[14]. »

Notons au passage le rôle indéniable qu'ont joué le télégraphe et le chemin de fer dans le mouvement des troupes en lutte contre le « caudillisme » de l'intérieur, mais aussi contre les « caudillos » des pays limitrophes. La première ligne de télégraphe brésilienne, par exemple, fut construite pour résoudre les problèmes de communication lors de la guerre que le Paraguay du maréchal dictateur Solano Lopez soutint entre 1865 et 1870 contre le Brésil, l'Argentine et l'Uruguay[15].

Le système de communication du Brésil, premier pays du continent latino-américain à être relié par câble à l'Europe (1874), constitue un autre cas exemplaire. Le chemin de fer commence à s'y implanter dès les années 1850, sans aucun plan d'ensemble. Un demi-siècle plus tard, le résultat en est la coexistence de cinq réseaux indépendants (Pernambouc, Bahia, Minas Gerais, São Paulo et Rio Grande do Sul), centrés sur un port desservant en éventail un *hinterland*. Les mieux équipés sont ceux des États concentrant les richesses (São Paulo et Minas Gerais), les seuls d'ailleurs à établir la jonction. Non moins de 47 sociétés géraient encore les chemins de fer de ce pays dans les années quarante lorsque l'État racheta les concessions les unes après les autres : São Paulo Railway Co., Leopoldina Railway, Great Western of Brazil Railway, etc.

Le paysage ferroviaire éclaté est à l'image de celui qui prévaudra à l'implantation des autres techniques de communication : télégraphe, téléphone, radiodiffusion et télévision, tout au moins jusqu'aux années soixante. Le « code brésilien des télécommunications » de 1962 sera la première décision prise par les autorités pour se doter d'un système national de communication intégré[16]. Jusqu'à cette date, la Brazilian Traction, une compagnie canadienne, gardera sous sa coupe plus de 60 % des téléphones du pays, le reste étant administré par un millier de compagnies concessionnaires.

La Méditerranée américaine, nouvelle configuration régionale

La distorsion est également de mise dans les rapports que tisseront les États-Unis avec la périphérie, bien avant leur accession au premier rang de l'économie mondiale.

Dès 1867, le câble et le télégraphe relient leurs monopoles des produits tropicaux en voie de constitution aux zones sucrières des Antilles. Lorsque se généralise l'usage du train, c'est pour se mettre au service des centrales sucrières, comme à Cuba en 1873[17]. Entre 1884 et 1899, les contrats accordés par les libéraux du Costa Rica aux compagnies ferroviaires (et télégraphiques), qui sont aussi des compagnies bananières, dominées à partir de 1899 par l'United Fruit, serviront de modèle à tous ceux signés par les autres gouvernants de la région d'alors. Ces contrats jouent un rôle déterminant dans le concept de « république bananière ». Un concept qui, lui-même, ne se comprend qu'à la lumière de la géopolitique de l'ensemble des communications dans cet espace désigné par Washington comme la « Méditerranée américaine » et dont l'épisode du canal de Panama n'est qu'un des avatars.

L'échec de Ferdinand de Lesseps et la mise en liquidation de sa Compagnie universelle du canal interocéanique (1888) laisseront le champ libre aux États-Unis qui prendront le relais après avoir soutenu en 1903 la sécession du Panama, jusqu'alors province de la Colombie. La seconde Compagnie de Panama, représentée par Bunau-Varilla, vend aux États-Unis sa concession pour 40 millions de dollars. En août 1914, sera ouvert à la navigation le canal à écluses, permettant au trafic maritime entre New York et la Californie un gain de temps de plus de 60 %. L'acte de cession qui accorde à perpétuité l'occupation et le contrôle de la zone du canal signé en 1903 l'a été à Washington en l'absence de tout représentant de la nouvelle république de Panama.

Une utopie saint-simonienne de plus volait en éclats. En 1844, Michel Chevalier avait en effet incité les capitalistes français à s'allier aux Anglais pour percer la voie interocéanique. Il avait justifié ces grands travaux de la façon suivante : « L'Europe est actuellement dans un mouvement d'expansion par lequel elle range la planète tout entière sous ses lois. Elle veut être la souveraine du monde ; mais elle entend l'être avec magnanimité, afin d'élever les autres hommes au niveau de ses propres enfants. Rien de plus naturel que de renverser les barrières qui l'arrêtent dans son élan dominateur, dans ses plans de civilisation tutélaire. Qu'y aurait-il d'étrange à ce que les deux nations les plus puissantes et les plus avancées se concertassent pour abattre la muraille qui barre le chemin du Grand-Océan et de ses rivages infinis ? Le moyen de faire aimer la paix et d'en perpétuer le règne, c'est de la montrer non seulement féconde, mais pleine de majesté et même d'audace. Il faut qu'elle possède le don d'étonner les hommes, de les passionner s'il se peut, en même temps que celui de les enrichir. Malheur à elle, ou plutôt malheur à nous-mêmes, si elle paraissait condamnée à être froidement égoïste dans ses sentiments, mesquine dans ses conceptions, pusillanime dans ses entreprises[18] ! »

Ces quelques exemples historiques de la fonctionnalité des systèmes de communication ne doivent pas pour autant faire oublier une autre histoire : celle des chemins erratiques suivis par chaque nation dans l'implantation et l'usage de ses réseaux, au-delà ou en dépit de la dépendance. Le premier train inauguré au Mexique en 1850 relia Veracruz à un de ses faubourgs. Le second transporta sept ans plus tard les pèlerins entre la capitale et le haut lieu de la piété populaire de Notre-Dame de Guadalupe, à quelques kilomètres de la ville de Mexico. Il s'en trouva dans la presse européenne de l'époque pour s'étonner de cette finalité d'« amusement » (*sic*) donnée à un outil symbole de la mise au travail [19]. C'était ne pas tenir compte du poids du pouvoir temporel de l'Église sur la société mexicaine de l'époque. Dans les années 1860, le port de Veracruz, le point d'aboutissement des liaisons avec l'Europe, n'est toujours pas relié à la ville de Mexico. Il ne le sera qu'en 1872, grâce aux ingénieurs britanniques. Près de dix ans après les élucubrations de M. Chevalier en vue d'acheminer le corps expéditionnaire de Napoléon III vers la capitale.

Ce n'est que dans les années 1880, soit avec un décalage de 15 à 25 ans, au moins, selon les cas, sur les pays du Cône sud et d'Europe, que fut entreprise la construction de voies ferrées sur une grande échelle. Sous l'impulsion du régime autoritaire de Porfirio Diaz, inspiré par la philosophie du positivisme comtien, introduite en 1867 par Gabino Barreda à son retour de France. Les compagnies américaines seront les maîtres d'œuvre de ces lignes qui prennent des écartements divers, communiquent très peu entre elles et sont reliées aux grandes lignes des États-Unis. Un premier réseau court depuis la Californie le long de la façade commerciale pacifique jusqu'à Acapulco. Un second, sur la façade industrielle atlantique, met Monterrey et Veracruz à portée du Texas.

Depuis 1882, un réseau américain arrivait déjà en gare d'El Paso. Le grand voisin du Nord en était à la seconde phase de construction de ses voies ferrées, celle qui succède à l'implantation territoriale et vise à édifier des « systèmes », à travers des connexions interterritoriales, afin d'unir centres commerciaux et sources de richesses naturelles [20]. Mais l'intraterritorialité n'était pas au programme pour une économie mexicaine qui, à la veille de la révolution de 1911, concentrera plus de 80 % des investissements des firmes privées des États-Unis en Amérique latine. Des rapports conflictuels du Mexique avec la puissance américaine, l'imaginaire filmique retiendra un train intimement lié aux expéditions militaires étrangères, mais aussi à la révolution.

Impérialisme : tensions autour d'un concept

Le nouvel ordre mondial qui s'instaure à partir des années 1880 à l'occasion du dépeçage de l'Afrique appelle de nouveaux outils d'analyse.

En 1902, l'économiste anglais John Atkinson Hobson (1858-1940) publie à Londres et à New York *Imperialism*. Le mot est lancé. Auparavant, la colonisation avait vu naître dans les sphères du pouvoir la notion d'« empire ». Lorsque Disraeli avait pour la première fois désigné de ce nom l'ensemble des possessions anglaises et fait prendre à la reine Victoria le titre d'impératrice des Indes, en 1876.

En 1910, paraît à Vienne *Das Finanzkapital* dû à l'Autrichien Rudolf Hilferding (1877-1941). En sous-titre : « La phase la plus récente du développement du capitalisme ». En 1912, le congrès de la social-démocratie allemande qui se tient à Chemnitz et le *Manifeste de Bâle* sur la guerre émis par la IIe Internationale prennent position contre la « politique impérialiste ». En 1913, sort à Berlin le livre de l'Allemande Rosa Luxemburg (1870-1919) intitulé *Die Akkumulation das Kapital*. En 1917, quelques mois avant la révolution, Lénine (1870-1924) publie en Russie *L'Impérialisme, stade suprême du capitalisme*. Le livre s'appuie largement sur les analyses de Hobson et Hilferding, pour mieux réfuter ce dernier à l'occasion.

Hobson proposait une analyse des forces et facteurs économiques moteurs de l'impérialisme aussi bien que de certains de ses prolongements politiques. Allant jusqu'à aborder des thèmes comme le « plaisir du spectacle », présent dans les formes de dramatisation de la guerre et les grands déploiements des expositions universelles, ce pacifiste convaincu s'inquiétait de la pénétration dans les masses populaires de la doctrine de la « mission nationale » qui prenait l'allure brutale du « jingoïsme » ou chauvinisme[21]. Car, pour Hobson, il n'y a pas d'idéologie impériale qui n'ait son pendant d'idéologie nationaliste. Pensée manifestement en désaccord avec la doctrine de la lutte des classes défendue par l'ensemble du mouvement communiste, et Lénine en particulier.

L'analyse de Hilferding était celle d'un théoricien de l'économie, sympathisant de la social-démocratie allemande. L'ouvrage de Lénine entendait traiter, lui aussi, de la « nature économique de l'impérialisme ». Et sa critique à Hilferding et à l'ensemble de la social-démocratie se situait sur ce terrain : « Nous allons tâcher d'exposer sommairement, le plus simplement possible, les liens et les rapports existant entre les caractères économiques *fondamentaux* de l'impérialisme. Nous ne nous arrêterons pas sur l'aspect non économique de la question, comme il le mériterait[22]. » Il en ressortait une définition de l'impérialisme englobant cinq caractères fondamentaux : 1) concentration de la production et du capital qui donne naissance aux monopoles, dont le rôle est décisif dans la vie économique ; 2) fusion du capital bancaire et du capital industriel, et création, sur la base de ce « capital financier », d'une oligarchie financière ; 3) importance particulière de l'exportation des capitaux, par rapport à l'exportation des marchandises ; 4) formation d'unions internationales des monopoles et partage du monde entre entreprises ; 5) partage de tout le territoire du globe entre quelques empires rivaux.

Au centre des analyses sur l'interpénétration des capitaux et le partage du monde entre les cartels, trusts et autres formes d'entente, Lénine place son démontage de la structure du pouvoir économique dans l'industrie du matériel électrique et les chemins de fer. Selon lui, ceux-ci constituent le « bilan des branches maîtresses de l'industrie houillère et sidérurgique, indices les plus évidents du développement du commerce mondial et de la civilisation démocratique bourgeoise[23] ».

Ce livre, dont l'objectif explicite était de se limiter à l'examen de la « nature économique » des rapports impériaux, fera vite école dans le mouvement ouvrier. Lors de la fondation de l'Internationale communiste en 1921, il fournira les bases d'une doctrine globale sur la domination dans sa dimension transfrontières, éclipsant la genèse contradictoire du concept et légitimant une conception économiste des rapports entre nations, et du rôle qu'y jouent les techniques et les réseaux de communication.

A l'intérieur même du mouvement communiste international, Rosa Luxemburg avait pourtant fait entendre une autre voix en insistant sur la structure politique de l'impérialisme. Sa thèse centrale : « Le capitalisme est le premier mode économique muni de l'arme de la propagande, un mode qui tend à engloutir le globe entier et à balayer toutes les autres économies, n'en tolérant aucune à son côté[24]. » A la différence des autres grands modes économiques qui se sont toujours distingués par le manque de dynamisme, le processus d'accumulation du capital est un processus de croissance qu'on ne pourra jamais concevoir de façon statique. Il transforme l'histoire de l'humanité en une série ininterrompue des dégâts des vieilles civilisations. Ce nouveau mode économique est aussi le premier à se montrer incapable d'exister par soi-même. Il repose sur l'existence de couches sociales, de régions, de pays, d'un monde, non capitalistes. En un mot, l'impérialisme, c'est « l'expression politique de l'accumulation du capital dans sa course pour s'emparer des restes du monde non capitaliste ». Les sociétés précapitalistes représentent à la fois un moyen et un champ. Tant qu'il y en aura à conquérir et à intégrer à sa propre sphère économique, le capitalisme trouvera les moyens de continuer à exister et à croître. Le capitalisme ne peut vivre qu'entouré des autres, qu'au détriment des autres ; il implique avant tout une hiérarchie : c'est sur des hypothèses semblables quant à la coexistence des modes de production que Braudel et Wallerstein édifieront une histoire au « temps du monde ».

La marche de l'accumulation sur toute la terre, voilà le problème de Rosa Luxemburg. C'en était trop pour Lénine qui, obsédé par le problème de la plus-value et le cours pris par le capitalisme en Russie, verra dans cette démarche un acharnement à décrire le processus féroce de la pénétration des grandes puissances coloniales dans les territoires nouvellement conquis. Il lui reprochera d'en faire une « question morale » et, ainsi, de contribuer à détourner l'attention des militants de l'impérialisme chez eux pour voir seulement ces peuplades lointaines. Lénine ira jusqu'à écrire : « La description de la torture des nègres en Afrique du Sud est pleine de bruits et de couleurs sans signification. Et surtout non marxiste[25]. »

Et pourtant tout le problème était bien là, comme le notera Hannah Arendt, plus de cinquante ans plus tard : l'Afrique du Sud est le « berceau de l'impérialisme », et les Boers le « premier peuple à se convertir sans équivoque à la philosophie tribale du racisme[26] ». N'est-ce pas un de ses fondateurs, Cecil Rhodes, qui proclamait : « L'expansion, tout est là... Ces vastes mondes qui restent toujours hors d'atteinte. Si je le pouvais, j'annexerais les planètes. » Luxemburg ne faisait donc que rappeler le lien qui, à l'occasion de la mêlée africaine, s'est noué entre l'idéologie impérialiste et la pensée raciale : diviser l'humanité en une race de maîtres et une race d'esclaves, en hommes blancs et peuples de couleur. Ces phénomènes étaient si manifestement en contradiction avec la croyance marxiste en la primauté de la division en classes et de la lutte classe contre classe, que la race et le clivage racial sont passés complètement inaperçus de Lénine. « Même l'effondrement de la solidarité internationale, écrit Hannah Arendt, lorsque éclata la Première Guerre mondiale, ne parvint pas à troubler la béatitude des socialistes ni leur foi dans le prolétariat en tant que tel. Les socialistes en étaient encore à étudier les lois économiques de l'impérialisme alors que les impérialistes avaient pour leur part cessé depuis longtemps d'y croire : dans les pays d'outre-mer ces lois avaient été sacrifiées au "facteur impérial" ou au "facteur de race"[27]. »

8

La propagation symbolique

Le langage religieux a légué à la postérité le terme propagande, contemporain de la stratégie de rechristianisation aux temps de la Contre-Réforme. Deux siècles plus tard, les réseaux de la communication missionnaire sont aux avant-postes de l'expansion européenne.

Michel Chevalier faisait des réseaux de l'Église un modèle, et de la communication une religion laïque. Les luttes pour l'hégémonie linguistique qui s'intensifient sur la planète dans le dernier quart du XIXe siècle empruntent, elles aussi, le langage de la propagation, inhérent à l'idéologie du rayonnement culturel.

La propagande, apanage de l'Église

C'est en 1622 que le pape Grégoire XV, reprenant un projet de Grégoire XIII conçu vers 1580, institue la congrégation de la Propagation de la foi, *De propaganda fide*, flanquée d'un collège homonyme. Doté d'une grande bibliothèque, riche de ses ouvrages et manuscrits « orientaux », ce collège forme les futurs missionnaires et dispose d'une imprimerie aux types les plus divers qui lui permettent d'éditer en un grand nombre de langues étrangères les livres nécessaires à leur apostolat.

« Amplifier la foi en tous les quartiers du monde » ; « Ramener au bercail de l'Église, ses ouailles » : c'est le double mandat qu'assigne à la congrégation la bulle papale qui l'instaure. Le second étant tout aussi important que le premier. Car cette même Église qui, sur un autre front de la contestation, interdit en 1616 à Galilée de divulguer ses idées sur le système copernicien doit faire face aux « dévoyés » dans les pays de vieille évangélisation. Preuve de cette priorité : le rythme d'implantation de ces nouvelles têtes de pont de la catholicité romaine dans les diverses parties du monde. Le royaume de France est le premier à mettre à exécution les instructions pontificales. Il le fait deux ans à peine après la bulle. La création d'un Collège apostolique pour la propagation de la foi hors d'Europe attendra jusqu'à 1683, date de la fondation du premier établissement de ce type, au Mexique.

Les évêques se proposent de faire de cette nouvelle institution un outil de rechristianisation d'un pays où, un quart de siècle plus tôt, l'édit de Nantes rendu par Henri IV avait autorisé l'exercice du culte calviniste, sauf à la Cour et à Paris. François Véron, « prédicateur de Sa Majesté pour les controverses et docteur en théologie », est chargé de mettre en forme le « règlement de la congrégation de la foi établie en France » dont les différents articles ordonnent la feuille de route des futurs missionnaires qui auront la charge d'accomplir des « œuvres si importantes pour le bien de la Religion et de l'État[1] ». Dans chaque province « infectée d'hérésie », un siège particulier de la congrégation sera établi. Les missionnaires seront recrutés auprès des facultés de théologie de toutes les universités de France, et spécialement celle de Paris, et de tous les ordres religieux. Leurs « exercices » consisteront à « combattre et convaincre d'erreur les Ministres en conférences réglées, réfuter devant le peuple sur les places publiques ce qu'ils auront ouï des Ministres en leur prêche » ; « Instruire les Errants sous les halles ou les allant trouver en leur logis » ; « Se moyenner l'accès des maisons de la Noblesse Huguenote pour la désabuser. » Sillonnant les provinces deux par deux, l'un combattant l'hérésie, l'autre, catéchisant et administrant les sacrements, ils seront munis de « lettres patentes » du roi pour exercer cette mission « si nécessaire pour la conversion des Errants, et partant pour le repos de l'État ». D'année en année, ils devront rendre compte de leur travail par lettre écrite au secrétariat de la branche nationale de la congrégation.

A la fin du XVIIIe siècle, la congrégation de Rome sera devenue la tête de réseau d'un vaste dispositif de communication d'envergure internationale. Bonaparte et son armée expéditionnaire d'Égypte le comprendront si bien qu'en 1798, pour équiper la vingtaine d'imprimeurs qui accompagnent le corps auxiliaire de savants et d'ingénieurs, ils n'hésiteront pas à emporter à Alexandrie les caractères du Vatican – pour pouvoir publier leurs bulletins et proclamations en arabe, grec et turc.

La presse missionnaire d'une nation prédestinée

« Envelopper la terre d'un réseau de missions » : c'est l'objectif que fixe à l'Église catholique romaine Grégoire XVI qui présidera aux destinées du Vatican de 1830 à 1846[2].

Marchand, Militaire, Missionnaire : la trilogie classique des agents de la conquête coloniale. Le dernier y occupe une place stratégique sur le plan de la communication internationale. Cette nouvelle donne de la politique étrangère, Napoléon la prévoit avant même d'accéder à la dignité impériale, lorsqu'il décide de plier les ordres religieux à ses desseins de conquête. En 1802, le futur empereur demande à un des rédacteurs du Code civil, le jurisconsulte J.E. Portalis, futur ministre des Cultes de l'Empire, un rapport sur les missions. Pour Napoléon, il s'agit de ne pas se laisser distancer sur le terrain religieux par une Angleterre qui a compris depuis longtemps combien le prosélytisme peut servir les « intérêts et la gloire de la nation ».

Napoléon cherche à détacher les vicaires apostoliques de la congrégation romaine de la Propagande pour les faire dépendre de l'archevêque de Paris, c'est-à-dire de lui-même. Face au refus du Vatican, la Propagande est dessaisie et la direction des établissements religieux dans les colonies confiée à un grand aumônier. Il restaure les Missions étrangères et celles du Saint-Esprit, deux ordres religieux qui avaient été supprimés en 1798 dans la foulée de la spoliation des biens du clergé. Pendant toute la période napoléonienne, cette question est l'objet d'une partie de bras de fer entre l'État impérial et le Vatican. Le Saint-Père réussira à rétablir le collège de la Propagande en 1808. L'Empereur procédera à nouveau en 1809 à la dissolution des Missions étrangères qui se reconstitueront en 1814 en même temps que l'ordre des jésuites.

La déclaration de Napoléon à la séance du Conseil d'État du 22 mai 1804 donne un aperçu sur ses relations avec les réseaux missionnaires catholiques. « Mon intention est que la maison des Missions étrangères soit rétablie ; ces religieux me seront très utiles en Asie, en Afrique et en Amérique ; je les enverrai prendre des renseignements sur l'état du pays. Leur robe les protège et sert à couvrir des desseins politiques et commerciaux. Leur supérieur ne résidera plus à Rome, mais à Paris... On sait de quelle utilité ont été les lazaristes des Missions étrangères, comme agents secrets de diplomatie en Chine, au Japon et dans toute l'Asie. Il y en a même en Afrique et dans la Syrie ; ils coûtent peu, sont respectés des barbares et, n'étant revêtus d'aucun caractère officiel, ils ne peuvent compromettre le gouvernement, ni lui occasionner des avanies ; le zèle religieux qui anime les prêtres leur fait entreprendre des travaux et braver des périls qui seraient au-dessus des forces d'un agent civil. Les missionnaires pourront servir mes vues de colonisation en Égypte et sur les côtes d'Afrique. Je prévois que la France sera forcée de renoncer à ses colonies de l'Océan. Toutes celles d'Amérique deviendront, avant cinquante ans, le domaine des États-Unis ; c'est cette considération qui a déterminé la cession de la Louisiane : il faut donc se ménager les moyens de former ailleurs de semblables établissements[3]. »

Après la défaite de l'Empereur, la France, dont les divers souverains pontifes ne cesseront de rappeler la vocation apostolique en tant que « fille première-née de l'Église, nation prédestinée, vase d'élection », fournira au catholicisme missionnaire sa première presse moderne : les *Annales de la propagation de la foi*. Cette publication bimestrielle est créée en 1822 à Lyon, siège du « primat des Gaules », et comporte de 60 à 80 pages, format in – 8º, brochées sous couverture bleue, la couleur de la Vierge. Très rapidement, le périodique connaît plusieurs éditions en langues étrangères et circule dans toute l'Europe catholique. En prime, sa lecture donne droit à cinq jours d'indulgences.

Ces *Annales* sont l'organe d'expression de l'œuvre de la Propagation de la foi dans les pays infidèles fondée, avec l'appui du Saint-Siège, par deux dévotes de Lyon, Mmes Petit et Jaricot, également en 1822. Le but de l'œuvre : « aider par des prières et des aumônes les missionnaires catholiques qui vont au péril de leur vie, porter la foi et la civilisation chez les nations infidèles[4] ». Le gros du contenu des *Annales* réside dans la publication des lettres écrites de diverses parties du monde par les missionnaires catholiques. Chaque numéro du mois de mai, le mois de la Vierge, s'y ajoute un compte rendu des versements effectués à la caisse centrale de l'œuvre par les divers bienfaiteurs individuels ou collectifs. Dans chaque paroisse de France, l'œuvre a son antenne qui se charge d'acheminer les oboles.

Dans les années où apparaissent l'œuvre et les *Annales*, le mouvement missionnaire commence à reprendre vigueur : de nouveaux ordres religieux sont fondés et la Compagnie de Jésus renaît. Les persécutions et les interdictions dont elle fut l'objet au XVIIIe siècle – elle fut abolie en France par Louis XV en 1764 et le pape procéda à sa dissolution neuf ans plus tard – avaient privé l'évangélisation d'environ 3 000 missionnaires en Amérique, en Afrique et en Asie[5].

Dans l'histoire de la presse missionnaire catholique, les *Annales* ne représentent pas la première publication périodique à portée internationale. Il y a un antécédent, toujours français, au XVIIIe et elles s'en inspirent : les *Lettres édifiantes et curieuses* publiées entre 1701 et 1781 sous la direction des pères jésuites Le Gobien, Maréchal et Patouillet.

L'œuvre pour la Propagation servira de modèle. D'autres sociétés de soutien à l'apostolat missionnaire surgissent en Autriche en 1829 (Leopoldverein), à Aix-la-Chapelle en 1832 (société Saint-François-Xavier), en Bavière en 1843 (Ludwigverein). En 1843, également, naît l'œuvre de la Sainte-Enfance pour le rachat et le baptême des petits Chinois abandonnés, qui par la suite s'étendra aux enfants de tous les pays infidèles[6].

En 1859, l'œuvre pour la Propagation de la foi – en accord avec la congrégation romaine du même nom – répartira près de cinq millions d'aumônes entre 198 diocèses ou missions catholiques d'Europe, d'Asie, d'Océanie, d'Amérique et d'Afrique. Du haut de sa chaire de vérité, l'évêque d'Orléans, Mgr Dupanloup, consacrant une lettre pastorale « pour appeler les bénédictions de Dieu sur le succès de nos expéditions et de nos négociations dans l'Extrême-Orient (Chine, Japon, Cochinchine) et pour recommander l'œuvre pour la Propagation de la foi » s'exclame : « Le commerce fera ses affaires, et il fera les nôtres, c'est-à-dire celles de Dieu, de la Religion et des Ames. Des vaisseaux marchands porteront les missionnaires ; et les missionnaires prêcheront d'abord la charité aux marchands, et sur les bâtiments de guerre l'humanité aux soldats... Les capitalistes font un chemin de fer sans songer à Dieu, et ce chemin portera les hommes de Dieu. Le canon ouvre un continent, et par cette ouverture on verra passer Dieu... Ne rabaissons pas, d'ailleurs, les mobiles qui poussent les gouvernements et les nations de l'Europe. A côté des intérêts légitimes du commerce, tous les esprits, en France surtout, donnent hautement, publiquement, la première place aux intérêts de la civilisation chrétienne : chaque nation, en traitant pour soi, stipule généreusement pour les autres ; et si la religion doit quelque chose au commerce, le commerce – qu'il ne l'oublie pas – doit encore bien davantage à la Religion, dont la cause sacrée a ému toutes les nations [7]. »

En 1868, une publication hebdomadaire illustrée, *Les Missions catholiques*, prend la place des *Annales*. Son programme : « Consacrées à faire connaître les progrès quotidiens du règne du Christ, elles enregistreront les nouvelles courantes en rapport avec la marche glorieuse de l'Apostolat. Par là, une foule de documents, que le caractère ou le cadre des *Annales* condamnaient à un regrettable oubli, auront désormais leur place dans une publication plus étendue et plus variée : Voyages, Histoire naturelle, Nécrologie, Statistique, Bibliographie, etc.[8]. »

En 1872, cinquante ans après la création de l'œuvre de la Propagation, pour la première fois, sont publiées les offrandes reçues dans la semaine pour les Missions. L'Angleterre, l'Italie, la Pologne, l'Allemagne, l'Espagne, les États-Unis, etc. ont leur propre bulletin.

Au lendemain de la Première Guerre mondiale, un jésuite allemand recensera, à travers le monde, plus de 400 revues missionnaires catholiques en différentes langues, en dehors des annuaires, des almanachs et des comptes rendus annuels[9]. La presse missionnaire vit alors son grand âge et *Les Missions catholiques*, encore marquées par le langage de la grande conflagration, réitèrent l'appel aux fidèles afin de « maintenir le contact entre le Front et l'Arrière, dans cette lutte séculaire et mondiale à laquelle l'Église catholique doit consacrer ses forces pour assurer le triomphe de la Vérité[10] ».

Sitôt l'armistice, les bilans de victoire de l'Église catholique missionnaire ne font qu'un avec ceux des Forces alliées. « Tous les jours un peu plus – note le rédacteur des *Missions catholiques* dans le premier numéro de 1919 –, on voit tomber les forces malfaisantes devant les conquêtes européennes et le développement des Missions... Les chemins de fer et les fils télégraphiques traversent les déserts, les steppes, les forêts et les plateaux autrefois inconnus de l'homme blanc, et de l'un à l'autre Océan, le voyageur chrétien pourra désormais, à ses diverses étapes, prier devant l'autel du vrai Dieu... L'Islam est frappé et affaibli dans la personne du "Grand Turc". Ce que n'avaient pas réussi à faire les croisades, la guerre l'a fait. Le schisme de Byzance emporté avec le rempart des Tsars. Et le protestantisme luthérien, principe de tant de révoltes ultérieures, terrassé par les ambitions criminelles dont il avait empoisonné la Prusse, et, par la Prusse, toute l'Allemagne... Que serait-il advenu de la vie chrétienne et de la civilisation même si la *Kultur* prussienne et luthérienne avait pu dominer l'Europe et le monde et l'organiser à son profit [11] ? »

Si le pontificat de Grégoire XVI représente un tournant dans l'entreprise de rayonnement de la « lumière évangélique », il consacre aussi l'enfermement dans l'obscurantisme en matière de communication. Sous ce pape, voit le jour l'encyclique *Mirari vos* (1832) qui est tout simplement un violent plaidoyer contre la notion de « liberté de presse » : cette « liberté pour diffuser n'importe quels écrits, cette liberté détestable et qui ne sera jamais assez exécrée et que quelques-uns osent demander et promouvoir avec autant de bruit [12] ». A l'origine de cette réaction, il y a la colère du pape à la lecture d'articles sur les « libertés modernes » issues des « principes de 1789 » publiés dans le journal *L'Avenir*, créé en 1830, par le catholique libéral Lamennais auquel contribuent également Lacordaire et Montalembert. La doctrine du Vatican restait fidèle à une ligne tracée à la fin du siècle précédent : la première encyclique sur le sujet, émise par Clément XIII en 1766, à l'époque de l'*Encyclopédie*, fustigeait l'« insolente et épouvantable licence des livres chaque jour produits en plus grand nombre » !

Cette vigilance tatillonne des « sentinelles de la foi » avait d'ailleurs incité Diderot à se montrer très prudent dans le traitement des thèmes afférents à l'Église. Multipliant les articles de pure orthodoxie sur Adam, Concile, Christianisme, Enfer ou Théologie, il avait soigneusement évité d'aborder l'histoire de la congrégation de la Propagande. L'article « Propagande », rédigé en 1765, avait été chercher son exemple central ailleurs : une « Société établie en Angleterre pour la propagation de la religion chrétienne », créée par ordonnance royale en 1643 et remaniée en 1701 en vue de « porter la bonne parole aux Indiens et aux colons de la Nouvelle-Angleterre ». L'auteur de l'article retraçait en long et en large l'histoire de cette société, composée de laïcs et de religieux, allant même jusqu'à donner la cadence de ses réunions à Westminster ou au chapitre de Saint-Paul. Seule une brève mention à l'article « Propagation de l'évangile » laissait entendre qu'il existait dans le royaume de France des « établissements de cette nature », « dignes imitateurs des apôtres », qui, *in cauda venenum*, ont le défaut d'exiger des « peuples qu'ils vont prêcher » l'« esprit de tolérance » à leur égard alors même qu'ils ne la pratiquent pas avec ceux qu'ils veulent évangéliser.

Forcément, l'*Encyclopédie* ne parle pas non plus de cet autre versant de la « propagande religieuse » qu'a été la communication des Errants caractérisée par une organisation de réseaux clandestins de distribution d'ouvrages et un échange intense de correspondance, indissociable de la préhistoire de la poste, qui s'était établi dans toute l'Europe, en dépit des placards impitoyables interdisant tout rapport avec les séditieux, suite à l'émigration des populations réformées des Pays-Bas catholiques vers la Hollande, l'Angleterre et l'Allemagne du Nord ainsi qu'à l'afflux dans d'autres pays des catholiques allemands et anglais chassés de chez eux par la Réforme[13].

Un des seuls îlots de tolérance de la part de l'Église que l'*Encyclopédie* relevait était sa doctrine favorable à l'« image », la contrastant avec la position négative d'autres religions comme la mahométane ou la juive, ou encore le calvinisme. L'article consacré à ce mot rappelait, avec force détails, que le concile de Nicée avait condamné en 787 l'hérésie des « brise-images », les iconoclastes ou iconomaques, mettant ainsi fin à cette forme de sectarisme anti-iconique et jetant un regard positif sur ces « représentations artificielles que font les hommes ». On sait combien, par la suite, l'évolution de ce support de communication doit à ce moment historique.

L'Alliance française et le combat darwinien pour la survie de la langue

Le langage de la propagation et, au-delà, le modèle religieux de la propagande imprègnent les modes de dire et de faire la communication. Cela est vrai dès l'entrée en campagne des premiers fervents de la propagande socialiste. Cela l'est également pour les cercles du pouvoir.

La propagation fait partie du discours de ceux qui font de

la « lutte des langues » un enjeu à la fois politique, économique et culturel. Une ou plusieurs langues ? La question est commandée par le nouveau caractère que prend l'expansion des nations européennes dans les deux dernières décennies du XIXᵉ siècle. Beaucoup sont convaincus de ce qu'il y a dorénavant un combat acharné pour l'hégémonie mondiale, et qu'il n'y a pas place pour la pluralité linguistique.

En 1878, le géographe Onésime Reclus (1837-1916) forge le néologisme « francophonie » pour rassembler les « parlant français », au-delà des « clivages coloniaux et impérialistes ». Mais aucune initiative dans les marges du pouvoir en vue de relever le défi linguistique ne s'en réclamera. Le mot n'est qu'un repère dans une prise de conscience. Il faudra attendre la dernière décennie du XXᵉ siècle pour que le terme « francophonie » proposé par le frère d'Élisée Reclus soit le fer de lance d'une stratégie étatique, dans une mobilisation contre « l'hégémonisme culturel » anglo-saxon [14]. La raison en est que les initiatives prises dans les deux dernières décennies du XIXᵉ siècle vont dans une autre direction.

En 1883, est créée l'Alliance française, « association nationale pour la propagation de la langue française dans les Colonies et à l'Étranger ». Son secrétaire général P. Poncin, inspecteur de l'Instruction publique, en expose les objectifs : « Un des moyens de conjurer cette crise qui menace à la fois l'industrie et le commerce français, c'est de propager la langue française ; car, je le répète, partout où on parlera le français on achètera des produits français. Tout mot français qui résonne dans le monde équivaut à l'achat d'un produit français [15]. »

Trade follows the flag, le commerce suit le drapeau, dit un proverbe anglais. Les Français, eux, pensent en ce dernier quart de siècle qu'on peut dire bien mieux encore : « Le commerce suit la langue. » Et l'économiste Charles Gide (1847-1932) de s'exclamer en 1885, à la fin de sa conférence sur la « lutte des langues à la surface du globe » devant un public d'adhérents à l'association : « Partout où résonne la langue française, là est la patrie française [16] ! »

L'Alliance française naît à Paris, dans un lieu symbolique : rue Saint-Simon, au cercle Saint-Simon, siège de la Société historique. Parmi ses fondateurs : hors le secrétaire général déjà cité, un ministre plénipotentiaire, résident de France à Tunis, le directeur de l'enseignement public en Tunisie, un chef de bureau au ministère des Affaires étrangères, un ancien ministre de l'Instruction publique qui fut également résident général en Annam et au Tonkin, et trois représentants des diverses confessions (un protestant, un israélite et un missionnaire apostolique, directeur de l'œuvre catholique des Écoles d'Orient). A la présidence d'honneur : le général Faidherbe, ancien gouverneur du Sénégal et créateur du port de Dakar, l'amiral Jurien de la Gravière, ancien commandant en chef des forces françaises au Mexique, le cardinal Lavigerie, fondateur de l'ordre missionnaire des Pères blancs d'Afrique, et Ferdinand de Lesseps. Enfin, parmi ses membres d'honneur, de nombreux scientifiques, de spécialistes de sciences humaines ou d'hommes de lettres comme Renan, Maspero, Taine, Duruy et Pasteur.

L'Alliance est une association privée. Mais elle se crée en parfaite intelligence avec les ministères de l'Instruction publique et des Affaires étrangères, et plus généralement avec le gouvernement. Ce caractère lui permet d'accomplir « ce que l'État ne pourrait pas toujours entreprendre sans porter ombrage aux autres États ». Comme telle, elle s'auto-promeut comme un « exemple d'heureuse initiative dans ce pays où l'on ne sait pas assez marcher hors des lisières du pouvoir [17] ». Ses réseaux prennent appui avant tout sur les circuits d'influence qu'ont tissés et continuent à tisser ses adhérents : les écoles publiques françaises à l'étranger, les établissements d'enseignement des missions protestantes et catholiques, les écoles de l'Alliance israélite ouvertes sur tous les points du globe. Les comités de soutien de ce que l'on dénomme « réseau d'amitiés » tant en France qu'à l'étranger comprennent des militaires, des professions libérales, des banquiers, des enseignants, des diplomates. Les moyens de communication de l'association sont ses bulletins et ceux publiés par les diverses antennes locales. Ses relais, les nombreuses publications éditées en langue française dans les divers pays où elle possède des adhérents (en 1919, le dispositif sera complété par la création à Paris d'une École internationale de langue et de civilisation françaises).

A la base de cette initiative, on trouve un diagnostic sur les rapports de force linguistiques dans le monde. Bilan, versant positif : la langue française a une longue histoire hégémonique et elle reste la « langue universelle des gens bien élevés, de la société polie », le complément de toute bonne éducation [18]. Elle continue à avoir la place d'honneur dans les établissements d'instruction à l'étranger. Pour preuve, le ministre de l'Instruction publique italien décide justement en ces années 1880 de rendre le français obligatoire dans tout le royaume. C'est encore le français que l'on adopte comme langue scientifique dans les congrès internationaux. Enfin, c'est la langue diplomatique, la langue qui règne dans les cours et les chancelleries et sert à rédiger les traités. Les cabinets de Vienne et de Pétersbourg l'utilisent comme moyen de communication pour leurs dépêches non seulement à l'adresse des gouvernements étrangers mais également à celle de leurs propres agents.

Toutes ces positions, la langue française les a acquises à cause de ses « proverbiales vertus de clarté ». Seules ces dernières peuvent expliquer pourquoi « la langue de la nation devenue la plus démocratique de l'Europe a conservé ce privilège d'être restée la langue la plus aristocratique [19] ». Là réside un des points qu'il faut changer : il faut précipiter le jour où le français sera enfin parlé par de « petits Kabyles tout déguenillés ou par des négrillons du Niger qui vont tout nus ». Car ces « barbares », du jour où ils auront appris le français, seront gagnés à l'influence de la France, deviendront ses « clients », ses « amis ». Ce qui, ajoute l'économiste, n'est pas le cas des officiers prussiens qui s'exprimaient parfaitement en français mais ont quand même envahi et humilié la France en 1870.

Charles Gide rappelle qu'à deux reprises l'Europe a failli adopter la langue française comme « langue universelle ». Vers 1785 encore, l'Académie de Berlin mettait au concours cette question : « Qu'est-ce qui a rendu la langue française universelle ? Est-il à présumer qu'elle conserve cette prérogative ? »

Cent ans plus tard, certains commencent à en douter. Pour des raisons multiples, son espace géographique menace de se rétrécir. Le commerce et l'industrie du pays sont de plus en plus menacés par la concurrence étrangère sur le marché mondial. Et à l'intérieur des frontières, le faible taux de croissance démographique n'est pas pour arranger les choses : « Ce qui a fait surtout la grandeur de la France au XVIIe siècle, c'est sa force numérique. Nous étions 25 millions de Français contre 8, 10, 12 millions d'Anglais, d'Espagnols, d'Allemands. Voyez aujourd'hui combien les chiffres sont renversés. Autrefois la France était la première puissance du monde, et aujourd'hui d'autres nations se sont formées aussi grandes, aussi fortes ou plus fortes qu'elle. Il est temps qu'elle se défende. Il vaudrait mieux assurément que le nombre de Français s'accrût et qu'une forte émigration, créant des vides dans notre population, en suscitât l'augmentation, mais un tel résultat ne peut se produire qu'à la longue, et en attendant enseigner le français, c'est encore faire des Français [20]. »

« Malheur aux faibles ! » Entre les langues, la lutte prend la forme d'un affrontement darwinien. Car une langue naît, croît, vieillit et meurt. C'est d'ailleurs une thèse qui est au centre des débats linguistiques depuis 1863, date à laquelle l'Allemand August Schleicher (1821-1868) a publié un ouvrage sur le caractère inéluctable des lois phonétiques qui fait entrer le déterminisme de la nature dans le domaine du langage, considéré comme organisme vivant [21]. La linguistique devient un des « lieux de floraison du langage universel de l'organisme [22] ». Et Schleicher a eu, dans l'usage de la métaphore, en Alexandre von Humboldt (1767-1835) un illustre prédécesseur.

Au premier rang des langues conquérantes, la déjà victorieuse langue anglaise. Même si on rayait de la carte l'Angleterre, « plus de vingt peuples, issus de son sang et parlant sa langue, perpétueraient dans les âges les plus lointains le nom, les idées, les mœurs religieuses et politiques, la pratique du *self-government*, l'orgueil héréditaire et pour tout dire en un mot, le génie même de la mère patrie [23] ! » La deuxième langue qui « prétend à l'empire du monde » est le russe qui gagne peu à peu toute l'Asie centrale et risque de remplir presque l'hémisphère boréal. La troisième est la langue de Cervantes et la quatrième, celle de Camoens. Hormis ces quatre langues reines dont l'entrée dans le futur est assurée, il y a l'allemand, mais le mot du poète peut s'y appliquer : « Il est venu trop tard dans un monde trop vieux. » Quant à la langue arabe qui s'étend encore des bouches du Sénégal à celles du Gange et de Constantinople à Zanzibar, elle n'est pas « assez armée pour la lutte de l'existence ». Elle sera un des vaincus et d'autres langues recueilleront son héritage, probablement le français, l'italien et le grec.

Autre trait essentiel de cette vision inspirée par la loi historique de la lutte pour l'existence linguistique : la propagation des nouvelles langues conquérantes est un fait naturel, spontané, irrésistible. Ce qui n'est pas le cas de la langue française. Sa diffusion est et sera un fait artificiel. « Et voilà justement pourquoi l'Alliance française a été fondée [24]. » Elle ne peut être que l'expression d'une stratégie volontariste. Car ce dont il s'agit, c'est d'« accomplir une opération de greffage sur une race indigène ». Cette greffe absorbe temps, travail et argent, et le succès n'est jamais garanti. A l'appui de cette conviction, l'exemple de la lente acculturation sur le territoire national lui-même, encore marqué, écrit-on, de « taches noires » (vers le Nord, le flamand, en Bretagne le bas-breton, aux frontières de l'Espagne, le basque et le catalan et dans tout le Midi, les dérivés de l'ancienne langue d'oc).

Tout cela se passe dans une France républicaine où les lois Ferry (1881-1882) ont depuis peu rendue obligatoire la scolarisation. Parmi les agents du système de l'Instruction publique, ils sont nombreux à faire de constants rapprochements entre deux contextes : celui de l'« enseignement des indigènes », plus particulièrement dans l'Algérie coloniale, et celui de l'alphabétisation de ces secteurs du peuple français qui vivent encore dans les « réduits » de leur langue et de leur culture. On transpose en Algérie les méthodes et le projet de l'enseignement du peuple en France. On compare les aptitudes, les performances des écoliers de ces véritables terres de mission pour l'école situées des deux côtés de la Méditerranée. Les petits montagnards d'Auvergne ou du Jura ont leur parallèle en Kabylie. La résistance des « cerveaux bretons » à la langue française ou au calcul mental aide à comprendre celle des « cerveaux arabes »[25].

Des historiens comme Furet et Ozouf, Le Bras et Todd montreront combien, dans l'histoire de la nation française, cette expression républicaine de son unité, incarnée dans des modèles juridiques, administratifs ou politiques, a pu faire illusion, oblitérant une situation concrète des populations où survit la diversité culturelle et ethnique. En 1920, la cartographie linguistique des « parlers » non français fera encore apparaître largement plus d'un tiers de la population ayant pour langue maternelle, une langue autre que celle de la « citoyenneté républicaine »[26].

H.G. Wells : les hégémonies linguistiques en l'an 2000

Quelle langue l'emportera demain en Europe et dans le monde ? Si cette question n'intéresse pas l'Empire victorien qui vit métaboliquement son expansion, en revanche, elle passionnera un de ses sujets, Herbert George Wells. Dans *Anticipations*, publié en 1902, l'écrivain traite longuement du

« conflit des langues », en même temps qu'il spécule sur les effets que devrait avoir, à l'horizon de l'an 2000, l'évolution des moyens de locomotion et de communication sur les modes de vie et de pensée, sur l'organisation urbaine, sur la guerre et la démocratie.

Toutes les forces dans le monde vont contre le maintien de systèmes sociaux locaux. L'heure est aux mouvements pan-ceci pan-cela. L'unité n'implique certes pas l'homogénéité. Car « plus grand sera l'organisme social, plus complexes et diverses ses parties, plus enchevêtrés et variés les jeux combinés de la culture, les croisements [27] ». Il n'empêche qu'en l'an 2000 il n'y aura plus que deux ou trois « langues rassembleuses ». Les contacts, les voyages, les transports vont précipiter le monde dans un « compromis bilingue », où chaque communauté fera usage d'une de ces langues à vocation œcuménique et de la sienne, limitée à la sphère de chaque communauté particulière.

Celles qui s'imposeront sont sûrement le français et l'anglais. Peut-être, l'allemand. Mais la Chine et le Japon restent les grandes inconnues. Ce qui donne au français de fortes chances de l'emporter, plus particulièrement en Europe où le troisième millénaire s'ouvrira sur la réalisation du rêve de la confédération européenne entrevue au début du XIXe siècle, c'est qu'il a l'avantage d'avoir un public de lecteurs qui dépasse de très loin les frontières de son système politique. En outre, il se publie plus de livres en cette langue et, surtout, plus de livres sérieux. On ne peut espérer que l'anglais prenne le dessus que s'il y a une véritable « renaissance culturelle ». Car, alors que les ouvrages édités en français sont de haut niveau, scientifique, philosophique et littéraire, la littérature qui circule en anglais est dominée par des « romans adaptés à la mentalité des femmes, ou des enfants et des hommes d'affaires, superoccupés, des histoires destinées à apaiser plutôt qu'à stimuler la réflexion et qui sont les seuls livres qui sont profitables pour l'éditeur et l'auteur [28] ».

Le problème majeur de l'avenir pour la Grande-Bretagne se résume à ceci : « La classe réduite qui monopolise la direction des affaires, et qui probablement continuera à le faire pour quelques décennies encore, n'a jamais déployé un grand zèle pour propager l'usage de l'anglais. Parmi les rares idées que possède la classe gouvernante, la destruction et le découragement des écoles et des collèges sont, malheureusement, une des principales. Et il y a une incapacité absolue à comprendre la signification politique de la question de la langue[29]. »

Absorbé par la prospective, Wells glisse sur un passé de politique linguistique encore à la mémoire des colonisés de l'époque. Lorsque Thomas B. Macaulay, nommé président du Comité d'instruction publique en Inde, tenta en 1835 de précipiter l'anglicisation de l'élite du pays, imposant la langue anglaise dans l'éducation. Comment ne pas rappeler la violence avec laquelle cet historien libéral parle de la culture de l'Inde : « La question qui se pose à nous est simplement celle-ci : Alors qu'il nous est loisible d'enseigner l'anglais, nous irons donner l'enseignement en des langages qui ne possèdent pas, de l'aveu universel, un seul livre qui puisse, sur n'importe quel sujet, être comparé aux nôtres. Lorsque nous pouvons enseigner la science européenne, nous enseignerons des systèmes qui, de l'aveu universel, lorsqu'ils diffèrent de ceux d'Europe, en diffèrent en mal ; quand nous professons une saine philosophie, que nous défendons la vérité dans l'histoire, nous subventionnerons avec les deniers publics des doctrines médicales que ridiculiseraient nos maréchaux-ferrants, une astronomie qui ferait éclater de rire une école de petites filles anglaises, une histoire remplie de rois de 30 pieds de haut et de règnes de 30 000 ans, une géographie faite de mers de mélasse et de mers de beurre[30]. »

Wells fait également peu de cas des leçons d'une histoire plus ancienne qui a projeté la question de la domination linguistique dans l'histoire moderne des rapports de force : l'anglicisation de la première colonie de la future économie-monde britannique, l'Irlande gaélique. Un pays qui, encore au XVIIe siècle et malgré la défaite militaire, affichait une langue forte, du fait du nombre de ses locuteurs, et une culture cosmopolite tournée vers le continent, entretenue et maintenue grâce à un réseau de collèges irlandais, construits par l'ordre des frères franciscains, dans la plupart des grandes villes universitaires. Comme le note un spécialiste des études irlandaises : « L'anglicisation de l'Irlande semble autant un processus culturel et socio-économique que linguistique. Tandis que l'Irlande du XVIIIe devenait de plus en plus anglophone, sa classe politique et surtout ses commerçants devenaient de plus en plus liés aux marchés anglais et à ceux du monde anglophone. Alors que l'Empire anglais étendait sa puissance au monde entier à la fin du XVIIIe ainsi que sa langue, les liens économiques et culturels entre l'Irlande et l'Europe continentale devenaient de plus en plus ténus, de manière inversement proportionnelle au progrès de l'anglais dans le pays. Paradoxalement, il est donc possible de dire que l'horizon s'est restreint au "clocher anglophone". Le monde anglophone est si étendu qu'il est possible d'y pratiquer tous les échanges socio-économiques nécessaires dans un monde multinational, mais monolingue [31]. »

La question de la langue comme instrument d'unification du monde se retrouve dans d'autres textes de Wells comme, par exemple, son roman fantastique *Le Monde libéré (The World Set Free)*, écrit au seuil de la Première Guerre mondiale, et dédicacé à Frederick A. Soddy, futur prix Nobel de chimie (1922) pour sa découverte de l'isotope et la théorie de la désintégration de la radioactivité, mais aussi un des premiers partisans de l'énergie atomique à des fins pacifiques. Après un conflit planétaire où les bombes atomiques ne laissent que ruines, liquidant la vieille civilisation, l'humanité accède à la maîtrise de cette forme d'énergie et entreprend de bâtir une civilisation nouvelle. Cette construction est assumée par un Congrès mondial, unique organe dirigeant mondial, élu à l'élection universelle. Cette instance d'unité mondiale s'efface elle-même peu à peu et proclame un ordre libre, sans pouvoir, où sont garanties « la pleine liberté d'interpellation, la liberté de critique, la liberté de mouvement ». Non sans avoir au préalable élaboré une langue universelle unique et une unité monétaire unique. Succède alors une « ère de floraison » où la majorité de la population se consacre à l'art [32].

Le choc en retour d'une stratégie saint-simonienne

L'Alliance française est le produit d'une société où, depuis les ébauches de « géographie politique » de Turgot sur le rôle de la langue et des langues, s'affirme nettement la propension à parler de la communication en privilégiant le niveau du discours, du sens et du verbe. Une approche déjà inscrite dans l'*Encyclopédie*, lorsque Diderot définit la « science de communiquer » comme « rhétorique » ou « science de l'instrument, de la méthode et de l'ornement du discours ». Cette focalisation se fera souvent, au cours de l'histoire, au détriment des formes techniques de la communication ; elle fait partie de ces « silences » propres à la société française dont parlait plus haut l'historien Bertrand Gille.

Le programme de l'Alliance française exprime surtout une conception de la culture et de son rapport à l'économie. Avec elle, un modèle de politique de relations culturelles internationales propre à la France entame sa trajectoire.

Cette conception inspirera de nombreuses autres actions culturelles. Un des exemples les plus révélateurs est la coopération interuniversitaire avec les nations souveraines de l'Amérique latine, à un moment où se manifeste dans l'Hexagone un intérêt spécifique pour ce continent, culturel certes, mais aussi politique, commercial et financier. Cet échange qui commence au tournant du XXe siècle, mais se prépare depuis l'accession du Brésil à la république en 1889, est inspiré par les principes saint-simoniens. Elle prend comme pivot les élites locales dans leur rôle d'organisateur et de modernisateur.

L'ambassadeur en est Georges Dumas (1866-1946), un des meilleurs spécialistes de la pensée comtienne. Et ce n'est pas un hasard. Envoyé au Brésil comme porte-parole du « Groupement des universités et grandes écoles de France pour les relations avec l'Amérique latine », fondé en 1908, ce philosophe et psychologue de la Sorbonne est particulièrement bien placé pour jeter les bases d'une coopération avec les centres d'enseignement supérieur d'un pays où la greffe positiviste a si bien pris. L'année suivante est créé un Comité France-Amérique qui en plus de promouvoir les échanges culturels compte aussi une Commission d'industrie et de commerce. Des lycées français sont créés et des missions universitaires d'enseignement mises en place.

Mais l'intérêt réel de cette expérience classique, fidèle à ce « saint-simonisme social » qui ne remet pas en cause le « rôle organisateur de l'élite industrielle dans la perspective d'une modernité conquérante », est ailleurs, dans l'interaction entre les émetteurs et les récepteurs de ces échanges. Les missions universitaires prennent une signification nouvelle après la Première Guerre mondiale, avec l'envoi de jeunes historiens, géographes, ethnologues ou économistes comme François Perroux, Fernand Braudel, Pierre Monbeig, Claude Lévi-Strauss ou Roger Bastide qui contribuent à fonder la faculté de philosophie, sciences et lettres de l'université de São Paulo[33].

L'économiste François Perroux exprime bien, dans cet entre-deux-guerres, le but de cette stratégie de l'expansion culturelle française, partie intégrante de l'expansion économique : « Quel effort politique ne faudrait-il pas pour que le "rayonnement français à l'étranger" parte de foyers clairs ou, plus simplement, pour que la "propagande française" ait quelque chose à propager ! Le mieux sera de poser comme postulat que notre nation demeure capable d'engendrer des créateurs de tous les ordres. Alors on pourra dire que la stratégie de l'indépendance culturelle se définit, elle aussi, dans un mouvement d'expansion. Ce n'est pas à l'intérieur de nos frontières qu'elle prend la mesure de sa réalité, c'est dans le monde entier [34]. » C'était ne pas compter sur le choc en retour de tout essai de transplantation culturelle : l'autre et sa réalité pour s'aider à se bien comprendre soi-même.

Du Brésil, Fernand Braudel reviendra avec la conviction qu'il n'existe pas d'Amérique latine mais des « Amériques latines », un « complexe continent d'histoire aux races, aux destins mêlés et distincts, divergents et convergents, une autre Amérique, aussi *une* et aussi *diverse* que l'Europe [35] ». Ce sur quoi avait fait l'impasse le panlatinisme de Michel Chevalier, imaginé à partir du concept opératoire d'une latinité jacobine. De l'Amérique latine, l'école des *Annales* apprendra à jeter un regard croisé sur l'histoire de la formation de l'Europe et du monde. Et ce dès ses premiers pas en 1929. Lucien Febvre devait, d'ailleurs, le rappeler dans le numéro anthologique de la revue *Annales* de 1948 qu'il consacra, avec Fernand Braudel, précisément aux « Amériques latines » : « Ils [les historiens de ce monde d'Amérique] ont besoin de nous – comme nous avons besoin d'eux, et de leurs pays, et des leçons qu'ils nous donnent... Allons-nous oublier que nous avons façade, nous, les historiens du Vieux Monde, sur l'Atlantique ? Et que cette façade, la nôtre, fut longtemps des deux la plus éclairée, sinon la seule ? Je ne dis pas : ceci oblige. Je dis : ceci se reconnaît, aujourd'hui encore, à la qualité et à la quantité des témoignages documentaires. Mais, aussi, à l'importance considérable que revêt pour nous une histoire qui est aussi bien européenne, aussi largement européenne que puissamment sud-américaine. Une histoire qui fait partie intégrante de nos histoires nationales, mais plus encore de notre histoire culturelle. Une histoire de va-et-vient, de prêtés et de rendus, d'emprunts et de refus d'emprunts, d'allers aventureux et de retours avec intérêts composés. Un des premiers, un des plus importants chapitres, déjà, de cette histoire des échanges du monde que chacun de nous commence, dans ses rêves, à élaborer pour le proche avenir [36]. »

Vingt ans auparavant, Lucien Febvre avait intitulé sa première contribution aux *Annales* : « Un champ privilégié d'histoire : l'Amérique du Sud ». En interrogeant le Nord à partir du Sud, en convoquant, autour du thème des échanges réciproques, des historiens, des philosophes et des anthropologues des deux continents, les *Annales* de 1948 représentaient donc déjà un premier aboutissement d'une inversion des perspectives. Dans ce numéro exemplaire, la recension du livre du jeune philosophe mexicain, Leopoldo Zea, sur le « positivisme au Mexique », faite par le Brésilien Joao Cruz Costa, résumait bien où menait cette histoire de prêtés et de rendus : « La philosophie, en Amérique latine, disons-le avec force, vient de l'étranger, du vaste monde, elle y est, au XIXe siècle, un bien culturel en voyage et doit être traitée comme tel. L'originalité actuelle, c'est peut-être de considérer plus le destinataire que le bagage lui-même, le port qui le reçoit que le navire qui vogue vers lui [37]. »

Quant aux retombées économiques de la stratégie de la propagation de la langue, de l'enseignement et de la culture en direction des « créateurs » que la France a adoptée dans l'entre-deux-guerres, rien n'est moins évident. C'est l'avis de ses concurrents qui n'ont jamais caché leur agacement face à cette façon de voir la conquête des parts de marché. Écoutons un des pionniers de la géopolitique aux États-Unis, Nicholas Spykman (1893-1943), en dresser un bilan en 1942 : « La France est une source d'inspiration intellectuelle et artistique pour les classes éduquées de l'Amérique espagnole et portugaise, et il lui a fallu bien peu d'efforts pour maintenir cette position favorable. Les modes de Paris et les produits de luxe ont trouvé peu de concurrents lorsqu'il s'agissait d'attirer les préférences des acheteurs latino-américains. Avec l'Alliance française opérant dans la plupart des capitales et un nombre réduit de professeurs détachés enseignant devant des auditoires latino-américains, la France a bien en main la situation culturelle. Mais les résultats, hors ce commerce de luxe, ont été économiquement insignifiants et politiquement sans conséquence [38]. »

Dans cet entre-deux-guerres, la vision que la diplomatie française a du champ culturel est à l'inverse de celle de la Grande-Bretagne. En 1926, le gouvernement crée l'Empire Marketing Board, dont la mission est de favoriser le trafic des produits de l'Empire. La production cinématographique y occupe une sous-section du service « Publicité et Éducation »[39]. Sa clef de voûte est l'Écossais John Grierson (1898-1972) qui, après une Première Guerre mondiale passée sur un dragueur de mines, fait un séjour aux États-Unis pour y étudier l'émergence de la communication de masse, et y prend connaissance des premiers films de Robert Flaherty. A son retour, il fonde, avec des réalisateurs issus de la première guerre de masse, un groupe qui deviendra le noyau de l'école documentaire britannique et du nouvel organisme officiel. Y travailleront des cinéastes étrangers, tel le Brésilien Alberto Cavalcanti, un des pionniers du documentaire dans son pays et sur la scène internationale où il collabore avec Bertolt Brecht, Anna Seghers et le cinéaste Joris Ivens, autre figure fondatrice du documentaire, néerlandais d'origine et français d'adoption[40]. Ce même Grierson, en proposant un vaste plan d'action « pour la projection de l'Angleterre » où la propagande cinématographique occupe une place de choix, hâte la formation du British Council et de son réseau international d'antennes culturelles.

Le verdict du géopoliticien américain sur l'inefficacité marchande de la stratégie culturelle française n'empêchera pas le schéma de couler encore de beaux jours. Plus de trente-cinq ans après ce diagnostic sans complaisance, on lira dans un rapport officiel, sollicité par le Quai d'Orsay, sur les « relations culturelles extérieures » : « Trop commerciales pour ce qu'elles ont de culturel. Trop culturelles pour ce qu'elles ont de commercial. » Le rapporteur, Jacques Rigaud, stigmatise l'« angélisme » de ceux qui « n'osent pas parler de commerce culturel » et déplore la présence confidentielle des industries culturelles françaises à l'étranger[41].

Toujours est-il qu'au moment où l'Alliance française commence à tisser ses réseaux, le contraste est grand entre cette stratégie culturelle de pénétration des marchés et la politique commerciale adoptée, par exemple, par l'Empire allemand. C'est notamment ce qui fait tout l'intérêt de l'étude publiée en 1915 par l'historien économiste français Henri Hauser (1866-1946) sur les « méthodes allemandes d'expansion économique ».

L'auteur – qui, soit dit en passant, fut aussi un des artisans majeurs de la coopération interuniversitaire avec le Brésil – passe en revue le dispositif international de cette puissance qui a pris conscience avant toute autre de la nécessité de se forger une « culture du renseignement » commercial, « procédant pour conquérir un marché comme l'état-major, comme l'Académie de guerre qui étudie une opération stratégique[42] ». Cette culture du renseignement est symbolisée par cette agence Schimmelpfeng de Berlin qui se vantait d'avoir mis en fiches la plupart des firmes du monde et vivait déjà de la vente de ses informations. Multiplication des maisons hambourgeoises d'exportation, étude systématique des débouchés et des clientèles, structuration du corps consulaire et des attachés commerciaux, agences d'espionnage commercial, organisation des services de presse, utilisation des nombreuses communautés de nationaux immigrés, enseignement des techniques d'exportation, tout est inventorié par Hauser. Jusqu'à la façon dont l'Allemagne impériale a redéfini la fonction d'une manifestation médiévale, la foire de Leipzig, au moment où le monde n'avait d'yeux que pour la formule Exposition universelle.

9

La pensée stratégique

Le développement des réseaux routier, ferré et télégraphique change l'art de la guerre et les façons de s'y préparer. La capacité de mobilité des troupes devient la garantie la plus sûre du succès. Une nouvelle branche des sciences militaires apparaît : la logistique ou l'« art pratique de mouvoir les armées ».

Dès l'invention du train, l'Allemagne, qui cherche à construire un « système d'économie nationale » avant même de réaliser son unification politique, fait de l'installation du « système de chemins de fer » un élément de base, à la fois de son dispositif économique et de celui de sa défense nationale. C'est un géographe de cette nationalité qui formulera les prémices de la géopolitique, cette science de l'espace et de son contrôle.

A la fin du siècle, les États-Unis émergent comme puissance à visée planétaire et, dès leurs premières expéditions impériales, laissent entendre le rôle que l'information de presse doit y jouer. A l'approche de la Grande Guerre, la communauté internationale tente de combler le vide juridique face à l'essor des nouvelles armes et des techniques de transmission à distance.

Lignes et troupes de communication

« Nous sommes tellement convaincus de l'avantage de l'initiative dans les opérations de guerre, que nous préférons la construction de chemins de fer à celle de forteresses. Un chemin de fer de plus, traversant le pays, fait deux jours de différence dans le rassemblement d'une armée et avance d'autant les opérations[1]. » Ce propos du feld-maréchal Helmuth von Moltke (1800-1891) est souvent cité pour indiquer la prise en compte précoce par l'état-major prussien de la nouvelle donne stratégique que constitue ce nouveau moyen de déplacement. Dès 1842, un autre officier du haut commandement, l'écrivain militaire Karl Pönitz (1795-1858), propose, dans son ouvrage *Les Chemins de fer et leur utilité du point de vue des lignes d'opérations militaires*, de couvrir l'Allemagne d'un réseau de lignes destinées à faciliter la guerre sur les deux fronts, français et russe. A ce moment-là, rappelons-le, au plus haut niveau du gouvernement, on doute encore en France de l'utilité stratégique de ce moyen de transport que l'on soupçonne d'efféminer les guerriers. Ce qui vaut à von Moltke cette réflexion en 1844 : « Pendant que la Chambre française discute les chemins de fer, l'Allemagne les construit. » L'architecture du système proposé par Pönitz : des groupes de lignes dirigées directement sur les frontières et reliées entre elles par d'autres lignes transversales. A la différence du réseau étoilé adopté par les autorités françaises, le système allemand joue sur la combinaison d'un rayonnement à partir de Berlin et des lignes concentriques.

Les chemins de fer sont dorénavant considérés comme des « lignes d'opérations militaires ». Ce concept est, depuis la fin du XVIIIe siècle, au centre du débat stratégique sur les nouvelles façons de faire la guerre. Comme le dit Napoléon : « La force d'une armée comme la quantité de mouvement en mécanique s'évalue par la masse multipliée par la vitesse. » Une loi qu'il met en pratique dans sa « guerre tout en mouvements » en faisant un emploi judicieux du réseau routier, comme moyen d'assurer la rapidité la plus grande du transport et de la « réunion » des troupes ; moyen qui, en outre et malgré les détours inévitables, leur épargne le plus de fatigue. Napoléon crée le « train d'artillerie » (1800), le « train du génie » (1806) et le « train des équipages » (1807)[2]. Il cherche également à dépendre moins des magasins abrités : la guerre doit nourrir la guerre ; il faut que l'armée en campagne tâche de vivre des moyens du pays. Ainsi s'amenuise le risque de se voir couper des lignes de ravitaillement en vivres et munitions, ces « lignes de communication » qui relient une armée en opération à une « base » dont le Prussien Heinrich von Bülow disait en 1799 qu'elles sont comme les « muscles dont la rupture paralyse le corps humain[3] ». Napoléon innove surtout en organisant son armée de telle façon qu'elle permette une décentralisation sous commandement unique : elle est divisée en corps d'armée, eux-mêmes regroupant deux ou trois divisions d'une dizaine de milliers d'hommes. Deux bataillons composent un régiment, deux régiments une brigade, deux brigades une division[4]. Ce modèle sera repris par toutes les forces armées européennes.

La guerre de mouvement, cette « mutation militaire » vers une armée « manœuvrière », « plus facile à remuer et à conduire », Jacques de Guibert (1743-1790) l'avait imaginée dès 1770. Dans un texte prophétique, il préconise la mobilité et la concentration et prône le système divisionnaire. A la place des troupes en carré, et d'une organisation compacte de la troupe en profondeur, il propose des formations linéaires, une ligne de feu, des colonnes mobiles qui, dans l'offensive, forment un réseau convergent : « Commençons par détruire l'ancien préjugé, d'après lequel on croyait augmenter la force d'une troupe en augmentant sa profondeur. Toutes les lois physiques sur le mouvement et le choc des corps deviennent des chimères, quand on veut les adapter à la tactique. Car premièrement, une troupe ne peut se comparer à une masse, puisqu'elle n'est pas un corps compact et sans interstices. Secondement, dans une troupe qui aborde l'ennemi, il n'y a que les hommes du rang qui le joint qui aient force de choc... Plus de quantités entières de mouvement, plus de produit de masses et de vitesse, plus de choc. Car le choc suppose que la vitesse, une fois imprimée au corps mû par la cause motrice, continue jusqu'à la rencontre du corps choqué... C'est en divisant une troupe nombreuse en plusieurs parties qu'on peut parvenir à la mouvoir avec facilité. Ce sont ces divisions connues de tout temps dans la tactique, qu'on appelle régiment, bataillon, escadron, compagnie, division, etc.[5] »

Napoléon parachève cette mutation au cours de laquelle l'encerclement se substitue à la percée, l'armée de la vitesse à l'« armée du temps, clouée à ses positions », selon l'expression de Guibert. Le Suisse Henri de Jomini (1779-1869), ancien aide de camp du maréchal Ney passé au service du tsar, la théorisera et définira la « logistique » : « Art de mouvoir les armées, le détail matériel des marches et des formations, l'assiette des camps non retranchés et cantonnements, en un mot, l'exécution des combinaisons de la stratégie et de la tactique[6]. » La stratégie décide où l'on doit agir ; la logistique y amène et place les troupes ; la tactique décide leur emploi et le mode d'exécution. Les lignes d'opérations désignent la partie du théâtre général de la guerre que l'armée embrasse dans ses entreprises ; les lignes stratégiques, les lignes importantes qui lient les divers points décisifs du théâtre de la guerre, soit entre eux, soit avec le front d'opérations de l'armée.

Quant aux lignes de communications, elles se définissent comme les routes praticables qui lient les différentes fractions de l'armée réparties dans l'étendue de la zone d'opérations. Le problème de stratégie le plus important comme le plus difficile à résoudre : combiner les rapports des lignes d'opérations avec les bases et avec les marches de l'armée, de manière à pouvoir s'emparer des communications de l'ennemi sans s'exposer à perdre les siennes.

L'avènement du chemin de fer entérine l'introduction dans l'art de la guerre de deux opérations qui sont d'abord conceptualisées par les stratèges de la Prusse : la mobilisation et la concentration (ce que Napoléon désignait par « réunion »). *Mobil machen*, rendre mobile, *Mobilmachung*, se traduisit en français « mobilisation ».

De la proposition de Pönitz à sa réalisation, s'écouleront de nombreuses années. Les traités de Westphalie en 1648, conclus entre l'empereur germanique, la France et la Suède pour mettre fin à la guerre de Trente Ans, avaient scellé l'échec de la tentative des Habsbourg d'unifier l'ensemble du territoire. L'Allemagne de Pönitz et de von Moltke est un ensemble de territoires enchevêtrés les uns dans les autres, une mosaïque de royaumes, de principautés, d'évêchés, de margraviats ou simples commanderies, jaloux de leurs prérogatives et réticents face à un projet de réseau unique. De plus, le secteur public est loin d'y être le maître d'œuvre exclusif des lignes. Les intérêts du développement industriel et commercial, et sa logique bénéficiaire, entrent en conflit avec les tracés exigés par les besoins de la défense nationale. Pour mettre en place un tel réseau à caractère stratégique, il faudra passer des accords interrégionaux et, surtout, procéder au rachat de nombreuses compagnies privées par l'État, tout en construisant les chaînons manquants.

Ce programme ne commencera réellement qu'après la fondation de l'Empire allemand, sous la férule du chancelier Bismarck et de son conseiller von Moltke. En 1880, les compagnies privées possèdent toujours le tiers des lignes. Et le maréchal est plus que jamais impatient d'en finir avec ce régime mixte : « Il n'est pas douteux qu'il est absolument désirable, au point de vue des intérêts militaires, de faire passer sous l'administration de l'État les lignes de chemins de fer les plus importantes. Les chemins de fer sont devenus à notre époque un des moyens de guerre les plus efficaces ; le transport de grandes masses de troupes vers certains points est une opération extrêmement vaste et compliquée, qui doit faire l'objet d'une constante préparation. Toute nouvelle ligne de communication apporte des changements dans nos plans. Même si nous ne circulons pas sur toutes les lignes, nous devons revendiquer tous leurs moyens d'exploitation, et il est évident que les opérations seraient considérablement simplifiées, si, au lieu de négocier à ce sujet avec 49 administrations, nous n'avions plus à le faire qu'avec une seule [7]. » Le rachat du dernier grand réseau privé sera bouclé en janvier 1909. Mais dès 1898, c'est-à-dire au moment où Bismarck quitte le pouvoir peu après l'avènement de Guillaume II, le réseau impérial est déjà largement opérationnel à des fins de défense nationale.

La lenteur de la construction du réseau stratégique n'empêche pas la Prusse d'effectuer, en 1846, la première expérience du transport de troupes en grandes masses : 12 000 hommes avec chevaux, canons et munitions sont acheminés sur Cracovie. Dès lors, le grand état-major ne cessera de mettre au point des plans de mobilisation et de concentration de plus en plus performants. En 1859, il prévoyait qu'il faudrait entre 35 et 42 jours pour concentrer ses troupes. En 1870, l'armée prussienne fut prête dès le dix-neuvième jour. La vitesse de mouvement fut une des causes de la défaite française. « La grande simplicité des transports [de la Prusse] – devait écrire en 1911 le général Jean Colin (1864-1917) – fit une grande partie de son succès en 1870 ; les Français, au contraire, réunirent d'abord en Lorraine et en Alsace des troupes sur le pied de paix, et commencèrent seulement alors à leur expédier les réservistes, les vivres, les munitions, les objets d'équipement, les voitures nécessaires pour passer au pied de guerre.

Ces transports exécutés sans préparation aboutirent à un désordre inimaginable. Des trains entiers de vivres, de munitions furent expédiés à Metz sans personnel pour les débarquer. Les gares et les voies se trouvèrent bientôt encombrées de colis et de trains à tel point que la circulation devint impossible[8]. »

La Prusse avait déjà tiré avantage des enseignements de la première guerre de l'âge moderne : la guerre de Sécession (1861-1865). Dès 1861, le général nordiste George B. McClellan (1826-1885) avait créé un « corps de construction » pour la réparation, la destruction et l'exploitation des chemins de fer. Les Américains avaient également testé le rôle du télégraphe dans les déploiements tactiques. Ils en firent un usage intensif en apportant des améliorations techniques qui le rendirent plus apte à répondre aux besoins d'une armée en campagne. Indice de l'importance qu'ils accordaient à cet outil de transmission : le président des compagnies privées fusionnées fut nommé responsable de tous les télégraphes du Nord et promu au grade de général. Au moment où se déclenche cette guerre fratricide, les États-Unis venaient à peine d'inaugurer (1861) un premier télégraphe transcontinental qui consistait en un fil solitaire passant par le cordon des forts le long de la ligne du Pony Express, et là où il n'y avait pas encore de voies ferrées le long des chemins où roulaient les chariots à traction animale.

En 1866, l'armée prussienne avait démontré sa capacité de manœuvre dans la guerre contre les Autrichiens qu'elle battit à Sadowa. C'est à l'occasion de ce conflit que fut créée une « Section de chemins de fer de campagne », sous les ordres de l'état-major général, le premier « bureau de lignes de communication ». Fort de cet antécédent, un décret royal rendit permanente cette organisation de temps de guerre. Cinq ans après sa défaite, la France commencera à organiser son administration militaire des chemins de fer.

En 1899, la Prusse décidera la fusion de toutes les unités techniques de ses services de chemins de fer, services télégraphiques et aériens, sous le nom de « troupes de communications » (*Verkehrstruppen*), et les placera sous l'autorité d'un général de division. A cette date, en France, c'est le chef de l'état-major général qui exercera la direction du service militaire des chemins de fer sous le contrôle du ministre de la Guerre. A la différence de l'Allemagne où, depuis 1883, avec von Moltke, l'état-major jouit d'une quasi-autonomie par rapport au ministère de la Guerre.

A la fin du siècle, le chemin de fer aura transformé complètement le concept de « base » et fait oublier cette dépendance millénaire de la marche et du cheval pour acheminer hommes et matériels. Les armes à longue portée se seront imposées. Un fusil qui tire dix fois plus loin que dans la période napoléonienne, le canon rayé et le canon se chargeant par la culasse, la mitrailleuse « Maxim », arme par excellence des conquêtes coloniales, apparue en 1883, auront changé les données de la défense tactique. La dynamite inventée par le Suédois Nobel en 1867, suivie de la dynamite gélatineuse sept ans plus tard, aura considérablement élargi la puissance de feu.

Friedrich List, le rail et le nationalisme économique

La doctrine stratégique des officiers prussiens rencontre celle de Friedrich List (1789-1846). Avant même que les états-majors ne prennent conscience des bouleversements qu'allait apporter le train dans la conception de la guerre, cet économiste jette les fondements d'un projet d'union nationale dont le réseau ferré est la colonne vertébrale.

Dès 1819, il crée une Société allemande d'industrie et de commerce, dont on dira plus tard qu'elle fut le berceau de l'idée de l'union douanière. A la sortie des guerres napoléoniennes, la Confédération germanique ne compte pas moins de 38 douanes intérieures, sans compter les nombreux péages, aux tarifs très divers, qui grèvent la circulation des marchandises dans chacun des États. Ce verrouillage des échanges intérieurs contraste avec la libéralisation en vigueur dans l'importation des produits venant de l'étranger, exempts de tout droit douanier. Or, avec la fin du blocus continental, c'est le déferlement des marchandises anglaises qui menace. En 1818, la Prusse réalise l'union douanière entre ses différents territoires et, à ses frontières, fixe une taxe de 10 % pour les objets manufacturés, laissant circuler librement les matières premières. En 1834, cette expérience débouche sur l'ouverture de l'Union douanière allemande, le *Deutscher Zollverein*, à laquelle adhèrent la plupart des États allemands, moins l'Autriche et des entités comme les villes libres de la Hanse, le Hanovre et le Brunswick.

Originaire du Wurtemberg, List a été contraint, en 1825, d'abandonner sa chaire de Tübingen et de choisir l'exil sous la pression des autorités de cet État qui ne voit pas d'un bon œil la cause unitaire. Il s'est embarqué pour les États-Unis où il réside jusqu'en 1832. Naturalisé américain et nommé à un poste consulaire, il revient alors s'installer à Hambourg. Il y met à profit une solide expérience en matière ferroviaire, acquise sur le terrain, dans la région de Reading en Pennsylvanie. Propriétaire-exploitant d'une mine de charbon, il a, là-bas, relié son gisement à un canal et, au passage, en a fait profiter les entreprises et les mines de la région. A un moment où seule l'Angleterre ose parier sur la voie ferrée.

« Le système des chemins de fer et l'union douanière sont des frères siamois », ne cesse de répéter List, converti en propagandiste du rail. En 1833, il rédige un document à l'adresse du gouvernement de la Saxe : *D'un système de chemins de fer saxon comme base d'un système allemand, et en particulier de l'établissement d'une voie ferrée de Leipzig à Dresde.* En 1837, la ligne est ouverte au trafic ; c'est la première grande ligne construite en Allemagne et celle sur laquelle Gauss et Weber font leurs premières expériences d'automatisation du signal. En 1835 et 1836, List est à la tête d'une revue, *Das Eisenbahn Journal*, le « Journal des chemins de fer ». Ses articles sont jugés trop libéraux par l'Autriche qui interdit la diffusion de la publication sur son territoire.

Dès son plan saxon, List propose un tracé du futur réseau allemand dont s'inspireront neuf ans plus tard les militaires. Les visées stratégiques qu'il lui assigne sont explicites : « Chaque kilomètre de voies ferrées qu'une nation voisine termine plus tôt que nous, chaque kilomètre de plus qu'elle possède, lui donne un avantage sur nous... Il ne dépend que de nous de déterminer si nous ferons usage de ces nouvelles armes défensives qui nous sont données par la marche du progrès, comme il n'a dépendu que de nos ancêtres de décider s'ils porteraient le fusil au lieu de l'arc et de la flèche[9]. » L'économiste-stratège ne se contente pas du périmètre national. Plus de soixante ans avant que la Turquie et le Proche-Orient ne deviennent un enjeu politique et économique pour l'Allemagne impériale, il entrevoit la nécessité de construire le chemin de fer de Bagdad et de le prolonger jusqu'à Bombay. Il projettera aussi sur la carte une voie ferrée de Moscou jusqu'à la Chine. A chaque fois, il double ses plans d'établissement de lignes de chemins de fer d'un schéma de construction d'une ligne télégraphique et combine les tracés ferroviaires avec des projets de lignes de navigation à vapeur.

Longtemps après sa mort, List continuera à être invoqué comme argument d'autorité pour convaincre les réfractaires aux réseaux, nationaux et internationaux. Car le paradoxe est que cette Allemagne éparpillée que l'économiste essaie d'assembler par le rail s'avérera jusqu'à la fin du XIXe siècle un des artisans les plus actifs dans la construction d'une Europe de la communication sans frontières. Avant la fin du siècle, Berlin, qui est déjà la plaque tournante de la grande ligne internationale parallèle à l'axe de l'Europe – celle qui va du sud-ouest au nord-est reliant Lisbonne-Paris-Berlin-Saint-Pétersbourg –, devient le siège incontesté de l'Association des administrations de chemins de fer. Une association qui réussit à regrouper les réseaux de Belgique, de Hollande, d'Allemagne, d'Autriche-Hongrie, de Roumanie, d'Italie, de Suisse et de France. Dans une autre ville allemande, Munich, se déroulera en 1871 la première conférence internationale des horaires.

Cette position d'avant-garde dans l'internationalisation des réseaux, l'Allemagne l'occupe également dans le domaine des postes. Le premier document élaborant les principes d'une Union postale universelle est dû à l'économiste de Francfort-sur-le-Main J. von Herrsfeld, et date de 1841, soit environ trente-cinq ans avant que ne se constitue réellement cette institution. Dans un cas comme dans l'autre, l'organisation intrarégionale de son territoire morcelé est une excellente école pour l'apprentissage de la négociation. Et ce n'est certainement pas un hasard si en 1849 les six premières lignes télégraphiques d'une certaine envergure qui s'établissent en Europe relient Berlin à six grandes villes allemandes.

Contemporain de Michel Chevalier, quels rapports a entretenus Friedrich List avec les saint-simoniens ? La réponse est brève et est rapportée par Eugène d'Eichtal, saint-simonien lui-même : « List se défend "de tout soupçon de saint-simonisme", au point de vue de la communauté des biens (qui d'ailleurs n'a jamais été une doctrine saint-simonienne)[10]. » Durant un séjour à Paris, en 1831, List publie un article dans *La Revue encyclopédique*. Il y écrit notamment : « On crie dans les rues de Paris : du travail, du pain !... Pour donner de l'occupation à la population pauvre, nous proposons de construire sans un délai "une route à ornières" du Havre à Paris et de Paris à Strasbourg[11]. » Hors cet engouement prophétique pour le train, l'économiste allemand partage avec l'école saint-simonienne l'idée essentielle que la puissance publique a un rôle déterminant à jouer dans la mise en œuvre de l'économie nationale. En revanche, ce qui heurte le stratège de la nation allemande, ce sont surtout les idées d'association universelle et de conversion des armées aux tâches pacifiques professées par les saint-simoniens.

La doctrine de List est contenue dans un ouvrage majeur, publié sous le titre de *Système national d'économie politique* en 1841[12]. Une année où les discussions sur le renouvellement du *Zollverein* accentuent le clivage entre les partisans du libre-échange et ceux qui pensent qu'il est urgent de se doter d'un dispositif de droits protecteurs afin de permettre à la Confédération de développer une politique industrielle. C'est le cas de List qui fait de son livre un manifeste pour une « économie nationale » et met en exergue une devise : « Et la patrie et l'humanité ! »

Sa bête noire est l'économie politique d'Adam Smith, ou le « smithianisme », qui légitime le modèle anglais. A l'initiateur de l'école classique, il reproche surtout son hypothèse cosmopolite. Sa vision du globe comme atelier et « union universelle et paix perpétuelle » présuppose une communauté internationale déjà réalisée et préservée de la menace des guerres. Or, la réalité est tout autre. La République du globe n'est pas pour demain, même si elle reste un but à poursuivre. En limitant son analyse au face à face individu/marché mondial, Smith et le libre-échangisme font l'impasse sur les médiations. Or ce sont ces dernières qui donnent un sens à l'action des individus concrets vivant sur un territoire donné. Le fameux principe de l'individualisme comme organisateur n'est qu'un leurre. La seule défense de l'intérêt individuel ne peut produire que de la désorganisation. La médiation la plus importante est celle de la nation et de la nationalité. D'en tenir compte, on ne peut qu'arriver au constat suivant : dans l'échange, les diverses nations ne se rencontrent pas sur un pied d'égalité.

L'union politique doit précéder l'union commerciale. Et c'est dans le cadre de la nation que la première peut se réaliser. La nation, comme lieu du « capital humain ». C'est à elle que les individus doivent leur sécurité, leur culture, leur langue, leur source de travail, la garantie de la propriété. « Entre l'individu et le genre humain, note-t-il, existe la nation, avec son langage particulier et sa littérature, avec son origine et son histoire propres, avec ses mœurs et ses habitudes, ses lois et ses institutions, avec ses prétentions à l'existence, à l'indépendance, au progrès, à la durée, et avec son territoire distinct, association devenue, par la solidarité des intelligences et des intérêts, un tout existant par lui-même [13]. »

La suppression des entraves à la liberté de commerce ne peut être que graduelle, comme le sera l'entente universelle. Le « développement économique » des nations passe par des phases successives : l'état sauvage, l'état pastoral, l'état purement agricole, l'état à la fois agricole-manufacturier et commerçant (ce point de vue constituera le point de départ de l'école historique de l'économie politique allemande, que nous mentionnions plus haut). Une nation n'est « normale » que lorsqu'elle accède au dernier stade. Il n'y a d'indépendance et de puissance nationales que si la nation se dote d'un appareil producteur de richesses, de « forces productives ». Contrairement à la doctrine de Smith qui, lui, ne tient compte que de la « quantité de richesses », de « valeurs échangeables ». Pour franchir les étapes successives de ce développement, l'État doit appliquer un système de régulation progressive face à la concurrence étrangère. De là, l'idée de la nécessité d'établir un « système protecteur », un « protectionnisme éducateur », une véritable « éducation industrielle ».

Les droits protecteurs ne sont pas les mêmes pour tous les produits. S'il faut protéger l'implantation d'une base manufacturière en réservant aux producteurs nationaux le marché national, on peut, en revanche, libérer les échanges agricoles. Et pour les produits manufacturiers eux-mêmes, l'échelle de protection peut être modulée en fonction du degré d'autonomie atteint dans chaque type d'activités économiques. S'il est certain que l'autarcie est difficilement concevable, l'adhésion à une politique qui s'en remet exclusivement à la division internationale du travail risque vite de se solder pour la nation par une perte d'emplois et de viviers d'innovation. Ce qui est sûr, c'est que le libre-échange ne peut être profitable pour une nation et les individus qui l'habitent que si elle assure au préalable sa supériorité industrielle. C'est, d'ailleurs, dit List, la leçon majeure qu'il faut tirer du développement de l'Angleterre. Le protectionnisme n'a de sens que si les « forces nationales » – conjonction de forces naturelles, forces financières et forces instrumentales – se comprennent d'une façon à la fois défensive et constructive. Tous arguments qui,

150 ans plus tard, hanteront les débats sur la construction de l'Europe et l'accord du libre-échange au sein du GATT.

Critique de l'hégémonie exercée par Londres, List dessine les possibles contours d'une autre hégémonie, celle d'une Allemagne ayant réussi son union nationale et consolidant son expansion extérieure. Sous le prétexte d'achever la grande œuvre du *Zollverein*, de l'« arrondir » et de retrouver les « frontières naturelles », il intègre l'*hinterland*, englobant dans l'espace nécessaire pour l'existence de la nation – le futur « espace vital » – les territoires des petits États, comme la Hollande, le Danemark et la Belgique. Une idée qu'il couve depuis les premières années 1830, lorsqu'il est personnellement intervenu auprès du gouvernement de Bruxelles pour l'inciter à tracer le réseau ferroviaire de façon à relier les ports belges à l'Allemagne, et affaiblir de la sorte le monopole de navigation des Hollandais. C'est dans ce programme d'expansion légitimé au nom de la « sécurité et de l'ordre » qu'il resitue ses projets de voies de communication maritimes, ferroviaires et télégraphiques : Turquie, Proche-Orient, Russie, etc.

Le temps passant, plus d'un commentateur croira discerner dans l'ouvrage de List l'ébauche des grandes lignes du projet du pangermanisme. Écoutons comment un économiste français parlait au sortir de la Grande Guerre de la quatrième partie du *Système national*. « On est frappé de voir, à la lecture de ce livre, à quel point il avait tracé dès 1841, le programme d'expansion que l'Allemagne s'est efforcée de réaliser depuis, et préparé les arguments qu'elle n'a cessé d'invoquer jusqu'à nos jours... Cet ouvrage a été, depuis 80 ans, pour l'Allemagne, comme une sorte de "testament" de Richelieu ou de Pierre le Grand [14]. »

En tout cas, la croyance dans les vertus unificatrices de l'outil « chemin de fer » ne faiblira jamais. Le IIIe Reich en donnera une ultime preuve avant l'effondrement en se proposant de faire de Berlin le centre du nouveau réseau international. Voilà comment en 1941, cent ans après la publication du livre de List, le magazine *Signal*, édité à Berlin et traduit en plusieurs langues, expliquait aux lecteurs de son édition française, cartes à l'appui, l'avènement de la nouvelle « Europe sans frontières » des réseaux : « Quand Friedrich List eut l'idée prématurée d'un réseau des chemins de fer allemand, on lui rit au nez, on le traita de dangereux révolutionnaire et on le poussa, déçu, à la mort... Aujourd'hui, le Reich est au cœur de l'Europe. Il est au carrefour de l'Est et de l'Ouest, du Nord et du Sud. Après la guerre actuelle, il faudra envisager le trafic européen sur de nouvelles bases... L'Europe nouvelle, consciente d'elle-même, absorbera tout d'abord les grands espaces de l'Est, qu'on devra initier à la culture et à la civilisation européennes. Le Sud-Est se joindra à l'Est. Les États balkaniques, avec leurs richesses agricoles inépuisables, les sources de pétrole, leur production de minerais, rejoindront le réseau européen. Il n'y a qu'un pas des Balkans aux pays du Levant, et l'Asie Mineure sera plus près de la jeune Europe. La Méditerranée, sous la domination des puissances européennes, et non plus apanage exclusif du gouvernement anglais, fait partie de la nouvelle Europe ; et la Méditerranée, c'est la porte de l'Afrique [15]. »

Friedrich Ratzel et la science du territoire

« Friedrich List a été le premier, parmi les économistes, à distinguer clairement la signification économique et politique du territoire national d'un peuple [16]. » C'est en ces termes que Friedrich Ratzel (1844-1904) situe en 1897, dans sa *Géographie politique*, l'apport du théoricien du *Zollverein*.

« L'État est un organisme ancré au sol » et la géographie politique se doit d'étudier les relations organiques qu'ils entretiennent entre eux. Ratzel, zoologue de formation converti au darwinisme sous l'influence de Ernst Haeckel, l'inventeur du terme « écologie », estime que seule une conception évolutionniste et biologisante de l'État est à même de mettre un terme aux élucubrations de « certains politologues et sociologues » pour qui l'« État plane dans les airs ». A condition toutefois, prend-il le soin de préciser, que cette approche biologique ait vraiment « valeur d'hypothèse », et ne soit pas qu'une « analogie éclairante », comme c'est le cas pour beaucoup de disciples de Darwin et de Spencer (Ratzel critique, d'ailleurs, le fondateur du positivisme anglais pour l'imprécision de ses concepts.) A condition aussi d'admettre que plus une société se développe, plus elle s'éloigne du modèle de la simple croissance organique. « Plus un État se développe, plus l'ensemble de son évolution se manifeste comme un dépassement du fondement organique ; aussi la comparaison directe de l'État avec un organisme sied-elle mieux aux États primitifs qu'aux États évolués [17]. »

Car, à la différence du règne animal et végétal où l'organisme apparaît sous sa forme la plus achevée, dans la mesure où les membres d'une espèce y sont le plus complètement tributaires de l'ensemble, l'État comme « association des individus », « expression d'un sentiment communautaire des habitants en référence au sol, tourné vers un but commun », est un organisme extrêmement imparfait. Parce qu'il est un organisme doué d'esprit et de sens moral. Ce « lien spirituel qui supplée le manque de cohésion matérielle, aucune comparaison biologique ne peut en rendre compte[18] ». Ces réserves faites, la biogéographie reprend entièrement ses droits. Et, sur ce point, la science du territoire animal dont Ratzel jette les fondements est cohérente avec une tradition que Hannah Arendt caractérise de la manière suivante : « Les définitions organiques et nationalistes des peuples sont un trait saillant des idéologies et de la réflexion historique allemande[19]. »

Croissance, évolution, développement, corps, âme, esprit, organes, fonction, énergie, performances, division du travail, etc., des termes qui reviennent sans cesse sous la plume du géographe allemand pour exprimer la dynamique vitale de l'organisme étatique. Le phénomène de la communication, de ses réseaux et circuits, est exprimé par le terme polysémique : *Verkehr*, qui, en français, signifie tantôt « commerce », tantôt « relations », « mouvement », « circulation » ou « mobilité ». Le commerce, ce « mouvement d'hommes, de biens, de données d'un endroit à un autre » est le « maîtriseur d'espace ». Son essence est le « déplacement dans l'espace d'hommes et de biens, vers des endroits déterminés, et ayant pour objet l'échange des ressources naturelles et humaines ; le courrier, le télégraphe et le téléphone, qui transportent des informations, ne sont certes pas à exclure du commerce, quand bien même leur rôle se réduit, en maintes situations, à un échange d'idées[20] ». Échange, interaction, mobilité sont des expressions de l'énergie vitale.

Le trafic et les voies de circulation sont une « condition préalable de la croissance de l'État, qui lui emboîte le pas[21] ». Certaines parties d'un organisme sont plus étroitement solidaires que d'autres de la vie de l'ensemble. « Ce sont les *parties vitales des États*... qui sont avant tout celles par lesquelles passent les grands courants de la circulation[22]. » Elles hiérarchisent les espaces et ordonnent la différenciation centre-périphérie. Par cette différenciation concentrique, le centre, lieu d'« intensification de la vie » et d'« accélération d'un circuit », attire dans sa sphère d'influence des espaces de plus en plus étendus. Cet argumentaire rend compte de la propagation et du rayonnement de la ville en direction de la campagne. Il vaut aussi pour expliquer la tendance à la concentration que développent les grands États à l'égard de ceux de moindre taille.

Paraphrasant et prolongeant List, le biogéographe écrit : « Plus simple et plus directe est la solidarité d'un État avec son sol, plus sainement se déploient sa vie et sa croissance. Il est impératif également qu'au moins la grande masse de sa population conserve avec le sol de l'État un lien qui en fasse aussi son sol à elle : c'est là que réside l'importance de l'économie pour l'État[23]. » Le projet scientifique de Ratzel se conjugue au politique : produire un savoir utile, une technologie de gestion spatiale du pouvoir de l'État[24]. « Penser en termes d'espace » : l'objectif est de développer un « sens géographique » comparable au « sens historique », de telle sorte que cela devienne une habitude.

Cette préoccupation des théoriciens allemands pour l'interface espace/État remonte à la fin du XVIIIe siècle. Un des premiers à aborder l'importance politique du facteur spatial dans une pensée stratégique fut von Bülow dans *Geist des neuern Kriegssystems*. Publié en 1799, cet ouvrage connut très rapidement une traduction en anglais et en français. La notion de « frontières naturelles » y est centrale : elle définit les limites naturelles de l'action de l'État et les conditions d'un équilibre international qui rend possible la paix. On voit là s'ébaucher une prospective sur les aires naturelles réservées aux divers pays européens, aires au-delà desquelles ils ne peuvent s'aventurer sous peine de mettre en danger la balance des forces. Comme l'ont noté les analystes de la pensée militaire, les spéculations d'Heinrich von Bülow en 1799 quant à la future carte de l'Europe ne sont guère éloignées de ce qu'elle deviendra effectivement en 1870[25].

En outre, lorsque la théorie allemande parle de l'État, il ne s'agit pas de n'importe quel État. Ratzel ne peut s'abstraire d'une tradition à la genèse bien particulière. Dans la lente édification intellectuelle et matérielle du futur État germanique, espace et patriotisme convergent. A l'inverse de ce qui se passe en France et en Angleterre qui ne se lancent dans le patriotisme et la guerre révolutionnaire – ou impérialiste – qu'après la constitution juridique de l'État, les Allemands deviennent nationalistes pour établir leur État. « Ils inventent la nation-État », selon la spécialiste de la philosophie politique Blandine Barret-Kriegel[26].

Le titre même des fameux *Discours à la nation allemande* de Johann Fichte (1762-1814), prononcés depuis sa chaire de Berlin en 1807 et 1808 – plus de soixante ans avant l'unification étatique –, est de ce point de vue hautement significatif. « La patrie et le peuple – y proclame le philosophe – comme représentants et gages de l'éternité terrestre, comme ce qui, ici-bas, peut être éternel, dépassent de beaucoup la notion d'État. C'est pourquoi le patriotisme doit justement dominer l'État lui-même comme son instance suprême[27]. » Ou encore : « En dirigeant l'État, c'est encore le patriotisme qui doit lui assigner des fins plus hautes que celles du maintien de la paix intérieure, de la défense de la propriété, de la liberté personnelle, de la vie et du bien-être de tous. Cette fin supérieure est la seule qui incite l'État à réunir une force armée[28]. » Ce triple déplacement, l'État, la loi, la paix tour à tour relégués, n'aboutit pas à l'objectivation du pouvoir mais à l'inverse : la subjectivation de la société. L'État allemand « doit générer des profondeurs, de la mémoire patriotique que, brutalement, réveillent ses philosophes, ses militaires ou ses musiciens[29] ».

Pour cette géographie imprégnée par le naturalisme et le scientisme du XIXe siècle, tout se passe comme si l'« enracinement au sol » était un combat du « vécu » contre le « conçu ». Cette « subjectivation de la société » entretient une relation étroite avec la propension aux représentations organicistes de l'individu et du tout social[30].

Dans ce contexte général, un autre facteur plus spécifique intervient dans la genèse de la théorie spatiale du pouvoir, toujours dans sa modalité allemande : l'expérience américaine. La confrontation avec cette nation avait été, pour List, déterminante dans la conception de son *Système national*. Cet ouvrage doit, en effet, beaucoup à son expérience des États-Unis qui, à l'époque, ont opté pour la protection douanière – le « Système américain » – en vue de construire leur croissance. De son côté, Ratzel puise dans l'exemple des États-Unis, où il séjourne en 1873, le paradigme pour penser la dimension spatiale de la puissance et développer une « pensée-continent », selon l'expression du géographe Michel Korinman[31]. A partir de ce modèle du pôle américain en plein dynamisme, Ratzel pose les prémices d'une vision planétaire des relations internationales. Sa *Géographie politique* a d'ailleurs été précédée d'un autre ouvrage plus spécifique sur la jeune nation. C'est la découverte de cet « espace géant qui est en train de prendre de l'importance sous nos yeux avec des forces qui s'y développent et qui avec une froide tranquillité attendent l'aube de l'âge du Pacifique, successeur de l'âge de l'Atlantique », qui l'incite à forger des outils conceptuels. Tels « puissance mondiale » (*Weltmacht*), « représentation spatiale » (*Raumvorstellung*) et « espace de vie » (*Lebensraum*) ou « espace de propagation ». Un concept « par essence mobile » dont on sait maintenant combien ambiguë sera la fortune une fois mobilisé par le pangermanisme et le national-socialisme.

Précurseur de ce qui deviendra l'école de géopolitique allemande, Ratzel n'est pourtant pas l'inventeur du mot. Son introduction est le fait du politologue suédois Rudolph Kjellèn (1864-1922) qui en 1905 fait paraître *Considérations géopolitiques sur la Scandinavie*, ouvrage et auteur relativement peu connus jusqu'à la publication en 1916 d'un second livre, de référence celui-là, intitulé *L'État comme forme de vie*. Le terme de géopolitique sera définitivement entériné dans les années vingt, lorsque, sous l'impulsion des géographes Otto Maull et Erich Obst et du général Karl Haushofer – l'« école de Munich » –, est créée en 1924 la revue *Zeitscrift für Geopolitik*[32]. La filiation du mot explique pourquoi, bien longtemps encore après la Seconde Guerre mondiale, les Académies de guerre britannique et américaine continueront à le bannir de leur grille conceptuelle.

Espace maritime et « Destin manifeste »

Les États-Unis que Ratzel érige en modèle de puissance à visée planétaire entrent effectivement en ces années-là dans une phase d'affirmation de leurs prétentions géostratégiques.

Dans les années 1880, cela prend d'abord la forme d'une offensive diplomatique en direction des voisins latino-américains. La Maison-Blanche tente d'opposer une stratégie panaméricaine aux puissances européennes. C'est-à-dire, fondamentalement, un Empire victorien hégémonique dont les investissements au sud du Rio Grande excèdent largement ceux des firmes des États-Unis, et la France panlatiniste qui n'a pas encore échoué dans son projet de creuser le canal de Panama, voie stratégique s'il en est pour le gouvernement américain. Pour fonder cette nouvelle solidarité continentale, Washington ressort deux précédents historiques d'offre de coopération : la doctrine du président Monroe émise en 1823 selon laquelle les États-Unis s'engageaient – au nom de leur propre sécurité – à empêcher les puissances européennes d'intervenir sur le continent ; le congrès de Panama de 1826, première tentative de création d'une assemblée permanente de représentants des États américains, qui reprenait une idée lancée depuis la Jamaïque par le *Libertador* Simon Bolivar en 1815. Ce que la Maison-Blanche se garde bien de rappeler, ce sont les spoliations dont a été victime le Mexique, amputé en 1848 de la Californie, du Texas et du Nouveau-Mexique.

En 1889, le département d'État convoque à Washington les nations du Sud à une première conférence interaméricaine pour y discuter des moyens de promouvoir la paix continentale, d'arbitrer les conflits et les disputes territoriales, de lever les barrières douanières et d'uniformiser les poids et les mesures. Le Bureau commercial des Républiques américaines sur lequel cette réunion débouche se révélera rapidement ineffectif (une Union panaméricaine verra le jour en 1910 lors d'une quatrième conférence de ce type, qui se tient à Buenos Aires.) Dans la foulée, la spectaculaire Exposition universelle de Chicago, la World's Colombian Exposition, qui fête le quatrième centenaire de la « Découverte », offre une autre occasion de réaffirmer le droit de l'Amérique à être maître chez elle, le droit aussi à interpréter l'universalité et à mettre en scène elle-même la geste de Christophe Colomb. L'Exposition de Chicago s'étend sur une superficie cinq fois plus grande que celle organisée à Paris en l'honneur du premier anniversaire de la Révolution. La première Exposition universelle en terre américaine organisée à Philadelphie l'année du centenaire de l'Indépendance des États-Unis avait déjà donné l'occasion d'un premier rapprochement. L'empereur du Brésil en personne y avait été un invité d'honneur.

Dans les années 1890, les signes de la puissance se multiplient sur le front militaire. En 1898, les *marines* débarquent dans l'île de Cuba sous le prétexte d'aider les autochtones insurgés à bouter les troupes de l'Empire espagnol. La même année, les États-Unis occupent deux autres possessions espagnoles, l'île de Porto Rico et l'archipel des Philippines. Dans le Pacifique, ils font main basse sur l'île de Guam qui s'ajoute à celle d'Hawaii qu'ils contrôlent depuis 1893. Et bientôt, ils s'empareront de la zone du canal de Panama.

Cette montée en puissance a ses idéologues et théoriciens. En 1886, le révérend Josiah Strong publie *Our Country*, un plaidoyer pour un empire anglo-saxon chrétien. Le concept de *Manifest Destiny*, lancé en 1845 par John L. O'Sullivan et repris dès l'année suivante par le président James K. Polk pour justifier sa politique expansionniste à l'égard du Mexique, trouve en Strong son prédicateur. Il a aussi son doctrinaire. En 1890, Alfred Thayer Mahan publie *The Influence of Sea Power upon History, 1660-1783*, suivi deux ans plus tard de *The Influence of Sea Power upon the French Revolution and Empire, 1793-1812*. Ces deux derniers textes d'un pionnier de la Navy et futur amiral ont profondément influencé la conception que le militant d'une grande flotte allemande que fut Ratzel avait de la puissance maritime.

Mahan (1840-1914) esquisse pour son pays une stratégie navale et, plus largement, élabore une géopolitique maritime où économie et « expéditions lointaines » se combinent. « La quantité de commerce qui passe par une route entre en jeu dans la valeur stratégique d'une position, aussi bien que sa proximité de cette route. D'ailleurs, tout ce qui modifie l'une ou l'autre modifie la valeur de la position... La puissance maritime tient en premier lieu au commerce et celui-ci suit les routes les plus avantageuses ; la puissance militaire a toujours suivi le commerce pour l'aider à progresser et pour le protéger. Si on ne la considère pas comme un moyen de relier les contrées entre elles, la mer n'est pas d'une possession avantageuse. Elle constitue le grand moyen de circulation qui nous est offert par la nature, de même que l'argent est un des grands facteurs de circulation institués par les hommes pour l'échange de leurs produits. Si on change la disposition de l'une ou la répartition de l'autre, on modifie les relations politiques et industrielles de l'humanité [33]. »

Le professeur à l'Académie navale étudie les conséquences de la nouvelle mobilité apparue avec la vapeur et la télégraphie sur la notion de lignes de communication, les plus « importantes des lignes stratégiques », parce qu'ayant à voir directement avec les approvisionnements en combustibles, munitions et vivres. Mahan dessine la carte des positions stratégiques qu'une puissance comme les États-Unis devrait occuper pour asseoir sa maîtrise des mers. Les Caraïbes deviennent ainsi tout naturellement cette « Méditerranée américaine » dont le contrôle se révèle indispensable pour la sécurité même des États-Unis, désignant Cuba comme un point stratégique de premier ordre pour le golfe du Mexique.

Hawaii, elle, est définie comme une station incomparable à mi-chemin entre l'Amérique et l'Asie.

Mahan voit dans les annexions successives les signes de la « volonté divine », la main de la « Providence », comme bon nombre de ses contemporains. On n'en veut pour preuve que cet extrait d'un discours du sénateur Albert J. Beveridge qui ferait pâlir d'envie l'évêque d'Orléans : « Mandataires de Dieu, nous ne renoncerons pas à notre part dans la mission de notre race qui est de civiliser le monde. Et nous avancerons dans notre travail, sans émettre de plaintes comme des esclaves liés à leur fardeau. Mais avec gratitude pour cette tâche digne de notre force et remerciant Dieu Tout-Puissant de nous avoir désignés comme le peuple élu, afin de conduire désormais la régénération du monde [34]. » L'homélie en question intitulée « The March of the Flag » fut prononcée par le parlementaire en 1900 à son retour d'un voyage aux Philippines. Ses propos rencontrent ceux du président en exercice, McKinley, qui ne craint pas d'affirmer que cette politique est le fruit d'une révélation divine, d'une prédestination.

Dans la bouche de William Howard Taft, futur président des États-Unis, qui fut, en 1900, chargé de mettre en place un régime civil dans cette île, cet idéalisme devient : « Un de nos grands espoirs en élevant ces gens est de leur donner un langage commun et ce langage ne peut être que l'anglais. En lisant sa littérature, en prenant conscience de l'histoire de la race anglaise, ils respireront l'esprit de l'individualisme anglo-saxon [35]. »

Les expéditions militaires ouvrent la voie aux missions protestantes américaines, ces « Agencies of God », comme les dénommait Beveridge, agissant de concert avec le pouvoir politique. Leurs nombreuses revues et écoles relaient la « prédication de la régénération ». Ce que les analystes issus de ces pays soumis à cette nouvelle évangélisation appellent plus crûment l « américanisation » [36]. Dès 1899, par exemple, les diverses sociétés religieuses – baptiste, presbytérienne, ou méthodiste épiscopale – s'accordent pour se répartir ce travail prosélyte dans l'île de Puerto Rico [37]. Signe du projet d'acculturation : cette ancienne colonie se voit dépossédée dans les publications officielles de son nom espagnol et rebaptisée « Porto Rico », un mot qui fait plutôt penser à une île italienne ou corse ; ce n'est qu'en 1932 que le Congrès américain restaurera l'usage de l'original espagnol « Puerto

Rico ». La langue française a eu la mauvaise idée de conserver la forme bâtarde.

Débarquement à Cuba : première guerre de l'image

L'intervention américaine dans l'île de Cuba ouvre par-dessus tout une nouvelle ère de l'information dans son rapport à la guerre.

Les correspondants ont largement accès au télégraphe et au câble pour transmettre leurs reportages. Les opérateurs d'Edison et de la Vitagraph filment pour la première fois en direct les opérations d'un corps expéditionnaire. L'intervention elle-même est précédée d'une gigantesque campagne d'opinion en faveur de la guerre en direction du public, et des gouvernants, où se distingue la presse sensationnaliste de William Randolph Hearst. Pour justifier leur ingérence dans un pays qui était sur le point de se libérer lui-même d'un empire en pleine déconfiture, on invoque la misère des *reconcentrados*, ces lieux où le général espagnol Valeriano Weyler avait décidé de parquer les populations civiles afin de les empêcher de frayer avec les insurgés.

Le *New York Journal* titre « La famine à Cuba » et publie des photographies, pour la plupart, de femmes et d'enfants d'une maigreur squelettique et, en gros plan, un tout jeune homme, d'aspect plus affreux encore, avec les jambes gonflées par l'éléphantiasis. Les clichés de cette mobilisation des affects font le tour du monde. *L'Illustration* les reproduit, mais non sans une pointe de scepticisme[38]. Le périodique reçoit mal le mouvement antifrançais que traduisent les appels au boycott lancés depuis la rue par la Women's Patriotic League de Washington et de Philadelphie et repris par les journaux de Hearst. Ses quotidiens et hebdomadaires accusent pêle-mêle la presse française d'être hostile à l'Amérique, la Banque de Paris d'avoir fait un prêt à l'Espagne, le gouvernement d'avoir permis le ravitaillement en charbon de la flotte ennemie à la Martinique et d'avoir envoyé des munitions – comble de la haute trahison, sur le vapeur français *La Fayette* – à La Havane[39]. *L'Illustration* met les points sur les « i » en retraçant l'historique ambiguïté de la doctrine Monroe[40]. Une doctrine qui sanctionne un droit unilatéral à l'intervention.

Le rôle tenu par la presse dans la guerre hispano-américaine impressionnera tellement les esprits que les autorités militaires de nombreux pays invoqueront ce précédent – à leur sens, fâcheux – pour légitimer l'imposition de la censure et de l'embargo sur les nouvelles en temps de guerre. Ce fut notamment le cas de l'état-major français lors de la Grande Guerre[41].

L'histoire du cinéma doit à ces épisodes dramatiques non seulement les premières actualités sur le théâtre des opérations – trente minutes d'embuscades, d'escarmouches et d'une prise de colline –, mais les truquages qui feront le cinéma moderne. Sous la verrière de son petit atelier de Montreuil, Georges Méliès filme avec des moyens artisanaux deux moments forts de l'intervention des États-Unis. Dès le déclenchement des hostilités, le cinéaste-prestidigitateur et son équipe se sont mis au travail, serrant l'actualité d'aussi près que possible. Ils reconstituent successivement l'explosion du cuirassé américain *Maine* dans le port de La Havane, sabotage qui sert de prétexte à l'intervention armée, une visite de l'épave de ce bateau et le combat naval devant Manille au cours duquel la flotte espagnole est anéantie par la Navy[42].

Décor en trompe-l'œil, une immense toile qui figure le fond de l'océan avec, au premier plan, l'épave du *Maine* en carton. Un scaphandrier doit s'y promener. Devant l'ouverture de la caméra, Méliès pose un aquarium rempli de poissons rouges. L'opérateur tourne la scène : on se croit dans le fond de la mer. Méliès emploie ensuite le truc de la surimpression : il fait remonter la bande en arrière et tourner sur cette même bande le scaphandrier en train d'examiner l'épave. A la projection, ce stratagème crée l'illusion : on le voit évoluer au milieu de poissons géants, ceux-là mêmes pris en premier plan. *L'Explosion du cuirassé Maine* est présenté au théâtre Robert-Houdin le 26 avril 1898, six jours après le sabotage du bateau et le lendemain de la déclaration de guerre à l'Espagne par le président McKinley. Le film est expédié immédiatement aux États-Unis. Les Américains s'en inspireront pour tourner, en actualité truquée à New York, *Combat naval à Santiago de Cuba*[43].

Dans cette guerre qui se déroule dans les Caraïbes, un câble sous-marin est sectionné par un des belligérants, l'Espagne. Cette action délibérée relance un débat juridique sur le statut des moyens de transmission de l'information en temps de guerre, dans lequel les grandes puissances sont empêtrées depuis quelques années déjà.

L'information renseignement, le journaliste espion

« Toutes les personnes qui prendront cette voie pour franchir nos lignes sans autorisation ou pour entretenir des correspondances au préjudice de nos troupes s'exposeront, si elles tombent en notre pouvoir, au même traitement, qui leur est ainsi applicable, que ceux qui feraient des tentatives semblables par voie ordinaire [44]. » Les aéronautes doivent être considérés comme des espions parce qu'ils « peuvent faire usage de l'information qu'ils recueillent en franchissant les avant-postes allemands [45] ». Ainsi le décrète le chancelier Bismarck en 1870.

Le siège de Paris par les armées de von Moltke fixe la référence. Une soixantaine de ballons bourrés de dépêches et de lettres réussissent à s'envoler, emportant en outre le ministre de la Guerre, Léon Gambetta. Mais cinq tombent dans les mains de l'ennemi. Prisonnier de guerre ou passible des cours martiales ? Le chancelier de fer tranche pour la seconde solution. Ce n'est pas la première fois qu'une armée recourt à l'aérostation. Pratiquement dès sa naissance, le ballon a eu un usage militaire, tout comme le télégraphe optique moderne. Et il est significatif pour la petite histoire d'apprendre que Nicolas Jacques Conté qui est un des premiers à utiliser le ballon sur un champ de bataille, à Fleurus en 1792, sera chargé par Bonaparte, lors de l'expédition en Égypte, d'y établir un réseau de télégraphie optique. Le ballon a déjà rendu de précieux services à Anvers (1815), en Algérie (1830), au siège de Venise (1849), pendant la guerre de Sécession, et lors de la guerre du Paraguay. Lors de ces deux derniers conflits en particulier, l'armée a même réussi à établir des communications télégraphiques en ballon. Mais c'est à Paris que l'aérostation fait définitivement ses preuves, Paris qui donnera le coup d'envoi aux premiers établissements aéronautiques.

En 1874, la Conférence internationale de Bruxelles, convoquée sur l'initiative russe, infirme la définition imposée par Bismarck. Elle rappelle que l'espion militaire est cette personne qui se caractérise par le « secret et le déguisement ». Ce qui n'est pas le cas des aéronautes. La même conférence croit de son devoir de signaler que les porteurs de messages ne peuvent, eux non plus, être classés dans les espions.

Les textes qui font jurisprudence à l'époque sont le *Traité du droit des gens*, du publiciste allemand Emmerich de Vattel

(1714-1767), et les *Instructions de 1863*, rédigées à l'usage des armées en campagne des États-Unis d'Amérique par le juriste Francis Liebers et ratifiées par le président Lincoln. Le document américain qui représente la première codification des lois de la guerre ne contient rien sur les ballons dont l'emploi est encore trop restreint à l'époque. Mais quatre de ses articles traitent de façon novatrice la notion d'« espion », de « messager » et de « ruse ». La définition de l'espion est sans ambiguïté : « Est considéré comme espion l'individu qui, secrètement, sous un déguisement ou sous un faux prétexte, cherche à se procurer des informations qu'il se propose de communiquer à l'ennemi. L'espion pourra être pendu, qu'il ait réussi ou non à obtenir les informations qu'il cherchait ou à les transmettre à l'ennemi. » Cet article, comme les autres, sera repris presque textuellement par la déclaration internationale de Bruxelles concernant les lois et coutumes de la guerre, élaboré et adopté, mais non ratifié, à la conférence de Bruxelles. Les ascensions en ballon sont assimilées aux reconnaissances militaires. L'Institut de droit international réuni à Oxford en 1880 suivra la même philosophie dans son *Manuel sur les lois de la guerre sur terre*. On est alors à la veille de l'ère des dirigeables qui commence en 1884 et atteint son apogée avec le zeppelin en 1900.

La première conférence de la paix, qui se déroule en 1899 à La Haye, s'en tient à la jurisprudence établie à Bruxelles. L'Allemagne signe la déclaration sur la question des espions. Seule la Grande-Bretagne se refuse à approuver un texte « produit d'un compromis bâtard entre positions divergentes ». Sur les esprits de l'époque, quand on discute le thème de l'espionnage, pèse l'affaire du capitaine Dreyfus accusé injustement d'intelligence avec l'ennemi.

La seconde conférence organisée en 1907 n'a, selon un observateur de l'époque, qu'« en des proportions très restreintes contribué à développer la réglementation de la guerre des airs. Elle a renoncé à poser les principes fondamentaux à suivre et pour ce qui a été arrêté maints détails y manquent encore de précision et de netteté[46] ».

D'autant que la guerre des airs est chaque jour plus complexe. Les aérostats s'avèrent un moyen de reconnaissance de plus en plus performant dès le moment où on réussit à photographier d'une altitude de 1 500 mètres (à l'Exposition de Paris 1900, on a pu noter dans la salle des instruments de précision un spécimen de vues prises pendant la guerre de

Sécession côtoyant la première vue aérienne photographiée par Nadar en 1858). Mais ils menacent surtout de se convertir en de nouveaux moyens d'attaque en jetant d'en haut de la dynamite, de la roburite ou de la mélinite. Une menace que l'on pressent depuis 1868, date à laquelle la déclaration de Saint-Pétersbourg a tenté d'enrayer le recours aux balles explosives. La déclaration de 1907 est un aveu d'impuissance : « Les Puissances contractantes consentent, pour une période allant jusqu'à la fin de la Troisième Conférence de la Paix, à l'interdiction de lancer des projectiles et des explosifs du haut des ballons ou par d'autres modes analogues nouveaux. »

Il n'y aura pas de troisième conférence de la paix. Les diverses tentatives en vue de codifier les lois de la guerre et d'assurer le respect du droit des gens resteront sans lendemain. En 1902, la section historique du grand état-major allemand distribuait à ses officiers un manuel sur les lois de la guerre sur terre où on lisait : « Comme les tendances morales du XIXe ont été essentiellement dirigées par des considérations humanitaires qui ont assez souvent dégénéré en sensibilité, sinon en sensiblerie, il n'a pas manqué de tentatives ayant pour objet de faire évoluer les usages de la guerre dans un sens absolument en opposition avec la nature et les fins de celle-ci, et l'avenir nous réserve certainement encore des efforts du même genre, d'autant plus qu'ils ont déjà trouvé une reconnaissance morale dans la conférence de Genève et les conventions de La Haye et de Bruxelles [47]. »

Au moment où se déroule la seconde conférence de la paix, la réalité a déjà fait basculer la règle édictée par l'assemblée provisoire de la communauté internationale. Krupp fabrique des canons et des mortiers en vue d'atteindre les ballons agresseurs. Les « dragons volants » ont déjà été testés durant l'intervention américaine à Cuba, lors de la guerre des Boers et pendant la guerre russo-japonaise. Les premiers avions s'apprêtent à voler. En 1908, l'Américain Wilbur Wright parviendra à couvrir 60 kilomètres en une heure à une hauteur de 100 mètres. L'année suivante, le Français Louis Blériot traversera la Manche. En 1910, le premier contact radiotélégraphique est établi à partir d'un avion. Dès la campagne de pacification du Maroc, qui débouchera en 1912 sur l'établissement du Protectorat, l'aéroplane est équipé de cette technique, en sus de ses appareils de prises de vue.

Depuis les expériences concluantes de Marconi, le télégraphe sans fil est d'ailleurs réservé aux armées. Les premières applications de l'appareil du physicien italien, dont une compagnie anglaise a acheté les brevets, ont eu lieu l'année même où se déroule la première conférence de la paix, lors des manœuvres navales de la flotte britannique. Des messages sont expédiés d'un bâtiment à l'autre à des distances de plus de 30 milles marins. L'escadre française de la Méditerranée a, de son côté, avec des appareils perfectionnés par Octave Rochefort, atteint pendant les manœuvres de 1901 des portées de 35 milles. Dix ans plus tard, l'échange de messages radio entre stations terrestres et bâtiments de guerre est devenu chose courante.

La conférence de 1907 aura quand même le temps d'effleurer cette autre question apparue lors de la guerre russo-japonaise, à la suite d'une protestation du gouvernement tsariste à l'encontre de l'envoyé spécial du *Times* en Extrême-Orient. « Un correspondant de presse qui transmet une information à son employeur à partir d'un navire équipé d'une installation de télégraphie sans fil doit-il être considéré ou non comme un espion[48] ? » C'était une question dont la réponse ne paraissait pas évidente pour beaucoup, qui se souvenaient qu'encore au XVIIIe siècle certains journaux britanniques classaient leur couverture de l'actualité étrangère sous la rubrique « Foreign Intelligence ». La guerre russo-japonaise (1904-1905), qui marque la première victoire moderne du monde « non blanc » et consacre le Japon comme puissance, est, en effet, le premier conflit où la radiotélégraphie est utilisée aussi bien à des fins tactiques que pour la transmission de nouvelles. La réponse de la communauté juridique internationale à ce cas d'amalgame possible fut de renvoyer le plaignant au chapitre II du « Règlement concernant les lois et coutumes de la guerre en matière d'espionnage » laissé intact dans la forme arrêtée en 1899. Certaines nations tirèrent de leur côté les leçons de cette première guerre radiotélégraphique en fonction de leur sécurité nationale. L'Angleterre, par exemple, fit du télégraphe sans fil un monopole d'État, en l'attribuant au Post Office, sur lequel l'Amirauté exerça son droit de regard.

Dans toutes ces années qui précèdent la Grande Guerre, l'emploi militaire des machines volantes apporte un cruel démenti à ceux qui, comme Léon Bourgeois, président de la Chambre des députés et futur promoteur de la Société des Nations, croient encore possible l'établissement d'une

« communauté internationale de l'espace », « chemins d'échanges pacifiques et de justes rapprochements[49] ». L'aéroplane va d'abord faire ses preuves comme moyen de combat efficace. Ce qu'il devient réellement à partir de 1918. La première route commerciale anglaise sera ouverte un peu moins de dix mois après la signature de l'armistice du 11 novembre. Comme pour le premier câble sous-marin, les deux appareils de la ligne relient Londres à Paris.

Pour les techniques de transmission, le premier conflit mondial représente un saut quantitatif et qualitatif. La guerre de Crimée (1854-1855) avait été un terrain d'expérimentation pour le câble sous-marin qui avait relié les avant-postes au haut commandement des armées en campagne, et celui-ci aux gouvernements de Londres et Paris ; la guerre de Sécession avait signifié pour le télégraphe électrique une étape décisive dans la construction de réseaux ; la Grande Guerre est une guerre de la communication sans fil. En 1901, Marconi avait démontré l'utilité de la radiotélégraphie en faisant franchir à la lettre « s » la distance qui sépare la Cornouaille et Terre-Neuve. En 1906, le physicien Reginald Aubrey Fessenden avait ouvert la voie à la radiotéléphonie en reliant Brant Rock, dans le Massachusetts, à des bateaux sur l'océan Atlantique. En 1915, l'American Telegraph & Telephone (ATT) effectue la première liaison transatlantique de radiotéléphonie entre la base navale d'Arlington en Virginie et la tour Eiffel. On communiquait déjà de navire à navire, de navire à rivage. On communique dorénavant d'air au sol : en 1916, les techniciens anglais réussissent à envoyer un message radiotéléphonique à un avion. Même bond en matière de téléphone : « Le progrès continu de cette technique – souligne D.S. Landes – se trouva nettement accéléré par le besoin de traiter une grande affluence de messages dans la bataille ; c'était si vrai, que les Français trouvèrent utile, à la date tardive de 1936, de construire des stations centrales de commutation fondées sur les techniques mises au point par le corps expéditionnaire américain[50]. » La Première Guerre mondiale est aussi la première guerre du chiffre : les téléscripteurs transmettent et décryptent le sens caché des messages, télégrammes, radios, ordres secrets, ouvrant les nouvelles voies du renseignement.

Enfin, c'est un conflit où prend forme la « logistique de la perception militaire », selon l'expression de Paul Virilio. Le corps expéditionnaire américain en France comporte une section Opérations de reconnaissance photographique aérienne. Dirigés par Edward Steichen, peintre-photographe et un des maîtres du pictorialisme, 55 officiers et 1 111 engagés vont « organiser la production du renseignement aérien "comme à l'usine", grâce à la division du travail (les chaînes de montage des automobiles étaient opérationnelles depuis 1914 !). De fait, l'observation aérienne avait cessé d'être épisodique dès le début de la guerre, plus que d'images, il s'agissait d'un flux d'images, de millions de clichés tentant d'épouser, jour après jour, les tendances statistiques de ce premier grand conflit militaro-industriel. D'abord négligée par les états-majors, la photo aérienne, après la bataille de la Marne, va prétendre à son tour à une objectivité scientifique comparable à celle de la photographie médicale ou policière[51] ».

Au lendemain du traité de paix de Versailles, la US Navy prend la mesure du retard de l'industrie américaine des radiocommunications par rapport à celle de l'Empire britannique. A son instigation et au nom de la sécurité nationale, dès 1919, la Maison-Blanche fédère dans une stratégie nationale de développement du secteur les fleurons de l'industrie électrique américaine (RCA, ATT, General Electric, et un peu plus tard Westinghouse) et pose ainsi les prémices du futur complexe militaro-industriel et de la future hégémonie mondiale des États-Unis dans le domaine des communications électroniques.

En 1932, témoins de la progressive intégration des techniques de communication à longue distance, l'Union radiotélégraphique internationale et l'Union télégraphique internationale fusionnent dans l'Union internationale des télécommunications. Un de ses premiers actes est d'entériner officiellement le terme « télécommunication », inventé par un ingénieur français au début du siècle. Depuis 1927, le terme « information », quant à lui, est sorti de l'orbite exclusive de la langue de la presse et de l'instruction judiciaire. Dans un mémoire présenté à la conférence de Washington qui prépare la fusion des deux instances régulatrices, Ralph V.L. Hartley propose une mesure précise de l'information associée à l'émission de symboles. Ce sont les premiers pas d'une théorie du signal, une théorie statistique qui cherche avant tout à faciliter l'utilisation optimale du canal employé pour transmettre l'information. En 1936, le mathématicien britannique

Alan Turing (1912-1954) conçoit le schéma d'une machine capable de traiter de l'information.

Dans ces années trente, sortent les premiers travaux de la théorie des systèmes. Avec la Seconde Guerre mondiale, leur visée devient opérationnelle. Il faut résoudre des problèmes de stratégie militaire. A la sortie du conflit, le monde entrera dans l'ère du traitement automatique de l'information : Claude Shannon (né en 1916) formulera sa théorie mathématique de l'information, et Norbert Wiener (1894-1964), les bases de la cybernétique.

IV

L'individu-mesure

10

Le profil des foules

Les représentants de la statistique morale ont, depuis les années 1830, entrepris de démontrer que des règles mathématiques président à l'occurrence et à la répartition des pathologies sociales. Avec eux, le calcul des probabilités se convertit en un nouveau mode d'organisation de la société.

Un demi-siècle plus tard, les sciences criminelles de la mensuration humaine font leur apparition. Nomenclatures et indices servent aux policiers, aux juges et aux médecins légistes dans leur mission hygiéniste de surveillance et de normalisation.

Comment qualifier les multitudes en mouvement ? Faut-il s'en remettre au déterminisme du nombre ou au libre arbitre individuel ? Dans une société qui vient à peine de se libérer du carcan législatif qui pesait sur la liberté d'expression et de réunion, les débats sur la nature de l'opinion collective et ses effets supposés sur la vie de la cité s'inscrivent dans le droit fil des thèses de l'école de l'anthropologie criminelle, et de celles de la psychologie des foules. Préfigurant le behaviorisme, la conception prédominante du récepteur est celle d'un individu fonctionnant sur le mode de l'automate dans une vision manipulatoire de la société. Mais la polémique sur le rapport d'hypnotisé à hypnotiseur qui caractériserait la relation entre l'individu et le collectif donne aussi naissance à une approche ethnographique des publics comme constituants d'un nouveau type de société.

Adolphe Quételet, l'homme moyen et la société du risque

En 1835, l'astronome et mathématicien belge Adolphe Quételet fait paraître *Sur l'homme et le développement de ses facultés ou Essai de physique sociale*. « L'homme moyen – écrit-il – est dans une nation ce que le centre de gravité est dans un corps ; c'est à sa considération que se ramène l'appréciation de tous les phénomènes de l'équilibre et des mouvements[1]. » De cette « valeur pivotale », il fait l'axe d'une science conçue sur le modèle des lois en physique. C'est cet « être fictif », « moyenne autour de laquelle oscillent les éléments sociaux », qu'il faut considérer « sans s'arrêter aux cas particuliers, ni aux anomalies et sans rechercher si tel individu peut prendre un développement plus ou moins grand dans l'une de ses facultés[2] ».

Dans une société mue par des « forces », l'homme moyen est érigé en unité de base d'une nouvelle science de la mensuration sociale : la « physique sociale ». Un axiome méthodologique guide sa démarche : « On jugera du degré de perfection auquel une science est parvenue, par la facilité plus ou moins grande avec laquelle elle se laisse aborder par le calcul[3]. » Pour lui, le chiffre tranche la question du déterminisme : « Le libre arbitre de l'homme s'efface et demeure sans effet sensible, quand les observations s'étendent sur un grand nombre d'individus[4]. »

A la physique sociale, Quételet demande de répondre à trois questions : 1) Quelles sont les lois d'après lesquelles l'homme se reproduit, croît en poids, en taille physique et en force intellectuelle, développe son penchant plus ou moins grand au bien ou au mal, ses passions et ses goûts, d'après lesquelles il produit et consomme, il meurt ? 2) Quelle est l'action que la nature exerce sur l'homme, la mesure de son influence ? Quelles sont les forces perturbatrices et les éléments sociaux qui en sont affectés ? 3) Enfin, les forces de l'homme sont-elles à même de compromettre la stabilité du système social[5] ?

En 1825, Quételet s'est fait connaître en publiant un *Mémoire sur les lois des naissances et de la mortalité à Bruxelles*. Cette première étude démographique témoignait déjà de son désir d'établir une statistique morale et d'en déduire des « conséquences utiles ». Précurseur des statistiques sur les flux démographiques, il l'est également de celles sur les flux judiciaires. Il a calculé des tables de mortalité ; il dresse maintenant des « tables de criminalité ». Il observe ce qu'il appelle le « penchant au crime », cette probabilité plus ou moins grande qu'a un individu de commettre un crime, selon l'influence des saisons, le sexe, l'âge, la condition sociale, etc. Mesurant et classant, il tire des lois générales de type probabiliste et met en représentation cartographique les taux de délinquance en les associant à la série des autres indices de l'instabilité sociale. Ses tables de criminalité indiquent, pour les différents âges, les degrés de la tendance au crime dans divers pays européens. Il travaille aussi sur le « penchant au suicide ».

Ses travaux sur l'écologie du crime font école. En témoignent, entre autres, les nombreuses références à ses œuvres dans les études menées par les statisticiens britanniques à partir des années 1840 sur la délinquance juvénile, la prostitution ou les réfractaires au travail dans les grandes métropoles de l'Angleterre industrielle[6]. Son rôle pionnier dans l'édification d'une communauté internationale de la statistique, partageant les mêmes grilles d'analyse, va de pair avec la diffusion de ses idées.

En identifiant les « causes constantes » et les « causes variables » qui « dominent le système social », le statisticien moral cherche à fournir au législateur des outils en vue de réguler les flux face à des « forces perturbatrices », c'est-à-dire « tout ce qui influe moralement sur l'homme et le détermine à agir dans un sens plutôt qu'un autre », dont l'accumulation met en péril la stabilité de la société. Dans un autre de ses ouvrages publié en 1848 et intitulé *Du système social et des lois qui le régissent*, où il expose justement ses « tables de criminalité » et en montre l'utilité comme instrument de gouvernement, il précise : « En considérant les choses sous ce point de vue, on concevra mieux la haute mission du législateur qui tient, en quelque sorte, entre ses mains le budget des crimes et qui peut en diminuer ou en augmenter le nombre par des mesures combinées avec plus ou moins de prudence[7]. »

L'année où paraît l'*Essai de physique sociale* concorde, à une année près, avec l'apparition dans la langue française du mot « normalité ». C'est en effet à 1834 que Georges Canguilhem fait remonter la naissance de ce terme, l'adjectif « normal » étant consacré depuis 1759[8].

En exergue de son *Essai*, Quételet a placé une phrase extraite de l'*Essai philosophique sur les probabilités* (1814) du mathématicien et astronome, ancien ministre de l'Intérieur de Bonaparte, Pierre-Simon de Laplace : « Appliquons aux sciences politiques et morales la méthode fondée sur l'observation et sur le calcul, méthode qui nous a si bien servi dans les sciences naturelles. » Quételet est en effet redevable d'une accumulation de travaux et d'expériences qui ont commencé avec la « géométrie du hasard » de Pascal et se sont poursuivis avec les recherches des actuaires sur le calcul des primes d'assurance, les premières analyses de l'arithmétique politique et les premières applications de la théorie des jeux à l'évaluation des jurys de tribunal ou des différents modes de scrutin.

François Ewald, dans sa somme intitulée *L'État Providence*, a très bien situé l'apport de la physique sociale de l'astronome bruxellois à l'émergence d'un nouvel art de gouverner : « L'importance de Quételet est d'avoir été un carrefour, un lieu de croisement, un point de précipitation. Des choses encore isolées, dispersées, séparées vont grâce à lui se mettre à communiquer et à prendre une forme nouvelle, de nouveaux développements, un nouvel avenir. Quételet est l'homme de l'universalisation du calcul des probabilités – qui est l'échangeur universel[9]. » Des deux grandes tentatives d'objectivation de la société qui voient le jour au cours du XIXe siècle, l'autre étant la sociologie positive de Comte, la théorie de l'homme moyen et des moyennes est celle qui nous « rend d'un coup étrangers à nous-mêmes », parce qu'elle nous « confère une nouvelle identité ». La sociologie comtienne s'inscrit dans les catégories dans lesquelles on pensait déjà l'histoire de l'humanité. Il n'en va pas de même pour Quételet : en postulant que seule la prise en compte des individus en masse permet une connaissance vraie de l'individu, sa méthode révèle les « effets de décentrement du sujet », liés à l'objectivation, sur la manière de considérer les hommes, les choses et leurs rapports[10].

Avec l'application du calcul de la « raison probabilitaire » au gouvernement de la société, commence à se formaliser un nouveau mode de régulation sociale que François Ewald dénomme les « sociétés assurantielles » : l'assurance, ce mécanisme fondé sur la compensation des risques, de simple « technologie du risque » se transforme en une « technologie politique ». Le changement radical se résume en ceci : on passe d'une problématique de la responsabilité à une problématique de la solidarité, du droit civil au droit social. Dans ce trajet vers la solidarité et l'interdépendance calculées se lit l'émergence de l'État-providence, qui socialise les responsabilités : prolifération des institutions d'assurances, certes, mais surtout avancée du nouveau type de rationalité qui leur est attaché. En transposant la philosophie et les techniques éprouvées des assurances privées à la société tout entière, celle-ci est posée comme « assurance universelle ». L'assurance est appelée à fonder une nouvelle justice sociale dans l'ordre interne comme à l'échelle interétatique.

C'est ainsi en tout cas que le comprend, dès 1852, le journaliste et patron de presse Émile de Girardin (1806-1881), en exil à Bruxelles. Dans son ouvrage *La Politique universelle*, il fait de l'assurance un principe global de réorganisation sociale. Ramenant tous les problèmes sociaux à des questions de risques, il rattache l'ensemble de leur solution à ce mécanisme : « Le calcul des probabilités, appliqué à la mortalité humaine, aux risques maritimes, aux cas d'incendie ou d'inondation, a donné naissance à une science nouvelle qui n'est encore qu'à son berceau : celle des *assurances*. Le calcul des probabilités, appliqué à la vie des nations, aux cas de guerre et de révolution, est le fondement de toute haute politique. Selon que ce calcul est rigoureux ou faux, approfondi ou dédaigné, la politique est glorieuse ou funeste, grande ou petite. Gouverner, c'est prévoir [11]. » La philosophie du risque abolit la distinction théologique ou morale entre le bien et le mal : elle s'en tient à la pure matérialité des faits : « Je me suis demandé s'il était possible de concevoir et de fonder une société qui, réduisant tout mathématiquement à des risques judicieusement prévus et à des probabilités exactement calculées, aurait pour unique pivot l'*assurance* universelle. Je me suis demandé si une société fondée sur cette supposition, fausse ou vraie, et tournant sur ce pivot, comme la Terre tourne sur son axe, vaudrait moins que la société qui repose sur une distinction arbitraire entre le bien et le mal, distinction arbitraire, puisqu'elle a varié, et qu'elle varie encore selon la diversité des temps et des pays, des religions et des lois [12]. » Le contrat social se redéfinit comme contrat d'assurance. Il permet de faire face au risque du chômage et de l'insuffisance du salaire des ouvriers. Pour sa mise en application, de Girardin va jusqu'à imaginer un système d'identification : chacun devrait être muni d'un livret ou « inscription de vie » où figureraient son « bilan individuel » et un « bilan national », un ensemble de renseignements statistiques sur les dépenses et recettes de l'État et la situation de l'industrie. Grâce à cette transparence, chacun saurait à quelle société il participe comme partie d'un tout.

Le nouveau contrat garantit également contre le risque de guerre : « Pour l'écarter et l'anéantir, il y a une chose bien simple à faire, c'est de proposer à toutes les nations qui fléchissent sous le poids de la paix armée de contracter entre elles une assurance spéciale dans cette vue. Plus le nombre des États qui seront parties contractantes tendra à grossir, plus le risque tendra à s'affaiblir ; par suite plus la prime à payer sera faible. »

L'institutionnalisation de cette nouvelle rationalité politique et juridique prendra, dans l'espace français, trente ans, de 1880 à 1910, du début du débat sur les accidents de travail à la loi sur les retraites. Les congrès sur les assurances sociales qui se tiendront lors des grandes expositions universelles seront un des lieux importants de la diffusion de leur philosophie. Quant à l'incorporation de la notion de risque dans un projet de création d'un nouvel espace international, il faudra attendre la fin de la Première Guerre mondiale pour la voir s'incarner à travers la Société des Nations. Ce sera plus particulièrement le rôle assigné au Bureau international du travail qui essaiera de faire observer cette déclaration de principe du traité de Versailles, selon laquelle « le bien-être physique, moral et intellectuel des travailleurs salariés est d'une importance essentielle au point de vue international ». « Persuadées qu'elles sont que le travail ne doit pas être considéré simplement comme un article de commerce », les parties contractantes avaient aussi souscrit à l'idée « qu'il y a des méthodes et des principes pour la réglementation des conditions de travail que toutes les communautés industrielles devraient s'efforcer d'appliquer [13] ».

Au passage du XIXe au XXe siècle, les partisans d'un système d'assurances sociales tous risques arguaient que « s'il est un risque qu'il faille assurer, c'est celui d'invalidité, parce que, ici, le risque de l'individu c'est, véritablement le risque d'invalidité de la nation [14] ». La question de la « prévoyance sociale » et de la « défense sociale » rimait alors nationalement avec celles de la sécurité intérieure et de la « défense nationale ». D'autant plus que, de l'autre côté du Rhin, le « programme social » du chancelier Bismarck, soucieux de désarmer les pressions exercées par les syndicats ouvriers en liaison avec le parti social-démocrate, a placé l'Empire allemand à l'avant-garde du droit social : assurance maladie en 1883 ; accidents de travail, l'année suivante ; invalidité et vieillesse, en 1889. Malgré le caractère précurseur de certains de ses théoriciens, tel Louis Blanc (1811-1882), un des premiers à préconiser l'assurance obligatoire des risques sociaux, la France ne se ralliera au principe qu'en 1898. Premier pas : la loi du 9 avril de cette année qui institue la garantie des accidents de travail. Mais à la différence du système allemand, le système français ne rend pas obligatoire l'assurance des employeurs (il faudra en fait attendre 1928 pour que se fixe définitivement la législation française des assurances sociales).

Après l'armistice, l'impératif de la sécurité mutuelle interétatique devient la base de l'« assurance universelle » rêvée par de Girardin. Ce n'est point un hasard si les promoteurs de la politique des assurances sociales en France, comme Léon Bourgeois (1851-1925), se retrouvent parmi les grands artisans de la Société des Nations. Dans la préface de son ouvrage *Essai d'une philosophie de la solidarité*, publié en 1902, on peut relever cette définition de la notion centrale de « solidarité », tout entière située dans la facticité : « Si les individus ne sont, en quelque sorte, que les cellules de la société, le mot par lequel les biologistes expriment l'interdépendance des cellules est celui même qui doit exprimer dorénavant l'interdépendance des individus. Les termes de justice, de charité, de fraternité ont semblé insuffisants... La fraternité, si chère à la démocratie sentimentale de 1848, a le tort justement de n'être qu'un sentiment, et nos générations modernes, avides de science positive et objective, avaient besoin d'un mot qui exprimât le caractère scientifique de la loi morale. Le mot de "solidarité", emprunté à la biologie, répondait merveilleusement à ce besoin obscur et profond[15]. » En 1920, Léon Bourgeois recevra le prix Nobel de la paix.

La notion d'interdépendance sera désormais une plaque tournante dans les agencements et réaménagements successifs de l'ordre mondial.

Alphonse Bertillon et l'anthropométrie

Le dernier ouvrage de Quételet est publié en 1871, trois ans avant sa mort. Il s'intitule *Anthropométrie ou mesure des différentes facultés de l'homme.* Ses travaux vont contribuer à baliser le terrain méthodologique sur lequel fleurissent les projets de « signalement anthropométrique » dans les années 1880. Alphonse Bertillon (1853-1914), docteur en médecine et inventeur de la police scientifique, n'en fera pas mystère en 1892 : « Il est infiniment probable que sans les travaux de cet homme de bien et de génie, je n'aurais jamais pensé à utiliser les mensurations humaines à la reconnaissance de l'identité [16]. » Mais la genèse de la question de l'identification et du signalement remonte bien au-delà de Bertillon.

Vers 1833, les autorités de police instaurent en France le repérage et l'identification des criminels à l'aide d'un système de fiches ou bulletins individuels. La délinquance commence à « fonctionner comme un observatoire politique ». A travers les délinquants, se constitue un appareil qui permet de contrôler tout le champ social. Délinquance-police-prison sont trois termes qui, comme l'observe M. Foucault, « prennent appui les uns sur les autres et forment un circuit qui n'est jamais interrompu. La surveillance policière fournit à la prison des infracteurs que celle-ci transforme en délinquants, cibles et auxiliaires ("indicateurs") des contrôles policiers qui renvoient régulièrement certains d'entre eux en prison [17] ». La même année, le Français Guerry de Champneuf fait paraître un *Essai sur la statistique morale de la France*, sans afficher l'ambition théorique et sans jouir, surtout, de la renommée internationale de Quételet. Directeur des affaires criminelles au ministère de la Justice, il étudie la fréquence et la distribution des suicides et des crimes contre la propriété en exploitant notamment les premières séries statistiques sur la capitale et le département de la Seine, publiées entre 1821 et 1829 par le préfet de la Seine [18].

En 1863, les autorités pénitentiaires françaises envisagent l'usage de la photo à l'intérieur des prisons. Le ministre de l'Intérieur s'y oppose arguant qu'une telle mesure « serait pour les détenus une aggravation de la peine non prévue par la loi et un moyen de plus d'empêcher tout retour au bien ». Au nombre des rares références scientifiques de l'époque sur la question de l'identification individuelle en général, quatre textes circulent dans les milieux médicaux et judiciaires.

Le premier est dû à l'ecclésiastique français, l'abbé Jacques Pernetti (1690-1777), auteur des *Lettres philosophiques sur les physionomies*, publiées en 1748, auxquelles se réfèrent déjà La Mettrie et les Encyclopédistes. Le deuxième est l'œuvre du théologien protestant suisse Jean-Gaspard Lavater (1741-1801), auteur, dans les années 1775-1778, d'un *Essai sur la physiognomonie destinée à connaître l'homme et à le faire aimer*. Le troisième vient de l'Allemand Franz Josef Gall (1758-1828), créateur de la phrénologie, qui pense pouvoir « reconnaître les instincts, les penchants et les talents, les dispositions intellectuelles et morales de l'homme et des animaux par la configuration de leur cerveau et de leur tête », toutes expressions qui figurent dans les titres des dix volumes qu'il consacre à la question entre 1810 et 1825. Le dernier texte est l'œuvre du spécialiste du cerveau et des fonctions du langage, Paul Broca (1824-1880), et s'intitule *Instructions générales pour les recherches anthropologiques à faire sur le vivant*. Dans cet ouvrage publié en 1864, le fondateur de l'École d'anthropologie prétend que le cerveau a quelque chose à voir avec la race et que mesurer la forme du crâne est la meilleure méthode pour évaluer son contenu.

En 1871, le ministère de la Marine et des Colonies émet une circulaire qui stipule que toute personne condamnée irrévocablement à plus de six mois d'emprisonnement serait dorénavant photographiée. L'année suivante, l'administration pénitentiaire reprend la disposition à son compte et décrète que tous les « prisonniers civils », et en particulier les individus condamnés pour faits d'insurrection, doivent être photographiés. Des centaines d'hommes et de femmes de la Commune condamnés sont pris en photo.

En 1882, Bertillon est chargé de mettre en place au Dépôt un système scientifique d'identification des criminels qu'il a proposé au préfet de police trois ans auparavant. Deux circulaires ministérielles généralisent l'emploi de sa méthode au reste de la France entre 1885 et 1888.

Le signalement ordinaire et banal des détenus, inscrit sur le registre d'écrou, est remplacé par le relevé des mensurations anthropométriques. En plus des mensurations du corps, de la tête et des membres, bases de la méthode anthropométrique proprement dite, la fiche signalétique comprend la couleur de l'iris de l'œil gauche, la description des particularités individuelles, difformités, cicatrices et tatouages. A tous ces renseignements, s'ajoutent les données de l'état civil, les condamnations antérieures, le lieu de la dernière détention et les causes de la détention actuelle. La fiche est complétée par deux portraits juxtaposés du sujet, l'un de face, l'autre de profil (côté droit). Pour faciliter la rédaction de la fiche,

Bertillon rédige des instructions très précises et conçoit des instruments spéciaux de mesure : un compas d'épaisseur et deux autres à coulisse. Son ouvrage sur *La Photographie judiciaire* publié en 1890 complète ce mode d'emploi. Il invente aussi le « portrait parlé », mettant à profit ses études statistiques sur la distribution des mesures et des fréquences. Cette description de l'individu, faite de signes convenus et abréviatifs, est présentée comme ayant l'avantage de « se télégraphier en un instant dans toutes les directions, aux polices des grandes villes et des ports d'embarquement, et de parer ainsi à la fuite et à l'évasion des criminels [19] ». Les fiches signalétiques sont centralisées au ministère de l'Intérieur. En double, l'une classée suivant l'ordre par mensuration, l'autre par ordre alphabétique.

Dès 1885, Bertillon présente sa méthode devant les participants au deuxième congrès pénitentiaire international et au premier congrès d'anthropologie criminelle qui se tiennent à Rome simultanément. Avant la fin du siècle, le « bertillonnage » et la « fiche parisienne » seront devenus synonymes de la nouvelle ère de la police scientifique à travers le monde.

Depuis la tribune du congrès pénitentiaire, Bertillon aborde la question de l'échange international des fichiers judiciaires et formule le vœu de contribuer à son avènement grâce à la généralisation d'une méthode qui a déjà fait ses preuves, la sienne. Pour emporter la conviction de ses collègues étrangers, il va jusqu'à faire valoir que la non-universalité du système métrique n'est pas un obstacle à son adoption : il suffirait de considérer les chiffres de ses instruments de mesure, non comme des mesures de longueur, mais comme des « chiffres repères », des « pointures spéciales ». A la même réunion, son supérieur hiérarchique, François-Louis Herbette, directeur de l'administration pénitentiaire, s'enhardit et parle des avantages qu'il y aurait, dans l'intérêt de chacun, des tiers et de l'État, à généraliser les renseignements de la fiche, en insérant le signalement anthropométrique dans chaque certificat d'état civil, chaque passeport et chaque contrat d'assurance-vie [20].

Galton, Vucetich et la fiche dactyloscopique

A ces procédés d'identification que l'on voyait déjà indépassables, vient s'en ajouter dans les années 1890 un autre qui n'est pas d'origine française et qui porte même ombrage à celui de Bertillon : la dactyloscopie, une méthode à la paternité multiple.

De vieilles civilisations comme la chinoise et la japonaise avaient certes déjà découvert les mystères des dessins de la main. Mais c'est aux anatomistes du XVIIe siècle, Ruysch, Albinus et Malpighi, que remontent les premières descriptions scientifiques de l'extrême diversité des spires et des tourbillons papillaires qui ornent la pulpe des doigts. Ces médecins n'avaient toutefois pas cherché à trouver la clé de cette variété graphique en classant et groupant les courbes, les arceaux, les cercles concentriques. Cette découverte incombe à Jan Evangelista Purkinje (1787-1869). En 1823, cet anatomiste tchèque de Breslau publie un ouvrage aux fins purement scientifiques sur le système cutané. Ordonnant les croisements infinis des lignes papillaires, il discerne neuf figures principales. Dans les décennies suivantes, cette découverte sur les dispositions des lignes papillaires est confirmée par deux ou trois recherches menées indépendamment dans d'autres pays européens, dont celles des physiologistes français Alix et Gratiolet vers 1865.

Mais le laboratoire grandeur nature qui va déclencher l'usage judiciaire de ces découvertes se situe hors d'Europe, dans la périphérie impériale. Au milieu du XIXe siècle, un haut fonctionnaire britannique, J.W. Herschell, impose aux analphabètes du Bengale l'usage systématique de l'empreinte du pouce, comme un sceau destiné à authentifier les actes publics. Une pratique qui a évidemment bien d'autres antécédents historiques. De cette expérience administrative sans prétention scientifique, menée pendant plus de quarante ans, il résultera par-dessus tout un matériel considérable qu'utilisera un scientifique de Londres, Francis Galton (1822-1911).

Vers 1888, ce cousin de Darwin découvre les travaux de Purkinje à la bibliothèque du Royal College of Surgeons. Reprenant l'étude méthodique des dessins digitaux, il publie, trois ans plus tard, une première méthode d'indexation des empreintes digitales [21]. Il range les dactylogrammes ou figures que dessinent les lignes papillaires, ceux du pouce par exemple, dans 41 types qui se subdivisent d'après les particularités de chaque type.

Le propos de Galton n'est pas médico-légal et l'identification de l'individu n'est pour lui que secondaire. Il est de nature anthropologique. Une anthropologie bien particulière, il est vrai ; Galton est surtout connu comme précurseur de l'eugénisme. De l'héritage sélectif, était supposé découler un « génie héréditaire » : titre, précisément, de son ouvrage publié en 1869 (*Hereditary Genius*). L'aristocratie est présentée comme le fruit naturel de la sélection naturelle, d'un pur lignage. Si le gentleman victorien fit un apport majeur à la statistique – le calcul des corrélations, par exemple –, c'est au cours de ses recherches à partir des fichiers des familles de « grands hommes » en vue de confirmer ses préjugés d'aristocrate vis-à-vis des autres races et classes !

En 1891, Juan Vucetich (1850-1925), chef de la statistique de la police de la ville de La Plata, en Argentine, simplifie la classification de Purkinje et de Galton en réduisant les types fondamentaux à quatre. Cinq ans plus tard, sa méthode, déjà testée, est étendue à toute la province de Buenos Aires. En distinguant, dans les lignes directrices, quatre catégories de formes : l'arc, la boucle interne, la boucle externe, le verticille ou spirale, désignées respectivement par les lettres A I E V, lorsqu'il s'agit du pouce, et par les chiffres 1 2 3 4 lorsqu'il s'agit des autres doigts (la formule A.2431, par exemple, exprime qu'il y un arc au pouce, une boucle interne à l'index, un verticille au médius, une boucle externe à l'annulaire, un arc enfin à l'auriculaire). Avec les deux mains, cette notation comporte un nombre considérable de combinaisons réalisables. Vucetich réussit ainsi à créer un répertoire de plus d'un million de fiches différentes.

Sur le système du scientifique anglais, le fonctionnaire argentin a l'avantage de la simplicité et de l'opérationnalité ; il conçoit même un meuble-fichier, un « orgue », pour classer les fiches dactyloscopiques, alors que Galton ne s'intéresse même pas à cette fonction d'archivage. Scotland Yard, intéressé en principe par les recherches de son compatriote, les trouvera finalement trop difficiles à appliquer à de grands nombres et choisira un autre système – le système Henry – en 1901. Vucetich a surtout l'appui des autorités de son pays qui ont été parmi les premières à se rallier au bertillonnage, mais aussi les premières à le critiquer parce que trop complexe à manier. Le policier argentin ne conçoit l'adoption de sa méthode que dans un cadre juridique de réformes administratives qu'il s'attelle à promouvoir auprès du législateur. Sa méthode d'identification qui, à l'origine, n'enregistre que la population délinquante, sera successivement étendue aux immigrants, aux fonctionnaires, aux conscrits et, enfin, à toute la population. L'instauration de la carte d'identité obligatoire pour tous les citoyens dès la seconde moitié des années dix est l'occasion de la généralisation du système d'identification dactyloscopique à l'ensemble des citoyens.

Ce système mis au point par Vucetich, émigrant de fraîche date de l'Europe centrale, sera adopté par nombre de pays du sous-continent. Dès 1905, Vucetich convie les responsables de la police d'Argentine, du Brésil, du Chili et d'Uruguay à discuter de la nécessité de généraliser l'emploi de la carte d'identité (où figurent les empreintes digitales) [22]. Le principe en est admis à l'unanimité. Avant la fin des années trente, la majorité des pays latino-américains aura fait de la carte d'identité une institution. L'empreinte digitale deviendra ainsi le moyen d'identification individuelle unique.

On remarquera la précocité de cette région du monde en matière de carte d'identité. Il suffit de rappeler qu'en France, après un premier projet infructueux en 1939, un tel document ne deviendra obligatoire qu'après la Seconde Guerre mondiale (en 1941, le régime de Vichy imposera le numéro d'identification INSEE, qui deviendra par la suite la base de la classification individuelle de la Sécurité sociale). Le contraste est encore plus grand avec la Grande-Bretagne et les États-Unis qui, plus de trois quarts de siècle après l'adoption par l'Argentine de la carte d'identité, ne se sont pas encore ralliés à cette pratique.

Le contrôle du flux immigratoire semble avoir été, à l'origine, un des éléments majeurs de cette promptitude. Il est en tout cas une des principales légitimations du caractère nécessaire de la méthode. Qu'on en juge par cet extrait d'un plaidoyer, qui date de 1909, émanant d'un des plus fidèles collaborateurs du pionnier de la dactyloscopie : « Nos pays sont formés par l'immigration... Tous les éléments sociaux pernicieux du Vieux Monde accourent vers les peuples américains, spécialement au Brésil et en Argentine, parce que les ports sont ouverts à ceux qui le veulent ou le sollicitent. Cette libéralisation accroît les délits sous toutes leurs formes. Depuis le plus léger, qui se traduit par des actes de mauvaise foi, jusqu'à l'attentat inconcevable du féroce anarchiste qui, emporté par une idée aussi supérieure qu'elle n'est réalisable de l'égalité, ne trouve d'autre moyen d'établir l'ordre social de ses rêves que de détruire par la violence et le crime... La prophylaxie sociale se réalisera avec succès en établissant l'identification dactyloscopique de chaque individu qui débarque dans un port d'Amérique[23]. » Trois années plus tard, l'Argentine créait un « registre des immigrants ». Ce sera la première application du fichier dactyloscopique à une catégorie de population ne relevant pas de la population pénitentiaire.

En 1907, le ministre de la Justice français envoie à l'Académie des sciences une lettre où il l'invite à « lui faire connaître son sentiment sur le crédit qu'il faut accorder aux méthodes anthropométriques relatives aux empreintes des doigts pour fixer l'identité d'un individu, et sur les moyens de contrôle à établir pour prévenir, dans leur application, les déductions inexactes ». Sont chargés de rédiger le rapport cinq grands professeurs (d'Arsonval, Chauveau, Darboux, Troost et Dastre). Après avoir passé en revue les différents systèmes dactyloscopiques en vigueur dans le monde et défini le système argentin comme le plus opératoire, ils concluaient : « Dans tous les pays qui l'ont adopté, le système dactyloscopique a montré sa supériorité sur la méthode anthropométrique. D'abord subordonné à celle-ci, puis employé concurremment, il l'a bientôt détrônée... Il n'est pas sujet aux objections adressées au système anthropométrique ; il s'applique à tout âge... Il est le moins coûteux. Son fonctionnement n'exige point un personnel nombreux et long à dresser... Il peut être recommandé pour l'établissement d'une fiche internationale dont feraient usage les polices de tous les États civilisés pour la recherche commune des criminels[24]. »

Au moment où l'Académie des sciences émet son rapport, non moins de dix méthodes sont appliquées à travers le monde, la grande majorité ayant été mises au point par des responsables de la police scientifique. Comme la méthode Henry qui, essayée d'abord en Inde avant d'être adoptée par la métropole, le sera aussi par la Saxe, le Danemark et la Suède. Ou encore la méthode Pottecher en Indochine française, une méthode différente de celle en vigueur dans la police de la métropole qui, elle, choisit dès 1902 d'introduire à côté de l'anthropométrie de Bertillon une méthode dactyloscopique qui ressemble comme un clone à celle de Vucetich. De fait, la méthode « sud-américaine » – comme la baptisèrent le médecin légiste Edmond Locard et l'ensemble de ladite « école médicale lyonnaise », dirigée par le docteur Jean Lacassagne (1843-1924), titulaire de la chaire de médecine légale à la faculté de Lyon, qui la soutinrent – est déjà alors avec celle du chef de police londonien Edward R. Henry la plus répandue sur la scène internationale [25].

L'« homme délinquant » de l'anthropologie criminelle

En affinité avec l'anthropométrie, une nouvelle science naît : l'anthropologie criminelle. Son origine et son noyau dur sont italiens. Le chef de file en est Cesare Lombroso (1835-1909), ancien médecin militaire et professeur de médecine légale à l'université de Turin, auteur en 1876 d'un ouvrage-phare intitulé *L'Uomo delinquente in rapporto all antropologia, alla giurisprudenza ed alla discipline economiche* [26]. Parmi les membres les plus connus du groupe, un magistrat du parquet, Raffaele Garofalo, et un jurisconsulte et député, Enrico Ferri, professeur de droit pénal à l'université de Sienne. Si leur caractéristique commune est de se réclamer du positivisme, ils se différencient toutefois quant à leur positionnement dans le spectre politique. Lombroso est franchement conservateur. Ferri (1856-1929), fondateur du journal *Avanti !*, est classé par l'*Encyclopaedia italiana* comme « homme politique d'extrême gauche ». Cette école italienne qui se présente donc comme l'« école criminaliste positive » a sa revue : *Archivio di psichiatria e antropologia criminale.*

L'audience du groupe dépasse largement les frontières de la péninsule. C'est même lui qui donne le coup d'envoi aux congrès qui, tous les quatre ans, jusqu'à la veille de la Grande Guerre, vont rassembler les criminalistes du monde entier dans les grandes villes de l'Europe continentale. Lombroso et Ferri président le premier congrès international d'anthropologie criminelle qui siège à Rome en 1885. La décennie est décisive pour la structuration de réseaux d'échanges internationaux autour de la chose judiciaire. Pour preuve : en 1882, se tient à Londres le premier congrès pénitentiaire ; le deuxième à Rome, trois ans plus tard, celui où précisément intervient Bertillon. En 1889, l'Union internationale de la loi pénale se réunit à Bruxelles pour la première fois, tandis que l'anthropologie criminelle tient son deuxième congrès dans les enceintes de l'Exposition universelle de Paris.

En 1906, Lombroso prononcera le discours d'ouverture du sixième congrès d'anthropologie criminelle qui se déroule à Bruxelles. Ce sera son dernier. Pendant plus de vingt ans, les thèses des criminalistes italiens auront été au centre des débats et polémiques de ces assemblées de savants.

D'entrée de jeu, le congrès de Rome avait annoncé la couleur. Une exposition parallèle illustrait les objets de recherche de plusieurs des participants. Le professeur Angelucci exposait 17 crânes, dont 16 d'épileptiques et un de folle-voleuse, et 31 photographies de délinquants. Le professeur Lombroso, 70 crânes de délinquants italiens et 30 crânes d'épileptiques, illustrés dans l'*Uomo delinquente*, un squelette de voleur, une cruche de prison avec graffiti, des lambeaux de peau avec tatouages de délinquants, des spécimens d'écritures de délinquants. Avec son collègue R. Laschi, quatre tableaux contenant des portraits de délinquants politiques, des cartes géographiques sur la répartition du délit politique associé (révolutions) en Europe et dans les autres parties du monde, des tables graphiques démontrant l'influence de la température sur ce type de délit. Dans d'autres vitrines : des cerveaux de prostituées, des crânes de souteneurs, des albums de photographies de prostituées, des tableaux (dessins et photographies) représentant des fous moraux et des délinquants, une tête de « nihiliste affilié à la police, condamné à mort et étranglé en prison par ses camarades », des pièces sculptées par un paranoïaque, fou-pédéraste, rappelant les sculptures primitives, etc.

Ce musée des horreurs était un condensé visuel des hypothèses soutenues par les représentants de la nouvelle école pénale. Entre le crime et la folie, entre le criminel et l'aliéné, la différence n'est pas grande : ce sont deux formes de la déchéance organique cérébro-mentale. Trois ans avant sa mort, Lombroso répétait encore le constat qui avait orienté ses recherches sur le « criminel-né » : « Dès les temps les plus reculés on avait remarqué que les hommes vicieux ou les criminels ont des rides anormales, de l'asymétrie du visage et du corps, de la gaucherie, du strabisme... En 1870, je poursuivais depuis plusieurs mois dans les prisons et dans les asiles de Pavie, sur les cadavres et sur les vivants, des recherches pour fixer les différences substantielles entre les fous et les criminels, sans pouvoir bien y réussir : tout à coup, un matin d'une triste journée de décembre, je trouve dans le crâne d'un brigand toute une longue série d'anomalies atavistiques, surtout une énorme fossette occipitale moyenne et une hypertrophie du vermis analogues à celles que l'on trouve dans les vertébrés inférieurs. A la vue de ces étranges anomalies, le problème de la nature et de l'origine du criminel m'apparut résolu : les caractères des hommes primitifs et des animaux inférieurs devaient se reproduire de nos temps. Et bien des faits me paraissaient confirmer cette hypothèse, surtout dans la psychologie du criminel : la fréquence du tatouage et de l'argot, les passions d'autant plus fugaces qu'elles sont plus violentes, surtout celle de la vengeance ; l'imprévoyance qui ressemble au courage et le courage qui alterne avec la lâcheté, et la paresse qui alterne avec la passion du jeu et l'agilité [27]. » En fait, Lombroso emprunte à la phrénologie l'idée que « le criminel véritable est celui qu'habite un penchant inné au crime, lié à un organe cérébral hypertrophié », et la technique d'examen cranioscopique, à la recherche des témoignages palpables d'anomalies somatiques [28].

Il existe un type criminel. Et ce criminel est assimilé au sauvage primitif, par ses traits, sa constitution, son organisme. C'est en tout cas très clairement la thèse que le chef de file de l'école positive défend dans la première édition de son classique et qu'il tentera d'infléchir à la suite des critiques qui ne manqueront de lui reprocher de faire la part belle à la biologie. Au premier chef, le Français Gabriel Tarde qui lui objecte que ce n'est pas l'atavisme, mais le milieu social qui fait le criminel. « Les sociétés ayant les criminels qu'elles méritent », ajoute Lacassagne.

Là où Lombroso se montre particulièrement sectaire, c'est à l'égard du « crime politique » et des « délinquants politiques » qu'il classe en criminels politiques passionnés et d'occasion, criminels politiques-nés (Marat), criminels politiques fous (Ravaillac), criminels politiques mattoïdes. En collaboration avec R. Laschi, en 1890, il consacre au sujet un ouvrage en deux volumes mêlant dans ce travail de dissection les analyses sur le délinquant politique individuel et le délinquant collectif, la « foule criminelle ». A propos des « meetings », il écrit : « Les recherches sur la foule criminelle nous ont montré le péril grave, que le seul fait de la réunion et du contact d'un grand nombre constitue pour l'État ; par conséquent, tous les courants, toutes les traditions qui se sont formés de notre temps sur les grands avantages de la liberté absolue de réunion, sur les garanties que les "meetings" apportent à la liberté d'un peuple, sont parfaitement contraires au vrai et ne peuvent s'expliquer que par le désir de singer les peuples britanniques, auxquels le climat, les habitudes historiques et le caractère flegmatique peuvent permettre ces orgies politiques sans qu'il résulte de grave inconvénient[29]. »

Au cours des congrès internationaux, le « crime politique » enflamme les passions : anarchisme, révolution, agitation sociale, mouvements de grève, manifestations suscitent des réactions extrêmes, par exemple, celle du docteur Magitot, en 1889, au congrès de Paris. Applaudissant le rapport de R. Laschi sur la caractérisation du « crime politique », il verse comme pièce à conviction un album photographique contenant les portraits d'un certain nombre de femmes de la Commune de Paris, avec le commentaire suivant : « Ces photographies représentent la plupart des types de dégénérescence physique et morale : tantôt ce sont les caractères de la virilité, tantôt ceux de l'infériorité physique, de la bestialité. D'autres montrent manifestement les signes de l'hystérie, de l'exaltation et du fanatisme[30]. »

Scipio Sighele, initiateur de la psychologie des foules

Du crime individuel au crime collectif, de la psychologie individuelle à la psychologie collective : le chemin est tracé vers la « psychologie des foules » et les premiers débats sur les rapports entre la société et les nouveaux moyens de diffusion. Trois en réclament la primeur : le sociologue italien Scipio Sighele (1868-1913) et les médecins français Henry Fournial (1866-1932) et Gustave Le Bon (1841-1931). Le premier, professeur à l'université de Bruxelles, publie en 1891 à Turin *La Folla delinquente*, qui a droit l'année suivante à une édition française (*La Foule criminelle*). Il y fait maintes fois référence aux travaux de Gabriel Tarde. Le livre de Fournial, *Essai sur la psychologie des foules*, paraît en 1892 ; celui de Gustave Le Bon, *Psychologie des foules*, trois ans plus tard. Fournial, médecin militaire, ancien élève de Lacassagne à Lyon, a lu l'ouvrage de l'Italien, mais le cite peu ; en revanche, il ne se montre pas avare à l'égard de Tarde[31].

Quant à Le Bon, dans la première édition de son ouvrage, il ignore ses prédécesseurs. Il existe pourtant une étrange ressemblance entre son argumentation, ses concepts, et ceux de Sighele. Ce que ce dernier, et à sa suite la revue de l'école positive italienne, s'empressent de dénoncer[32]. Pour la seconde édition française de son livre, qui paraît en 1901, Sighele écrira dans un avant-propos : « Ma reconnaissance est très grande, non seulement envers tous ceux qui, comme Gabriel Tarde et Victor Cherbulliez, ont longuement et loyalement discuté ma théorie, mais aussi envers ceux qui, comme M. Gustave Le Bon, ont utilisé mes observations sur la psychologie des foules sans me citer. Et il n'y a pas d'ironie dans ce que j'écris ; je pense que lorsqu'on adopte vos idées sans vous citer, c'est le genre d'éloge le moins suspect qui puisse vous être adressé [33] ! »

Le Bon engagera la polémique et ajoutera une note grinçante en bas de page de son introduction : « Les rares auteurs qui se sont occupés de l'étude psychologique des foules les ont examinées, je le disais plus haut, uniquement du point de vue criminel. N'ayant consacré à ce dernier sujet qu'un court chapitre, je renverrai le lecteur aux études de M. Tarde et à l'opuscule de M. Sighele : *Les Foules criminelles* [sic]. Ce dernier travail ne contient pas une seule idée personnelle à son auteur, mais une compilation de faits précieux pour les psychologues. Mes conclusions sur la criminalité et la moralité des foules sont d'ailleurs tout à fait contraires à celles des deux écrivains que je viens de citer [34]. »

Sighele aura beau épingler les passages piratés et porter plainte pour violation du droit d'auteur devant la Société des auteurs en France et en Italie, la *Psychologie des foules* est bientôt portée en avant par l'affaire du capitaine Dreyfus contre lequel Le Bon prendra parti. Quelques années plus tard, le rôle assigné à l'arme de la propagande au cours de la Première Guerre mondiale fera le reste. L'ouvrage de Le Bon fera désormais partie des références obligées pour comprendre le comportement des meneurs et des menés à l'ère des foules. La seconde édition française du livre de Sighele, entièrement refondue en 1901, sera la dernière. L'ouvrage de Le Bon, lui, aura droit à une multitude de traductions dans les langues les plus diverses et, plus d'un siècle plus tard, sera toujours dans les rayons des librairies. Quant au médecin militaire Henry Fournial, de cette polémique, il n'a cure : les grandes explorations coloniales en Afrique ayant requis ses services, son éditeur n'entendra plus parler de lui [35].

Le projet de Sighele s'enracine dans l'enseignement d'Enrico Ferri. En 1884, dans un ouvrage sur les « nouveaux horizons du droit et de la procédure pénale », refondu plus tard sous le titre de *Sociologie criminelle*, ce représentant de l'école italienne avait distingué trois types de psychologie : la psychologie individuelle ou étude de l'homme isolé ; la psychologie sociale (ou sociologie) ou étude des hommes dans leurs rapports normaux et constants ; la psychologie collective ou étude des rapports anormaux ou transitoires entre les hommes, c'est-à-dire les réunions, les collectivités, dues à l'occasion ou au hasard, et qui ne sont pas stables et organiques, mais inorganiques et éphémères, tels les jurys, les comices, les publics des théâtres, les assemblées ou les foules [36].

L'intention de Sighele est de baliser ce nouveau champ de la psychologie collective en étudiant les manifestations criminelles de ce « polyèdre psychologique qu'est la foule ». Sous le concept de « crimes de la foule », il range toutes les « violences collectives de la plèbe » apparues en cette fin de siècle, « des grèves d'ouvriers aux soulèvements publics », « espèce d'émonctoire par lequel le peuple croit soulager tous les ressentiments que les injustices dont il souffre ont accumulés en lui [37] ». L'auteur a par ailleurs commis deux autres livres, publiés en Italie respectivement en 1892 et 1897 et traduits en français sous les titres : *Le Crime à deux* et *Psychologie des sectes*, des ouvrages importants pour comprendre sa démarche d'ensemble.

Le « crime collectif » est en effet une notion qui se décline à plusieurs niveaux. Sa forme la plus simple est celle qui prend naissance dans l'association entre deux délinquants. Ensuite, on passe à l'association de malfaiteurs et de celle-ci à la secte criminelle. Et de la secte à la foule, le passage est très court. Car la secte elle-même peut aussi être définie comme la forme chronique de la foule, qui n'est alors que la forme aiguë de la secte.

La clé qui ouvre presque tous les mécanismes de la psychologie collective en ses divers paliers est le « phénomène de la suggestion ». Il y a toujours un suggestionneur et un suggestionné, des meneurs et des menés. Les meneurs arrivent par leur énergie à hypnotiser les menés. Dans une secte, par exemple, les meneurs forment une seule âme de toutes les âmes qui la composent, créant une uniformité ou un unisson qui est l'idéal de toute association. « Tous les sectaires tendent à réaliser leur idéal avec l'ensemble et la précision de machines humaines, de même que tous les membres d'une foule crient et agissent à la façon d'automates mis en mouvement par le cri ou l'acte imprévu de l'un d'eux. Et lorsqu'il sort d'une secte (par exemple de la secte anarchique) un individu qui va tuer un roi ou un président de la république, on peut bien dire de lui qu'il est un suggestionné, comme l'individu qui dans une foule frappe et tue, non par sa libre volonté, mais par l'enchevêtrement tumultueux de mille suggestions qui l'ont rendu un simple automate[38]. »

La distinction entre suggestionneur et suggestionné, à l'œuvre dans tous les couples, est extrapolable au niveau de la foule. Mais elle se complique, car la suggestion y touche son plus haut degré de puissance. Si nombreuse que soit une foule, elle est une « sorte de couple où tantôt chacun est suggestionné par l'ensemble de tous les autres – suggestionneur collectif – y compris le meneur dominant, tantôt le groupe entier par celui-ci[39] ». Cette hypothèse de continuité entre le couple et la foule, tous deux soumis aux lois principales de la psychologie individuelle, fonde une épistémologie : la sociologie est réduite à une « psychologie en grand[40] ».

La seconde livraison de *La foule criminelle*, à la différence de la première, comportera de nombreuses analyses sur l'opinion publique et la nouvelle « forme de suggestion » que représente la presse. Le schéma de la suggestion transforme le journaliste en meneur de son public. « Créé par celui-ci, il peut l'entraîner bien au-delà du point où lui-même voulait aller[41]. » Car le public n'est la plupart du temps que « comme le plâtre mouillé sur lequel la main du journaliste met son empreinte ». Tout public est travaillé par d'« étranges fermentations psychologiques », des « impulsions », des « actes violents, criminels ou insensés », de « mystérieuses réactions psychiques ». Sighele va même jusqu'à se demander si, derrière chaque public, il n'y a pas « des journalistes qui le suggestionnent et le provoquent, de même que sous chaque foule il y existe toujours une secte qui en est presque le levain[42] ».

Dans son dernier ouvrage, publié en 1908 sous le titre de *Littérature et criminalité*, Sighele tentera une réponse en se penchant sur la « suggestion littéraire ». Il prend comme corpus les romans de D'Annunzio, Zola et Eugène Sue, et, analysant le statut accordé au crime et à ses personnages, il s'interroge sur l'influence que peut avoir la littérature sur le criminel latent. Il en retire un verdict : « On ne peut pas contester à certains romans, à certains drames, à certaines phrases, une puissance incendiaire à l'égard de cette paille sèche qu'est le public, le public moderne surtout, si nerveux, si excitable[43]. » Il ne lui reste donc qu'à inciter les écrivains à faire preuve de responsabilité en cette époque « aussi faible que lâche » où la « littérature contemporaine n'est autre chose qu'une clinique ».

Il ne faut, toutefois, pas s'y tromper : dans cet examen de la littérature, ce n'est pas tant les romanciers qu'il vise. Bien au contraire. Il célèbre, en effet, le courage de Zola et communie avec les causes qu'il défend. A la différence de Le Bon et de Bertillon, expert à charge lors du procès Dreyfus (1894), Sighele se range dans le camp de l'accusé. En Eugène Sue, il voit un réformateur social et reconnaît en lui un « précurseur de l'anthropologie criminelle », en prenant appui sur la déclaration d'intention sur laquelle débute *Les Mystères de Paris* : « Je veux tâcher de mettre sous les yeux du lecteur quelques épisodes de la vie d'autres barbares, aussi en dehors de notre civilisation que le sont les populations sauvages décrites par Cooper... Ces hommes ont des mœurs à eux, des femmes à eux, un langage à eux : langage mystérieux, rempli d'images funestes, de métaphores dégouttantes de sang. Comme les sauvages, ces gens s'appellent entre eux par des surnoms empruntés à leur cruauté, à leur énergie, à certains avantages ou à certaines difformités physiques [44]. » Si la démarche de Sue converge vers celle de l'anthropologie criminelle, c'est parce que l'auteur du célèbre feuilleton a eu l'intuition de la cause de différence entre les hommes : « un arrêt de développement » qui maintient le délinquant dans un état de brutalité sauvage.

La cible du sociologue italien se trouve donc ailleurs : dans la « littérature des procès », ces drames qui ont leur épilogue à la cour d'assises et dont rendent compte les journaux et les livres qui « fouillent les abîmes les plus secrets de la vie des criminels avec la froide et lucide impassibilité du bistouri », ces drames qui passionnent plus le lecteur que les drames imaginaires et dans lesquels il trouve « non seulement la satisfaction de sa curiosité, mais une étrange émotion égoïste et féline [45] ». Behavioriste avant la lettre, Sighele stigmatise les « effets » que cette « apothéose du crime » a sur les lecteurs des journaux : « La littérature des procès... arrive à des excès où la pousse la curiosité jamais rassasiée de la foule... Il est hors de doute que la presse augmente cette orgie en la décrivant et en en répandant des détails partout. Mais elle l'augmente inconsciemment. Elle est l'artisan ignoré d'autres crimes qui s'accomplissent par suggestion... je dirai journalistique. L'exemple est contagieux : l'idée prend possession de l'âme faible et devient une espèce de fatalité contre laquelle toute lutte est impossible[46]. »

Gustave Le Bon : de l'âme de la race à l'âme de la foule

« L'invasion des étrangers est plus redoutable encore du fait que ce sont, naturellement, les éléments inférieurs, ceux qui n'arrivaient pas à se suffire à eux-mêmes dans leur patrie, qui émigrent. Nos principes humanitaires nous condamnent à subir une invasion croissante d'étrangers... Si ces invasions ne s'arrêtent pas, il faudra un temps bien court pour qu'en France un tiers de la population soit allemand et un tiers italien. Que devient l'unité, ou simplement l'existence d'un peuple, dans des conditions semblables ?... A la base de toutes les questions historiques et sociales se retrouve toujours l'inévitable problème des races ; il domine tous les autres[47]. »

Voilà un texte qui figure dans un ouvrage de Gustave Le Bon sur les lois psychologiques de l'évolution des peuples, paru en 1894, un an avant *Psychologie des foules*. Car avant de concevoir cette dernière, il a d'abord pensé la psychologie des peuples. Les deux sont imbriquées.

Les jugements de Le Bon sur la coexistence des races sont on ne peut plus abrupts. L'« âme de la race », ou « en d'autres termes l'âme nationale », cette « âme ancestrale », est au cœur de ses analyses. Tout mélange est désastreux. « L'union des blancs avec des noirs, des Hindous et des Peaux-Rouges n'a d'autre résultat que de désagréger chez les produits de ces unions tous les éléments de stabilité de l'âme ancestrale sans en créer de nouveaux. Les peuples de métis, tels que ceux du Mexique et des républiques espagnoles de l'Amérique, restent ingouvernables par cette seule raison qu'ils sont des métis[48]. »

La cause de tous les maux dans nos sociétés est la « notion chimérique de l'égalité des hommes ». Le « rêve égalitaire moderne » que poursuit l'instruction et qui prétend « réformer les injustes lois de la nature » est irréalisable. « Sans doute, l'instruction permet, grâce à la mémoire que possèdent les êtres les plus inférieurs, et qui n'est nullement le privilège de l'homme, de donner à un individu placé assez bas dans l'échelle humaine l'ensemble des notions que possède un Européen. On fait aisément un bachelier ou un avocat d'un nègre ; mais on ne lui donne qu'un simple vernis tout à fait superficiel, sans action sur sa constitution mentale. Ce que nulle instruction peut lui fournir, parce que l'hérédité seule les crée, ce sont les formes de la pensée, la logique, et surtout le caractère des Occidentaux [49]. »

Il existe des peuples supérieurs et des peuples inférieurs. Il y a des races supérieures et des races inférieures, et à l'intérieur même des peuples supérieurs, il existe des êtres inférieurs. Le Bon en appelle aux recherches anatomiques et mathématiques de l'équipe de Broca et aux siennes propres sur les variations de volume du cerveau et sur leurs relations avec l'intelligence : « Chez les peuples inférieurs ou dans les couches inférieures des peuples supérieurs, l'homme et la femme sont intellectuellement fort voisins. A mesure au contraire que les peuples se civilisent, les sexes tendent de plus en plus à se différencier. Le volume du crâne de l'homme et de la femme, même quand on compare uniquement, comme je l'ai fait, des sujets d'âge égal, de taille égale et de poids égal, présente des différences très rapidement croissantes avec le degré de civilisation. Faibles dans les races inférieures, ces différences deviennent immenses dans les races supérieures. Dans ces races supérieures, les crânes féminins sont souvent à peine plus développés que ceux des femmes de races très inférieures. Alors que la moyenne des crânes parisiens masculins les range parmi les plus gros crânes connus, la moyenne des crânes parisiens féminins les classe parmi les plus petits crânes observés, à peu près au niveau de ceux des Chinoises, à peine au-dessus des crânes féminins de la Nouvelle-Calédonie [50]. » L'idée égalitaire – mêmes droits, même instruction – brandie par la femme moderne est donc une dangereuse chimère qui, de triompher, finirait « par faire de l'Européen un nomade sans pays ni famille [51] ».

Le glissement se fait naturellement dans *Psychologie des foules* : « Les foules sont partout féminines. Mais les plus féminines de toutes sont les foules latines [52]. »

L'individu inférieur augmente sa force en faisant partie d'une collectivité, l'homme supérieur la diminue. L'analogie entre la foule et les êtres appartenant à ces « formes inférieures d'évolution comme le sauvage et la femme » (auquel Le Bon ajoute l'enfant) est le dernier terme d'une équation élaborée à l'ombre d'une théorie sur la race [53]. Impulsive, irritable, incapable de raisonner, exagérée dans ses sentiments, manquant de jugement et d'esprit critique, la foule commet des actes beaucoup plus sous l'influence de la moelle épinière que sous celle du cerveau. Ou selon la terminologie employée par Fournial : tout comme chez l'individu inférieur dont le lobe frontal est moins développé que le lobe occipital, la foule n'est jamais un être frontal, à peine est-elle « occipitale » ; elle est « spinale ».

La foule est un être en soi. Une agglomération d'individus diffère autant des individus qui la composent qu'un être vivant diffère des cellules qui contribuent à le constituer. Il existe une « loi psychologique de l'unité mentale des foules ». Il se forme une âme collective, l'« âme des foules » qui se conjugue avec cette âme, invariante et dominante, de la race. C'est d'ailleurs pour cela que les foules anglo-saxonnes sont très différentes des foules latines. Lombroso et Laschi l'avaient déjà dit.

Diverses causes expliquent l'apparition de caractères spéciaux aux foules. D'abord, le seul fait du nombre donne un sentiment de puissance inversement proportionnel au sentiment de responsabilité. Ensuite, il s'opère un phénomène de contagion mentale, d'ordre hypnotique. Cette contagion des idées et des sentiments peut avoir lieu parce que les individus en foule deviennent hautement « suggestibles ». L'individu plongé dans une foule tombe dans un état de fascination de l'hypnotisé entre les mains de l'hypnotiseur. Son cerveau est paralysé, sa personnalité consciente s'évanouit. L'individu n'est plus « lui-même, mais un automate que sa volonté est devenue impuissante à guider[54] ». Le meneur ou hypnotiseur – cet hypnotisé par l'idée dont il est ensuite devenu l'apôtre – se recrute parmi ces « névrosés, ces excités, ces demi-aliénés qui côtoient les bords de la folie ».

Automatisme, hypnose, suggestion, hallucination, magnétisme, somnambulisme, hystérie collective, tous ces mots clés de la psychologie des foules appartiennent au registre de l'école parisienne de la psychopathologie, l'école de la Salpêtrière où enseigne Jean-Marie Charcot (1835-1893). Signe de leur succès : parmi les congrès scientifiques organisés dans le cadre de l'Exposition universelle de Paris en 1889, hormis celui d'anthropologie criminelle, trois ont traité de ces sujets. Un s'est réuni autour du magnétisme, l'autre de l'hypnotisme et un troisième de la psychologie physiologique. En 1888, Charcot a même créé le terme d'« automate ambulatoire », présentant à ses « leçons du mardi » des vagabonds, cette figure de l'errant, considéré comme un être régressif, sauvage, dégénéré. Et un de ses disciples a produit en 1894 un ouvrage sur la « dromomanie des dégénérés ». On soigne le malade mental par l'hypnose. L'automate ambulatoire est ce vivant-machine qui part n'importe où, n'importe quand, et marche, agit de manière somnambulique jusqu'à l'épuisement final[55]. Là aussi, la photographie est mobilisée à des fins de dévisagement. A une époque où Bertillon y recourt pour enregistrer les marques d'une identité et Marey, les mécanismes du mouvement, les portraits tirés par Albert Londe (1857-1917) traquent les symptômes de la maladie mentale[56].

Le Bon ne traite certes pas de vagabond ambulatoire, mais de multitudes en mouvement qu'il observe à la lumière de la psychopathologie qui s'intéresse aux individus qui échappent à la norme de l'ordre. Le problème est que, dans la conception qu'il développe, la foule, avec tout ce qu'elle traduit de dégénérescence et de régression, n'est pas un phénomène du passé. Elle constitue l'horizon sur lequel se dessinent déjà le présent et bientôt l'avenir, un avenir qui sera celui de l'ère des foules et des « logiques collectives » : « Le droit divin des foules remplace le droit divin des rois. » L'opinion des foules, leur voix, est devenue prépondérante. Les signes de la prise de pouvoir par ces logiques collectives ne trompent pas : les associations, tels les syndicats, dont l'existence légale est reconnue depuis la loi du 21 mars 1884, les bourses de travail, les assemblées parlementaires. « Aujourd'hui les revendications des foules deviennent de plus en plus nettes, et tendent à détruire de fond en comble la société actuelle, pour la ramener à ce communisme primitif qui fut l'état normal de tous les groupes humains avant l'aurore de la civilisation. Limitation des heures de travail, expropriation des mines, des chemins de fer, des usines et du sol ; partage égal des produits, élimination des classes supérieures au profit des classes populaires, etc. Telles sont ces revendications[57]. » En un mot, la société est entrée dans une « époque de désagrégation universelle ».

Quant à la presse, « autrefois directrice de l'opinion, elle a dû, comme les gouvernements, s'effacer devant le pouvoir des foules[58] ». Car, « aujourd'hui les écrivains ont perdu toute influence et les journaux ne font plus que refléter l'opinion[59] ». Le piquant de ce diagnostic d'apocalypse est que trois ans à peine après la publication de *Psychologie des foules*, le « J'accuse » de Zola et l'affaire Dreyfus annonçaient l'avènement du pouvoir des intellectuels.

En 1921, Sigmund Freud (1856-1939) prendra à partie la

« peinture de l'âme des foules » par Le Bon. Avouant s'être tenu à distance pendant quelque trente ans de cette polémique, il réfute ce qu'il dénomme la « tyrannie de la suggestion » réciproque des individus, la contagion et le prestige des meneurs comme explication psychologique de la transformation psychique de l'individu dans la foule. Thèse qu'il croit déceler également dans *The Group Mind*, publié en 1920 par le chef de file de la psychologie des instincts, l'Anglo-Américain William McDougall (1871-1938).

La suggestion n'est qu'un paravent, affirme Freud, derrière lequel se cache une autre motivation plus profonde. Il faut déchirer cet écran pour sortir de l'impasse dans laquelle s'est introduite la psychologie des foules en faisant de l'aptitude à être suggestionné un phénomène originaire, un fait fondamental de la vie psychique. Recourant au concept de *libido*, utilisé par lui dans l'étude des psychonévroses, le psychanalyste risque une hypothèse : « Les relations amoureuses (en termes neutres : liens sentimentaux) constituent l'essence de l'âme des foules. » Ce qui caractérise la foule, ce sont les liens libidinaux. Chaque individu isolé est lié libidinalement d'une part au meneur, et d'autre part aux autres individus de la foule. Premièrement, la foule doit sa cohésion au pouvoir d'Éros. Deuxièmement, si l'individu abandonne sa singularité dans la foule et se laisse suggestionner par les autres, il le fait « parce que le besoin existe en lui d'être avec eux en accord, plutôt qu'en opposition, et donc peut-être après tout de le faire "pour l'amour d'eux" ». C'est pour avoir négligé cette revendication libidinale et les mécanismes de liaison affective de l'individu que, par exemple, le militarisme prussien, « qui était tout autant dénué de psychologie que la science allemande », a été incapable de contrer les névroses de guerre qui désagrégèrent l'armée allemande, et la rendirent si réceptive aux fantastiques promesses de la propagande ennemie au cours de la Première Guerre mondiale[60]. L'armée, conjointement à l'Église sont deux « foules artificielles » où Freud teste son hypothèse des « investissements libidinaux » des membres de toute foule.

Gabriel Tarde : l'ère des publics

Le quatrième personnage de cette histoire de la psychologie des foules est Gabriel Tarde (1843-1904). L'année même de la publication de *La Foule criminelle*, ce précurseur de la psychologie sociale fait part de ses propres réflexions sur « Les crimes des foules » aux assistants du troisième congrès international d'anthropologie criminelle, réunis à Bruxelles[61]. Dès cet instant où il fait montre de ses points d'accord et de ses divergences avec Sighele, il devient l'arbitre omniprésent des débats sur la nature de la foule. A cette date, en 1892, il est toujours juge d'instruction à Sarlat, dans sa Dordogne natale. Ce n'est que deux ans plus tard – il a alors 51 ans – qu'il monte à Paris, à la demande du ministre de la Justice qui lui confie la réorganisation des statistiques criminelles (celles-là mêmes que son rival, le fondateur de la sociologie Émile Durkheim (1858-1917), utilisera pour mener à bien sa fameuse étude sur le suicide !). En 1900, il sera nommé au Collège de France dans la chaire de philosophie moderne.

Tarde s'oppose à la conception étroite de l'action collective défendue par la psychologie des foules, et plus spécialement par Le Bon. La foule est le groupe social du passé. Celui de l'avenir, c'est le public ou les publics. Imprimerie, chemin de fer, télégraphe et presse ont rendu possible la formation de ce public dont la caractéristique est d'être indéfiniment extensible. Ces changements ont été précédés par la longue histoire du développement des postes, des routes, des armées permanentes (qui ont fait se connaître et fraterniser sur les mêmes champs de bataille des soldats de toutes les provinces), le développement des cours.

La « sensation de l'actualité » est dorénavant une donnée de la vie civilisée. Nouant et resserrant entre les lecteurs habituels d'un même journal une espèce d'association trop peu remarquée et des plus importantes, « elle progresse avec la sociabilité[62] ». On connaissait le « transport de la force à distance »; ce n'est rien, comparé à ce « transport de la pensée à distance[63] ».

A l'inverse de la foule, concert de contagions psychiques essentiellement produites par des contacts physiques, le public est une collectivité purement spirituelle entre des individus physiquement séparés et dont la cohésion est toute mentale. La substitution des publics aux foules s'est faite graduellement. « La formation d'un public suppose une évolution mentale et sociale bien plus avancée que la formation d'une foule. La suggestibilité purement idéale, la contagion sans contact, que suppose ce groupement purement abstrait et pourtant si réel, cette foule spiritualisée, élevée, pour ainsi dire, au second degré de puissance, n'a pu naître qu'après bien des siècles de vie sociale plus grossière, plus élémentaire[64]. » Contagion invisible, suggestion à distance, communion d'idées suggérées : la langue de la psychopathologie est certes toujours présente chez Tarde (et Sigmund Freud lui en fera grief sans toutefois discerner le fossé qui séparait la psychologie des foules de celle des publics). Mais ces références ne constituent plus le noyau d'un système intellectuel.

Foule et public sont deux termes extrêmes de l'évolution sociale. Cette évolution a commencé avec la famille et la horde, cette bande grossière et pillarde qui n'est qu'une foule en marche. Dans le public, l'« empreinte de la race est bien moins profonde que sur la foule[65] ». La transformation de la foule en public s'est accompagnée d'un progrès dans la tolérance, sinon dans le scepticisme. On n'appartient qu'à une foule à la fois. On peut faire partie de plusieurs publics à la fois. La société se divise de plus en plus en publics, qui se superposent à la division religieuse, économique, esthétique, politique, en corporations, en sectes, en écoles, en partis. Cette constitution de tous les groupes en publics est inévitable et traduit la nécessité de la « mise en communication régulière des associés par un courant continu d'informations et d'excitations communes ».

Le Bon, nostalgique d'un jadis d'avant le déferlement de la « foule-populace », se réfugiait dans l'apocalypse. Tarde pense que ce qui importe, c'est avant tout de rechercher les conséquences que l'apparition des publics aura sur les destinées des groupes – partis politiques, groupements religieux, groupes professionnels, parlements – au point de vue de « leur durée, de leur solidité, de leur force, de leurs luttes ou de leurs alliances[66] ». Ces groupes et publics deviendront de plus en plus complexes parce que de plus en plus confrontés à l'internationalisation : « Le verbe ailé du journal franchit sans peine les frontières que ne franchissait jamais, jadis, la voix de l'orateur le plus célèbre, du leader d'un parti. Certains grands journaux, le *Times*, *Le Figaro*, certaines grandes revues ont leur public disséminé dans le monde entier. Les *publics* religieux, scientifiques, économiques, esthétiques, sont essentiellement et *constamment* internationaux ; les *foules* religieuses, scientifiques, etc. ne le sont que rarement sous forme de congrès. Encore les congrès n'ont-ils pu devenir internationaux que parce qu'ils ont été précédés dans cette voie par leurs publics respectifs[67]. » Le journalisme est une « pompe aspirante et foulante d'informations » propagées sur tous les points du globe. Ces informations sont des impulsions peu à peu irrésistibles.

Cela dit, concède Tarde, la ligne de démarcation entre la foule et le public est parfois difficile à tracer. Le public est toujours une « foule virtuelle » et la chute du public dans la foule toujours possible : « Le public est une foule beaucoup moins aveugle et beaucoup plus durable, dont la rage plus perspicace s'amasse et se soutient pendant des mois et des années. Aussi peut-on être surpris que, après avoir tant parlé des crimes de la foule, on n'ait rien dit des crimes du public. Car il y a assurément des publics criminels, féroces, altérés de sang, comme il y a des foules criminelles[68]. » On a beaucoup insisté sur le fait que le public peut être victime d'un véritable crime de la part de la presse. Mais s'ensuit-il qu'il ne puisse être lui-même criminel ?

Les écrits de Tarde sur la constitution des publics fourmillent d'observations et d'hypothèses qui traduisent une grande curiosité intellectuelle pour les phénomènes quotidiens de communication de son temps. Ainsi, dans un article sur « L'opinion et la conversation », il s'interroge sur le destin des lettres privées : « Le laconisme utilitaire des télégrammes et des conversations téléphoniques, qui vont empiétant sur le domaine de la correspondance, *déteint* sur le style des lettres les plus intimes. Envahie par la presse d'un côté, par le télégraphe et le téléphone de l'autre, rongée par les deux bouts à la fois, si la correspondance vit encore et même, d'après la statistique des Postes, donne des signes illusoires de prospérité, cela ne peut tenir qu'à la multiplication des lettres d'affaires[69]. » De la conversation à la correspondance, des opinions personnelles aux opinions locales, de celles-ci en opinion nationale et en opinion « mondiale », Tarde se penche sur le long travail séculaire qui débouche sur ce qu'il dénomme « l'unification de l'Esprit public », l'« internationalisme *rationnel* ».

Mais il manque encore un concept pour saisir pleinement l'enchaînement de la pensée de Tarde sur la foule et les publics. Dans sa première intervention sur « Les crimes des foules », il introduisait son sujet en posant une question : « Comment se forme une foule ? » « Par la vertu de la sympathie, source de l'imitation et principe vital des corps sociaux », répondait-il tout aussitôt[70].

Cette notion d'imitation, il a commencé à la travailler dans les années 1880, en publiant des articles qui sont repris, augmentés et publiés en 1890 dans *Les Lois de l'imitation*. C'est le premier ouvrage où il s'aventure dans un domaine qui n'est pas celui des études criminelles. Il sera suivi en 1895 d'un autre intitulé *La Logique sociale* qui en est la suite et le complément.

L'idée n'est pas nouvelle. Elle participe d'une longue tradition issue plus particulièrement de Grande-Bretagne, illustrée par des sociologues comme Spencer et des économistes comme Smith, Malthus ou Stuart Mill, ou encore Walter Bagehot (1826-1877), un des fondateurs du libéralisme politique moderne [71]. Ce dernier a publié en 1869 un ouvrage où il fait de l'imitation un élément essentiel de la construction d'une nation. L'historien britannique du cinéma Michael Chanan rappelle fort à propos que, deux ans plus tôt, Bagehot avait publié un autre ouvrage, *The English Constitution*, où il parle de la nécessité de faire usage des « éléments théâtraux » pour susciter le respect auprès des « catégories d'hommes mal dégrossis » envers « les objectifs clairs et évidents du gouvernement » [72]. Cette proposition lui semblait le complément utile d'une stratégie visant à produire l'adhésion des récalcitrants à l'idée nationale par la vertu de l'imitation : on se modèle en imitant.

L'imitation a chez Tarde, ce précurseur de la psychologie sociale, un sens bien précis, un sens qui découle d'un axiome : le psychologique s'explique par le social, précisément parce que le social naît du psychologique. Elle implique « une action à distance d'un esprit sur un autre, et une action qui consiste dans la reproduction quasi photographique d'un cliché cérébral par la plaque sensible d'un autre cerveau [73] ». L'imitation d'autrui est cette empreinte de photographie inter-spirituelle, voulue ou non, passive ou active, habitude à peu près machinale ou produit de la volonté réfléchie. L'imitation constitue, avec l'hérédité et l'invention ou création, les trois formes de la répétition universelle.

L'imitation est un lien social : tout rapport social, tout fait social, est un rapport d'imitation. C'est ce qui fait qu'une société est un « groupe de gens qui présentent entre eux beaucoup de similitudes produites par imitation ou par contre-imitation [74] ». Il y en a de toutes sortes : imitation-coutume ou imitation-mode, imitation-sympathie ou imitation-obéissance, imitation-instruction ou imitation-éducation, imitation naïve ou imitation réfléchie, etc. L'imitation ne se conçoit pas sans invention, sans initiatives individuelles. Le plus imitateur des individus est novateur par quelque côté, même à son insu. Imitation, opposition (ou contre-imitation), invention, ces trois tendances se tissent pour produire la société où fleurit à la fois « l'individualisme le plus pur, le plus puissant et la sociabilité consommée ».

Une des lois fondamentales de l'imitation est de fonctionner de haut en bas, du centre vers la périphérie. Il en va ainsi, par exemple, de la diffusion des valeurs de la capitale vers la province : « Paris trône royalement, orientalement, sur la province, plus que n'a jamais trôné assurément la cour sur la ville. Chaque jour, par le télégraphe ou le train, il envoie à la France entière ses idées, ses volontés, ses conversations, ses révolutions toutes faites, ses vêtements, ses ameublements tout faits. La fascination suggestive, impérative qu'il exerce instantanément sur un vaste territoire est si profonde, si complète et si continue, que presque personne n'en est plus frappé. Cette magnétisation est devenue chronique. Cela s'appelle égalité et liberté. L'ouvrier des villes a beau se croire égalitaire et travailler à détruire la bourgeoisie en devenant bourgeois, il n'en est pas moins lui aussi une aristocratie, très admirée, très enviée du paysan. Le paysan est à l'ouvrier ce que l'ouvrier est au patron. De là l'émigration des campagnes [75]. » Cette vision de l'imitation comme rayonnement d'un modèle émanant d'un centre, Tarde l'extrapole au rapport de nation à nation.

En se fondant sur des analyses de ce type, d'aucuns ont voulu ranger Tarde au nombre des tenants du « diffusionnisme », cette conception évolutionniste de la diffusion des innovations qui, comme nous l'avons vu, a divisé l'anthropologie culturelle dans le dernier quart du XIXe siècle et qui sera reprise au siècle suivant par la sociologie fonctionnaliste du développement/modernisation qui érigera l'imitation des modèles des pays centraux en règle générale pour sortir de l'arriération économique et culturelle. Or Tarde n'a jamais assumé la vision du rapport interculturel qu'avaient les partisans de cette école de pensée. C'est donc tracer une généalogie et une ligne de continuité un peu courtes que de le réduire à ce courant. Un témoignage, qui remonte à 1937, de l'historien de l'ethnologie classique, l'Américain Robert Löwie, se montre ici précieux : « Là où Tarde est plus perspicace que les anthropologues évolutionnistes contemporains, c'est dans son attitude objective à l'égard de la civilisation de son temps. Aucune trace de suffisance, aucune suggestion selon laquelle, en 1885, l'homme aurait atteint un sommet d'où il pourrait regarder avec pitié, sinon, avec mépris ses prédécesseurs. Tarde n'accepte pas les fétiches traditionnels de la vie moderne... Cette position raisonnable réagit contre le jugement de la sauvagerie. A la différence de Lubbok qui minimise les sentiments moraux des peuples primitifs, Tarde montre avec conviction qu'ils sont identiques à leur niveau et au nôtre, mais que leur application est seulement plus stricte aux niveaux primitifs [76]. »

Cette position, qui tranche sur le fond xénophobe sur lequel Le Bon élève sa théorie de la race et de la foule, vaudra d'ailleurs à Tarde d'exercer une certaine influence sur l'anthropologie culturelle de l'époque. Ce fut le cas notamment pour le jeune ethnographe germano-américain Franz Boas (1858-1942), un des devanciers de la théorie fonctionnaliste dans sa version américaine et, surtout, un des premiers représentants de la science sociale à critiquer aux États-Unis les théories qui expliquaient les différences intellectuelles et mentales par l'appartenance à une race. Mais l'influence de Tarde débordera ce cadre et se fera également sentir dans le champ de la sociologie américaine en pleine gestation.

L'école de Chicago et la psychosociologie des interactions

Attentif aux « choses de la vie », Tarde n'a cessé de contester, dans ses multiples écrits, les approches unilatérales des sciences sociales de son temps. Il critique l'économie politique pour sa tendance à l'économisme, pour ses résistances à traiter de trois aspects qui lui paraissent essentiels pour comprendre la vie économique au quotidien : la répétition ou la propagation des habitudes de consommation appelées *besoins*, et des habitudes de travail correspondantes ; l'opposition ou les luttes des producteurs entre eux, des consommateurs entre eux, des consommateurs avec les producteurs ; et enfin, l'adaptation ou la série des inventions réussies. Pardessus tout, il lui reproche de ne pas tenir compte des « courants de modes ou de passions », de ne pas « rechercher les caprices qui naissent et s'étendent par inter-psychie dans la formation des désirs et influent sur les conditions de l'échange et sur la valeur [77] ».

A la sociologie scientifique et à son fondateur Émile Durkheim qui considère qu'il ne faut expliquer les phénomènes sociaux que par d'autres phénomènes sociaux et que les faits sociaux existent en dehors des cas particuliers où ils se réalisent, Tarde objecte qu'il faut pouvoir « rendre compte de la nature subjective des interactions sociales », sous peine de réifier les faits sociaux, de les ravaler au rang de phénomènes physiques dans la plus pure tradition comtienne. Pour lui, la sociologie devrait être le « microscope solaire de la psychologie[78] ». Réduit à un dilemme entre le sociologisme et le psychologisme, le débat entre « écoles » tournera vite court.

Toujours est-il qu'après la disparition de Tarde, il y aura, en France, un long blanc dans la bande-son des sciences sociales en matière de moyens de diffusion et de formation de l'opinion publique. Un paradoxe apparaîtra. Les études de Tarde contribueront à la formation du socle de la sociologie américaine d'orientation psychosociologique, et plus précisément la sociologie naissante des médias, tandis qu'en France l'hégémonie institutionnelle de la sociologie positiviste, confortée par la suite par le marxisme des appareils, renverra aux calendes grecques l'analyse des enjeux de cette nouvelle ère des publics entrevue par le fondateur de la psychologie sociale.

L'influence de Tarde se fera sentir plus particulièrement sur l'école de Chicago, ce département de sociologie et d'anthropologie de l'université de la même ville, qui, fondé en 1892, deviendra dès le début des années dix le centre principal d'enseignement et de recherches en sociologie aux États-Unis, et le demeurera pendant plus de deux décennies. Les études de Tarde serviront à définir la notion d'attitude dans les premières recherches sur les phénomènes complexes liés à l'immigration et à l'ethnicité dans les banlieues urbaines des États-Unis. Recherches entamées dès 1908, et publiées dix ans plus tard, avec le travail fondateur sur le paysan polonais transplanté aux États-Unis, de William I. Thomas (1863-1947) et Florian Znaniecki (1882-1958)[79]. Elles aideront surtout le représentant de ce courant de recherches, Robert Ezra Park (1864-1944), à formuler ses premières hypothèses sur le rapport entre les médias et l'organisation de la vie démocratique[80]. Ces hypothèses, Park, un des chefs de file, pendant plus de quarante ans, de cette école, les croisera avec celles du sociologue allemand Georg Simmel (1858-1918), dont il a suivi l'enseignement.

La rencontre entre les préoccupations épistémologiques de l'école de Chicago et les travaux de Simmel et Tarde, produira des effets dans l'étude des « menus objets » de la vie collective et préfigurera une sociologie de la vie quotidienne[81]. Si les démarches des deux Européens trouvent cet écho aux États-Unis, c'est parce que dans le pôle géographico-théorique que constitue l'Europe de l'époque, Tarde aussi bien que Simmel constituent des exceptions qui rompent avec la vision spéculative dominante qui construit et interprète les faits depuis un corps d'abstractions conceptuelles. Leur façon de concevoir la science sociale est plus proche de celle de cette psychosociologie américaine naissante que de la sociologie académique qui s'élabore alors dans la majorité des centres universitaires européens.

La formation du département de sociologie et d'anthropologie de Chicago à la charnière du siècle est, en effet, un indice, parmi d'autres, de la naissance d'une tradition en sciences sociales qui se démarque de cette autre qui occupe alors le terrain en Europe. Des traditions que tout tend à opposer dans un rigoureux face à face : d'un côté, l'empirisme ; de l'autre, le théoricisme. Le premier privilégie la démarche inductive pour une recherche qui doit permettre des applications sociales immédiates, une science utile à une « philosophie de l'action ». L'autre opte pour une démarche hypothético-déductive et construit ses connaissances de la réalité sociale à partir d'un système de postulats.

La sociologie américaine s'alimente à la philosophie du pragmatisme, inaugurée par Charles Sanders Peirce (1839-1914) et William James (1842-1930). Dans les années 1867-1868, Peirce a commencé à développer une théorie des signes qu'il appelle « séméiotique » ou « sémiotique », une entreprise intellectuelle qui l'occupera toute sa vie. En Europe, le Suisse Ferdinand de Saussure (1857-1913) élabore les bases de sa sémiologie. A la différence de cette dernière, réduite au seul modèle linguistique, la méthode sémiotique n'est pas d'abord linguistique : elle traite de toutes les créations humaines, de tous les signes, et pas uniquement des signes linguistiques ; et elle ne vise pas non plus à déchiffrer le sens, mais à renvoyer un signe à son objet, fidèle en cela à la philosophie du pragmatisme. Cette philosophie conjugue, en effet, un empirisme radical et une théorie du langage : les idées ne sont que des propositions dont la mise en œuvre constitue la seule mise à l'épreuve. Résumée par Peirce dans un article publié en 1905 sous le titre de « What Pragmatism Is ? », cela devient : « Considérons l'objet d'une de nos idées, et représentons-nous tous les effets imaginables, pouvant avoir un intérêt pratique quelconque, que nous attribuons à cet objet : je dis que notre idée de l'objet n'est rien de plus que la somme des idées de tous ces effets [82]. »

Le pragmatisme se définit comme une « philosophie sociale de la démocratie ». En tant que tel, il oriente une conception de la recherche en sciences humaines sur le terrain, liée au travail social et aux réformes, où l'on décèle la forte prégnance des idéaux de charité chrétienne dans l'optique protestante. John Dewey (1859-1952) y trouve les fondements d'une philosophie de l'éducation et d'une pratique pédagogique. Le psychosociologue George Herbert Mead (1863-1931) développe l'« interactionnisme symbolique » : en rupture avec la vision durkheimienne d'un acteur jugé trop subjectif pour exprimer le monde social, cette théorie qui souligne la nature symbolique de la vie en société envisage les significations sociales comme « produites par des activités interagissantes des acteurs », et postule que la connaissance du monde et de nos actions dans celui-ci ne peut s'appuyer que sur eux. De cette posture initiale, il découle une méthodologie de caractère ethnographique, seule capable, de rendre compte de ces interactions et de celles de l'individu et de son environnement : études de milieu, monographies de quartiers, histoires de vie, observation participante [83]. Ce sont des protocoles d'investigation de ce type que l'ingénieur et économiste Frédéric Le Play, mû par une optique religieuse teintée, cette fois, de catholicisme, a essayé de réaliser, vainement, faute d'appui institutionnel de la part du monde académique, et dont l'Écossais Patrick Geddes, en symbiose avec les chercheurs américains, se réclamera ouvertement dans les années dix et vingt.

Un sociologue de l'école de Chicago en particulier, ancien étudiant de Dewey et de Mead, assure, un des premiers, le transfert du schéma interactionniste dans l'étude des processus de communication : Charles Horton Cooley (1864-1929). Il est aussi l'auteur d'un des premiers ouvrages sociologiques qui abordent explicitement la société américaine sous l'angle de la communication, *The Theory of Transportation*, publié en 1894. Encore très influencé dans ce premier livre par le modèle organiciste spencérien du tout social, il dérivera progressivement, sous l'influence de l'interactionnisme, vers l'étude du « mécanisme psychique », sans cesser de s'affronter à l'impossible tâche d'articuler la mobilité des psychologies singulières et les pesanteurs de la société, le libre arbitre et les déterminismes[84].

Près d'un siècle après la publication des *Lois de l'imitation* et de *La Logique sociale*, la crise des sociologies d'inspiration structurelle-fonctionnelle, hégémoniques pendant des décennies, conférera une nouvelle légitimité à la question de la « nature subjective des interactions sociales » et de l'« interpsychie », souci majeur de Gabriel Tarde. Le retour, certes ambigu, au quotidien, à la culture et au regard ethnographique, contemporain de l'effondrement des utopies et des discours systématiques à vocation totalisante sur la perfectibilité des sociétés, obligera à reprendre le fil du vieux débat sur la nécessité d'une approche du lien social qui, tout à la fois, restituerait aux acteurs leur individualité et serait attentive aux causes, aux structures, aux déterminations[85].

Dans sa charge contre le carcan des disciplines académiques, Tarde avait écrit : « L'évolution historique se passe toujours à résoudre des problèmes insolubles en toute rigueur, à concilier l'inconciliable, à faire des quadratures de cercle[86]. »

11

Les cadences du moteur humain

Dans les deux dernières décennies du XIXe siècle, se fait sentir, à l'usine, au stade et dans les casernes, le besoin d'un savoir cinématique utile pour la maîtrise du corps en exercice et un meilleur rendement des forces en action. L'invention du moteur, cet engin qui anime une série d'organes et leur fait exécuter les fonctions les plus diverses, donne à l'analogie de la machine animale un second souffle.

En France, les physiologistes, pour réaliser leurs expériences, mettent au point des appareils enregistreurs du travail musculaire. Les perfectionnements successifs apportés à ces appareils de mesure du mouvement grâce à la technique photographique conduisent à l'invention du cinématographe. Aux États-Unis, la décomposition des gestes de l'ouvrier est l'affaire d'ingénieurs mécaniciens convertis en économistes et de leur nouvelle organisation scientifique du travail. C'est l'aboutissement d'une « révolution managériale » qui a démarré avec la construction et l'exploitation des réseaux ferrés.

Les appareils enregistreurs du physiologiste Étienne Marey

Mars 1883 : les expériences commencent à la Station physiologique qui vient d'être construite dans le périmètre du futur stade du parc des Princes à Paris grâce à des subventions du conseil municipal et du ministère de l'Instruction publique.

Au programme, les questions suivantes : 1º déterminer la série des actes qui se produisent dans la locomotion humaine avec ses différents types : marche, course, saut ; 2º chercher les conditions extérieures qui modifient ces actes, celles, par exemple, qui augmentent la vitesse de l'allure ou la longueur du pas et qui exercent ainsi une influence favorable ou défavorable sur la locomotion de l'homme ; 3º mesurer le travail dépensé à chaque instant dans les différents actes de locomotion, afin de trouver les conditions les plus favorables à la bonne utilisation de ce travail [1].

Architecture de l'endroit : un grand bâtiment et une route circulaire et parfaitement horizontale, formée de deux pistes concentriques, l'une, intérieure, large de quatre mètres, destinée aux expériences avec un cheval ; l'autre, extérieure, étant affectée à l'homme. Tout autour de ces pistes, est tendue une ligne télégraphique dont les poteaux sont espacés de 50 mètres. Chaque fois qu'un marcheur passe au-devant d'un poteau, il se produit un signal télégraphique qui s'inscrit automatiquement dans une des pièces du bâtiment principal. On peut ainsi à tout instant connaître la vitesse, les accélérations, les ralentissements, les fréquences des pas du marcheur. Avec ou sans fardeau, selon l'hypothèse à vérifier.

Au centre de la piste se dresse un mirador dans lequel un tambour mécanique règle le rythme des allures. Ce tambour est actionné par une ligne télégraphique spéciale partant d'une des pièces du grand bâtiment où le rythme est réglé par un interrupteur mécanique. Du centre de la piste part également une petite voie ferrée sur laquelle roule un wagonnet formant chambre photographique : de l'intérieur de cette chambre on prend une série d'images instantanées des personnes dont on veut analyser les allures successives. Ces photographies sont prises chaque fois que le marcheur vêtu de blanc passe devant un écran noir, sorte de hangar, situé au bord de la piste extérieure, de 3 mètres de profondeur sur 15 de longueur et 4 de hauteur.

Le maître d'œuvre de cette station-laboratoire est Étienne-Jules Marey (1830-1904), titulaire de la chaire d'histoire naturelle des corps organisés au Collège de France. Ce médecin physiologiste explique ainsi l'intérêt pratique des recherches expérimentales de son équipe sur les mécanismes des différents actes de la marche et de la course : « Il est analogue en tous points à celles qui ont pour objet la détermination du rendement des machines et des conditions les plus favorables à ce rendement... Ils vont nous apprendre, sans doute, à utiliser le mieux possible le travail musculaire de l'homme et des animaux domestiques ; ils fixeront les règles qui doivent présider aux exercices physiques des jeunes gens, aux travaux professionnels des ouvriers, aux manœuvres des soldats[2]. »

Marey est un théoricien du mouvement. Un mouvement qu'il définit comme « le plus apparent des caractères de la vie qui se manifeste dans toutes les fonctions et est l'essence même de plusieurs d'entre elles[3] ». Il les classifie. Certains correspondent à des « actes de la vie organique » ; ils s'accomplissent au sein des organes indépendamment de la volonté, comme c'est le cas de la circulation et de la respiration. D'autres, la volonté en règle la vitesse, l'énergie, la durée ; ce sont les « actes de la vie de relation », telles les actions musculaires de la locomotion sur terre, dans l'air, dans l'eau, mais aussi la phonation ou mouvements des organes de la parole et des mouvements de l'air (tonalité des sons, constitution des voyelles).

Pour observer ces mouvements, Marey utilise des appareils enregistreurs ou inscripteurs qu'il invente ou perfectionne. Des appareils capables de traduire ces signes extérieurs des fonctions de la vie : pulsations du cœur et des artères, mouvements respiratoires, contractions des muscles. Il a commencé avec les chronostylographes, ces instruments où un mouvement d'horlogerie d'une vitesse uniforme conduit une feuille de papier au-devant d'un stylet qui trace la courbe d'un phénomène : le myographe qui sert à étudier les mouvements musculaires en traduisant la secousse du muscle ; le sphygmographe qui enregistre les pulsations du pouls ; le pneumographe qui suit la respiration ; ou encore le cardiographe.

Le principe de l'appareil enregistreur remonte au XVIIIe siècle et est le fait des météorologues. Le premier anémomètre, cet instrument qui sert à indiquer la direction et la vitesse du vent, est inventé en 1734 par le Français Louis-Léon d'Ons-en-Bray (1678-1754). Les instruments de mesure des variations de la température, de la pression barométrique, de la force et de la direction du vent ainsi que des quantités de pluie tombées n'ont cessé, depuis lors, de s'améliorer.

Le nom de « station » que prend le centre d'expérimentation physiologique témoigne, d'ailleurs, du fil d'ariane qui court entre la météorologie et cette branche de la science médicale. « Comme les météorologistes – explique Marey –, les physiologistes ont senti que les sens ne suffisent pas à observer à la fois tous les phénomènes dont l'organisme est le théâtre. Température, pression et vitesse du sang, force et rapidité de l'action musculaire, il fallait tout mesurer, tout noter avec précision, et cela sous les diverses influences perturbatrices que le physiologiste a l'habitude d'étudier [4]. »

Là s'arrête la filiation. Les inscripteurs des météorologistes sont des appareils dits « patients » : à longueur d'années, ils tracent les fluctuations de l'état atmosphérique. Reste à inventer les appareils « subtils », capables d'enregistrer en fractions de seconde des phénomènes hypersensibles, suite à leur fréquence et à leur rapidité. C'est ici qu'intervient la découverte majeure de Thomas Young (1773-1829), la chronographie. En 1807, ce physicien anglais enregistre graphiquement sur noir de fumée les vibrations de solides, puis celles de cordes vibrantes. Le stylet qui effleure le cylindre de papier tournant montre que la corde exécute un certain nombre d'oscillations par seconde. D'après le nombre de vibrations enregistrées, on connaît le temps qu'une certaine longueur de papier a mis à parcourir. Cette première mesure graphique du temps est ensuite perfectionnée par des chercheurs comme Léon Foucault (1819-1868) ou Hermann von Helmholtz (1821-1894) qui uniformisent le mouvement du cylindre. L'invention de Young est à ranger dans la préhistoire de l'électro-acoustique qui prendra son envol bien plus tard, lorsque Thomas Edison déposera, en 1878, le brevet du phonographe, un appareil comprenant un cylindre dont la surface forme une vis à filets carrés.

L'introduction des instruments enregistreurs automatiques en physiologie est relativement tardive, autour de 1850. Auparavant, l'appareil inscripteur aura entamé une carrière dans un autre domaine, la mécanique. L'appareil de James Watt destiné à assurer la mesure graphique du travail développé par la vapeur dans un corps de pompe aura déjà eu des dérivés plus ou moins directs. Le mécanicien anglais avait fait tracer les mouvements de son indicateur des pressions sur un cylindre qui tourne par l'action même du piston de la machine. Le relais est pris par les dynamomètres inscripteurs chargés de révéler l'intensité des efforts produits par les machines ou les moteurs.

La première application de l'enregistreur à la physiologie a lieu en 1847 en Allemagne. Karl Ludwig (1816-1895) imagine pour l'étude de la pression sanguine un manomètre inscripteur qu'il nomme *Kymographion*. D'autres de ses compatriotes mettent au point des appareils pour l'étude de la circulation, de la respiration, de l'action musculaire. En 1857, cette « méthode graphique » n'est pas encore arrivée en France. C'est à cette date que Marey entreprend de réaliser sa propre version du sphygmographe.

Du chronophotographe au cinématographe

La deuxième génération des appareils enregistreurs s'ouvre avec ce que Marey baptise d'abord « photochronographie ». Terme qui sera remplacé par la suite par celui de chronophotographie ou « application de la photographie instantanée à l'étude du mouvement[5] ». En bref, la chronophotographie s'occupe de déterminer la « trajectoire » de tout mobile, les différents lieux de l'espace qu'il parcourt. Plus explicitement, elle est cette « méthode qui *analyse* les mouvements au moyen d'une série d'images recueillies à des intervalles de temps très courts et équidistants ; méthode qui, en représentant ainsi les attitudes et les positions successives d'un animal par exemple, permet de suivre toutes les phases de ses allures et même de les traduire par de véritables épures géométriques[6] ».

En 1873, l'astronome et physicien français Jules Janssen (1824-1907) imagine de prendre automatiquement une série d'images photographiques pour représenter les phases successives d'un phénomène, en l'occurrence, le passage de la planète Vénus sur le disque du soleil. Il invente le « revolver astronomique » et réalise la première chronophotographie sur plaque fixe. Au foyer d'une lunette braquée sur le soleil est située une chambre photographique dont la plaque sensible, de forme circulaire, tourne par saccades, à la manière du barillet du Colt, autour de son centre de manière à présenter, toutes les 70 secondes, un point différent de son pourtour au foyer de l'objectif. Dans cette série d'images disposées en couronne, on voit la planète pénétrer dans le disque solaire, puis le traverser, enfin en ressortir. Connaissant l'intervalle des images, on peut mesurer la vitesse du phénomène. Janssen pressent la possibilité de photographier les variations d'un acte très rapide en une série d'images beaucoup plus rapprochées. Mais un obstacle technique majeur subsiste : les plaques à impression instantanée ne sont pas encore apparues ; on en est encore au collodion humide.

En 1878, le photographe anglais établi à San Francisco Eadweard Muybridge, en collaboration avec l'ingénieur ferroviaire John D. Isaacs, réussit l'expérience. Il saisit les phases des allures d'un cheval, même au plus rapide galop. Pour y parvenir, devant la piste où doit galoper le cheval, il dispose 24 objectifs dont les obturateurs sont maintenus fermés par des électro-aimants. En travers de la piste, il tend 24 fils électriques qui les commandent. L'animal, dans sa course, rompra successivement les fils, déclenchant les obturateurs.

A l'origine de l'expérience de Muybridge (1830-1904) : déjà une étude chronographique de Marey qui avait réussi à montrer qu'un cheval au galop s'appuie sur un pied, puis sur trois, puis sur deux, puis sur un. En logeant dans l'ajusture du fer de l'animal une ampoule de caoutchouc reliée par un long tube à un stylet mû par air comprimé et traçant son trait sur le cylindre que tenait le cavalier. Marey avait ensuite demandé à un colonel de cavalerie qui unissait les qualités d'expert hippique et de dessinateur d'établir des figures représentant les attitudes du cheval déduites de cette chronographie abstraite. Ces images du quadrupède arrivèrent dans les mains de l'ancien gouverneur de la Californie et magnat des chemins de fer, Leland Stanford, qui, incrédule, finança la contre-expérience de Muybridge. Les photos ne firent que confirmer les dessins à la main.

L'année où Muybridge réalise ses expériences, l'Américain George Eastman invente les plaques au gélatino-bromure d'argent, ouvrant ainsi de nouvelles perspectives à l'expérimentation scientifique.

Avec son écran noir, ses échafaudages pour vues plongeantes et sa chambre noire d'opérations sur rail, la Station physiologique devient le centre de développement des applications de la chronophotographie.

Dès 1882, Marey reprend l'idée de Janssen et construit un « fusil photographique » qui donne des images huit cents fois plus fréquentes. Son but est alors d'analyser les oiseaux en vol libre. Dans le canon du fusil, un objectif à long foyer ; dans la culasse, une plaque circulaire qui tourne en présentant au foyer de l'objectif des points différents de sa circonférence. La détente semblable à celle d'un fusil ordinaire met le rouage en mouvement. Une sorte de cartouchière recueille les plaques impressionnées.

Marey fait construire des appareils spéciaux de prise de vue. Il travaille avec la chronophotographie sur plaque fixe qui lui donne l'épreuve des mouvements d'un corps blanc se mouvant au-devant d'un fond noir. En 1887, il alterne avec un autre procédé, la chronophotographie sur pellicule mobile, lors de l'apparition du « châssis à rouleau » Kodak, c'est-à-dire des longues bandes de papier au gélatino-bromure d'argent, qui seront bientôt suivies par les films transparents. En 1899, Marey réalise un nouveau fusil, électrique celui-là et avec une bande pelliculaire de 20 mètres de long, format 35 mm. La première arme ne donnait que 12 images. La même année, il adapte le chronophotographe à l'étude des mouvements qui se passent dans le champ du microscope.

Côté reproduction des mouvements analysés, ou « synthèse », il expérimente en 1893 le projecteur chronophotographique. Mais il est imparfait : ses images sautillent, suite à l'inégalité de leurs intervalles. L'année précédente, aux États-Unis, Thomas Edison a ouvert au public le premier « kinetoskope parlor » et a déjà réussi à vendre son appareil aux organisateurs de l'Exposition de Chicago. En 1894, une première démonstration du kinétoscope a lieu à Paris. Edison a l'avantage d'avoir trouvé une solution pour donner aux images des intervalles réguliers en perforant la pellicule sensible par une série de trous équidistants et en la faisant entraîner par un cylindre à chevilles. Mais un problème subsiste : cet appareil éclaire la pellicule pour un seul spectateur regardant par des oculaires.

En 1895, Auguste et Louis Lumière trouvent la solution avec leur cinématographe. La bande du kinétoscope ne s'arrêtait jamais, la netteté des images était obtenue par la brièveté de l'éclairage, qui ne durait qu'un temps inappréciable (1/7 000). Ils empruntent à Edison le procédé de perforation des pellicules et arrivent à donner au mouvement des griffes qui saisissent la pellicule des vitesses d'arrêt et de départ graduelles pour ne pas produire de déchirure. Pour commander ce mouvement, les deux frères ont fabriqué une pièce essentielle : l'« excentrique triangulaire ». Enfin, pour la projection des images positives sur écran, ils recourent à une lampe puissante pour éclairer la pellicule. La première projection en public des images mouvantes de leur cinématographe a lieu avant que l'année ne s'achève. L'illusion que cet appareil donne du mouvement est parfaite.

En 1896, les appareils de projection sont lancés sur le marché. Une première forme d'exploitation commerciale du film se crée : l'exploitation foraine ou ambulante qui dure en gros jusque vers 1903 aux États-Unis et 1907 en Europe. Le premier cinéma fixe est établi à Los Angeles en 1902. De bonne heure, surgissent de grandes maisons de production : Pathé et Gaumont en France ; Edison, Biograph et Vitagraph aux États-Unis, Messter en Allemagne[7]. Entre 1907 et 1913, des indépendants fondent les studios de Hollywood.

A l'Exposition de Paris 1889, qui célèbre aussi le cinquantième anniversaire de l'invention de la photographie, Marey s'est longuement entretenu avec le futur inventeur du kinétoscope. Dix ans plus tard, il écrit : « J'avais eu l'occasion de lui faire voir alors, à l'exposition de l'électricien Fontaine, un zootrope électro-photographique. Le kinétoscope, par lequel il produisit dans de meilleures conditions une synthèse du même genre, n'est pas sans ressemblance avec mon appareil à rouleaux et pourtant l'inventeur américain qui travaillait de son côté ne s'en est nullement inspiré[8]. »

A l'Exposition de 1900, Marey préside la Commission de la photographie. Dans une grande vitrine de bois au décor floral, il fait exposer les instruments et les images de la courte histoire de la chronophotographie. Soit un ensemble de 18 appareils, depuis le revolver de Janssen jusqu'à son fusil électrique. C'est la première rétrospective historique de l'image en mouvement.

Que pense, au bout du compte, ce savant physiologiste de la fonction du cinéma ? Nous avons relevé dans ses écrits deux passages susceptibles d'apporter des éléments de réponse.

En 1899, en conclusion de son ouvrage sur la chronophotographie, il note : « Les mérites de l'analyse chronophotographique n'excluent pourtant pas ceux de la synthèse. L'attrait des spectacles que cette dernière méthode nous donne sous forme de photographies animées a été un stimulant puissant pour le perfectionnement des appareils ; la netteté des images, la grandeur de leurs dimensions sont des conditions importantes à réaliser dans tous les cas. Et puis, ne nous fît-elle connaître que ce que notre œil peut voir, la photographie animée offre aux études scientifiques un vaste champ à explorer. Elle peut, en effet, vulgariser la connaissance d'un grand nombre de phénomènes que connaissent seuls les observateurs passionnés de nature[9]. »

Quelques mois plus tard, il confesse dans son rapport sur l'Exposition universelle de Paris : « Les projections animées, d'un intérêt si vif pour le public, n'ont, au point de vue scientifique, que peu d'avantages ; elles ne donnent rien en effet que notre œil ne voie avec plus de netteté. Tout au plus peut-on demander aux projections de ralentir un mouvement s'il est trop rapide et de l'accélérer s'il échappe à l'observation par sa trop grande lenteur[10]. » En revanche, du point de vue de la recherche sur le mouvement, seule la chronophotographie sur plaque fixe, souligne-t-il, « a fourni la solution expérimentale d'un grand nombre de problèmes de géométrie, de mécanique, de physique ou de physiologie que nulle méthode n'eût donnée aussi facilement[11] ».

Venu au cinématographe poussé par la nécessité méthodologique de l'expérimentation, Marey sera aiguillonné par cette dernière toute sa vie.

Un nouveau Discours de la méthode

Le cinématographe est, chronologiquement, le dernier des outils d'expérimentation sur lequel Marey est amené à s'interroger. Avant, il y a eu les enregistreurs ou inscripteurs. Et encore avant, il y a la « représentation graphique des phénomènes », une question qui avait déjà retenu l'attention de Descartes dans son *Discours de la méthode*. Marey, à l'instar d'Ons-en-Bray, s'en réclame ouvertement.

En 1878, le savant publie *La Méthode graphique dans les sciences expérimentales et principalement en physiologie et en médecine*. C'est le premier maillon qui nous manque pour reconstituer la généalogie de la problématique de recherches du physiologiste. Marey consacre précisément toute la première partie de son livre à la « représentation graphique ». En liminaire, cette phrase : « Tout ce que l'esprit peut concevoir et mesurer avec exactitude s'exprime graphiquement d'une manière claire et précise : des nombres, des longueurs, des durées, des forces trouvent dans l'emploi des figures graphiques leur expression la plus concise et la plus saisissante[12]. »

Pour aborder le sujet, le médecin oublie la seconde partie du titre de son livre. Il abandonne son domaine disciplinaire et se transforme en théoricien du mode de représentation du volume, du temps et de l'espace, prenant ses exemples parmi les phénomènes les plus divers. Mouvements démographiques, courbes de la production agricole, flux de circulation sur les voies de terre, de fer et d'eau, cartes figuratives des flux commerciaux, cartes statistiques de l'instruction, de la criminalité, de la répartition des maladies. Mais aussi courbes médicales et météorologiques, déclinaisons magnétiques et tant d'autres aspects de la vie sociale et économique pouvant se traduire sur le mode de figures et graphiques. Il ne néglige pas les aspects militaires. Le mode « carte figurative », par exemple, lui paraît s'imposer de lui-même pour « représenter le rayon d'action des forts, dont le tir étend sa portée à des distances variables en divers sens, suivant le calibre de ses canons ou suivant le niveau du terrain [13] ».

Concision, clarté, précision sont les termes qui lui sont coutumiers pour exprimer le programme que suppose l'adoption de cette modalité de la méthode graphique. Cette modalité, il en devine la relative nouveauté pour le public quand il rappelle que ce n'est qu'en 1789 qu'apparaissent les premières courbes statistiques en économie politique : dans l'ouvrage de l'Anglais William Playfair (1759-1823) sur les « tableaux d'arithmétique linéaire du commerce, des finances et de la dette ». Cet économiste avait imaginé de traduire par des courbes les variations que la dette du royaume avait subies d'année en année dans le dernier siècle. Playfair s'était heurté à la difficulté de faire comprendre au public du XVIIIe siècle comment une grandeur linéaire pouvait exprimer une somme d'argent.

Les autres parties de l'ouvrage enchaînent tout naturellement sur les autres modalités de la méthode graphique que sont pour les sciences expérimentales les appareils enregistreurs et surtout, dans une seconde édition révisée, la chronophotographie.

Son projet expérimental, le méthodologue Marey l'ancre dans une société où, selon ses propres dires, les « questions scientifiques sont intimement liées aux problèmes économiques, ou pour mieux dire les dominent [14] ». Les recherches du physiologiste produisent, de son vivant, des effets bien au-delà de son champ. La chronophotographie s'applique à la chute des corps dans l'air, à la résistance de l'air aux surfaces diversement inclinées, à l'hydrodynamique, aux mouvements intérieurs du liquide dans les ondes, aux courants et remous, aux oscillations et aux vibrations, au roulis des navires, aux vibrations des ponts métalliques, à la vibration des cordes. Sans oublier, bien sûr, les expériences de balistique où la notion de trajectoire prend tout son sens. L'étude des vols d'oiseau, commencée dans les années 1860 en installant au Collège de France une espèce de manège entraîné par un oiseau maintenu dans un corset et relié à des inscripteurs par des tubes en caoutchouc, intéresse de près l'aviation naissante. Marey est tout désigné pour présenter à l'Académie des sciences en 1898 le rapport sur le premier vol digne de ce nom, celui accompli l'année précédente par Clément Ader sur l'Avion-III.

Les mouvements de gymnastique occupent une place de choix dans les études sur la physiologie de la locomotion : saut en hauteur et à la perche, escrime, course à pied, à bicyclette. Georges Demenÿ, assistant de Marey, auteur d'un ouvrage de base sur l'éducation des mouvements, enseigne la physiologie appliquée à l'École militaire de gymnastique de Joinville et est professeur de la Ville de Paris dans la même branche, dans une période où le baron de Coubertin bat la campagne pour réhabiliter l'éducation physique[15]. D'autres chercheurs de la Station, comme Charles Comte et Félix Regnault, comparent la méthode de marche et de course dite « en flexion » et les allures ordinaires. Ce qui les amène à préconiser pour la troupe un genre de marche et de course dit lui aussi « en flexion », fort proche de celle des coureurs cingalais et japonais. Pareilles préoccupations d'amélioration des performances motivent les études sur les mouvements du cheval, toujours essentiel pour la science stratégique, et les expériences de dressage des chiens.

En 1874, dans la première édition de *La machine animale*, Marey avait écrit à propos des « moteurs animés » : « Il faut admettre comme expression du travail l'effort multiplié par l'espace parcouru[16]. » Il prenait comme exemple un cheval qui remorque un bateau, un homme qui rabote une planche, un oiseau qui frappe l'air de son aile. La même année, Marey présente à l'Académie des sciences un mémoire intitulé « Du moyen d'économiser le travail moteur de l'homme et des animaux ». Il y fait part des résultats, au point de vue du rendement, de ses expériences, avec appareils enregistreurs du travail musculaire, sur le mode de traction où l'homme (ou l'animal) est attelé à une voiture. Il conclut : « L'économie du travail et la diminution de la fatigue qu'on obtient à l'aide d'un moyen de traction élastique nous semblent constituer une importante application de la physiologie à l'amélioration du sort de l'homme et des animaux [17]. »

Vingt ans plus tard, l'ingénieur Charles Frémont entreprend dans le laboratoire de Marey les premières études chronophotographiques sur l'économie du mouvement à l'atelier. Décomposant l'ensemble du cycle du travail d'un forgeron frappant de son marteau, il en conclut que, dans l'*Encyclopédie* de Diderot, « tous les mouvements sont faux [18] ».

La machine animale débutait ainsi : « Bien souvent et à toutes les époques, on a comparé les êtres vivants aux machines, mais c'est de nos jours seulement que l'on peut comprendre la portée et la justesse de cette comparaison... Le génie moderne a créé des machines bien plus légitimement comparables aux moteurs animés. Celles-ci en effet, moyennant un peu de combustible qu'elles consomment, dégagent la force nécessaire pour animer une série d'organes... Aussi, nous arrivera-t-il souvent d'emprunter à la mécanique pure les démonstrations synthétiques d'un phénomène de la vie animale [19]. »

Taylor et l'organisation scientifique du travail

Les expériences de Frederick Winslow Taylor (1856-1915) sont contemporaines de celles de la Station physiologique.

Selon l'Américain, ce sont la flânerie naturelle et la flânerie systématique qui empêchent la réalisation du rendement maximum dans les ateliers. L'une est engendrée par l'instinct naturel, propre à la « moyenne des hommes », à prendre ses aises, à travailler lentement ; l'autre, par un ensemble d'« idées et de raisonnements plus ou moins confus issus des rapports avec les autres ouvriers », que stimulent la « suspicion mutuelle » et le « désaccord » entre employeurs et ouvriers [20].

Engagé comme simple ouvrier par la Midvale Steel Company en 1878, Taylor grimpe en huit ans les échelons qui le séparent du poste d'ingénieur en chef. En 1882, chef d'atelier, il commence à élaborer les principes du *scientific management*. Une notion qui n'apparaîtra que quelque trente ans plus tard. Auparavant, la méthode Taylor prendra successivement les noms de *piece-rate system* (salaire aux pièces différentiel), *shop management* (direction des ateliers) ou *task system* (système des tâches). Autant d'étapes scandées par des publications.

Ses textes, en général Taylor les présente devant les membres de la jeune Société américaine des ingénieurs mécaniciens (ASME) à laquelle il adhère dès 1885 et dont il sera plus tard président. Cette association professionnelle joue d'ailleurs un rôle important dans le débat sur les méthodes d'organisation industrielle. Des débats qui n'attendent pas les travaux de Taylor pour débuter.

Dès son assemblée de mai 1886, le président de l'ASME, Henry R. Towne, prononce un discours-programme au titre éloquent : « The Engineer as an Economist ». Le contenu ne l'est pas moins. « Les questions à examiner sous ce thème... se regroupent sous deux titres : la "direction des ateliers" et la "comptabilité des ateliers"... Par la première on entendra les questions d'organisation, de responsabilités, de rapports à établir, de systèmes de sous-traitance ou de travail aux pièces... Par comptabilité d'atelier il faut comprendre les questions concernant l'enregistrement des temps de travail et des salaires, la détermination des coûts par pièce et par journée de travail, la répartition des divers comptes de dépenses, la détermination des bénéfices, les méthodes de tenue des livres comptables, et tout ce qui touche au système de comptabilité concernant la partie production d'une entreprise et le calcul et l'enregistrement de ses résultats [21]. »

Ce n'est qu'en 1895 que Taylor expose à ses pairs son schéma différentiel de salaires. Ses considérations sur la direction des ateliers attendront 1903. Deux contributions qui sont loin de faire l'unanimité. Trois ans plus tard, toujours devant le même aréopage, il défend un volumineux mémoire intitulé « Sur l'art de couper les métaux ». Une méthode dont il fait la démonstration à l'Exposition universelle de 1900 et qui est appelée à avoir une grande répercussion dans l'industrie automobile. Il renoue ainsi avec un type de travail sur la machine qui l'a fait connaître dès 1893 lorsqu'il a produit son premier texte, une étude sur l'emploi des courroies. Chiffres à l'appui sur pertes et profits, il y démontrait comment les ingénieurs, et eux seuls, pouvaient éviter la perte de temps et d'énergie qu'occasionnait la chute accidentelle de cet organe de transmission [22].

De l'avis même de ses préfaciers, l'œuvre écrite de Taylor est à classer dans la catégorie des *occasional papers* [23]. Destinés à des publics très précis, mémoires et livres sont le fruit d'un concours de circonstances particulières. L'intention de l'ingénieur américain n'a jamais été de produire un traité sur la question. Même si le titre de son dernier ouvrage *Principles of Scientific Management*, publié en 1911, peut donner le change.

Ce livre sort des presses à un moment où le concept de « scientific management » traîne une odeur de soufre dans les milieux syndicaux. En 1910, se sont déroulées des auditions publiques devant l'Interstate Commerce Commission, cette institution qui, créée à la fin des années 1880, est chargée de réguler le principe libéral de la liberté d'entreprise et de veiller à son respect, dans et hors les murs de l'usine. C'est d'ailleurs à l'occasion de ces auditions que pour la première fois on entend parler du concept de management scientifique [24]. La commission enquête sur les rapports des ouvriers et des patrons dans certaines entreprises accusées d'appliquer la nouvelle formule d'organisation scientifique du travail de façon abusive.

Dans les mois d'hiver 1911-1912, Taylor, en personne cette fois, est convoqué par le comité spécial de la Chambre des représentants. Dans le cadre d'une investigation sur le « système Taylor et autres systèmes de direction des ateliers ». Les *Principes* paraissent au début de l'année 1911 et sont conçus comme un plaidoyer *pro domo*. Le but recherché est d'emporter la conviction de futurs interlocuteurs et d'un public plus large que celui de ses collègues de l'ASME. A ceux qui seraient enclins à penser que son système est par trop disciplinaire et totalisant, Taylor cherche à opposer sa « philosophie du travail humain ».

« Mon système n'est pas une théorie, mais le résultat pratique d'une longue évolution [25] », répond-il aux parlementaires devant lesquels il comparaît.

Ce système, poursuit-il, rien de mieux pour le comprendre que la métaphore de l'équipe de base-ball de première classe. Comme sur un stade, sans la coopération intime de tous les joueurs, employés et employeurs, sans le partage de tâches et de rôles rigoureusement répartis, sans ce règlement précis des mouvements sur le terrain accepté par tous, il n'y a pas moyen de gagner. Le management scientifique commence par là. Ce n'est pas une recette ; c'est un « nouvel état d'esprit ». Il exige une « révolution mentale » des deux côtés de la barrière. La paix doit se substituer à la guerre. La méfiance à la confiance mutuelle.

Invité à décliner les avantages de sa méthode, Taylor fait appel aux expériences de Frank B. Gilbreth (1868-1925) qui a publié en 1911 *Motion Study*[26]. Ce spécialiste des micromouvements a décomposé les gestes et les positions du maçon, son ancien métier. En étudiant le va-et-vient au bac de ciment, au tas de briques, la montée de celles-ci le long de l'échafaudage, et ainsi de suite pour toutes les opérations, il est parvenu à réduire ses mouvements de 18 à 2 ou 5 par brique.

Si le système n'est pas une « théorie », il se veut une science : chaque élément du travail de l'homme doit être développé scientifiquement. La sélection et l'apprentissage du travailleur doivent être scientifiques. Si l'on ne trouve guère mention dans ses travaux de la phrénologie, (et de la cranioscopie), en revanche, Taylor compte sur une culture qui pendant une grande partie du XIXe siècle l'a consacrée comme le « prototype de la connaissance scientifique de l'homme[27] ». Selon l'historien de la phrénologie Georges Lanteri-Laura, les États-Unis se distinguent pour avoir été les premiers, dès les années 1840-1850, à adopter cette discipline médicale à des fins d'« utilisation rationnelle des individus » : « La phrénologie (y) a connu une importante expansion, d'ailleurs fort durable, puisque l'*American Phrenological Journal* ne cessa de paraître qu'en 1911. A vrai dire, l'étude même de l'anatomie du cerveau n'y a joué aucun rôle et n'en a retiré aucun progrès, de telle manière que la référence permanente au cerveau y était de plus en plus gratuite et ne se fondait que sur une hypothèse générale. La phrénologie américaine n'avait rien de théorique et son originalité tient à l'étendue de ses applications, en particulier à la sélection professionnelle, et à l'optimisme foncier qu'elle menait de pair avec le déterminisme cérébral... Il ne s'agissait pas de spéculer sur le libre arbitre, mais de recruter avec certitude le type de collaborateur dont on avait besoin. Ce succès tient à ce que cette entreprise répondait aux exigences de la société américaine, et qu'aucun autre système n'aboutissait à de telles applications[28]. »

La division du travail entre le management et les ouvriers doit décharger l'atelier de tout travail intellectuel. Celui-ci doit être centralisé dans le Service de répartition qui prépare le travail de chacun, planifie systématiquement et dirige l'atelier. Depuis ce centre, partent circuits et messages qui fixent les chemins que doit suivre chaque pièce, dans l'atelier, d'une machine à l'autre.

Depuis 1882, Taylor a enregistré, classifié, croisé, mis en tableau les informations recueillies sur l'interaction homme-machine et les a converties en « lois ». Cherchant à formuler les conditions et les applications « standards » où chaque opération et chacune des « unités » qui la composent, chaque série d'opérations, assurent le meilleur « flux du travail ». Il a mis en place des procédures pour chronométrer les « unités-temps ». Un de ses collaborateurs a même imaginé un *watch-book*, un livre-montre qu'il décrit ainsi dans son ouvrage sur la direction des ateliers : « Sur une paroi y sont cachés un, deux ou trois chronomètres dont les mouvements peuvent être mis en marche par une simple pression des doigts de la main gauche sur la couverture à l'insu de l'ouvrier observé. Relié en cuir et ressemblant à un livre de notes, il y a assez de place pour glisser les bordereaux [29]. »

Scientifique, le système est généralisable. Devant la commission d'enquête, Taylor se prévaut de ses liens avec la direction de l'entreprise automobile française pour en démontrer la portée universelle. « J'ai eu récemment la visite du propriétaire des usines Renaud [sic], ainsi que de M. de Ram, un jeune ingénieur français qui depuis quelques années déjà s'est personnellement intéressé à notre art de couper les métaux, et à notre système de management, et qui l'a mis en pratique dans un des départements... Ils m'ont assuré que, depuis, ils ont plus que doublé leur rendement... Je leur ai donné un conseil. Je leur ai dit : "Vous avez commencé à l'introduire depuis trois ans. Ne vous attendez pas à l'étendre en cinq, parce que vous ne pourrez pas. Cela vous prendra plus pour compléter l'ensemble du processus de mise en place de notre système [30]." »

En 1913, les ouvriers de Billancourt entameront une grève contre la présence de ces chronométreurs, le premier grand conflit social autour du taylorisme.

Une des critiques les plus pertinentes du système Taylor vient, à la veille de la Grande Guerre, du physiologiste et psychologue Jean-Marie Lahy, qui combine études en laboratoire et enquêtes sur le lieu de travail. Ce qu'il ne pardonne pas à l'ingénieur, c'est de vouloir faire passer comme scientifique une méthode dont les conditions d'élaboration ne respectent pas la distanciation nécessaire par rapport aux intérêts créés. Or sans détour par cette question de la scientificité, il n'y a guère moyen de penser le nouveau lien entre science et industrie [31].

Après la mise entre parenthèses que constitue la mobilisation de guerre, ce débat sur le fondement scientifique de la méthode Taylor s'enrichira d'un autre : la question de l'« américanisme ». A la fin des années vingt, la propagation des méthodes de rationalisation de la production et du travail en Europe apparaîtra intimement liée à la montée de la puissance hégémonique des États-Unis, centre de la nouvelle économie-monde. L'Italien Antonio Gramsci (1891-1937) montrera pour la première fois que le modèle d'organisation scientifique d'entreprise ne peut se comprendre qu'en tant que composante d'un nouveau mode de vie, d'un « nouveau type humain », d'une culture différente de celle du Vieux Monde. Un monde en crise qui cherche ses marques.

Passant en revue les réseaux culturels de l'américanisme de son époque, le philosophe écrira : « L'Amérique a le Rotary et l'YMCA [Young Men's Christian Association] [32]. » Cette institution de jeunes chrétiens protestants fondée à Londres en 1844 et qui s'était étendue aux États-Unis dès 1851 était, selon lui, la meilleure incarnation de cet idéal de la « chrétienté du muscle » venue d'Amérique.

Les chemins de fer américains et le gestionnaire

Le taylorisme eût été impossible s'il n'eût été précédé de la révolution managériale. C'est ce qu'a démontré l'Américain Alfred Chandler dans son ouvrage, devenu un classique de l'histoire de l'entreprise, sur le capitalisme gestionnaire ou *managerial capitalism*.

Dans sa correspondance, Taylor parle des bordereaux de la comptabilité ferroviaire et avoue s'en être inspiré dans la mise au point de ses méthodes de contrôle statistique.

De fait, les sociétés de chemins de fer – mais aussi, dans une certaine mesure, celles des télégraphes – représentent aux États-Unis les premières grandes entreprises modernes. C'est la thèse centrale de l'historien. Assurant à la fois la construction et l'exploitation de leurs propres voies ferrées et la gestion du trafic des entreprises de transport et de messagerie qui utilisaient leurs lignes, ces compagnies « multidivisionnaires » sont les premières à employer en grand nombre des cadres à plein temps pour coordonner, surveiller et évaluer les activités de plusieurs unités d'exploitation dispersées. Les premières à créer les hiérarchies administratives dans le monde des affaires et à inventer des fonctions (comme les fonctions Finance, Exploitation, Développement commercial). Bref, les premières à se trouver dans le besoin d'innover dans leur forme organisationnelle afin de pouvoir gérer des flux continuels de biens, de services et d'informations sur une grande échelle. Tout en ayant un regard prospectif.

Les nouveaux modes de procédure administrative et de contrôle comptable et statistique et les organigrammes dont s'inspirent en fin de siècle les experts en organisation scientifique ont commencé à se mettre en place au cours des années 1850. Mais, d'après Chandler, l'entreprise moderne américaine dans le secteur ferroviaire n'apparaît réellement qu'au début de la guerre de Sécession. « Le besoin d'informations précises – note-t-il – suscita l'invention de méthodes perfectionnées pour recueillir, rassembler et analyser une grande variété de données découlant de l'exploitation quotidienne de l'entreprise. Plus important encore, il révolutionna la comptabilité ; ou, plus précisément, il contribua largement à l'apparition d'une comptabilité dépassant le stade de la tenue des livres comptables. Les techniques de la comptabilité en partie double fournissaient les données nécessaires, mais celles-ci, exigées en plus grande quantité et d'une manière plus systématique, étaient alors soumises à des modes d'analyse entièrement nouveaux. En somme, pour répondre aux besoins de gestion des premières entreprises modernes, les dirigeants des grandes lignes américaines inventèrent entre 1850 et 1870 presque toutes les techniques de base de la comptabilité moderne[33]. »

Signe prémonitoire de cette position d'avant-garde : la première revue professionnelle qui apparaît aux États-Unis est le *Rail road Journal*, en janvier 1832[34]. Au fil de l'expansion des réseaux ferrés, les revues portant sur ce sujet ne cesseront d'occuper un espace important dans la constitution de la presse des affaires.

Les premières entreprises modernes ont, de plus, un effet démultiplicateur. Elles aident d'autres secteurs à se structurer. A commencer par la banque. Premières entreprises privées à faire appel à des capitaux transrégionaux, les compagnies ferroviaires contribuent à la centralisation du marché américain des capitaux à New York et au développement des banques d'investissement. Autre secteur qu'elles contribuent à lancer : les grandes entreprises de construction.

Pour construire ses réseaux ferroviaires, l'Allemagne du *Zollverein* s'en est remise à une vision stratégique inspirée par les besoins des armées. En revanche, et contrairement à ce que donnerait à penser l'expérience de la guerre de Sécession, le modèle militaire n'a, aux États-Unis, exercé que peu d'influence sur la mise au point des procédures de la gestion moderne des affaires. Tout au plus au début, lorsque l'United States Military Academy donnait le meilleur enseignement de génie civil.

Le cas de George B. McClellan est l'exception qui confirme la règle. Il est le seul militaire parmi les pionniers du management moderne. Encore faut-il ajouter que le général nordiste a fait une double carrière. Officier sorti de West Point, ingénieur du train, il fait la campagne du Mexique, est envoyé comme observateur en Crimée – une des premières guerres où train et télégraphe sont utilisés par les armées –, puis en mission secrète à Saint-Domingue pour y voir la possibilité d'y établir une base navale. En 1857, il retourne à la vie civile comme chef ingénieur d'abord et président ensuite d'une compagnie de chemins de fer. Enfin, il reprend du service actif lorsque éclate la guerre de Sécession.

Tous les pionniers du management *via* les chemins de fer ont comme caractéristique commune d'avoir reçu une formation d'ingénieur des travaux publics et de travailler pour un salaire.

Ce qui toutefois échappe au champ de la recherche de Chandler, c'est l'autre versant de l'histoire, le politique. Le versant qu'a contribué à dévoiler l'historien, lui aussi américain, Gabriel Kolko. En juin-juillet 1857, éclate la grande grève des cheminots menacés d'une forte réduction de leurs salaires. C'est le premier conflit industriel aux États-Unis. Il déboucha sur l'intervention du gouvernement fédéral et, finalement, sur l'adoption d'une première législation des chemins de fer qui sauvait les intérêts des *robber barons*, les barons-voleurs, jusque-là désunis, qu'une concurrence implacable risquait de mener à la ruine. Cette intervention de Washington inaugura, d'après Kolko, l'ère du « capitalisme politique » qui a marqué définitivement le système économique des États-Unis, désormais « protégé des attaques d'une société virtuellement démocratique[35] ».

12

Le marché des cibles

L'idée et la stratégie de ciblage, dernier volet du tryptique de l'individu-mesure, s'installent lentement. Entre l'apparition du public populaire des premiers romans-feuilletons et les audiences segmentées de la culture de masse, s'écoulera près d'un siècle. Le parcours qui mène à la cible suit les jalons d'une culture de plus en plus axée sur le divertissement, s'adressant aux grandes majorités et fabriquée selon des normes industrielles. Le marketing et la publicité en sont la matrice et la démocratie américaine, le lieu où elle prend forme comme mode de cimenter la « volonté générale » et de construire le lien social de la nation.

Ni la haute culture, ni le projet d'illustration des classes populaires, ni l'idée de service public préparent les sociétés et les mentalités du Vieux Monde à saisir la nature de ces nouvelles formes d'organisation du loisir, comme phénomène de masse, issues du Nouveau Monde. Au contraire, une accumulation historique de malentendus empêche de percevoir ces nouvelles modalités d'usage du temps libre comme porteuses non seulement d'une façon de se distraire, mais d'un nouveau modèle de société.

Le roman-feuilleton : un genre et un public populaires

En 1836, les premiers romans découpés en feuilletons paraissent dans les journaux parisiens. Le véritable inventeur de la formule en est Émile de Girardin, qui vient de lancer *La Presse*. Cette même année, Armand Dutacq a fondé *Le Siècle*. Ce sont aussi les premiers en France à tabler systématiquement sur les annonces publicitaires pour se financer. En août, *Le Siècle* sort le premier feuilleton, un roman de mœurs espagnol, *Lazarillo de Tormès*. A l'automne, son concurrent réplique en commençant la publication d'un roman de Balzac, *La Vieille Fille, Scènes de la vie de province*, en douze feuilletons. La formule fait monter le baromètre des ventes de ces quotidiens et se généralise.

Du 19 juin 1842 au 15 octobre 1843, le public est suspendu à la parution du *Journal des débats* qui publie *Les Mystères de Paris* : 147 feuilletons qui obtiennent un succès sans précédent et déchaînent les affects. Son auteur, Eugène Sue (1804-1875), reçoit un abondant courrier des lecteurs. L'interaction entre l'écrivain et le public amène le premier à infléchir tel ou tel développement de l'intrigue, à y incorporer des éléments de l'actualité, brouillant chaque fois plus la frontière entre la réalité et la fiction. « Il avait commencé un feuilleton. Il se proposait, voulant faire flèche de sa connaissance de l'argot, de décrire les hors-la-loi, les bas-fonds, la pègre d'une ville grandie trop vite et qui nourrissait le chancre du crime avec une arrogance superbe. Mais son projet se modifie, le gauchissement du roman le prouve, et ce n'est plus le bandit sinistre qui tient le devant de la scène, mais le prolétaire malheureux [1]. » Les pauvres y trouvent une peinture de leur misère. Les nantis s'y voient promus au rang de grands philanthropes et de réformateurs, investis de la mission évangélique d'aider leur prochain.

Sue, ex-chirurgien de la marine, assume le rôle de « rhéteur des Mystères du peuple ». Dans ses œuvres, il suggère des réformes et les met à exécution dans sa société imaginaire : des écoles et des centres d'apprentissage, une ferme-modèle, une banque des pauvres qui vient en aide à des ouvriers au chômage en leur accordant des prêts sans intérêts. Il dénonce le système pénitentiaire et la peine capitale, proposant pour la remplacer l'« isolement cellulaire ». Dans les milliers de lettres qu'il reçoit, on lui adresse des demandes de secours et de protection, on le remercie d'avoir suscité des créations d'orphelinats ou d'écoles pour les enfants des prolétaires nécessiteux [2].

C'est l'avènement dans l'imaginaire de la République et de l'Association universelles de la doctrine saint-simonienne.

Antonio Gramsci ne s'y trompera pas, lui qui écrira dans les années trente que les romans d'Eugène Sue ont fait beaucoup plus pour la pénétration du saint-simonisme en Italie que tous les ouvrages de théorie sociale du maître et de ses disciples[3].

Mais l'essor et le succès de cette forme de littérature destinée au peuple, et qui le fait vibrer dans la France des années 1840-1850, se font au détriment d'une forme plus ancienne de la « culture populaire », la littérature de colportage, qui, elle, est dans la ligne de mire du gouvernement. Ses livrets sont jugés « subversifs » et « immoraux ».

Dans une circulaire d'application de la loi du 27 juillet 1849 sur la presse, un peu plus d'un an après la défaite des mouvements républicain et socialiste de 1848, le ministre de l'Intérieur écrit aux préfets : « Le caractère le plus commun des écrits qu'on s'efforce de répandre en ce moment et auxquels on donne la forme la plus populaire, c'est de diviser la société en deux classes, les riches et les pauvres, de représenter les premiers comme des tyrans, les seconds comme des victimes, d'exciter l'envie et la haine des uns contre les autres et de préparer ainsi dans notre société qui a tant besoin d'unité et de fraternité tous les éléments d'une guerre civile[4]. » D'où la création en 1852, l'année de l'instauration de l'Empire, par le ministère de la Police générale, d'une « Commission d'examen des livres de colportage ». Il ne suffisait plus de surveiller les colporteurs, il fallait contrôler le contenu des ouvrages diffusés en vérifiant qu'il n'était pas contraire « à l'ordre, à la morale, et à la religion ».

Cet épisode important dans l'histoire du statut du « populaire » dans la perspective des dispositifs de pouvoir a bien été éclairé par Michel de Certeau, Dominique Julia et Jacques Revel dans un travail intitulé « La beauté du mort ». Un tel titre, parce que, expliquent-ils, la « culture populaire » a dû être censurée pour être étudiée et n'est devenue un objet d'intérêt que parce que son danger était éliminé. « La naissance des études consacrées à la littérature de colportage est liée à la censure sociale de leur objet. » Et il est significatif que la première *Histoire des livres populaires et de la littérature de colportage*, publiée en 1854, soit le fait de Charles Nisard, secrétaire de cette commission de censure.

Dans la préface de sa première édition, l'écrivain-censeur ne fait pas mystère de ses conceptions sur le peuple-enfant qu'il faut préserver des mauvaises lectures : « J'estimai que si, dans l'intérêt des personnes faciles à séduire, comme le sont les ouvriers et les habitants des campagnes, la Commission ne devait pas manquer d'interdire le colportage aux trois quarts de ces livres, cette prohibition ne regardait pas les gens à l'épreuve des mauvaises lectures, c'est-à-dire les érudits, les bibliophiles, les collectionneurs et même de simples curieux de littérature excentrique. J'ai donc cru faire une chose qui serait agréable aux uns et aux autres en rassemblant tous ces livrets sous un seul point de vue, et en les sauvant en masse du naufrage où ils allaient périr isolément[5]. »

C'est là un des nombreux avatars de l'histoire moderne de la notion même de « culture populaire », tantôt confisquée ou travestie, tantôt essayant de rendre compte de l'existence d'une parole des sans-voix.

La controverse Sue-Marx et l'idéologie du contenu

En 1845, Marx prend parti contre l'auteur des *Mystères de Paris*. Ce qui le dérange dans le roman-feuilleton, c'est cette utopie de l'harmonie déjà advenue grâce à la bonne volonté des riches, et de Rodolphe en particulier : si ce personnage peut opérer « toutes ses rédemptions et toutes ses guérisons miraculeuses, ce ne sont pas ses belles paroles, ce sont ses espèces sonnantes... Il faut être millionnaire pour pouvoir imiter le héros[6] ». L'exploitation-modèle et la banque des pauvres fondés par Rodolphe, écrit encore Marx, sont des leurres ; les exploits qu'il accomplit avec ses « idées fixes, ses idées chrétiennes, celle qui lui servent à jauger le monde : la "charité", le "dévouement", l'"abnégation", le "repentir", les "bons" et les "méchants", la "récompense" et la "punition", les "châtiments terribles", l'"isolement", le "salut de l'âme", etc. » ne sont que « bouffonneries » et ne sont possibles que par la bourse fabuleuse dont le héros dispose[7]. Et Marx va même jusqu'à passer au crible du réalisme socialiste la comptabilité de la Banque des pauvres où « l'ouvrier perd ses intérêts et la Banque son capital », une formule qui lui paraît en deçà de ce qu'offrent déjà les caisses d'épargne.

Et pourtant, c'est par ces voies contradictoires que le roman-feuilleton, emblème d'une première littérature sérielle, a participé à la démocratisation du quotidien, comme l'a démontré Michael Palmer : « Le journalisme de l'imagination joue un rôle aussi important que le journalisme d'information. *Le Petit Journal* (fondé en 1863 par Moïse Polydore

Millaud, et un des premiers à dépasser le million d'exemplaires) recherche les catégories d'informations et de renseignements susceptibles de plaire à un public de masse, et la présentation qui leur convient. Il utilise les techniques d'écriture du roman-feuilleton et du fait divers, qui déconcertent le moins le lecteur populaire ; leurs composantes sont à la fois universelles et hors du temps... En fait, le roman-feuilleton est lui-même une rubrique d'"actualité". Il traduit l'imaginaire d'une époque[8]. »

Dans la construction d'un public populaire pour la presse quotidienne, le feuilleton joue en France le rôle qui, aux États-Unis, sera dévolu aux *comics*, la bande dessinée dans sa version américaine, à partir des années 1880[9]. Ce moyen d'expression qui intègre le langage iconique et le langage littéraire rencontre, tout comme les premiers films d'ailleurs, les besoins d'une population récemment immigrée qui ne parle pas l'anglais ou est encore analphabète. En ces années-là, la pression de la nécessité de l'intégration sur la communication se fait sentir à ce point que, dans les ateliers, Taylor imagine de sauter l'obstacle de la langue et de l'analphabétisme en proposant aux cadres de rédiger les « feuilles de route » quotidiennes des ouvriers sur des fiches de couleur et d'utiliser un code graphique pour toute transmission d'information. La genèse du genre *comics*, premier produit de la culture de masse américaine et premier à s'internationaliser (dès les années dix), est déjà significative de l'importance que va prendre l'image dans l'industrie culturelle de ce pays.

Quant au constat de l'historien de la presse de la fin du XIXe siècle sur la place du feuilleton dans l'essor de la presse populaire, il faudra longtemps pour qu'il acquière valeur d'évidence en France. Cette littérature, notera encore en 1976 le critique Hubert Juin, « demeure mal connue, et, avouons-le à notre honte : méconnue, sauf lorsqu'il s'agit de Dumas ou de Sand, voire de Balzac, encore que dans ces cas-là on feigne d'ignorer totalement que les nécessités du feuilleton ont dominé l'ordonnance d'une partie de leurs œuvres[10] ».

C'est paradoxalement de l'étranger que le statut vient au genre. Une des rares études faisant autorité sur le feuilleton sera longtemps l'œuvre d'une Anglaise, Nora Atkinson : diplômée de l'université de Liverpool, elle présente une thèse de doctorat sur le sujet en 1929 devant un jury de la Sorbonne[11]. A la même époque, l'Italien Antonio Gramsci redécouvre cette littérature et forge, à son endroit, le concept de « national-populaire », analysant la place qu'elle occupe dans la formation d'un mode de sentir propre à un peuple – des « masses de sentiment » – et du lien organique qui l'unit à ses intellectuels. Cette redécouverte, le marxiste italien l'entreprend en parallèle à une interrogation sur le renforcement des mécanismes de la rationalisation du social, sa taylorisation, dans l'entre-deux-guerres : « La question est celle-ci : il y a toujours eu une grande partie de l'humanité dont l'activité a été taylorisée et disciplinée, et elle a essayé de s'évader des limites étroites de l'organisation existante qui l'écrasait à travers la fantaisie et le rêve [12]. » Gramsci n'en reste pas là et se demande dans quelle mesure cette littérature, au-delà de tendances populistes, « reflète un fond d'aspirations démocratiques ». C'est justement ce que ne fait pas Marx : Sue se meut dans la sphère du cœur et du pathos ; Marx, critique du socialisme utopique, invoque la raison et le « discours juste » qui renvoient au socialisme scientifique.

La controverse Sue-Marx est la première où s'exprime l'incompréhension du projet révolutionnaire à l'égard des mécanismes qui font le succès d'une culture du divertissement destinée aux grandes majorités. Au fil du temps, le malentendu ne fera que se creuser. Plus d'un siècle plus tard, Jean Baudrillard pourra encore dire de la gauche (et de ses partis) qu'elle ne comprend rien au phénomène médiatique, parce que s'obstinant à n'y voir que des « véhicules de contenus, sans jamais interroger leur forme » alors que « ce n'est pas comme véhicules d'un contenu » mais « dans leur forme et leur opération mêmes que les médias induisent un rapport social » [13].

Au fur et à mesure de l'éloignement de la galaxie Gutenberg et du rapprochement de l'ère électronique, cette idéologie du contenu deviendra en fait celle de toute une société : elle présidera à la définition du service public dans sa vocation « pédagogique-culturelle ». Ainsi, dans les trois fonctions assignées par les cahiers des charges (informer, éduquer, distraire), le service public de l'audiovisuel accordera une claire prédominance aux deux premiers, au nom d'une idée de démocratisation de la culture comme mise à la disposition du citoyen de toutes les classes des expressions du patrimoine culturel. Cette idée de démocratisation culturelle renvoie à une philosophie sociale implicite, selon laquelle les formes culturelles occupent divers niveaux de légitimité, et selon laquelle aussi la définition de la culture est marquée par la hiérarchie haute culture (ou culture légitime) et basse culture. Elle impliquera, en outre, la reconnaissance implicite d'une certaine hiérarchie dans l'accès à la culture ainsi définie, donc l'idée d'inégalité face aux biens culturels, à laquelle il faut remédier. L'irruption de la logique commerciale, elle-même inséparable des logiques d'internationalisation de l'ensemble du champ médiatique, précipitera la crise des idées tutélaires du service public. La vocation prioritairement pédagogique et culturelle de l'audiovisuel sera mise alors en concurrence avec une autre conception de son usage, essentiellement déterminée par la fonction de « distraire »[14].

Mais sous cette idéologie du contenu, se cache autre chose encore : la méfiance à l'égard de l'« amusement », qui, elle aussi, vient de loin, et ne sera pas la dernière à retarder la prise de conscience des enjeux sous-tendus par la lente, mais non moins irrésistible ascension des nouvelles modalités industrielles de production d'une culture de masse.

Le régime de paresse, figure négative du loisir

Au moment même où Taylor entreprend aux États-Unis ses premières tentatives d'organisation scientifique des ateliers, Paul Lafargue (1842-1911) publie en France *Le Droit à la paresse*, le droit au temps libre et au loisir. « Une étrange folie – écrit-il – possède les classes ouvrières des nations où règne la civilisation capitaliste. Cette folie traîne à sa suite des misères individuelles et sociales qui, depuis deux siècles, torturent la triste humanité. Cette folie est l'amour du travail, la passion moribonde du travail, poussée jusqu'à l'épuisement des forces vitales de l'individu et de sa progéniture[15]. »

L'auteur de cet opuscule-pamphlet paru en 1880 est un métis qui, dans les veines, a le sang de trois races (noire, caraïbe et juive), un futur député français et le gendre de Marx. Il part en guerre contre la « tartuferie chrétienne » et l'« utilitarisme capitaliste », qui ont « sacro-sanctifié le travail ». Mais aussi contre les apologies de nombreux théoriciens de la Ire Internationale qui ont rompu au nom du socialisme scientifique avec les penseurs de l'utopie, de la fête et de la jouissance. Il partage d'ailleurs avec ces derniers une confiance illimitée dans les promesses du progrès technique : « Nos machines au souffle de feu, aux membres d'acier, infatigables, à la fécondité merveilleuse, inépuisable, accomplissent docilement d'elles-même leur travail sacré : et cependant le génie des grands philosophes du capitalisme reste dominé par le préjugé du salariat, le pire des esclavages. Ils ne comprennent pas encore que la machine est le rédempteur de l'humanité, le Dieu qui rachètera l'homme des *sordidae artes* et du travail salarié, le Dieu qui lui donnera des loisirs et la liberté [16]. »

La question de la libération face au travail est une composante de toutes les cités utopiques. Mais la paresse y est souvent, malgré tout, traitée comme un vice. Thomas More avait réduit la journée de travail à six heures – soit autour de la moitié de ce qu'elle était effectivement à l'époque pour l'ouvrier et le cultivateur – tout en brisant une lance redoutable à l'intention des « paresseux ». Et sa satire de cette catégorie d'individus sera souvent reprise par les autres utopistes. Campanella avait limité le travail quotidien à quatre heures, temps qui lui semblait suffisant pour procurer l'abondance pour tous. Morelly avait prévu dans son Code de la nature de courtes séances de travail, un repos tous les cinq jours, et quatre fois dans l'année des réjouissances collectives pouvant durer six jours. Cabet faisait travailler ses Icariens sept heures en été et six en hiver, refusant de parler de « paresse » puisque, en Icarie, cette occupation n'est plus une punition. Dans les propositions de « travail attrayant » de Fourier, « les Harmoniens ne connaissent pas de vacances et n'en désirent pas », comme le note Walter Benjamin. Pour Lafargue, la norme ne dépasse pas trois heures. Dix ans après la publication du pamphlet, Kropotkine emboîtera le pas à cette revendication tout en substituant le « droit à l'aisance » au « droit à la paresse » [17]. A la fin du siècle, la journée de huit heures est une revendication ouvrière, celle de dix ou douze la réalité.

Les Lumières avaient pris le contre-pied de l'« oisiveté », privilège réservé aux gens improductifs. Voltaire dans son *Candide* avait été jusqu'à plaindre « l'homme accablé du poids de son loisir ». Une représentation maintes fois réitérée dans les articles de l'*Encyclopédie*, entérinant une tradition philosophique et littéraire qui avait vu le « loisir » et son organisation comme une machine de guerre inventée dans l'Antiquité par les tyrans pour endormir et « abêtir » leur peuple.

Dans son texte-phare intitulé *Discours de la servitude volontaire* (1574), Étienne de La Boétie (1530-1563) parle des

« passe-temps » qui se transforment en « drogueries », des moyens qui essaient d'« amollir et d'efféminer les hommes de condition libre par les plaisirs, les jeux, les spectacles, afin de les rendre plus dociles au joug [18] ». Cet ami de Montaigne, mort dans la fleur de l'âge non sans lui avoir au préalable confié son manuscrit, remet en mémoire la première étymologie du mot « ludique » issu du latin *ludi*. Le terme est une déformation de *Lydi* ou Lydiens, ces habitants de la Lydie que Cyrus, pour parachever sa conquête, avait corrompus grâce aux jeux, nouvel « appât de la servitude ». La Boétie ajoute toutefois qu'« entretenir un peuple entier dans l'oisiveté, amuser ses loisirs, satisfaire ses vices » est devenu au fil du temps d'un bien faible secours pour les « gouvernements qui ne peuvent s'occuper que des plaisirs des classes aisées [19] ».

Phare, ce texte de La Boétie l'est toujours au XIXe siècle. Les lectures militantes de cet ouvrage contribuent à pérenniser l'idée que l'« amusement des loisirs » rime avec l'« abêtissement des sujets » et est une « compensation d'une liberté ravie », toutes expressions reprises de La Boétie. Certains vont jusqu'à l'appliquer mécaniquement aux « amusements » contemporains et y rangent pêle-mêle parades et revues, mâts de cocagne et ballons, joutes et représentations gratis, illuminations et feux d'artifice, courses de chevaux, expositions, musées et « grands bazars d'industrie », ainsi que les « jeux de bourse plus infâmes encore que tout cela, et qui, certes n'étaient pas connus des anciens [20] ».

Ces interprétations versent dans une vision instrumentale du pouvoir et, donc, esquivent le questionnement central de La Boétie sur les voies de la servitude volontaire : comment se fait-il que les individus combattent pour leur servitude comme s'il s'agissait de leur salut ? comment se fait-il qu'ils puissent obéir à un de leurs semblables ? A la place de cette question subtile sur l'intériorisation des mécanismes de la servitude, on trouve un inventaire des moyens d'assujettissement. Ceux-ci sont réputés s'appliquer sur un peuple inerte et passif, le tyran étant envisagé comme un sujet autonome, omniscient et omniprésent, seul à tirer les ficelles d'un jeu de marionnettes. Le corollaire politique en est une conception du changement de la société : il suffit de déloger le tyran ou l'occupant des lieux de pouvoir et de faire de ceux-ci un autre usage pour bouleverser l'ordre des choses [21].

Du refus de l'idée d'un type d'amusements et de plaisirs précis à la dérobade face au questionnement de l'idée même d'amusement et de plaisir, il n'y a qu'un pas. Le paradigme mobilisateur du progrès aidera à le franchir et la voie ascétique d'accès à ses grandes valeurs métamorphosera le « régime de paresse » en royaume des vices.

La *Théorie de la classe de loisir (The Theory of the Leisure Class)*, publiée en 1899 par l'Américain Thorstein Veblen (1857-1929) en qui on a coutume de voir un précurseur de la sociologie des loisirs, ne fait rien pour dissiper le malentendu. Il renforce l'idée de ce que le loisir, pré carré d'une classe « riche et oisive » éprise d'hédonisme, est une « technique de défense », incarnée par des institutions à sa mesure sinon à sa botte, d'un pouvoir économique destiné à maintenir le peuple en silence et à l'empêcher de penser à sa condition d'exploitation. Les *gentlemen of leisure* induisent un modèle de « consommation ostentatoire » ; la consommation de certains produits, dont les divertissements, est un signe du prestige social et d'un statut ; c'est un style de vie, un mode de comportement à imiter, qui se diffuse à travers toute la société [22].

Pour avoir une idée du désarroi dans lequel sont plongés les rédacteurs de la presse socialiste comme Jean Jaurès lorsqu'il s'agit de décider d'une politique à l'égard de la publication de feuilletons dans leurs propres organes de presse, il suffirait d'invoquer l'étude de Anne-Marie Thiesse, parue en 1984, sur les lecteurs et lectures populaires à la Belle Époque [23].

Dans le mouvement ouvrier, la tension sera permanente entre la logique chaque fois plus prégnante du divertissement d'une culture destinée aux masses et l'objectif d'illustration des classes populaires que, dès ses débuts, il fixe à sa presse et à sa propagande. D'autant plus que la question de la propagande se verra de plus en plus associée à celle de la forme concrète à donner à l'organisation ouvrière. Cette corrélation s'accentue dans les deux dernières décennies du XIXe siècle. Et les quelques textes sur le rôle et les formes de la propagande dans le mouvement socialiste qui se publient alors en portent témoignage : c'est le cas par exemple du texte, exemplaire à cet égard, de la conférence de Pierre Lavrov (1823-1900), militant du parti populiste russe et ancien de la Commune, prononcée à Paris devant la Société des ouvriers russes en 1887 [24]. Il s'agit d'un moment encore privilégié puisque le modèle léniniste d'agitation et de propagande, et les hiérarchies qu'il établit entre l'avant-garde composée des éléments les plus conscients, dépositaires de la vérité, et les autres couches du peuple, n'ont pas encore fermé les voies à l'alternative. Avec ce modèle imaginé par Lénine qui apparaît au tournant du siècle, la fonction instrumentale du journal ouvrier comme outil d'organisation sera poussée à l'extrême [25].

Au cours du temps, le volontarisme affiché par le schéma de la communication propagandiste apparaîtra comme de plus en plus caricatural par rapport à cet autre modèle de communication qui, enraciné dans les intérêts quotidiens, contribue à reproduire, à la façon d'un métabolisme, les conditions et les valeurs d'un mode de vie et d'un système social. C'est là qu'il est nécessaire de revenir sur la généalogie de ce dispositif où le complexe publicitaire est appelé à occuper une place centrale.

Des origines lointaines de l'annonce

A partir des années 1830, l'activité de presse se structure comme une entreprise commerciale, à peu près en même temps en France, en Angleterre et aux États-Unis. Les grands trusts du secteur, eux, se constituent à partir de 1875 (par exemple, Hearst aux États-Unis et Northcliffe en Angleterre). Entre ces deux dates, surgissent les journaux à grand tirage. Le mécanisme publicitaire est désormais un ingrédient essentiel dans le fonctionnement et la survie de la presse.

Mais l'invention de l'institution publicitaire est plus ancienne : elle démarre avec le lancement de la formule « agence », autour de 1630, à l'instigation du médecin français Théophraste Renaudot (coïncidence frappante, c'est dans la décennie précédente que le Vatican crée sa congrégation de la Propagande !). Renaudot établit à Paris un « bureau de rencontres et d'adresses », se réclamant d'une idée émise par Montaigne dans un de ses *essais*. Dans l'Essai « D'un défaut de nos polices » qui figure au premier livre, Montaigne indique, de fait, combien il serait profitable pour le « règlement des pauvres » d'avoir un « lieu désigné » dans lequel « ceux qui auraient besoin de quelque chose puissent se rendre, et enregistrer leur affaire devant un officier établi à cet effet ». L'un pour « vendre des perles », l'autre pour les acheter ; l'un encore pour trouver un maître, l'autre un serviteur, un ouvrier, un compagnon pour voyager à Paris, etc. « Ce moyen – estime Montaigne – de nous entr'advertir apporterait non légère commodité au commerce public ; car à tous coups il y a des conditions qui s'entrecherchent, et, pour ne s'entr'entendre, laissent les hommes en extrême nécessité [26]. »

Aux yeux du philosophe, l'« advertissement », l'annonce, inséré dans un support, le journal, doit viser un rôle social et s'inscrire dans le prolongement des œuvres de charité. S'inspirant à la fois de l'institution religieuse et de celle du mécénat, la publicité se veut une sorte de service public. Dans la réalité de l'époque, le bureau de Renaudot, où convergent les offres des uns et les demandes des autres, ne se contente pas de servir de carrefour pour la publication d'« advertissements ». C'est aussi un lieu de propagation de connaissances médicales utiles, activité particulièrement importante dans une époque où abondent charlatans et remèdes de charlatan. C'est enfin un centre d'où se diffusent des idées proches de celles de Richelieu, qui soutient le médecin dans ses plans pour soulager le sort des pauvres.

Le schéma fonctionnel de l'agence de publicité dans sa forme encore rudimentaire va émigrer à Londres dès le XVIIe siècle, où il sera adapté sous la forme des « Offices of Intelligence ». En franchissant la Manche, il changera de nature : alors qu'en France agence et support publicitaires restent étrangers l'un à l'autre jusqu'à la fin de l'Ancien Régime, chacun relevant de deux privilèges royaux différents, en Angleterre, les deux fonctions ne feront qu'une. A la fin du XVIIIe, le support mixte qui combine l'offre de nouvelles ou d'opinions et l'insertion de messages commerciaux est symbolisé par le *Times*, fondé en 1785. Dans la capitale britannique, l'invention de Renaudot s'est donc sensiblement écartée du projet initial d'institution d'assistance sociale pour devenir un instrument mercantile. Du régime harmonique de publicité prôné par l'humaniste, au modèle conflictuel de publicité, on a dérivé vers le modèle de la concurrence où prévalent le dessein et les échanges commerciaux. Ce glissement a bien été mis en lumière par l'historien des institutions publicitaires, Gérard Lagneau, qui résume ainsi le trajet accompli : « A la fin de l'âge classique, nous sommes encore sous l'Ancien Régime de la publicité, dont la finalité commerciale est surdéterminée par le service public, en l'occurrence ce que nous appelons aujourd'hui la Sécurité sociale. C'est l'économie politique anglaise qui consommera la rupture : avec Adam Smith, la visée se déplace du "règlement des pauvres" à la "richesse des nations" ; avec T.R. Malthus, l'extinction du paupérisme par le progrès social devient une utopie[27]. » De Londres, la pratique du support mixte gagnera les futurs États-Unis dès 1729. A l'occasion de la fondation de la *Pennsylvania Gazette* par Benjamin Franklin (1706-1790) qui ramène la formule dans ses bagages après un séjour dans la métropole. Le premier quotidien relativement stable d'après l'Indépendance, le *Pennsylvania Packet & Advertiser*, créé en 1784, comporte dix colonnes d'annonces sur un total de seize[28].

Cette longue genèse de la « publicité conflictuelle » en Angleterre est concomitante de la construction d'une sphère publique assumant des fonctions politiques. Une sphère publique dont la réalisation est facilitée par la suppression, en 1694-1695, de l'institution de la censure préalable, qui permet à la presse de jouer son rôle de médiateur et de diffuseur des décisions politiques devant le public. Avec le résultat suivant, analysé dans les détails par Habermas : « L'analyse et la critique constantes, érigées en institution, des décisions de la Couronne et des résolutions prises par le Parlement transforment la nature du pouvoir, appelé désormais à comparaître devant le forum public. Le pouvoir devient ainsi "public" en un double sens. L'évolution de la sphère publique se mesure dès lors à l'état de la discussion entre la presse et l'État qui s'est déroulée tout au long du XVIIIe [29]. » Cette période se confond aussi avec la multiplication des lieux d'assemblement comme les cafés ou « coffee houses ».

Le cocasse de cette genèse est que la publicité commerciale, l'*advertising* (concept dérivé du vieux français « advertissement ») des Anglo-Saxons, est née sous le régime du parlementarisme. La publicité esprit service public, elle, la *publicity* que l'on appellera plus tard « relations publiques », s'est développée sous l'absolutisme.

Les derniers obstacles institutionnels au plein développement de la publicité, et de la presse, en Angleterre ne sauteront toutefois qu'entre 1853 et 1861 avec l'abrogation des « taxes sur la connaissance », qui grevaient les journaux et qui incluaient notamment une taxe sur les annonces, instituée par une loi en 1712. Les États-Unis en avaient les premiers secoué le joug en refusant son application en 1765 et en gommant lors de leur indépendance toute imposition sur la presse. En France, la loi sur la liberté de presse de juillet 1881 – quelque quinze ans après l'invention de la rotative et cinq ans avant celle de la linotype – supprimera les derniers écueils juridiques à l'essor de la grande presse. Mais la persistance du modèle harmonique de publicité à travers le modèle saint-simonien de l'annonce sera, comme nous l'avons vu, pour beaucoup dans le « retard » pris par la France dans le domaine des investissements publicitaires par rapport au modèle mercantile anglo-saxon.

Née d'un croisement franco-britannique, la formule de l'agence de publicité moderne trouve son terrain d'acclimatation le plus favorable aux États-Unis, premier pays où émerge l'entreprise moderne avec ses problèmes de gestion de la production et de la distribution de masse. « Tirer une ligne droite du fabricant au consommateur » : telle est la fonction qu'assigne J. Walter Thompson, au début du XXe siècle, à son agence, prototype du réseau publicitaire transfrontières d'origine américaine qui dès 1899 installe une filiale à Londres, premier pas vers l'internationalisation [30].

L'internationalisation des premiers réseaux publicitaires

L'histoire de la formation des réseaux d'agences publicitaires se confond avec l'avènement de la modernité médiatique. C'est par le biais de ces réseaux et de leurs flux à dimension transnationale qu'a eu lieu la première confrontation entre une culture publique circonscrite au territoire de l'État-nation et la culture du marché avec ses paramètres d'universalité marchande. C'est à travers le branchement sur cette tête de réseau du complexe médiatique que sont également apparues les premières tensions entre l'éparpillement des cultures populaires et le projet centralisateur de la culture industrialisée, entre le local et le transnational au quotidien.

La première agence publicitaire, digne de ce nom, de l'histoire américaine est créée à Philadelphie en 1841. Mais il faut attendre la guerre de Sécession pour que le secteur s'organise réellement. C'est dans cette période que J. Walter Thompson fonde son agence.

Vers 1870, la presse religieuse constitue toujours aux États-Unis une part importante du marché publicitaire : 400 périodiques avec une circulation de quelque 5 millions d'exemplaires. En 1887, J. Walter Thompson a déjà changé de cap : son portefeuille d'offres aux annonceurs comporte une liste de 25 supports, parmi lesquels se détachent les magazines féminins. Quatre ans auparavant, a été lancé *Ladies' Home Journal* qui au tournant du siècle dépassera le million d'exemplaires. L'apparition de ce genre est l'occasion des premières spéculations sur la cible. En 1909, J. Walter Thompson résumera ainsi son expérience tout empirique des quarante dernières années : « Les femmes dépensent l'argent et pour attirer les femmes, on doit pénétrer dans la famille. Et pour attirer le foyer familial, l'agent de publicité s'est tourné vers les magazines. Il a remarqué que ces publications étaient achetées dans les kiosques ou directement par abonnement du cercle familial. Là la publication a une vie de trente jours. On peut s'étonner de ce qu'il nous a fallu du temps pour nous rendre compte des possibilités offertes par ce média au commerce publicitaire [31]. »

En 1900, les investissements publicitaires des États-Unis sont dix fois plus élevés qu'à la veille de la guerre civile et, depuis un certain temps, le mot d'ordre de la profession est à l'organisation. En 1873, les « agents de publicité » tiennent leur premier congrès. En 1888, l'industrie publicitaire a son porte-parole, le *Printers' Ink*. De 1900 à 1917, la National Federation of Advertising Clubs of America cherche à agréger l'ensemble de la profession au niveau national et, surtout, à définir le professionnalisme en élaborant des codes de déontologie en vue d'asseoir la légitimité d'une activité dont l'image est encore entachée par les pratiques mensongères et frauduleuses, plus particulièrement par le charlatanisme des produits pharmaceutiques [32]. En 1914, les « Standards of Practice », prélude au premier code, adoptés par les clubs s'appuient sur l'idée, hautement symbolique, de la publicité comme « service public », un service responsable préposé à la défense des « intérêts du consommateur ». L'enjeu sémantique est d'autant plus grand que les autorités fédérales ont pris en 1906 les premières mesures régulatrices pour protéger les consommateurs en promulguant le *Food and Drug Act*. En 1917, ce ne sont pas moins de trois cents agences accréditées qui se réunissent pour former l'American Association of Advertising Agencies (AAAA) qui se substitue à la fédération des clubs. En 1914, les agences, les annonceurs et les éditeurs de presse ont créé un Audit Bureau of Circulation, un organisme à but non lucratif, inspiré par l'idée d'autorégulation, qui collecte toutes informations utiles sur les supports et publie le montant vérifié des ventes [33].

En 1924, des liens organiques se tissent entre l'organisation américaine et son homologue britannique, qui vient à peine d'être fondée. Avec les États-Unis, en plus de l'internationalisation de ses firmes, l'Angleterre partage alors le projet précoce d'organisation de la profession autour de l'idée de l'autorégulation, inspirée par le libéralisme économique, en opposition avec celle d'un contrôle exercé par les autorités publiques. La profession affiche ses prétentions à fixer elle-même sa marge de manœuvre dans l'usage de l'espace public à des fins publicitaires. En 1938, cet embryon d'une organisation corporative internationale, dont le siège est à New York, donne naissance à une association interprofessionnelle mondiale, l'International Advertising Association (IAA), qui assume la défense des intérêts des supports, des annonceurs et des agences. Un an auparavant, la Chambre de commerce internationale – un ancêtre lointain du GATT –, fondée par le secteur privé en 1920 en vue de réguler le nouvel ordre mondial du commerce issu de la Grande Guerre, a élaboré le premier code de déontologie de l'activité publicitaire. L'idée de « liberté d'expression commerciale », indissociable de la doctrine de l'autorégulation, franchit son premier pas transfrontières [34]. Avant même que ne se forme la fameuse doctrine du *Free Flow of Information*, le libre flux de l'information, qui, elle, attendra les débuts de la « guerre froide » pour pointer à l'horizon, sous les auspices du département d'État américain.

L'idée de l'autorégulation est alors complètement étrangère à la tradition de régulation étatique d'une France qui, dans les années vingt, est absente des marchés internationaux de la publicité et, retour à l'envoyeur, s'abreuve au modèle américain pour « sortir de l'enfer de la réclame » : « Je suis parti pour l'Amérique, raconte dans ses souvenirs Marcel Bleustein-Blanchet, fondateur en 1926 de l'agence Publicis, le seul endroit où je savais que je pourrais étudier ce qu'était réellement la publicité. J'étais comme un musulman se rendant à La Mecque. Ce que j'ai appris est vraiment simple : vous ne pouvez avoir de bonne publicité pour un mauvais produit. Mon admiration pour les États-Unis tient à deux choses : la démocratie de la communication et le respect de l'opinion publique. Je suis revenu avec un seul désir, faire de la publicité une profession responsable, respectée, quelque chose de plus que des réclames stridentes et des slogans [35]. »

Dès 1927, les deux premiers réseaux d'agences américains commencent, depuis leur siège à New York, à mailler le globe de leurs filiales étrangères, à la demande des firmes industrielles et commerciales de leur pays qui s'installent aux quatre coins du monde, de Londres à Calcutta, de Madrid à Rio de Janeiro, de Paris à Sydney[36]. La grande dépression les propulse hors de la mère patrie où, entre 1929 et 1933, les budgets publicitaires s'effondrent. Seule l'arrivée de la Seconde Guerre mondiale stoppera cette première génération des réseaux de publicité dont l'expansion reprendra de plus belle dans les années cinquante, laminant dans la plupart des pays les agences nationales incapables de s'adapter au nouveau savoir-faire amené par les réseaux américains.

Naissance du marketing et de la « mass culture »

La publicité constitue une partie intégrante du processus de marketing. Ce qui veut dire, selon ses premiers professionnels qui affectionnent les formules ramassées, qu'il n'y a pas moyen de « développer le bon message » si l'on ne répond pas au « T(target)-Square », au carré-cible : « What are we selling ? Where are we selling it ? When are we selling it ? To Whom are we selling it ? How are we selling it ? » (Que vendons-nous ? Où ? Quand ? A qui ? Comment ?)[37]. Identifier le marché, le connaître pragmatiquement, le diviser, le segmenter pour mieux le saisir, tel est le but du marketing, né dans le sillage de l'entreprise moderne et de ses techniques de comptabilité analytique.

Dans leurs études sur les origines de la recherche marketing, les historiens américains remontent en général à 1879. Date à laquelle l'agence de publicité Ayer, fondée dix ans auparavant, réalise pour un client fabricant de machines agricoles une enquête nationale en interrogeant les fonctionnaires et les responsables de presse sur la production de blé et la circulation des médias dans chaque comté. En 1895, un professeur de l'université du Minnesota, Harlow Gale, effectue une enquête par correspondance sur les attitudes du public à l'égard de la publicité. Six ans plus tard, Walter Dill Scott, président de la Northwestern University et auteur du premier ouvrage à audience non confidentielle de la spécialité, *Psychology of Advertising*, donne le coup d'envoi à un programme de recherches expérimentales sur ce sujet à la demande d'un club publicitaire de Chicago. Autour de 1910, se créent les premiers bureaux de recherche, l'année 1911 constituant une année charnière. A cette date, l'ancien rédacteur en chef de *Printers' Ink* établit sa propre société d'études au nom symbolique, Business Bourse ; la firme Kellogg entreprend une enquête par correspondance sur le lectorat des magazines ; Curtis Publishing, l'éditeur de *Ladies' Home Journal*, crée une division de recherches commerciales ; la Harvard Graduate School of Business établit son propre Bureau of Business Research[38].

Présent dès la fin du XIXe siècle dans la littérature économique et, par la suite, dans les textes de F.W. Taylor et de ses disciples, qui au début des années vingt s'y réfèrent sous la rubrique générale « Merchandising and Selling »[39], le marketing attendra sa définition officielle jusqu'en 1931. L'Association américaine des professeurs de marketing et de publicité le caractérise alors comme comprenant « toutes les activités d'affaires impliquées dans le flux des biens et services du producteur au consommateur, à l'exclusion seulement des activités qui impliquent un changement de forme[40] ». Sous l'effet de l'emprise progressive des logiques managériales sur l'ensemble du mode de communication de la société, l'American Marketing Association révisera et troquera cette première définition par la suivante : « le processus au cours duquel se planifient et s'exécutent la conception, l'estimation, la promotion et la distribution d'idées, de biens et de services en vue de créer des échanges qui satisfont les objectifs de l'individu ou de l'organisation[41] ». Convaincre, persuader sont les maîtres mots : « Toute chose utilisée pour influencer le peuple favorablement constitue de la publicité. Sa mission est de persuader les hommes et les femmes d'agir dans une voie qui sera à l'avantage de l'annonceur[42]. » C'est ainsi qu'un manuel à destination des étudiants définit en 1921 les finalités de l'acte publicitaire. Depuis la première décennie du siècle, les cours de publicité ont fait leur entrée dans plusieurs universités américaines (New York, Missouri, Northwestern). Vers 1930, plus de trente centres d'enseignement supérieur auront inscrit cette matière à leur programme.

Assurer les conditions de communication et d'information qui permettent d'aller à la rencontre de la demande, cette obligation que se fixe le marketing va subir dans les années vingt un saut qualitatif. Les gestionnaires s'aperçoivent qu'il est tout aussi important d'organiser la demande que l'offre. Pour rentabiliser la production de masse qui a déjà prouvé qu'elle était rentable, les industriels cherchent à élargir leurs marchés, géographiquement et socialement. Les publicitaires recomposent la cible familiale, assignant de nouveaux rôles à la Femme, « entrepreneur » du foyer, au Père, réduit à une fonction nourricière, et aux Jeunes, symbole d'une culture de masse où rien ne se démode plus vite que la mode.

Comptage et classification des réactions du consommateur constituent des objectifs stratégiques. Au début des années vingt, l'industrie du conseil en matière d'opinions et d'attitudes implante ses premiers bureaux avec Daniel Starch, George Gallup et Claude Robinson qui élaborent les premières mesures quantitatives du rapport média-produit-consommateur (notoriété, mémorisation, etc.). Arthur C. Nielsen invente le concept de *share of market* ou « part de marché » et réalise les premiers « panels » pour les mesurer en commençant par construire des indices sur le flux des ventes dans les pharmacies et les magasins d'alimentation. A la fin des années vingt, le premier annonceur américain, le lessivier Procter & Gamble, crée le premier département d'études de marché. La décennie suivante, en synergie notamment avec l'agence de publicité Ayer, cette firme, fondée en 1837, inventera le genre *soap opera* à la radio qu'elle transposera à la télévision dans les années cinquante. Les entreprises de presse, elles, s'attellent à l'étude des pouvoirs d'achat des lectorats de leurs diverses publications (en 1928, l'International Magazine Company sort la première *Study of All American Markets* où elle passe au crible les budgets des habitants des aires de couverture des journaux dans les villes de plus de 100 000 habitants).

Le behaviorisme, cette psychologie du comportement individuel, est mobilisé par les publicitaires pour mesurer l'« impact » ou l'« effet » du message sur le consommateur. La chasse aux motivations anime les fondateurs et doctrinaires de l'industrie des « relations publiques » qui, avec le neveu de Freud, Edward Bernays, épaulé par Ivy Lee, baptisent leur projet « ingénierie de l'assentiment ». Dans un contexte mondial où, ailleurs, les régimes et les idéologies totalitaires ont mis la propagande à l'ordre du jour de l'asservissement.

La grande récession resserre les objectifs de la recherche d'outils performants dans l'approche du consommateur-citoyen. Dans les années trente, la quête de mesure des comportements débouche sur les premiers sondages et baromètres de l'opinion publique, sous l'impulsion de George Horace Gallup (1901-1984). Le premier terrain d'application en est le marketing électoral lors de la campagne de 1936 pour la réélection de F.D. Roosevelt, que Gallup réussit à prévoir. Auparavant, la stratégie du *New Deal* appliquée par le président dès sa première élection, a tablé sur les techniques de communication pour mobiliser les citoyens dans sa politique de sortie de la crise. La consolidation des réseaux radiophoniques, sous régime commercial, avive ce mouvement d'attention vers le consommateur : Nielsen élabore une mesure mécanique des audiences, l'Audimat radio, de concert avec les ingénieurs du Massachusetts Institute of Technology ; les enquêtes de la sociologie empiriste s'apprêtent à évaluer ces mêmes audiences.

Les années vingt auront donc donné le coup d'envoi à un autre régime de communication. Dans cette décennie, le fordisme, étrenné dès 1910 par le constructeur d'automobiles sur ses chaînes de montage, décolle tout à la fois comme forme de travail et mode de régulation sociale. Si le consommateur, son pouvoir d'achat et ses comportements sont l'objet de tous les découpages, si les observatoires de ses mouvements se multiplient, c'est parce que le « capitaine d'industrie » s'est mué en « capitaine de conscience ». Et cette mue a contribué à « déplacer le centre de gravité du contrôle social » du travail vers le divertissement, de l'effort vers le plaisir, du fait vers l'onirique, du rationnel vers le désir. Un trait d'équivalence se trace entre l'idée de l'accès aux biens de consommation par le marché et celle de démocratie et d'idéal démocratique. Toutes ces transformations structurelles ont été magistralement analysées par l'historien américain Stuart Ewen, dans une étude de base sur la genèse de la publicité et de la « société de consommation »[43].

La critique de ce mouvement de fond se cantonnera, en général, dans le dilemme du mensonge ou de la véracité de l'annonce. Cette conception instrumentale et, pour tout dire, morale de la fonction de la publicité empêchera de saisir ces déplacements successifs qui la feront passer du statut de simple outil à celui de pierre d'angle d'un mode de communiquer, plus particulièrement dans les pays et les cultures communicationnelles inscrits dans le régime de service public. Or, propre ou pas, matraquage ou pas, la publicité s'annonce déjà comme une manière de conjuguer l'ordre de la marchandise et l'ordre du spectacle, de produire la marchandise comme spectacle et le spectacle comme marchandise. Laboratoire pour la production de la culture et de l'imaginaire de l'« événement », la publicité se convertit peu à peu en fondement d'une logique commerciale qui, au fil du temps et des avancées technologiques, deviendra de plus en plus déterminante non tant sur le plan d'incitation à l'achat que sur celui de la configuration même du complexe médiatique au point de l'englober dans son propre complexe.

Laissons à l'historien américain Daniel J. Boorstin le soin d'exprimer, à sa façon, le phénomène de la modernité publicitaire comme émanation d'un modèle de société : « Dans les sociétés situées hors des États-Unis, c'est à partir du champ de la haute culture qu'en général s'est constitué un contrôle organisé et centralisé. Chez nous, ce rôle a été dévolu à la "low culture" qui procède des agences de publicité, des chaînes de journaux, de radio, de télévision... La publicité a assumé la direction dans la promesse et l'exploitation du nouveau... La problématique de la publicité n'est qu'un aspect de la problématique de la démocratie. Elle reflète l'essor de ce que j'appelle les "Communautés de consommation" et les "Communautés statistiques" et elle fait partie de notre effort continu en vue de procurer à chacun chaque chose[44]. »

L'emprise précoce de la culture produite industriellement et organisée centralement sur la fabrication du lien social aux États-Unis a brouillé le registre conceptuel et ouvert la voie à l'équivoque. La notion de « culture populaire » s'est confondue là-bas avec celle de « culture de masse ». La *popular culture*, conçue comme un des éléments de base du dispositif d'adhésion aux valeurs consensuelles, y a acquis un statut théorique radicalement différent de celui en vigueur dans d'autres traditions intellectuelles où le « populaire » et les « cultures populaires » (le pluriel est important) se situent toujours dans le champ des formes d'expression réactives à l'action de domination symbolique. Cela reste vrai même si, comme Jean-Claude Passeron l'observait encore en 1989, cette signification, qui les définit comme réaction à l'imposition d'un ordre culturel, n'épuise pas leur sens : « Si les cultures populaires ne sont évidemment pas figées dans un garde-à-vous perpétuel devant la légitimité culturelle, ce n'est pas une raison pour les supposer mobilisées jour et nuit dans un garde-à-vous contestataire. Elles fonctionnent aussi au repos[45]. »

Vers l'analyse fonctionnelle

L'essor de la culture fordiste du loisir et du travail engendre une demande de recherches de la part des entreprises et des institutions gouvernementales en direction des milieux académiques.

Des universitaires passent avec armes et bagages au secteur privé. L'inventeur du behaviorisme, John B. Watson (1878-1958), auteur en 1914 de *Behavior : An Introduction to Comprehensive Psychology*, quitte en 1922 sa chaire à la John Hopkins University pour diriger les recherches de l'agence J. Walter Thompson. Daniel Starch, enseignant et docteur en psychologie de l'université d'Iowa, devient en 1924 directeur des recherches de l'American Association of Advertising Agencies. Son collègue George Gallup, auteur d'une thèse en psychologie sur la mémorisation des différentes rubriques des journaux, rejoint la grande agence Young & Rubicam en 1932, pour y mettre au point les tests de mémorisation des messages publicitaires, avant de créer son propre institut d'études de l'opinion publique. Tandis que d'autres chercheurs universitaires se lancent dans l'expertise, tout en conservant leur chaire.

En 1937, se fonde la première revue universitaire sur la communication de masse qui ne se confine pas à la seule question du journalisme (en 1930 s'est créé *Journalism Quarterly*). L'éditorial du premier numéro de cette revue intitulée *The Public Opinion Quarterly*, organe d'expression de l'American Association for Public Opinion Research (AAPOR), révèle clairement le sens d'une démarche et le schéma d'alliances qui la préside : « Le conseil de rédaction de la revue essaiera de répondre au besoin que l'on ressent de compter sur un moyen capable de mettre en contact toutes les sources intéressées et affectées par les processus de communication : les chercheurs, l'État, les hommes d'entreprise, les publicitaires, les relations publiques, la presse, la radio et le cinéma [46]. »

Les historiens de ce courant font commencer la « mass communication research » avec la publication, en 1927, de l'ouvrage du politologue Harold Lasswell (1902-1978), *Propaganda Techniques in the World War*. L'auteur y tire les enseignements de la Première Guerre mondiale, premier conflit de propagande de l'histoire, où s'est testé en grandeur nature, dans une confrontation totale, l'art moderne de gérer l'opinion⁴⁷. Fidèle à la perspective behavioriste, cette œuvre représentative de l'esprit du temps dessine le profil d'une cible obéissant aveuglément au schéma stimulus-réponse. La communication de masse y apparaît comme douée du pouvoir absolu de faire et de défaire l'événement. Une croyance en l'« effet » d'un média abstrait de la société, qui aura la vie longue.

A l'intérieur même du champ de recherches dessiné par l'empirisme, la différence alors est grande entre, d'une part, des chercheurs comme R.E. Park et les autres membres de l'école de Chicago, partisans d'une sociologie empiriste, certes, mais qualitative, et, d'autre part, les approches de plus en plus quantitatives de la « mass communication research ». Dans l'entre-deux-guerres, tout oppose ces deux tendances dans les champs d'études choisis qui voient le jour sur le sol américain. Ancien journaliste et militant précoce de la cause noire, qu'il a embrassée avant même d'être invité en 1914 par Thomas pour enseigner à Chicago, Park, et avec lui la plupart de ses collègues, se consacre presque entièrement à la question de l'immigration et de l'intégration des immigrants à la société américaine et s'interroge sur la formation des ghettos ethniques. Dès son premier article, publié précisément en 1914, Park parie sur une société multiculturelle et multiethnique. C'est à Chicago que se formeront les premiers sociologues issus de la communauté noire qui, par la suite, s'investiront dans les recherches sur les interactions ethniques et les tensions raciales. Tensions que les États-Unis découvrent à l'occasion des premières émeutes violentes qui se déroulent dans cette ville à l'été 1919.

Dans les histoires de la recherche que les épigones de la sociologie quantitative écriront, une fois leur hégémonie sur le champ confortée, la « mass communication research » deviendra synonyme de « sociologie américaine des médias ». Taillant une saga à leur mesure, ils consacreront quatre pères fondateurs : Lasswell, bien sûr, Lazarsfeld que nous allons bientôt rencontrer, et les psychologues sociaux Kurt Lewin (1890-1947) et Carl I. Hovland (1912-1961), tous deux d'origine allemande. Passeront ainsi à la trappe à la fois l'apport décisif de ce regard original venu d'une Amérique conflictuelle sur les mécanismes de la communication interculturelle, et de la communication tout court, et le contexte d'engagement dans lequel il s'est construit. Et pour cause ! Ce qui caractérise le plus l'empirisme quantitatif – cette « quantophrénie » dont parlait le sociologue russe émigré Pitirim Sorokin –, c'est la décontextualisation à laquelle il procède dans son abordage aussi bien de ses objets d'études que du cheminement qui expliquerait la formulation d'une problématique.

A l'opposé de Park et de ses collègues, c'est en étroite relation avec les besoins des entreprises industrielles et commerciales que se cimentera le socle de cette sociologie quantitative. Non seulement les entreprises liées aux médias, mais les autres. C'est cette connexion qui, par exemple, ouvre, en même temps que les portes des usines, l'ère de la psychosociologie industrielle. A l'origine : Elton Mayo (1880-1949), psychiatre de formation rattaché à la Harvard Business School, dont la première étude significative est commanditée par la Western Electric, filiale de l'American Telegraph & Telephone. Menée entre 1924 et 1932 dans les ateliers de la société à Hawthorne, elle a comme objectif de départ d'étudier le problème des relations entre l'éclairage et le rendement. Et c'est le constat sur l'impossibilité de répondre à la question posée en isolant cette variable qui fera progressivement évoluer Mayo et son équipe vers une recherche plus globale sur les rapports à l'intérieur de la firme, impliquant de plus en plus les employés dans l'investigation. Obligé d'aller au-delà du cadre initial étroit de l'analyse des « fonctions manifestes » d'une organisation industrielle, le chercheur est amené à réorienter ses recherches vers les « fonctions latentes » des groupes élémentaires, ces contacts sociaux qui se forment entre les membres d'une entreprise et qui ne sont pas limités au but principal qu'elle poursuit, qui se créent dans ce type d'organisation. Il s'ensuivit une des premières réflexions psychosociologiques sur le rôle des « relations humaines » et de la communication en usine (journaux, bulletins, boîte à suggestions, etc.)[48].

A la charnière des années trente-quarante, la dérive vers le comptage se consomme avec un des autres « pères » de la sociologie empiriste quantitative, le mathématicien d'origine autrichienne Paul F. Lazarsfeld (1901-1976), riche de son expérience en psychologie appliquée. La validation par le chiffre devient le critère de scientificité. La fracture qui va affecter la sociologie des médias, et la sociologie en général, au lendemain de la guerre commence à s'opérer. Lazarsfeld, issu des milieux socialistes de Vienne des années vingt avant d'émigrer définitivement aux États-Unis en 1935, rompt avec le passé et devient le chef de file et le symbole d'une sociologie appliquée qui se définit comme apolitique, et est incapable de prendre de la distance par rapport à son objet d'études. A l'opposé, le représentant de l'école de Francfort, Theodor W. Adorno (1903-1969), lui aussi lié aux milieux socialistes européens et émigré aux États-Unis pour échapper au nazisme, n'aura de cesse de poursuivre son projet de sociologie critique, engagée, mais spéculative, dénonçant les effets du système d'industrialisation de la culture[49].

La génération de la recherche experte réalisera de nombreuses enquêtes lourdes sur les médias et les attitudes des électeurs et des consommateurs. Lazarsfeld forgera à leur propos le terme « recherche administrative » (d'autres diront « ingénierie sociale »), légitimant sa démarche intéressée au nom de l'utilité des résultats pour les commanditaires. Il faudra attendre l'immédiat après-guerre pour voir se formaliser, sous l'impulsion décisive de Robert K. Merton (né en 1910), collègue de Lazarsfeld à la Columbia University, le cadre théorique de l'analyse fonctionnelle dont cette sociologie s'est d'abord réclamée de façon tout intuitive. Cette codification théorique de la recherche empirique sera un paradigme-parapluie aussi ample que le sera dans les années soixante l'auberge espagnole du structuralisme français. Il confondra plus qu'il n'éclairera, Merton affirmant dès 1949, haut et clair, que « cette compagnie hétéroclite donne à penser qu'on peut s'entendre sur le fonctionnalisme sans avoir la même philosophie politique ou sociale[50] ».

Et pourtant. Ce fonctionnalisme-là est bien gros des postulats d'une certaine anthropologie anglo-saxonne, élaborés pour l'essentiel dans les années vingt et la première moitié des années trente (mais dont les racines plongent bien sûr beaucoup plus loin, dans l'histoire des sciences sociales au XIXe siècle et, plus singulièrement, dans celle de l'ethnologie classique). Les références majeures en sont les modèles offerts par les Anglais A.R. Radcliffe-Brown (1881-1955) et Bronislaw Malinowski (1884-1942), à partir de leurs recherches sur le terrain, pour le premier, auprès des tribus australiennes et, pour l'autre, dans l'archipel des Trobriand en Nouvelle-Guinée. Le concept de « fonction sociale » y est calqué sur le langage des sciences biologiques pour lesquelles les fonctions sont ces « processus vitaux ou organiques dans la mesure où ils contribuent au maintien de l'organisme[51] ».

Ainsi, pour Radcliffe-Brown qui revendique une interprétation libre de Durkheim, toute culture particulière est « normalement une unité systématique ou intégrée, dans laquelle chaque élément a une fonction distincte [52] ». L'unité fonctionnelle de la société se définissant comme « un état de cohésion ou d'harmonieuse coopération entre tous les éléments du système social, ce qui écarte les conflits persistants, impossibles à régler [53] ». Transféré au domaine des médias, ce modèle de l'analyse fonctionnelle donnera une déclinaison de leur triple fonction sociale : « surveiller l'environnement », « mettre en relation les parties de la société en répondant à cet environnement », « transmettre l'héritage social d'une génération à l'autre [54] ». A cette trilogie originelle imaginée par Lasswell, viendra s'ajouter plus tard l'« entertainment », la fonction de divertissement. S'introduiront la distinction entre la fonction manifeste et la latente (selon qu'elle est, ou non, avouée, voulue, reconnue dans ses conséquences sociales et psychologiques) ainsi que l'idée qu'il puisse exister des « dysfonctions » [55]. Un trait qui, pour être élémentaire, était pourtant passé inaperçu de Lasswell, obsédé qu'il était par les outils de régulation d'un système et le maintien d'un ordre social et productif, et, dès lors, bien peu enclin à penser les dissonances, qu'il classe d'ailleurs sous le registre de la psychopathologie.

L'émergence du dispositif de communication de masse dans l'entre-deux-guerres aura commencé à faire basculer l'idée consacrée de culture et de démocratisation culturelle. L'installation de New York comme centre de la nouvelle économie-monde accentue le contraste entre une culture liée au marché, à l'industrie et à la technique, porteuse à terme d'un nouveau cosmopolitisme, et une culture héritière du projet d'universalité pédagogique des Lumières, tributaire des frontières de l'État-nation-providence. Le mouvement s'inverse. Les États-Unis, qui s'étaient construits avec les philosophies, les doctrines et les hommes de l'Europe, vont irradier un modèle de société, de vie et de légitimité propres.

Mais cela est le début d'une autre histoire.

Épilogue

De nouvelles totalités organiques ?

Traversant les âges et les découvertes successives des sciences du vivant, l'analogie biologique s'est installée comme matrice naturelle, grand paradigme unificateur, pour rendre compte du fonctionnement des systèmes de communication et du lien qui les unit à la société comme un tout organique. On est même en droit de se demander si ce n'est pas dans ce domaine des connaissances et des sciences sociales qu'il a le plus sévi. Tant les chassés-croisés entre la science du vivant et les représentations de la communication se sont multipliés depuis l'intronisation de la notion d'« information » dans son sens mathématique.

Lorsque Claude Shannon formule en 1948 la première théorie mathématique de l'information et de la communication, pour le compte des laboratoires de la compagnie de téléphones Bell, il fait des emprunts manifestes aux découvertes de la biologie du système nerveux. Six ans auparavant, en effet, dans un livre fameux intitulé *What is Life ?*, Erwin Schrödinger (1887-1961) avait introduit dans cette branche des sciences de la vie le vocabulaire de l'information et du code pour expliquer les modèles de développement de l'individu contenus dans les chromosomes. La découverte capitale de l'ADN, ces molécules présentes dans le noyau de chaque cellule, déclenche un autre cheminement analogique : en 1944, Oswald Avery, chercheur au Rockefeller Institute de New York, montre que le support de l'hérédité est l'ADN ; neuf ans plus tard, l'Anglais Francis Crick et l'Américain

James Watson élucident sa structure en double hélice. Pour rendre compte de la spécificité biologique, ce qui rend unique l'individu, les spécialistes de la biologie moléculaire mobilisent le modèle de communication élaboré par Shannon. François Jacob, auteur de *La Logique du vivant, une histoire de l'hérédité* (1970), et titulaire d'un prix Nobel de médecine et de physiologie (1965) obtenu conjointement avec François Lwoff et Jacques Monod pour leurs travaux sur le patrimoine génétique, décrit l'hérédité en termes de programme, d'information, de messages et de code. Dans l'architecture de la cellule, la transmission de l'information, c'est en quelque sorte celle des « ordres de la vie ». Dès les années soixante, on se réfère à la cellule comme étant un véritable système cybernétique autorégulé.

Dès ses débuts, la théorie mathématique de l'information s'installe comme passe-muraille des disciplines et irrigue, grâce à sa puissance d'organisation, des champs de connaissance aussi divers que l'économie ou la physique, la sociologie, la psychologie ou la linguistique. Dans les années soixante, avec Roman Jakobson (1896-1982), la linguistique structurale, discipline-phare du structuralisme alors triomphant, emprunte non seulement ce modèle mécaniste de la communication formulé par le chercheur de la compagnie téléphonique, mais propose de partager avec la biologie moléculaire une grille commune de lecture métaphorique à travers les concepts de code, de message et d'information. Cette alliance analogique lui paraît même essentielle pour doter définitivement ces « sciences molles » que sont les sciences de l'homme et de la société d'un statut et d'une respectabilité dont seules les « sciences dures » peuvent se prévaloir. Il s'ensuit une sémantique de première génération qui pense la communication comme un processus linéaire et croit pouvoir débusquer le sens en s'enfermant dans les textes médiatiques, en s'abstrayant à la fois de l'émetteur et du récepteur[1].

Bien sûr, l'histoire de ces emprunts réciproques a commencé depuis longtemps et ne se termine pas là. Elle a continué depuis lors, et gageons qu'elle ne peut que continuer, se sophistiquant de plus en plus. Le problème réside dans les usages utiles que l'on prescrit à cet *analogon* et le rôle qu'on lui fait jouer dans l'économie et les idéologies de la régulation des sociétés humaines. Parfois à l'insu même et en marge des disciplines qui y font appel, parfois avec leur connivence.

Force est de constater combien la métaphore organique a été, trop souvent, mobilisée dans des visions de la communication qui renvoient à un schéma précis d'organisation de la société, plus particulièrement dans sa dimension mondiale.

Au XIXe siècle, le discours biologisant construit à partir de l'identification évolution/progrès a accompagné la partition du monde selon le principe de la division internationale du travail sous hégémonie des investissements européens. Une partition qui a approfondi un processus amorcé au XVIe siècle avec l'expansion des grandes Compagnies de commerce de l'Inde et de l'Insulinde au temps de l'économie-monde centrée sur Amsterdam. Par la grâce des voies et des réseaux de transport, la communication a été promue tout naturellement agent de civilisation.

A la fin de notre millénaire, le processus de globalisation financière amorcé dans les années quatre-vingt et le tournant historique de la déréglementation de l'ensemble des réseaux de communication, qu'ils soient matériels ou immatériels, aussi importante que l'ouverture libre-échangiste du siècle précédent, ont précipité le mouvement d'intégration économique mondiale. S'est ouverte une nouvelle ère : un marché en voie d'unification planétaire sur lequel interviennent des acteurs pour lesquels l'espace de la conception, de la production et de la distribution des produits et services s'étend à la dimension du marché-monde. Le schéma de relations internationales qui émerge, s'arc-boute sur les technologies de l'information et s'organise selon la logique réticulaire. L'espace de la mondialisation est maillé par des firmes-réseaux et des entreprises « en réseau », des « firmes globales » qui interconnectent tous les sites de leur implantation et gèrent leurs opérations en temps réel. Le principe de contiguïté que Diderot retenait comme une des caractéristiques de la « communication » passe au second plan au profit de celui de « connexité ».

La fin de notre millénaire voit aussi se consommer la crise de l'idée positiviste du progrès « nécessaire et continu », sans boucles, sans détours, sans retours. La faillite de cette idéologie du progrès a changé radicalement le statut de la communication et de ses systèmes techniques : elle les a propulsés au rang de symbole de l'évolution. Originellement un des « principaux agents de la civilisation/progrès », la communication s'est convertie progressivement en la figure métaphorique par excellence de la société. « Les formes modernes de l'échange social, écrit Alain Mons dans *La Métaphore sociale*, indiquent une tendance marquée à la *métaphorisation* des repères. Dans un contexte de "communication" généralisée, de fluidité des systèmes, de circulation rapide des biens, des corps et des objets, les jeux de renvoi, de connexion, de télescopage peuvent se déployer à travers les images et les déplacements de sens. Le jeu analogique devient un paradigme de notre contemporanéité caractérisée par la mondialisation des économies, la médiatisation de la société, la post-modernité des formes (artistiques, architecturales, design)[2]. »

Ce processus de métaphorisation advient dans une société qui reconnaît de plus en plus les limites de la perfectibilité du monde, et où la défense de l'existant a pris le pas sur la recherche de ce qui devrait être. Le paradigme de la communication se substitue à celui du progrès et du changement social. Des particules à l'homme, de l'organisation familiale à l'État moderne, de l'ethnie à la coalition des nations, de l'international au global : dans l'histoire des formes d'intégration, ces « intégrons sociaux et culturels » selon le terme employé par François Jacob, il est demandé aux moyens de communiquer de donner tout son sens à l'évolution. Écoutons le biologiste Jacques Ruffié, auteur d'un ouvrage au titre suggestif *De la biologie à la culture* : « Presque tous les animaux communiquent entre eux. La communication apparaît donc comme un phénomène très général du monde vivant. Elle constitue le ciment du social ; plus les moyens de communication sont précis et rigoureux, plus la société sera performante... Sans moyen d'intégration adéquat, la société du type humain aurait disparu depuis longtemps... Aujourd'hui, ce sont les moyens audiovisuels qui, par les *mass media*, mondialisent la connaissance. Ces moyens de communication sans cesse élargis sont indispensables au maintien de l'équilibre et de l'harmonie du groupe humain. Ils assurent l'unité culturelle de l'humanité[3]. »

La communication comme mode d'organisation d'un monde fini rejoint la philosophie naturelle de l'histoire. La performance se mesure au taux d'équipement en machines à communiquer. La lutte pour l'existence prend le pas sur la quête de la communauté perdue, la prédiction malthusienne sur l'hypothèse de Condorcet quant à l'infinitude du progrès.

A la fin du XIXe siècle, la communication rimait avec la solidarité universelle et l'interdépendance biologique dans un monde certes menacé par la guerre, mais où l'on croyait aux potentialités d'une redistribution sociale et d'une compensation des inégalités à travers les mécanismes nationaux et internationaux de l'État-providence. Pendant des décennies, espoirs et énergies seront tendus vers l'horizon d'un développement qui adviendra nécessairement si les peuples qui y prétendent suivent rigoureusement les étapes historiques par lesquelles sont passées les grandes nations aînées. Dans les années qui suivent la Seconde Guerre mondiale, face à la montée des révoltes anticoloniales, on forge même la notion de « Révolution des espérances croissantes » : en proposant à ses audiences des modèles d'aspirations et de comportements dits modernes, le média est conçu comme un aiguillon capable de déclencher le changement social.

La crise de l'idée de progrès linéaire est contemporaine de celle de l'idée d'égalité sociale. La représentation égalitariste du « Village global », qui agrège les téléspectateurs de la planète dans une même participation aux symboles de la modernité, est en constant décalage par rapport à la réalité des niveaux de vie de l'immense majorité de l'humanité. La dynamique du modèle économique de la mondialisation qui se met en place risque de conduire vers un monde « ghettoïsé » s'organisant autour de quelques mégavilles-régions, le plus souvent au Nord, parfois dans le Sud, appelées à constituer les centres névralgiques des marchés et des flux mondiaux. La logique inégalitaire menace de conduire vers ce que Riçardo Petrella dénomme la « nouvelle phase hanséatique de l'économie mondiale » ou encore le « techno-apartheid » global[4]. L'intégration de tous aux bénéfices matériels de la modernité de quelques-uns se fait de plus en plus problématique. L'idée même de lutte contre des inégalités, qui n'ont cessé au niveau de la planète de se creuser depuis la fin du XIXe siècle, est mise en question.

Le « Village global », en train de devenir une « vraie planète virtuelle qui coexiste avec le village mondial réel », espace de la « circulation virale des symboles et des programmes » (selon les termes du spécialiste des mondes virtuels Philippe Quéau), est aussi celui des logiques sécuritaires. Les dispositifs de communication électronique ont cette autre fonction de protéger de la violence de l'autre, laissé-pour-compte du modèle hanséatique et de ses réseaux exclusifs et excluants. Plus tombent les entraves au *free flow* des marchandises et à la libre circulation de ses officiants, plus les grands groupes multimédias et multinationaux font de la surenchère sur leur vocation passe-frontières, plus aussi s'instaure la pratique du passeport électronique pour les « excommuniés », selon le terme si parlant des Encyclopédistes.

En cette décennie de commémoration du centenaire de la fiche dactyloscopique, quelle meilleure parabole que le schéma de pensée qui préside au système de formalités d'entrée aux États-Unis inauguré en 1993 à l'aéroport J.F. Kennedy ? Baptisé INSPASS (Immigration and Naturalization Service Passenger Accelerated Service System), ce dispositif utilise une technologie biométrique qui permet d'identifier le voyageur par sa main et ses empreintes digitales. Les informations concernant chaque personne sont transcrites sur une carte magnétique personnelle délivrée par les services d'immigration à l'issue d'un entretien. Il suffit alors, à l'arrivée à New York, d'introduire sa carte dans un lecteur, de placer la main sur une plaque métallique et de composer le numéro de son vol. Le système l'identifie et délivre automatiquement un formulaire d'immigration en déverrouillant la porte d'entrée. Cette procédure qui ne prend pas plus de vingt secondes n'est toutefois proposée qu'aux ressortissants de vingt-quatre pays. En outre, elle est réservée aux passagers étant entrés aux États-Unis au moins trois fois au cours des douze derniers mois. Il n'y a pas si longtemps, seuls les lieux stratégiques sous haute surveillance, les grandes centrales de renseignement militaire par exemple, étaient gardés par un tel dispositif.

Le modèle de la performance sur le marché mondialisé inaugure un nouveau cycle pour le paradigme de l'organisme. A preuve : sa pénétration croissante dans le discours que tient sur elle-même cette nouvelle forme de totalités organiques, que sont l'entreprise, mieux le « système-entreprise », et la société-monde comme entreprise, pour paraphraser Saint-Simon. Et plus singulièrement dans le discours de la communication managériale. On nous dit que le modèle « balkanisé », « vertical », divisé entre un « haut » et un « bas », allergique à la circulation de l'information, fait place à un schéma horizontal caractérisé par les flux d'information et de communication tous azimuts. Dans la perspective de son approche systémique, cette nouvelle forme d'organisation s'explique par analogie avec le fonctionnement des organismes vivants. Ses structures constituent son anatomie. Ses systèmes ou modes de fonctionnement sont l'équivalent des systèmes cardio-vasculaires, respiratoires, digestifs et nerveux. Ses représentations, ou « images mentales » internes et externes associées à l'existence de ce nouvel être, son « capital-image », sont la « psyché » de l'organisation. D'autres nous parlent de la nouvelle entreprise « polycellulaire »[5].

Activant ses emprunts aux disciplines et pensées les plus diverses, faisant circuler les flux de savoirs et de savoir-faire dans tous les sens, fussent-ils diamétralement opposés à ses présupposés épistémologiques, la recherche-expertise brouille les repères. « Avec l'argument d'autorité, écrivions-nous déjà dans *La Communication-monde*, que confèrent les innombrables références à Jacques Derrida, Michel Foucault et Jean-François Lyotard, elle nous explique la naissance de l'"entreprise post-moderne". L'entreprise des années quatre-vingt est devenue cette entité immatérielle, cette figure abstraite, cet univers de formes, de symboles et de flux de communication où se dilue l'enjeu de la restructuration de l'économie mondiale et de la redistribution des dépendances et des hiérarchies sur la planète... Un monde vaporeux de flux, de fluides et de vases communicants évoluant dans des "structures dissipatives"[6]. »

L'entreprise est un organisme, l'espace de la globalisation un macro-organisme. La concurrence vitale épouse la forme des batailles technologique, économique, linguistique, culturelle, médiatique. Donnons encore la parole à un biologiste, Guy Béney, plus circonspect cette fois à l'égard du nouveau paradigme : « Les récents appels au "branchez-vous" à l'informatique évoquent d'anciens slogans ("enrichissez-vous", etc.), et résonnent comme une *caution* à peine voilée de la forme de *darwinisme social* devenue prépondérante : la sélection par l'aptitude à suivre l'essor technique, qu'elle porte sur des hommes, des peuples, des États ou des entreprises[7]. »

Dans son mode d'organisation et de gestion sur le marché planétaire, la firme globale s'autoreprésente comme un système cybernétique autorégulé. Cette idée d'autorégulation, qui va de pair avec celle d'autodiscipline du marché, autorise tous les dévoiements. La liberté tout court se rabat sur la liberté d'entreprendre et de commercer : « Free Thinking, Free Trade, Freedom of Information for a Free World », dit le laïus promotionnel de *The Economist*. « La liberté d'expression commerciale comme nouveau droit de l'homme », revendiquent, dans les grandes instances de la communauté internationale, les opposants à toute forme de régulation, de la part de l'État ou de la société civile organisée, de la marchandisation croissante de l'espace public[8].

Dans *Le Mythe de l'entreprise*, Jean-Pierre Le Goff écrit : « (Il existe) un mode plus pernicieux de diffusion de l'idéologie managériale : la diffusion et la reprise massive de son vocabulaire, de ses modes de pensée dans l'ensemble des activités sociales et dans la vie quotidienne[9]. » Le problème essentiel devient chaque fois plus l'intériorisation de la nouvelle norme, sa prise en charge par l'individu lui-même, la formation d'un type de personnalité, d'un « véritable système socio-mental », seul capable d'abaisser les seuils de l'intolérable, de le rendre naturel[10]. Le discours sur l'autorégulation et la liberté d'expression commerciale, et, plus largement, l'idéologie néo-libérale de la communication font partie de ces amalgames qui en cette fin de siècle jouent le rôle de véritable machine de guerre dans la privatisation de l'espace public.

Liant une réflexion critique amorcée dans les dernières décennies du XIXe siècle avec des problématiques actuelles, il y a Samuel Butler et son étonnant ouvrage *Erewhon*[11]. A cent vingt ans de distance, le plaidoyer d'un Félix Guattari pour que soient prises en compte les dimensions machiniques de la production de la subjectivité résonne comme en écho. Dans ce qui devait être son dernier ouvrage, *Chaosmose*, le philosophe et psychiatre écrivait, en 1992 : « Au même titre que les machines sociales qu'on peut ranger sous la rubrique générale des Équipements collectifs, les machines technologiques d'information et de communication (de l'informatique à la robotique en passant par les médias) opèrent au cœur de la subjectivité humaine, non seulement au sein de ses mémoires, de son intelligence, mais aussi de sa sensibilité, de ses affects et de ses fantasmes inconscients... On ne peut juger ni positivement ni négativement une telle évolution machinique ; tout dépend de ce que sera son articulation avec des agencements collectifs d'énonciation. Le meilleur, c'est la création, l'invention de nouveaux Univers de référence ; le pire, c'est la massmédiatisation abrutissante à laquelle sont condamnés aujourd'hui des milliards d'individus. Les évolutions technologiques conjuguées à des expérimentations sociales de ces nouveaux domaines sont peut-être susceptibles de nous faire sortir de la période oppressive actuelle et de nous faire entrer dans une ère postmédia caractérisée par une réappropriation et une re-singularisation de l'utilisation des médias[12]. »

La réappropriation de ce monde machinique est d'autant plus cruciale que la « communication » est en passe de devenir dans nos sociétés un objet fantasmatique et fantasmagorique sur le dos duquel spéculent démagogues et démiurges. Raison de plus pour la faire échapper à cet univers amnésique en réinsufflant un peu d'histoire afin de l'imaginer autrement.

Notes

Chapitre 1

1. P. VIRILIO, « L'empire de l'emprise », *Traverses*, n° 13, décembre 1978.
2. J. CASSOU, Article « Cervantes », *Encyclopaedia Universalis*, Corpus. Voir également son introduction à l'œuvre de l'écrivain espagnol *in* CERVANTES, *Don Quichotte. Nouvelles exemplaires*, Paris, La Pléiade, 1949.
3. CERVANTES, *Don Quichotte. Nouvelles exemplaires*, Deuxième partie, chap. LXII, « Qui traite de l'aventure de la tête enchantée et d'autres bagatelles mémorables ».
4. M. MALTHÊTE-MÉLIÈS, *Méliès, l'enchanteur*, Paris, Hachette, 1973.
5. *Oisivetés de M. de Vauban*, Paris, J. Corréard, 1843, p. 139. Sur les initiatives de Vauban en matière de canaux : voir J. MESQUI, *Vauban et le projet de transport fluvial*, Paris, Association Vauban, 1983.
6. J.-L. MARFAING *et al.*, *Canal royal de Languedoc. Le partage des eaux*, Éditions Loubatière, publication réalisée à l'initiative du Conseil d'architecture, d'urbanisme et de l'environnement (CAVE) de la Haute-Garonne, 1992.
7. R. VON KAUFMANN, *La Politique française en matière de chemins de fer*, Paris, Librairie Polytechnique, Ch. Béranger, 1900, p. 803.
8. *Oisivetés de M. de Vauban, op. cit.*, p. 45.
9. M. GAUTIER (architecte, ingénieur et inspecteur des grands chemins, ponts et chaussées du Royaume), *Traité de la construction des chemins*, Paris, Chez Laporte, 1778.
10. Cité *in* G. REVERDY, *Atlas historique des routes de France*, Paris, Presses de l'École des ponts et chaussées, 1986, p. 89.
11. Voir J. LANGINS, « La préhistoire de l'École polytechnique », *Revue d'histoire des sciences*, t. XLIV, 1991.
12. Y. CHICOTEAU et A. PICON, « Forme, technique et idéologie, les ingénieurs des Ponts et Chaussées à la fin du XVIIIe », *Culture technique*, n° 7, mars 1982, p. 193-194.
13. F. BRAUDEL, *Civilisation matérielle, économie et capitalisme XVe-XVIIIe siècle*, Paris, Armand Colin, 1979, v. 3, « Le Temps du monde », p. 275.
14. *Ibidem*, p. 316.
15. R. TATON (sous la direction de), *Histoire générale des sciences*, Paris, PUF, 1958, tome II, p. 430.

16. DE VAUBAN, *Le Directeur général des fortifications*, La Haye, Chez Henri Van Bulderen, 1685, p. 20-21.
17. *Ibidem*, p. 62-63.
18. *Ibidem*. Sur cette question, voir également : DESMARTINS L'AISNÉ, *L'expérience de l'architecture militaire où l'on apprendra à fonds la méthode de faire travailler dans les Places*, Paris, Chez Maurice Villery, 1687.
19. *Oisivetés de M. de Vauban*, *op. cit.*
20. DE VAUBAN, *La dîme royale*, Paris, Guillaumin, 1889, p. 175-176.
21. *Ibidem*, p. 191.
22. D.S. LANDES, *L'heure qu'il est. Les horloges, la mesure du temps et la formation du monde moderne*, Paris, Gallimard, 1987, p. 173-174. Traduit de l'américain.
23. M. GRMEK, *La Première Révolution biologique*, Paris, Payot, 1990.
24. J. KEPLER, *Le Secret du monde*, Paris, Gallimard-Tel, 1993. Sur cette évolution : A. KOYRÉ, *Du monde clos à l'univers infini*, Paris, Gallimard, 1973.
25. R. SASSO, « Système et discours philosophique », *Recherches sur le xviie siècle*, Paris, CNRS, 1978.
26. J. SCHLANGER, *Les Métaphores de l'organisme*, Paris, Vrin, 1971, p. 89.
27. *Les Œuvres économiques de Sir William Petty*, traduit par H. Dussauze et M. Pasquier, Paris, Giard et Brière, 1905, p. 149-150.
28. Cité *in* P. VILAR, *Or et monnaie dans l'histoire*, Paris, Flammarion, 1974, p. 277.
29. Cité *in* P. HARSIN, *Les Doctrines monétaires et financières en France*, Paris, Alcan, 1928, p. 146.
30. *Les Œuvres économiques de Sir William Petty*, *op. cit.*, p. 268.
31. A. DESROSIÈRES, *La Politique des grands nombres*, Paris, La Découverte, 1993.
32. Voir A. DESROSIÈRES, *op. cit.* ; A. LANDRY et *al.*, *Traité de démographie*, Paris, Payot, 1945. R. GONNARD, *Histoire des doctrines de population*, Paris, Nouvelle librairie nationale, 1923 ; J. DUPÂQUIER, *Histoire de la démographie*, Paris, Perrin, 1985. Pour la vision d'un historien sur l'assurance : voir J. DELUMEAU, *Rassurer et protéger : le sentiment de sécurité dans l'Occident chrétien*, Paris, Fayard, 1989.
33. Voir P. VILAR, *Or et monnaies dans l'histoire*, *op. cit.*
34. A. DESROSIÈRES, *La Politique des grands nombres*, *op. cit.* p. 36.
35. J. SCHLANGER, *Les Métaphores de l'organisme*, *op. cit.*, p. 31.
36. *Ibidem*, p. 30.
37. *Ibidem*, p. 59.
38. D.S. LANDES, *L'heure qu'il est*, *op. cit.*
39. LA METTRIE, *L'Homme-Machine* (écrit en 1747, publié en date de 1748), édition présentée et établie par P.L. Assoun, Paris, Gonthier/Denoël, 1981, p. 138.
40. *Ibidem*, p. 143.
41. P.L. ASSOUN, « Introduction », in *Ibidem*, p. 40-41.
42. LA METTRIE, *op. cit.*, p. 114.
43. M. FOUCAULT, *Surveiller et punir*, Paris, Gallimard, 1975, p. 138.
44. *Ibidem*, p. 173.
45. P.L. ASSOUN, Introduction ›, *in* LA METTRIE, *op. cit.*, p. 69.
46. J. PERRIAULT, « Le concept de machine et de système chez Ledoux, Sade et Vaucanson », *Culture technique*, n° 7, mars 1982.
47. R. BARTHES, *Sade, Fourier, Loyola*, Paris, Seuil, 1971, p. 156-157.
48. J. PERRIAULT, « Le concept de machine.... », *art. cit.*

Chapitre 2

1. R. GONNARD, *Histoire des doctrines économiques*, Paris, Librairie générale de droit et de jurisprudence, 1941, nouvelle édition (édition originale, 1921), p. 14. Sur le « consommatisme », S. EWEN, *Consciences sous influence*, Paris, Aubier, 1983.
2. F. QUESNAY, « Maximes générales du gouvernement économique d'un royaume agricole », *Œuvres économiques et philosophiques de F. Quesnay*, éditées par A. Oncken, Paris, Jules Peelman & Co., 1888, p. 336.
3. F. QUESNAY, « Despotisme de la Chine », *in ibidem*, p. 602-656.
4. *Ibidem*, p. 603.
5. F. QUESNAY, *Observations sur les effets de la saignée*, Paris, Chez Charles Ormont, 1730, p. 1-3.
6. F. QUESNAY, « Mémoires de l'Académie royale de chirurgie », in *Œuvres*, p. 735.
7. Voir le numéro monographique consacré à Quesnay et la physiocratie : *Population*, Paris, INED, novembre 1975.
8. « Éloge de F. Quesnay par G.H. Romance, marquis de Mesmon », *Œuvres*, p. 85.
9. F. QUESNAY, *Essai physique sur l'Oeconomie animale*, Paris, Chez Guillaume Cavelier, 1736.
10. F. QUESNAY, « Despotisme de la Chine », *Œuvres*, p. 640-641.
11. *Ibidem*, p. 598.
12. *Ibidem*, p. 660.
13. J. HABERMAS, *L'Espace public. Archéologie de la publicité comme dimension constitutive de la société bourgeoise*, Paris, Payot, 1978, p. 105.
14. *Ibidem*, p. 106.
15. A. FARGE, *Dire et mal dire. L'opinion publique au XVIIIe siècle*, Paris, Seuil, 1992, p. 16-17. La citation de Condorcet est extraite de cet ouvrage.
16. A. DE TOCQUEVILLE, *L'Ancien Régime et la Révolution, Œuvres complètes*, Paris, Gallimard, 1952, tome I, p. 199.
17. B. LEPETIT, *Chemins de terre et voies d'eau, Réseaux de transports, Organisation de l'espace*, Paris, Éditions de l'École des hautes études en sciences sociales, 1984.
18. M. GAUTIER, *Traité de la construction des chemins*, Paris, Chez Laporte, 1778, p. 118-119.
19. A. YOUNG, *Voyages en France*, Paris, A. Colin, 1931, t. I, p. 98.
20. « Actes du ministère de Turgot : Observations et contre-observations de Turgot sur la suppression de la corvée », *Œuvres de Turgot*, éditées par E. Daire, Paris, Guillaumin, 1844, tome II, p. 256.
21. *Ibidem*, p. 297.
22. *Ibidem*, p. 287.
23. *Ibidem*, p. 466.
24. Voir R. FINZI, « The History of Historical Stages in Turgot and Quesnay », *The Economic Review*, v. 33, n° 2, 1988. Les textes de jeunesses de Turgot (notamment ses *Discours en Sorbonne*) ont été publiés dans l'ouvrage de E. DAIRE. Voir note *supra*.
25. F. BRAUDEL, *Civilisation matérielle, économie et capitalisme, op. cit.*, V. 3, p. 503.
26. Voir B. LEPETIT, *Chemins de terre et voies d'eau, op. cit.*
27. Voir J. LANGINS, « La préhistoire de l'École polytechnique », *art.cit.*
28. F. QUESNAY, « Questions intéressantes sur la population, l'agriculture et le commerce », *Œuvres*, p. 285.
29. W. KULA, *Les Mesures et les Hommes*, Paris, Éditions de la Maison des sciences de l'homme, 1983, p. 10. Ce travail, traduit à l'initiative d'historiens des Annales, constitue une des recherches les plus complètes sur la question. Voir également : A. MACHABEY, *La Métrologie dans les musées de province et sa contribution à l'histoire des poids et mesures en France depuis le XIIIe siècle*, Paris,

CNRS, 1959 (thèse de doctorat soutenue en Sorbonne sous la direction de G. Canguilhem).
30. G. ARDANT, *Histoire financière de l'Antiquité à nos jours*, Paris, Idées/Gallimard, 1976, p. 265.
31. W. KULA, *Les Mesures et les Hommes, op. cit.*, p. 275.
32. G. CANGUILHEM, *Le Normal et le Pathologique*, Paris, PUF, 1966, p. 181.
33. Voir S. BIANCHI, *La Révolution culturelle de l'an II*, Paris, Aubier, 1982 ; A. MAGOUDI, *Quand l'homme civilise le temps*, Paris, La Découverte, 1992.
34. M.J.A. DE CONDORCET, *Esquisse d'un tableau historique des progrès de l'esprit humain*, Paris, Chez Agasse, L'an III de la République, p. 10-11.
35. *Ibidem*, p. 377-378.
36. H. LE BRAS, « Reproduction démographique, reproduction familiale, reproduction sociale », in *Information et communication, Séminaire interdisciplinaire du Collège de France*, sous la direction de A. LICHNEROWICZ *et al.*, Paris, Maloine, 1983, p. 205.
37. Voir R. GONNARD, *Histoire des doctrines de la population, op. cit.*
38. A. DESROSIÈRES, *La Politique des grands nombres, op. cit.*, p. 47-48.
39. P. FLICHY, « The Birth of Long Distance Communication », *Réseaux, French Journal of Communication*, n° 1, v. 1, 1993. Voir également, du même auteur : *Une histoire de la communication moderne*, Paris, La Découverte, 1991.
40. Y. STOURDZÉ, *Pour une poignée d'électrons. Pouvoir et communication*, Paris, Fayard, 1987, p. 82-83.
41. A. BELLOC, *La Télégraphie historique depuis les temps les plus reculés jusqu'à nos jours*, Paris, Firmin-Didot, 1888. Du même auteur : *Les Postes françaises*, Paris, Firmin-Didot, 1886.
42. C. BERTHO, *Télégraphes et téléphones. De Valmy au microprocesseur*, Paris, Le Livre de poche, 1981.
43. H.G. WELLS, *Anticipations of the Reaction of Mechanical and Scientific Progress upon Human Life and Thought*, Londres, Chapman and Hall, 1902.
44. F. BRAUDEL, *Civilisation matérielle, économie et capitalisme*, v. 3, p. 170. Pour une histoire des chemins de fer : H. PEYRET, *Histoire des chemins de fer en France et dans le monde*, Paris, SEFI, 1949.
45. P. VIRILIO, « L'empire de l'emprise », *art. cit.*, p. 24.
46. G.E. ROTHENBERG, « Maurice de Nassau, Gustavus Adolphus, Raimondo Montecuccoli, and the "Military Revolution" of the Seventeenth Century », *in Makers of Modern Strategy from Machiavelli to The Nuclear Age*, sous la direction de P. PARET, Princeton, NJ., Princeton University Press, 1986.
47. P. VIRILIO, *art. cit.*, p. 21. Du même auteur, voir : *Vitesse et politique*, Paris, Galilée, 1977 (Première édition).
48. Ministère des Postes et Télégraphes, *Exposition internationale d'électricité, Rapport administratif*, Paris, 1881, t. 1, p. 330.
49. *Ibidem*, p. 341.
50. R. BENIGER, *The Control Revolution*, Boston, Mass, Harvard University Press, 1986. Voir également les travaux rassemblés *in* J. PRADES (sous la direction de), *La technoscience. Les fractures du discours*, Paris, L'Harmattan, 1992.
51. D.S. LANDES, *L'heure qu'il est, op. cit.*, p. 400-402.
52. *Dictionnaire (Robert) historique de la langue française*, sous la direction de A. REY, Paris, 1992, v. 2.
53. P. LAROUSSE, *Grand dictionnaire universel du XIXe siècle*, Paris, Administration du Grand dictionnaire universel, t. IV, p. 751.
54. P. LEROY-BEAULIEU, *L'État moderne et ses fonctions*, Paris, Guillaumin, 1890.
55. A. GUILLERME, *Genèse du concept de réseau. Territoire et génie en Europe de l'Ouest (1760-1815)*, Paris, Université de Paris VIII, Institut français d'urbanisme, 1988 ; G. DUPUY, « Réseaux », *Encyclopaedia Universalis*, Corpus.

Chapitre 3

1. A. SMITH, *Richesse des nations*, traduit par J. GARNIER, Paris, Guillaumin, 1888, p. 7.
2. *Ibidem*, p. 19.
3. *Encyclopédie*, tome V, 1755, p. 807.
4. Les planches figurent dans : *Recueil de planches sur les sciences, les arts libéraux et les arts mécaniques avec leur explication*, Paris, Chez Briasson, David Le Breton, 1755, tome IV.
5. *Encyclopédie*, tome I, 1751, p. 717.
6. Sur cette concordance non fortuite, ainsi que la précédente, voir l'introduction de E. Cannann, à *An Inquiry into the Nature and Causes of the Wealth of Nations* by A. SMITH, Londres, Methuen, 1930, 5ᵉ édition (édition originale, 1904), notes des pages 6 et 9.
7. A. SMITH, *Richesse des nations, op. cit.*, p. 20.
8. *Ibidem*, p. 31 et 33.
9. J. Stuart MILL, *Principes d'économie politique*, Paris, Guillaumin, 1861, p. 118.
10. Cité *in ibidem*, p. 131.
11. *Ibidem*, p. 137.
12. C. BABBAGE, *Traité sur l'économie des machines et des manufactures*, Paris, 1833.
13. L'œuvre de Babbage a été l'objet également d'une adaptation curieuse : *Économie des machines et des manufactures, d'après l'ouvrage anglais de Ch. Babbage*, par Ch. LABOULAYE, Paris, Librairie du Dictionnaire des arts et manufactures, 1880.
14. Voir Ph. BRETON, *Histoire de l'informatique*, Paris, Seuil, 1990, p. 62-64.
15. Cette anecdote est d'ailleurs reproduite *in* : *Note sur la publication proposée par le gouvernement anglais, des grandes Tables logarithmiques et trigonométriques de M. de Prony*, Paris, F. Didot, 1830.
16. M. PALYI, « The Introduction of Adam Smith on the Continent », *in Adam Smith, 1776-1926. Lectures to Commemorate the Sesquicentennial of the Publication of « The Wealth of Nations »*, par J.M. CLARK *et al.*, Chicago, Illinois, The University of Chicago Press, 1928, p. 229.
17. T.R. MALTHUS, *Essai sur le principe de population*, Paris, Guillaumin, 1845, p. XV, note 1.
18. *Ibidem*, p. 577.
19. *Ibidem*, p. 509.
20. *Ibidem*, p. 577.
21. *Ibidem*, p. 506.
22. *Ibidem*, p. 501.
23. T. PARSONS, *The Structure of Social Action*, New York, Mc Graw-Hill, 1937.
24. G. DELEUZE, *Foucault*, Paris, Minuit, 1986.
25. Voir H. Le BRAS, « Reproduction démographique, reproduction familiale, reproduction sociale », *op. cit.*, p. 205.
26. G. CANGUILHEM *et al.*, *Du développement à l'évolution au XIXᵉ siècle*, Paris, PUF, 1985 (réédition d'une livraison spéciale de la revue *Thalès*, recueil des travaux de l'Institut d'histoire des sciences et des techniques de l'Université de Paris, tome XI, 1960). C'est sur ce travail collectif que nous nous appuyons pour retracer la généalogie de l'« évolution ».
27. A. COMTE, *Cours de philosophie positive*, Paris, Sleicher Frères, édition de 1908, tome IV, p. 203.
28. *Ibidem*, tome III, p. 361 et 363.
29. *Ibidem*, tome IV, p. 201.
30. *Ibidem*, tome IV, p. 344.
31. *Ibidem*, tome III, p. 445-446.

32. A. COMTE, *Système de politique positive* (1822), cité *in* M.G. HUBBARD, *Saint-Simon, sa vie et ses travaux*, Paris, Guillaumin, 1857, p. 98.

33. A. COMTE, « Introduction », *République occidentale Ordre et Progrès, Rapport à la Société positiviste par la Commission chargée d'examiner la nature et le plan du nouveau gouvernement révolutionnaire de la République française*, Paris, Librairie scientifique et industrielle de L. Mathias, 1848.

34. B. GILLE, « Pour un musée de la science et de la technique » *Culture technique*, n° 7, mai 1982, p. 210-11. Du même auteur : *Histoire des techniques*, Paris, La Pléiade, 1978.

35. A titre d'exemple, voir : M. DE FLEUR, *Theories of Mass Communication*, New York, D. McKay Co., 1966.

36. Cet ouvrage de H. SPENCER est traduit en français sous le titre de : *Introduction à la science sociale*, Paris, Germer, Baillière & Co., 1882, p. 354-355.

37. Sur cette polémique, voir T. HUXLEY, *Les Sciences naturelles et l'éducation*, Paris, J.B. BAILLIÈRE, 1891, p. 216-217.

38. Cité *in* M. BARTHELEMY-MADAULE, « L'évolution darwinienne investie par la durée bergsonnienne », *in De Darwin au darwinisme, Science et idéologie*, sous la direction de Y. CONRY, Paris, Vrin, 1983, p. 216.

39. H. SPENCER, *Principes de sociologie*, Paris, Germer, Baillière & Co., tome 2, 1883-1890, p. 53-54.

40. *Ibidem*, p. 82.

41. *Ibidem*, p. 119.

42. Ch. DARWIN, *De l'origine des espèces au moyen de la sélection naturelle ou la lutte pour l'existence dans la nature*, Paris, F. Maspero, 1980, p. 177.

43. C. GUILLAUMIN, « Préface », *ibidem*.

44. Ch. DARWIN, *Voyage d'un naturaliste autour du monde*, Paris, La Découverte, 1992, 2 volumes (première édition française, 1875).

45. Ch. DARWIN, *De l'origine des espèces, op. cit.*, p. 618.

46. *Ibidem*, p. 44.

47. S.S. SCHWEBER, « The Origin of the *Origin* Revisited », *Journal of History of Biology*, 1977, n° 10.

48. Ch. DARWIN, *Voyage d'un naturaliste..., op. cit.*, v. 2, p. 297.

49. Voir Y. CONRY, *L'Introduction du darwinisme en France au XIXe siècle*, Paris, Vrin, 1974.

50. M. FOUCAULT, « Vérité et pouvoir » (entretien avec M. Fontana), *L'Arc*, n° 70, 1977, p. 24.

51. M. FALLEX et A. MAIREY, *Les Principales Puissances du monde (moins la France) au début du XXe siècle*, Paris, Delagrave, 1906, p. 586.

52. K. MARX, « Discours sur la question du libre-échange » (janvier 1848), *in Œuvres, Économie*, édition préparée par M. Rubel, Paris, La Pléiade, t. I, p. 155.

53. E. HOBSBAWM, *L'Ère du capital (1848-1875)*, Paris, Fayard, 1978, p. 350.

54. R. LÖWIE, *Histoire de l'ethnologie classique*, Paris, Payot, 1971, p. 29.

55. Voir R. GONNARD, *Histoire des doctrines économiques, op. cit.*, chap. IV.

56. *Rapport portant approbation du Traité de Versailles (28 juin 1919)*, par L. BOURGEOIS, Paris, Imprimerie du Sénat, 1919, n° 562, p. 31.

57. G. CANGUILHEM *et al.*, « Avant-propos », *Du développement à l'évolution au XIXe siècle, op. cit.*, p. 2.

58. W.W. ROSTOW, *The Stages of Economic Growth*, Cambridge University Press, 1960. (Traduction française, Le Seuil, Paris.)

59. Nous avons consacré un chapitre à ce sujet dans notre ouvrage *La Communication-Monde. Histoire des idées et des stratégies*, Paris, La Découverte, 1992 (chap. 7 « La révolution des espérances croissantes »).

Chapitre 4

1. P. Musso, « Métaphores du réseau et de l'organisme : la transition saint-simonienne », *Technologies et symboliques de la communication*, sous la direction de L. Sfez, G. Coutlée et P. Musso, Presses universitaires de Grenoble, 1990, p. 206.
2. C.H. de Saint-Simon, « De la physiologie appliquée à l'amélioration des institutions sociales », *Œuvres de Saint-Simon et Enfantin*, v. 39, p. 177-178. La citation antérieure procède du même texte. Ces *Œuvres* comportent non moins de 47 volumes et ont été publiées entre 1865 et 1878 par les membres du conseil institué par Enfantin pour l'exécution de ses dernières volontés. Il existe une édition *reprint* publiée en 1966 par les éditions Anthropos (15 volumes en 6 tomes).
3. F. Jacob, *La Logique du vivant*, Paris, Gallimard, 1970, p. 12.
4. G. Canguilhem et M. Caullery, « La physiologie animale », *Histoire générale des sciences*, *op. cit.*, sous la direction de R. Taton, t. III, v. I.
5. C.H. de Saint-Simon, « De la physiologie.... », *op. cit.*, p. 189-190.
6. C.H. de Saint-Simon, « Préface », *Du système industriel*, Paris, A.A. Renouard, 1821.
7. *Ibidem*, p. XIV.
8. J. Schlanger, *Les Métaphores de l'organisme*, *op. cit.*, p. 104.
9. C.H. de Saint-Simon, *Du système industriel*, *op. cit.*, p. 245.
10. *Ibidem*, p. 247.
11. *L'Industrie* (1817), *Œuvres*, v. 19, p. 47.
12. C.H. de Saint-Simon, « De la réorganisation de la société européenne. De la nécessité et des moyens de rassembler les peuples d'Europe en un seul corps politique en conservant à chacun son indépendance nationale », *Œuvres*, v. 15.
13. « Conception d'un Parlement industriel », *L'Organisateur* (1819), reproduit en annexe *in* M.G. Hubbard, *Saint-Simon, sa vie et ses travaux*, *op. cit.*, p. 226-237 (ce texte de *L'Organisateur* figure également dans les *Œuvres*, v. 20, p. 52 et suivantes).
14. C.H. de Saint-Simon, *Lettre au bureau des longitudes* (1808), « Préface », *Œuvres*, v. 15, p. 64.
15. « A tous. Parole du Père », *Le Globe*, 20 avril 1832.
16. « Religion saint-simonienne. Instruction pour la propagation. Degré des industriels », *Fonds des Archives Enfantin*, Bibliothèque de l'Arsenal, Paris, MS 7815.
17. « 1831 : Extraits de la correspondance sur Missions en province à Paris », *ibidem*.
18. « Rapport à Messieurs les actionnaires du *Producteur* par le Père Enfantin, 1826 », *ibidem*.
19. « Circulaires relatives à l'envoi du *Globe* par Michel Chevalier, 1831 », *ibidem*.
20. « Lettre du 29 janvier 1862 : M. Soulard au Père Enfantin », *ibidem*, MS 7784.
21. *Fonds des Archives Enfantin*, MS 7803.
22. Cité *in* S. Charlety, *Histoire du saint-simonisme*, Paris, Gonthier, 1931, p. 188-189.
23. *Fonds des Archives Enfantin*, MS 7834.
24. *L'Isthme de Suez*, n° 1, 25 juin 1856, p. 3.
25. *Daily National Intelligencer*, Washington, 28 avril 1843, n° 9421, v. XXXI. Notons toutefois que, quant à l'attitude des journaux français, cela est partiellement faux. Des journaux comme *Le Rhône*, *L'Indicateur*, *Le Moniteur industriel*, entre autres, en publièrent des extraits ou des commentaires.
26. M. Chevalier, « Système de la Méditerannée », *Le Globe*, 12 février 1832. En fait, il s'agit du dernier d'une série de quatre articles qui a commencé à se publier le 20 janvier de la même année. Ces articles ont été réunis dans un recueil publié par la même revue. La citation est extraite de cette publication p. 34.

27. Voir M. BARBANCE, *Histoire de la Compagnie générale transatlantique*, Paris, Arts et métiers graphiques, 1955, p. 39.
28. Société générale, *SG Centenaire 1864-1964*, Paris, Imprimerie Chaix, 1964, p. 18. Voir également le classique : B. GILLE, *La Banque en France au XIXe siècle*, Paris, PUF, 1970.
29. K. MARX, « Lettre à Danielson (10 avril 1879) », *Œuvres, Économie*, Paris, La Pléiade, t. II, p. 1519-20.
30. J.M. GOGER, « Le temps de la route exclusive en France 1780-1850 », *Histoire, Économie et Sociétés*, 4, 4e trimestre 1992. Pour une histoire des chemins de fer en France, voir : Y. LECLERCQ, *Le Réseau impossible*, Paris-Genève, Droz, 1989.
31. Cité *in* J.M. GOGER.
32. *Grand dictionnaire universel du XIXe par Pierre Larousse*. article « Chemins de fer », p. 1147.
33. M. ROULLEAUX, « A propos des chemins de fer aujourd'hui et dans 100 ans chez tous les peuples », *La Presse*, 13 janvier 1859.
34. *Ibidem*.
35. M. CHEVALIER, « Chemins de fer », *Dictionnaire de l'économie politique*, Paris, 1852, p. 20.
36. M. CHEVALIER, « Système de la Méditerranée », *op. cit.*, p. 34.
37. « M. Chevalier, apôtre », *ibidem*, p. 96.
38. M. CHEVALIER, « Système de la Méditerranée », *op. cit.*, p. 38.
39. « Michel Chevalier apôtre », *ibidem*, p. 89.
40. M. CHEVALIER, « Système de la Méditerranée », *op. cit.*, p. 50.
41. M. CHEVALIER, *Lettres sur l'Amérique du Nord*, Paris, Librairie Charles Gosselin, 1836, t. I, p. 3. (Cet ouvrage comporte deux tomes.)
42. J.P. PROUDHON, *Des réformes à opérer dans l'exploitation des chemins de fer*, 1855.
43. H. PEYRET, *Histoire des chemins de fer, op. cit.*, p. 19.
44. *Grand dictionnaire universel du XIXe, op. cit.*, article « Chemins de fer », p. 1150.
45. *Journal des travaux publics*, 8 août 1858.
46. J. CHESNEAUX, « Jules Verne et la tradition utopique », *L'Homme et la Société*, avril-juin 1967, n° 4, p. 232.
47. « M. Chevalier, apôtre », *op. cit.*, p. 88.
48. Voir M. MARTIN, *Trois siècles de publicité en France*, Paris, Éditions Odile Jacob, 1992.
49. Voir T.R. NEVETT, *Advertising in Britain : A History*, Londres, Heinemann, 1982.
50. Voir H. PEYRET, *Histoire des chemins de fer, op. cit.*
51. Sur l'histoire du saint-simonisme dans la publicité française, voir l'ouvrage cité plus haut de M. MARTIN ainsi que la thèse de doctorat d'État de G. LAGNEAU, *Les Institutions publicitaires, Fonction et genèse*, Paris, université René-Descartes, 1982.
52. Reproduit *in* G. SAND, *Correspondance (juillet 1847-décembre 1848)*, Paris, Garnier, 1971, t. VIII, p. 664.
53. *Ibidem*, p. 705-706.
54. W. BENJAMIN, *Paris, Capitale du XIXe siècle*, Paris, Le Cerf, 1989, p. 51.
55. *Ibidem*.

Chapitre 5

1. G. GÉRAULT, *Les Expositions universelles envisagées au point de vue de leurs résultats économiques*, Paris, Librairie Société du Recueil général des lois et des arrêts, 1902, p. 22.

2. G. KEPES, sous la direction de, *La Notion de structure dans les arts et dans les sciences*, Bruxelles, La Connaissance, 1967.
3. Y. STOURDZÉ, *Pour une poignée d'électrons, op. cit.*, p. 126.
4. *Ibidem*, p. 127.
5. Cité in W. BENJAMIN, *Paris, Capitale du XIXe siècle, op. cit.*, p. 208.
6. F. BRAUDEL, *Civilisation matérielle, économie et capitalisme XVe-XVIIIe siècle*, Paris, A. Colin, 1979, t. 2, « Les jeux de l'échange ».
7. P. BAUDIN, *Expositions internationales de Buenos Aires, Rapport du Commissaire général du gouvernement de la République*, Paris, Imprimerie nationale, 1912, p. 88.
8. *Ibidem*.
9. Sur l'influence du positivisme en Amérique latine, voir P. ARBOUSSE-BASTIDE, « Sur le positivisme politique et religieux au Brésil », in *Romantisme. Revue du dix-neuvième siècle*, n° 23, 1979 ; L. ZEA, *El positivismo en Mexico*, Mexico, 1943.
10. G. et H. BEYHAUT, *América latina III. De la Independencia a la Segunda guerra mundial*, Mexico, Siglo XXI, 1986, p. 112.
11. *Ibidem*, p. 112-113.
12. C. FURTADO, *Cultura e desenvolvimento em epoca de crise*, Rio de Janeiro, Paz e Terra, 1984.
13. E. MONOD, *L'Exposition universelle de 1889, Grand ouvrage illustré historique, encyclopédique, descriptif, Commissaire général de l'exposition*, Paris, E. Dentu, 1890, t. 3, p. 24.
14. *Ibidem*, t. 2, p. 144.
15. Cité *in* W. BENJAMIN, *Paris, capitale du XIXe, op. cit.*, p. 195.
16. *Ibidem*, p. 209.
17. E. MONOD, *op. cit.*, t. 2, p. 360.
18. Ministère des Postes et Télégraphes, *Exposition internationale d'électricité, Rapport administratif, op. cit.*, t. 1, p. 3.
19. *L'Illustration*, n° 2994, 14 juillet 1900, p. 29.
20. J. LONDON, « The Message of Motion Pictures », *Paramount Magazine*, février 1915. (En français : J. LONDON, *Profession : écrivain*, Paris, 10/18, 1980, p. 433.)
21. M. CHEVALIER, « Introduction », *Exposition universelle de 1867 à Paris. Rapports du jury international*, Paris, Imprimerie administrative de Paul Dupont, 1868, p. CDXC.
22. *Ibidem*, p. DXII.
23. *Ibidem*.
24. M. CHEVALIER, *Le Mexique ancien et moderne*, Paris, Librairie Hachette, 1864 (deuxième édition), p. 512.
25. W. SOMBART, *L'Apogée du capitalisme*, Paris, Payot, 1932, t. 1, chap. 6.
26. C.J. BEELENKAMP, *Les Lois postales universelles*, La Haye, Mouton & Co., 1910, p. 526.
27. W. KLEINWACHTER et K. NORDENSTRENG, sous la direction de, *International Security and Humanitarian Cooperation in the Reunited Europa*, Tampere, Finlande, Université de Tampere, Department of Journalism and Mass Communication, 1991.
28. Cité *in* J. DURY, « Coubertin propose le retour de l'olympisme », *Le Monde*, 22-23 novembre 1992, p. 2.
29. Voir J. COPANS, *Critiques et politiques de l'anthropologie*, Paris, F. Maspero, 1974.
30. Ministère du commerce, de l'industrie, des postes et des télégraphes, *Exposition internationale de Chicago en 1893. Rapports publiés par C. Krantz. Congrès tenus à Chicago en 1893*, Paris, Imprimerie nationale, 1894, p. 16.
31. *Ibidem*.
32. Exposition universelle de 1900 (Classe 110), *Congrès féministes internationaux tenus au palais des Congrès. Rapport de Mme Vincent. Section du travail. Le « travail des bonnes »*, Paris, 1900, p. 6-7.
33. E. MONOD, *op. cit.*, t. 2, p. 283.

34. A. CORBIN, *Le Miasme et la Jonquille*, Paris, Flammarion, 1986, éd. orig., 1982, p. 245.
35. E. MONOD, *L'Exposition universelle de 1889, op. cit.*, t. II, p. 201.
36. A. CORBIN, *op. cit.*, p. 263. Sur les usages du mot hygiène, voir *Dictionnaire (Robert) historique de la langue française*, sous la direction de A. REY, *op. cit.*, v. 1.
37. G. GÉRAULT, *Les Expositions universelles envisagées au point de vue de leurs résultats économiques, op. cit.*, p. 22-23.
38. M. MALTHÊTE-MÉLIÈS, *Méliès l'enchanteur, op. cit.*
39. J.J. MENSY, « L'énigme du Cinéorama de l'Exposition universelle de 1900 », *Archives Institut Jean Vigo, Cinémathèque de Toulouse*, janvier 1991.
40. Voir L. AIMONE et C. OLMO, *Les Expositions universelles 1851-1900*, Paris, Belin, 1993 (un des ouvrages les plus intéressants sur la question).
41. E. MONOD, *op. cit.*, t. 1, p. XXVIII.
42. RASTIGNAC, « Courrier de Paris », *L'Illustration*, n° 2417, 22 juin 1889, p. 518.
43. RASTIGNAC, « Courrier de Paris », *L'Illustration*, n° 2413, 25 mai 1889, p. 438.
44. *Ibidem.*
45. RASTIGNAC, « Courrier de Paris », *L'Illustration*, n° 2411, 11 mai 1889, p. 394.

Chapitre 6

1. *Œuvres de F. Bacon, chancelier d'Angleterre*, Dijon, an X de la République française, traduit par A. Lasalle.
2. Ch. FOURIER, *Théorie des quatre mouvements et des destinées générales. Prospectus et annonce de la découverte (1808, Lyon), in Œuvres complètes*, Paris, Librairie sociétaire, 1846, t. 1, p. 38. Ces *Œuvres complètes* ont été rééditées en fac-similé (12 volumes) par les éditions Anthropos en 1966. Sur FOURIER, voir : J. BEECHER, *Fourier, Le Visionnaire et son monde*, Paris, Fayard, 1993, traduit de l'américain ; R. BARTHES, *Sade, Fourier, Loyola, op. cit.*
3. *Ibidem*, p. 47.
4. Ch. FOURIER, *Théorie de l'unité universelle* (1822), *in Œuvres complètes, op. cit.*, vol. 3, p. 458.
5. Cité *in* W. BENJAMIN, *Paris, Capitale du XIXe siècle, op. cit.*, p. 75.
6. Ch. FOURIER, *La Fausse Industrie morcelée, répugnante, mensongère* (1835-1836), *ibidem*, p. 653.
7. Ch. FOURIER, *Théorie des quatre mouvements, op. cit.*, p. 5.
8. Ch. FOURIER, *Pièges et charlatanisme des deux sectes Saint-Simon et Owen*, Paris, Chez Bossange, 1831, p. 81.
9. *Ibidem*, p. 2.
10. *Ibidem*, p. 12.
11. Ch. FOURIER, *Théorie des quatre mouvements, op. cit.*, p. 290.
12. Ch. FOURIER, *Théorie de l'unité universelle, op. cit.*, vol. 3, p. 143-144.
13. W. BENJAMIN, « Exposé de 1939 », *Paris, Capitale du XIXe siècle, op. cit.*, p. 49.
14. Ch. FOURIER, *Théorie des quatre mouvements, op. cit.*, p. 171-172.
15. Ch. FOURIER, « Publication des manuscrits », *Le Socialisme sociétaire*, édité par H. Bourgin, Paris, Société nouvelle de librairie et d'édition, 1903, p. 110.
16. Ch. FOURIER, *Le Nouveau Monde industriel et sociétaire, ou invention du procédé d'industrie attrayante et naturelle distribuée en séries passionnées*, Paris, 1829, p. 291-292.
17. Ch. FOURIER, *Le Nouveau Monde amoureux*, Paris, Anthropos, 1967. (Vol. VII de l'édition des *Œuvres complètes*.)

18. Voir D. HAYDEN, *Seven American Utopies : The Architecture of Communitarian Socialism, 1790-1975*, Cambridge, Mass., MIT Press, 1976.
19. S. DEBOUT, « Préface » du *Nouveau Monde amoureux, op. cit.*
20. V. CONSIDÉRANT, *Déraison et engouement pour les chemins de fer*, Paris, 1838, cité par W. BENJAMIN, *op. cit.*, p. 650.
21. E. CABET, *Voyage en Icarie. Roman philosophique et social*, Paris, J. Mallet et Cie, 1842, 2ᶜ édition, p. 20.
22. E. CABET, « Communisme », *1845 : Almanach icarien, astronomique, scientifique, pratique, industriel, statistique, politique et social*, Paris, Le Populaire, p. 154-171.
23. Ch. RIHS, *Les philosophes utopistes*, Paris, Marcel Rivière, 1970, p. 186-205.
24. E. CABET, « Communisme », *Almanach icarien, op. cit.*, p. 161.
25. E. CABET, *Voyage en Icarie, op. cit.*, p. 32.
26. *Ibidem*, p. 197-198.
27. *Ibidem*, p. 20.
28. *Ibidem*, p. 369.
29. *Ibidem*, p. 565.
30. *Ibidem*, p. 215.
31. J. RANCIÈRE, *La Nuit des prolétaires. Archives du rêve ouvrier*, Paris, Fayard, 1981, p. 372.
32. *Cabet et les publications du « Populaire »*, Paris, EDHIS, 1974. Pour une histoire parallèle, voir D. THOMSON, « La presse de la classe ouvrière anglaise au XIXᶜ », *in La presse ouvrière*, études présentées par J. GODECHOT, Paris, CNRS, 1966.
33. K. MARX et F. ENGELS, *Le Manifeste communiste (1848)*, *in* K. MARX, *Œuvres, op. cit.*, t. I, p. 191-192.
34. P.J. PROUDHON, *Le Manuel du spéculateur en bourse*, Paris, 1857, 5ᶜ édition.
35. *Carnets de P.J. PROUDHON* (11 mars 1847), Paris, M. Rivière, 1961, t. 2.
36. P.J. PROUDHON, *Des réformes à opérer dans l'exploitation des chemins de fer*, Paris, 1855, p. 113.
37. P.J. PROUDHON, *Idée générale de la révolution au XIXᵉ siècle*, Paris, 1851.
38. C. DE PAEPE, *Les Services publics, précédés de deux Essais sur le collectivisme, Notice biographique de B. Malon*. Bruxelles, J. Milot, 1895, p. 148. La première version de cette conférence date des années 1870. Sur les prolongements de ce débat en France, voir : P. BROUSSE, « Services publics », *Revue Socialiste*, 1892. Voir également : *Entre Marx et Bakounine. César De Paepe*, correspondance présentée et annotée par B. DANDOIS, Paris, Maspero, 1974 ; Th. PAQUOT, *Les Faiseurs de nuage. Essai sur la genèse des marxismes français (1880-1914)*, Paris, Sycomore, 1980.
39. *Ibidem*, p. 145-146.
40. P. KROPOTKINE, *L'Entr'aide : Un facteur d'évolution*, Paris, Hachette, 1906. Sur sa trajectoire, voir : P. KROPOTKINE, *Autour d'une vie. Mémoires*, Paris, P.V. Stock, 1906, huitième édition.
41. Ch. DARWIN, *La Descendance de l'homme et la sélection naturelle*, Paris, C. Reinwald, 1881, p. 669.
42. P. TORT, *La Pensée hiérarchique et l'évolution*, Paris, Aubier, 1985. Les analyses de ce paragraphe appartiennent à cet auteur.
43. E. RECLUS, *Nouvelle géographie universelle*, Paris, Hachette, vol. I, 1875, p. 7 et vol. XIX, 1894, p. 795.
44. P. KROPOTKINE, *Champs, usines et ateliers ou l'industrie combinée avec l'agriculture et le travail cérébral avec le travail manuel*, Paris, P.V. Stock, 1910, p. 399.
45. Sur la trajectoire scientifique de P. Geddes en langue française : P.L. BOARDMAN, *Esquisse de l'œuvre éducative de Patrick Geddes*, Montpellier, Imprimerie de la charité, 1936, thèse présentée devant un jury de la faculté des lettres de cette ville.
46. F. LE PLAY, *Les Ouvriers européens*, t. I, *Instructions sur la méthode d'observation*, Paris, 1855.

47. P. GEDDES et V. BRANDFORD, *The Coming Polity*, Londres, Williams and Norgate, 1919, p. 186. Sur l'influence de Le Play, voir également de GEDDES, en collaboration avec G. SLATER, *Ideas at War*, Londres, Williams and Norgate, 1917.

48. P. GEDDES et S. DEWEY, *Guide to Paris, the Exhibition and the Assembly*, Édimbourg, Outlook Tower, 1900, p. 226-227.

49. Sur l'œuvre de P. Otlet, voir : *Traité de documentation. Le livre sur le livre (1934)*, Liège, Centre de lecture publique de la Communauté française de Belgique, 1989.

50. L. MUMFORD, *Technics and Civilization*, New York, Harcourt, Brace and Jovanovich, 1934.

51. M. MCLUHAN, *The Mechanical Bride, Folklore of Industrial Man*, New York, Vanguard Press, 1951.

52. Sur cette genèse, voir J.W. CAREY, « McLuhan and Mumford : The Roots of Modern Media Analysis », *Journal of Communication*, été 1981, vol. 31, n° 3.

53. S. BUTLER, *Erewhon*, Paris, Gallimard, 1920 (1re édition), p. 236.

54. *Ibidem*, p. 241.

55. *Ibidem*, p. 262.

56. P.-M. MOREAU, *Le Récit utopique. Droit naturel et roman de l'État*, Paris, PUF, 1982, p. 54.

57. E. ZAMIATINE, *Les Insulaires, suivi de Province*, Lausanne, L'Age d'homme, 1983, p. 52.

58. E. ZAMIATINE, *Le Métier littéraire, suivi de Cours sur la technique de la prose littéraire*, Lausanne, L'Age d'homme, 1990, p. 92.

59. E. ZAMIATINE, *Les Insulaires, op. cit.*, p. 19.

60. F. LYSSENKO, « Introduction » *in Les Insulaires*, p. 10.

61. E. ZAMIATINE, *Nous autres*, Paris, Gallimard, 1971, p. 44.

62. *Ibidem*, p. 135.

63. *Ibidem*, p. 182.

64. I. KREMNIOV (A.V. CHAYANOV), *Le Voyage de mon frère Alexis au pays de l'utopie paysanne*, Lausanne, L'Age d'homme, 1976, p. 33.

65. *Ibidem*, p. 80.

Chapitre 7

1. L. HOULLEVIGUE, « Le problème de l'heure », *La Revue de Paris*, 15 août 1913. Pour une histoire : voir D. LANDES, *L'heure qu'il est, op. cit.*, p. 403.

2. I. WALLERSTEIN, *Le Capitalisme historique*, Paris, La Découverte, 1990.

3. F. BRAUDEL, *La Dynamique du capitalisme*, Paris, Flammarion, 1985, p. 107.

4. F. BRAUDEL, *Civilisation matérielle, économie et capitalisme, op. cit.*, v. 3, p. 460-461.

5. Chiffres donnés par J.A. HOBSON, *Imperialism*, Londres, Nisbet, 1902, p. 19.

6. E. CANETTI, *Masse et puissance*, Paris, Gallimard, 1966, p. 181-182.

7. Ph. BATA, « Les câbles sous-marins des origines à 1929 », *Télécommunications*, n° 45, octobre 1982.

8. J.O. BOYD-BARRETT et M. PALMER, *Le Trafic des nouvelles. Les agences mondiales d'information*, Paris, Alain Moreau, 1981.

9. D. SMYTHE, *Dependency Road : Communications, Capitalism, Consciousness and Canada*, Norwood, N.J., Ablex, 1981.

10. « Le télégraphe à La Mecque », *L'Illustration*, 12 mai 1900, n° 2985, p. 307.

11. J. et A. SELLIER, *Atlas des peuples d'Orient*, Paris, La Découverte, 1993.

12. M. DAUVERS, *Rapport sur les chemins de fer de l'Inde (1864-1865)*, Paris. Cité *in* la rubrique « Chemins de fer », *Grand dictionnaire universel du XIXe siècle, op. cit.*

13. M. TESLER, *La telefonia argentina. Su otra historia*, Buenos Aires, Editorial Rescate, 1990.

14. R. NAPP, *La République argentine. Ouvrage écrit par ordre du Comité central argentin pour l'exposition de Philadelphie*, Buenos Aires, Imprimerie du « Courrier de La Plata », 1876, p. 310-311.

15. G. et H. BEYHAUT, *América latina, op. cit.*, p. 56. Voir également G. PENDLE, *Paraguay : A Riverside Nation*, Londres, Royal Institute of International Affairs, 1954.

16. Voir A. MATTELART et H. SCHMUCLER, *L'Ordinateur et le tiers monde*, Paris, La Découverte, 1983.

17. C. FUNTANELLAS, sous la direction de, *United Fruit Co.*, La Havane, Editorial de ciencias sociales, 1976.

18. M. CHEVALIER, *L'Isthme de Panama*, Paris, Imprimerie H. Fournier, 1844, p. 72. (Tiré à part de *La Revue des deux mondes* du 1er janvier 1844.)

19. Voir l'article « Mexique » *in La Grande encyclopédie*.

20. A.D. CHANDLER, *La Main invisible des managers. Une analyse historique*, Paris, Economica, 1988. Traduit de l'américain.

21. J.A. HOBSON, *Imperialism, op. cit.*

22. V.I. LÉNINE, *L'Impérialisme, stade suprême du capitalisme*, Paris, Éditions sociales, p. 18.

23. *Ibidem*, p. 9.

24. R. LUXEMBURG, *Œuvres I et II*, Paris, Maspero, 1964.

25. Cité *in* J.P. NETTL, *Rosa Luxemburg*, Londres, Oxford University Press, 1966, v. II, p. 533.

26. H. ARENDT, *Les origines du totalitarisme. L'Impérialisme*, Paris, Le Seuil, 1984.

27. *Ibidem*, p. 57.

Chapitre 8

1. F. VÉRON, *Lestablissement de la congregation de la propagation de la foy et des missionnaires généraux des prélats de France, pour conférer avec les ministres, et precher aux portes de leurs temples, & és places publiques, par toutes les provinces de cette monarchie, au salut des devoyez et pour le repos de l'État*, Lyon, chez Claude Armand, 1624. Ce document reproduit également en annexe le texte de la bulle papale de 1622.

2. Cité *in* J. LEFLON, *Histoire de l'Église. La crise révolutionnaire (1789-1846)*, Paris, Bloud et Gay, 1949, t. 20, p. 512.

3. Texte reproduit *in* : Baron PELET, *Opinions de Napoléon*, Paris, Firmin-Didot, 1833.

4. Sur l'histoire de l'Œuvre et de sa presse, les meilleures sources sont encore les numéros anniversaires des *Annales* et des *Missions catholiques*. Voir par exemple : Mgr LE ROY, « Cinquante ans ! Nos souvenirs et nos espérances », *Les Missions catholiques*, Lyon, 3 janvier 1919. Pour une étude détaillée d'une presse missionnaire, voir J. PIROTTE, « Périodiques missionnaires belges d'expression française, reflets de cinquante années d'évolution d'une mentalité », Université de Louvain, *Recueil de travaux d'histoire et de philologie*, 1973, Sixième série, n° 2.

5. R.P. BROU, « Aperçu général sur les missions des Pères de la Compagnie de Jésus » (1823-1923), *Les Missions catholiques*, 23 mai 1924. Voir également : I. et J.L. VISSIÈRE (sous la direction de), *Peaux Rouges et robes noires. Lettres édifiantes et curieuses des jésuites français en Amérique au XVIIIe siècle*, Paris, Éd. de la Différence, 1993.

6. Voir J. LEFLON, *op. cit.*

7. Mgr DUPANLOUP, *Lettre pastorale de Monseigneur l'Évêque d'Orléans en la fête de saint Mathieu*, 1859, n° 16.

8. Mgr LE ROY, *art. cit.*

9. Voir M. CHEZA, « Évolution de la presse missionnaire », *Vivant Univers*, Namur (Belgique), septembre-octobre 1984.
10. Mgr LE ROY, *art. cit.*
11. *Ibidem.*
12. « Enc. Mirari vos », *Acta Gregorii Papae*, Rome, Poliglotta Vaticana, 1901, v. I, p. 172.
13. G. BERTHOUD *et al.*, *Aspects de la propagande religieuse*, Genève, Droz, 1957.
14. S. SMITH, « L'exception culturelle mobilise la francophonie », *Libération*, 18 octobre 1993.
15. P. PONCIN, « Conférence faite à Bordeaux le lundi 1er décembre 1884, à l'École professionnelle », *Bulletin Alliance française*, 1er novembre 1884 et 1er janvier 1886, p. 16.
16. Ch. GIDE, *Lutte des langues à la surface du globe. Rôle de l'Alliance française*, Nimes, Imprimerie Clavel et Chastanier, 1885.
17. P. PONCIN, *op. cit.*, p. 14.
18. Ch. GIDE, *op. cit.*, p. 8.
19. *Ibidem*, p. 14.
20. P. PONCIN, *op. cit.*, p. 15.
21. A. SLEICHER, *Die Darwinsche Theorie und die Sprachwissenschaft* (1863). Voir B. MALMBERG, *Les Nouvelles Tendances de la linguistique*, Paris, PUF, 1968, p. 19.
22. J. SCHLANGER, *Les Métaphores de l'organisme, op. cit.*, p. 125.
23. P. PONCIN, *op. cit.*
24. *Ibidem*, p. 22.
25. F. COLONNA, « Enseignement des indigènes et enseignement du peuple au XIXe siècle », *Revue française d'études politiques africaines*, Paris, n° 109, janvier 1975.
26. Voir notamment : F. FURET et J. OZOUF, *Lire et écrire : l'alphabétisation des Français de Calvin à Jules Ferry*, Paris, Minuit, 1977 ; H. LE BRAS et E. TODD, *L'Invention de la France*, Paris, Pluriel.
27. H.G. WELLS, *Anticipations of the Reaction of Mechanical and Scientific Progress upon Human Life and Thought, op. cit.*, p. 95.
28. *Ibidem*, p. 90.
29. *Ibidem*, p. 89-90.
30. Rapporté par Sir J. STRACHEY, *L'Inde*, 1892, p. 163.
31. T. O'HIFEARNAIN, « "Capuchon, lame et langue". L'Irlandais et l'Europe continentale au XVIIe siècle », *in L'Irlande et ses langues*, sous la dir. de J. BRIHAULT, Rennes, Presses universitaires de Rennes, 1993, p. 34.
32. Voir à ce propos les analyses déjà citées de E. ZAMIATINE, *in Le Métier littéraire, op. cit.*
33. Pour une histoire de ces liens voir : G. MARTINIÈRE, *Aspects de la coopération franco-brésilienne*, Paris, Éditions de la MSH/PUG, 1982.
34. Cité *in ibidem*, p. 75.
35. F. BRAUDEL, « Unité et diversité de l'aure Amérique », *Cahiers des Annales*, Paris, Armand Colin, 1949, p. 66. Ce Cahier représente l'édition revue, corrigée et augmentée du n° 4 de 1948 de la revue *Annales (Économies, Sociétés, Civilisations)*.
36. L. FEBVRE, « Introduction : L'Amérique du Sud devant l'histoire », *in Cahiers des Annales, ibidem*, p. IX
37. J. CRUZ COSTA, « Conflits d'idéologie. Philosophes et philosophies en Amérique latine », *in ibidem*, p. 179-180. Pour une vision générale sur cet « effet de retour » dans d'autres domaines, voir J. LEENHARDT, P. KALFON, A. et M. MATTELART, *Les Amériques latines en France*, Paris, Gallimard, 1992.
38. N.J. SPYKMAN, *America's Strategy in World Politics, The United States and the Balance of Power*, New York, Harcourt, Brace & World, 1942, p. 233.
39. Sur l'école documentariste anglaise, voir : P. VIRILIO, *La Machine de vision*, Paris, Galilée, 1988, p. 60-62 ; M. CHANAN, *The Cuban Image*, Londres-Bloomington (Indiana), BFI Publishing/Indiana University Press, 1985.

40. Voir P. PARANAGUA, sous la direction de, *Le Cinéma brésilien*, Paris, Centre Pompidou, 1987.
41. J. RIGAUD, *Les relations culturelles extérieures. Rapport au ministre des Affaires étrangères*, Paris, La Documentation française, 1980, p. 66.
42. H. HAUSER, *Les Méthodes allemandes d'expansion économique*, Paris, Librairie A. Colin, 1915, p. 200.

Chapitre 9

1. H. VON MOLTKE, *Die Operativen Vorbereitungen zur Schlacht*, cité *in* M. PESCHAUD, *Les Chemins de fer allemands et la guerre*, Paris, Charles Lavauzelle et Cie, éditeurs militaires, 1927, p. 5.
2. Voir P. VIRILIO, « L'empire de l'emprise », *art. cit.*
3. Voir les analyses du général VON CAEMMERER, *L'Évolution de la stratégie au XIXe siècle*, Paris, Librairie Fischbacher, 1907.
4. G. CHALIAND, « Introduction. Guerres et cultures stratégiques à travers l'histoire », *in Anthologie mondiale de la stratégie*, Paris, Laffont, 1990.
5. J. DE GUIBERT, *Essai général de tactique* (1770), *in Écrits militaires*, Paris, Copernic, 1977. Un extrait est publié *in Anthologie mondiale de la stratégie, op. cit.*. Pour la citation, voir p. 745-746.
6. Baron DE JOMINI, *L'Art de la guerre ou nouveau tableau analytique*, Bruxelles, Meline, Cans et Co., 1838, p. 26.
7. Cité *in* M. PESCHAUD, *op. cit.*, p. 11.
8. J. COLIN, *Les Transformations de la guerre* (1911), Extrait publié *in* G. CHALIAND, *op. cit.*, p. 1092. Voir également : Baron ERNOUF, *Histoire des chemins de fer pendant la guerre franco-prussienne*, Paris, Librairie générale, 1874.
9. Cité *in* E. MEAD EARLE, « Adam Smith, Alexander Hamilton, Friedrich List : The Economic Foundations of Military Power », *Makers of Modern Strategy, From Machiavelli to the Nuclear Age, op. cit.*, p. 255.
10. E. D'EICHTAL, *L'Économiste Frédéric List, candidat à l'un des concours de l'Académie des sciences morales et politiques*, Éditions de la Revue politique et littéraire et de la Revue scientifique, 1913, p. 7.
11. Cité *in ibidem*.
12. F. LIST, *Système national d'économie politique*, trad. par Richelot, Paris.
13. *Ibidem*, p. 285-286.
14. R. GONNARD, *Histoire des doctrines économiques, op. cit.*, p. 619.
15. L. KAPELLER, « Le trafic international dans l'Europe sans frontières », *Signal*, deuxième numéro d'octobre 1941.
16. F. RATZEL, *Géographie politique*, Genève, Éditions régionales européennes, 1988, p. 17-18.
17. *Ibidem*, p. 19.
18. *Ibidem*, p. 19.
19. H. ARENDT, *Les Origines du totalitarisme, op. cit.*, p. 83.
20. F. RATZEL, *op. cit.*, p. 318.
21. *Ibidem*, p. 323.
22. *Ibidem*, p. 25.
23. *Ibidem*, p. 17.
24. Voir M. KORINMAN, « Avant-propos », *in* F. RATZEL, *La Géographie politique, Choix de textes et traduction de l'allemand par F. Ewald*, Paris, Fayard, 1987.
25. R.R. PALMER, « Frederick the Great, Guibert, Bülow : From Dynastic to National War », *in Makers of Modern Strategy, op. cit.*, p. 114-115.
26. B. BARRET-KRIEGEL, « L'intellectuel et l'État », *L'Arc*, 1977, n° 70.
27. J. FICHTE, *Discours à la nation allemande*, Paris, Aubier, 1975, p. 173.
28. *Ibidem*, p. 143.
29. B. BARRET-KRIEGEL, *art. cit.*, p. 62.

30. Voir H. ARENDT, *op. cit.*
31. M. KORINMAN, « Avant-propos », *op. cit.*, p. 23.
32. Voir K. HAUSHOFER, *De la géopolitique*, Paris, Fayard, 1986.
33. A.T. MAHAN, in *Anthologie mondiale de la stratégie, op. cit.*, p. 968.
34. H.F. GRAFF, sous la direction de, *American Imperialism and the Philippine Insurrection, Testimony of the Times : Selections from Congressional Hearings*, Boston, Little, Brown and Co., 1969, p. VII.
35. *Ibidem*, p. 42.
36. A. NEGRON DE MONTILLA, *La americanizacion en Puerto Rico y el sistema de instruccion publica 1900-1930*, Editorial universitaria, Universidad de Puerto Rico, 1977.
37. E. PANTOJAS G., « La iglesia protestante y la americanizacion de Puerto Rico 1898-1917 », *Revista de ciencias sociales*, Rio Piedras, V. XVIII, n° 1-2, mars-juin 1974.
38. *L'Illustration*, 14 mai 1898, n° 2881, p. 353.
39. Voir en particulier V. GRIBAYÉDOFF, « La femme américaine et la guerre », *L'Illustration*, n° 2886, 18 juin 1898.
40. C. DE VARIGNY, « Les États-Unis et la doctrine Monroe », *L'Illustration*, n° 2885, 11 juin 1898.
41. G. LE BON, *Enseignements psychologiques de la guerre européenne*, Paris, Flammarion, 1916.
42. M. MALTHÊTE-MÉLIÈS, *Méliès l'enchanteur, op. cit.*, p. 199-200.
43. P.A. PARANAGUA, sous la direction de, *Le Cinéma cubain*, Paris, Centre Georges Pompidou, 1990.
44. Pour retracer l'histoire de ces débats, voir Baron L. DE STAËL-HOLSTEIN, *La Réglementation de la guerre des airs*, La Haye, Martinus Nijhoff, 1911.
45. *Ibidem*, p. 32.
46. *Ibidem*, p. 51.
47. *Kriegsgebrauch im Landkriege*, cité *in* J. CUVELIER, *La Belgique et la guerre*, Bruxelles, H. BERTELS, 1924, tome I. *L'Invasion allemande*, Préface de H. PIRENNE, p. 395.
48. F.E. SMITH, *International Law as Interpreted during the Russo-Japanese War*, London, T. Fisher Unwin, 1905.
49. Reproduit in Baron L. DE STAËL-HOLSTEIN, *op. cit.*
50. D.S. LANDES, *L'Europe technicienne ou le Prométhée libéré. Révolution technique et libre essor industriel en Europe occidentale de 1750 à nos jours*, Paris, Gallimard, 1975, p. 577.
51. P. VIRILIO, *La Machine de vision, op. cit.*, p. 105-106. Du même auteur, voir : *Logistique de la perception-Guerre et cinéma* I, Paris, Éditions de l'Étoile-Cahiers du cinéma, 1984.

Chapitre 10

1. A. QUÉTELET, *Sur l'homme et le développement de ses facultés ou essai de physique sociale*, Paris, Bachelier, 1835, t. 2, p. 251.
2. *Ibidem*, t. 1, p. 21.
3. *Ibidem*, t. 1, p. 276.
4. A. QUÉTELET, *Du système social et des lois qui le régissent*, Paris, Guillaumin, 1848, p. 70.
5. A. QUÉTELET, *Sur l'homme..., op. cit.*, t. 1, p. 24-25.
6. Sur cette préhistoire de la statistique morale en Grande-Bretagne, voir : Y. LEVIN et A. LINDESMITH, « English Ecology and Criminology of the Past Century », *Journal of Criminal Law and Criminology*, 27, mars 1937. Pour quelques exemples d'études inspirées de la statistique morale au XIXe, voir : H. MAYHEW et J. BIBBY, *The Criminal Prisons in London and Scenes of Prison*

Life, Londres, C. Griffin and Co., 1862 ; J. FLETCHER, *Summary of Moral Statistics of England and Wales*, Londres, édition à compte d'auteur, 1849.

7. A. QUÉTELET, *Du système social...*, *op. cit.*, p. 89.

8. G. CANGUILHEM, *Le Normal et le Pathologique*, *op. cit.*, p. 185.

9. F. EWALD, *L'État Providence*, Paris, Grasset, 1986, p. 147.

10. *Ibidem*, p. 148.

11. E. DE GIRARDIN, *La Politique universelle* (1852). Nous avons consulté les larges extraits de cet ouvrage reproduits au mot « Assurance » *in Grand dictionnaire universel*, t. 1, 1865, p. 819.

12. *Ibidem* pour cette citation et la suivante.

13. L. BOURGEOIS, *Rapport portant approbation du Traité de Paix de Versailles, 28 juin 1919, Sénat 1919, Session ordinaire*, Paris, Imprimerie du Sénat, 1919, p. 118.

14. L. BOURGEOIS, « L'assurance contre l'invalidité et la défense nationale » (1909), *La Politique de la prévoyance sociale*, Paris, Bibliothèque Charpentier, E. Fasquelle, 1919, vol. 2, p. 326. Sur la chronologie des régimes d'assurances sociales, voir : J. DOUBLET et G. LAVAU, *Sécurité sociale*, Paris, PUF, édition de 1961.

15. L. BOURGEOIS et A. CROISET, *Essai d'une philosophie de la solidarité (Conférences et discussions. École des hautes études sociales)*, Paris, Alcan, 1902, p. IX-X.

16. Cité *in* M. DE RYCKERE, « Le signalement anthropométrique », *Troisième congrès international d'anthropologie criminelle, août 1892, Bruxelles,* « *Biologie et Sociologie* », Bruxelles, F. Hayez, 1893, p. 97.

17. M. FOUCAULT, *Surveiller et punir*, *op. cit.*, p. 286-287.

18. A.M. DE GUERRY DE CHAMPNEUF, *Essai sur la statistique morale de la France*, Paris, Crochard, 1833. Sur la place de cet auteur dans l'histoire de cette science, voir : M.C. ELMER, « Century-old ecological studies in France », *The American Journal of Sociology*, XXXIX, juillet 1933. (Comme l'indique le titre de l'article, les fondateurs de l'« Écologie humaine » aux États-Unis ont invoqué comme précurseur de leur champ de recherches les spécialistes de la statistique morale, tels Guerry et Quételet).

19. *Comptes rendus des séances de l'Académie des sciences, séance du 1er juillet 1907, Rapport présenté par les professeurs d'Arsonval, Chauveau, Darboux, Troost et Dastre*, t. CXLV. Sur la chronologie de l'application de la photographie à des fins judiciaires, voir : A. ROUILLÉ, *La Photographie en France, Textes et controverses. Une anthologie de 1816 à 1871*, Paris, Macula, 1989.

20. A. BERTILLON, *Anthropological Descriptions. New Method of Determining Individual Identity, Conference given at the International Penitentiary Congress at Rome, 22 november 1885, Address of M. Herbette*, Melun, Administrative Printing, 1887.

21. F. GALTON a publié trois ouvrages sur la question : *Method of Indexing Finger Marks* (1891) ; *Finger-Prints* (1892) ; *Finger-Prints Directories* (1895). Le dernier a été édité chez Mac Millan à Londres. Dans un premier article, le scientifique de Londres avait donné un aperçu de ses directions de recherche (« Personnal identification and description », *Journal of Royal Institution*, mai 1888).

22. Il existe de nombreux travaux, publiés en espagnol, sur cette contribution : Voir par exemple : J. VUCETICH, *Proyecto de ley de registro general de identificacion*, La Plata, Universidad nacional de La Plata, 1929 ; L. REYNA ALMANDOS, *Dactiloscopia argentina. Su historia e influencia en la legislacion*, La Plata, Universidad nacional de La Plata, 1932. En français : voir les *Comptes rendus de l'Académie des sciences* cités plus haut.

23. L. REYNA ALMANDOS, « Metodos de identificacion judicial. La dactiloscopia y la defensa social », *Revista Ciencias sociales*, La Plata, 1911, p. 9.

24. *Comptes rendus des séances du 1er juillet 1907*, *op. cit.* Ce rapport a été publié dans son intégralité, en français mais avec une introduction en langue espagnole, par L. REYNA ALMANDOS, sous le titre *Bertillon et Vucetich juzgados*

por la Academia de ciencias de Paris, La Plata, Universidad nacional de La Plata, 1928.

25. Voir notamment E. LOCARD, « Les services actuels d'identification et la fiche internationale », *Comptes rendus du VI⁰ congrès international d'antropologie criminelle, Turin, 28 avril-3 mai 1906*, Bocca, Turin, 1907.

26. C. LOMBROSO, *L'Homme criminel, étude anthropologique et médicale*, Paris, Alcan, 1887.

27. *Comptes rendus du VI⁰ congrès international d'anthropologie criminelle, op. cit.*, p. XXXI-XXXII.

28. G. LANTERI-LAURA, *Histoire de la phrénologie, L'homme et son cerveau selon F.J. Gall*, Paris, PUF, 1970, p. 172.

29. C. LOMBROSO et R. LASCHI, *Le Crime politique et les révolutions par rapport au droit, à l'anthropologie criminelle et à la science du gouvernement*, Paris, Alcan, 1892, t. 2, p. 333.

30. M. MAGITOT, *in Actes du deuxième congrès international d'anthropologie criminelle. Biologie et sociologie, Paris, août 1889*, Paris, G. Masson, 1890, p. 239.

31. H. FOURNIAL, *Essai sur la psychologie des foules. Considérations médico-judiciaires sur les responsabilités collectives*, Lyon-Paris, Storck-Masson, 1892.

32. E. FERRI *et al.*, « Polemica sulla *Psychologie des foules* », *La Scuola positiva*, 1895, V. 5.

33. S. SIGHELE, *La Foule criminelle, Essai de psychologie collective*, Paris, Alcan, 1901, p. 10. Deuxième édition entièrement refondue.

34. G. LE BON, *Psychologie des foules*, Paris, PUF, 4ᵉ édition, p. 6.

35. Peu d'auteurs travaillant sur la psychologie des foules mentionnent l'apport de Fournial. Une des études les complètes sur le thème est la thèse de doctorat de J. VAN GINNEKEN, *Crowds, Psychology and Politics 1871-1899*, Amsterdam, Universiteit van Amsterdam, 1989.

36. E. FERRI, *I nuovi orrizonti del dirrito e della procedura penale*, Bologne, Zanichelli, 1884.

37. S. SIGHELE, *op. cit.*, p. 10.

38. S. SIGHELE, *Psychologie des sectes*, Paris, Giard et Brière, 1897.

39. S. SIGHELE, « Le crime collectif », Congrès international d'anthropologie criminelle, *Comptes rendus des travaux de la cinquième session, Amsterdam, 9-14 septembre 1901, par les soins du professeur J.K.A. Wertheim Salomonson*, Amsterdam, p. 75-76.

40. *Ibidem*, p. 76.

41. S. SIGHELE, *La Foule criminelle, op. cit.*, p. 241.

42. *Ibidem*, p. 248.

43. S. SIGHELE, *Littérature et criminalité*, Paris, Giard et Brière, 1908, p. 182-183.

44. E. SUE, *Les Mystères de Paris*, t. 1, p. 6.

45. S. SIGHELE, *Littérature et criminalité, op. cit.*, p. 193.

46. *Ibidem*, p. 209-210.

47. G. LE BON, *Lois psychologiques de l'évolution des peuples*, Paris, Alcan, 1894, p. 140.

48. *Ibidem*, p. 8.

49. *Ibidem*, p. 47.

50. *Ibidem*, p. 55-56.

51. *Ibidem*, p. 17.

52. G. LE BON, *Psychologie des foules, op. cit.*, p. 19.

53. *Ibidem*, p. 17.

54. *Ibidem*, p. 14.

55. Voir J.C. BEAUNE, *Le Vagabond et la Machine. Essai sur l'automatisme ambulatoire*, Paris, Champ Vallon, 1983.

56. D. BERNARD et A. GUNTHERT, *L'Instant rêvé : Albert Londe(1857-1917)*, Nîmes, J. Chambon, 1993.

57. G. LE BON, *Psychologie des foules, op. cit.*, p. 2-3.

58. *Ibidem*, p. 89.

59. *Ibidem*, p. 88.

60. S. FREUD, « Psychologie des foules et analyse du moi » (1921), in *Essais de psychanalyse*, Paris, Payot, 1983.
61. G. TARDE, « Les crimes des foules », *Troisième congrès international d'anthropologie criminelle, Bruxelles, août 1892, op. cit.*, p. 73-80.
62. G. TARDE, *L'Opinion et la Foule*, Paris, Alcan, 1901, p. 5.
63. *Ibidem*, p. 7.
64. *Ibidem*, p. 6.
65. *Ibidem*, p. 13.
66. *Ibidem*, p. 23.
67. *Ibidem*, p. 25.
68. *Ibidem*, p. 49.
69. *Ibidem*, p. 155.
70. G. TARDE, « Les crimes des foules », *art. cit.*, p. 73.
71. W. BAGEHOT, *Physics and Politics or Thoughts on the Application of the Principles of « Natural Selection » and « Selection » to Political Society*, Londres, King, 1867.
72. M. CHANAN, *The Dream that Kicks. The Prehistory and Early Years of Cinema in Britain*, Londres, Routledge, 1980, p. 273.
73. G. TARDE, *Les Lois de l'imitation. Étude sociologique*, Paris, Alcan, 1895, 2e édition, p. VIII. (Édition originale en 1890, avec de nombreux chapitres publiés sous forme d'articles entre 1882-1888.)
74. *Ibidem*, p. XII.
75. *Ibidem*, p. 245.
76. R. LÖWIE, *Histoire de l'ethnologie classique, op. cit.*, p. 99.
77. G. TARDE, *La Psychologie économique*, Paris, Alcan, 1902, 2 volumes.
78. G. TARDE, *La Philosophie pénale*, Lyon-Paris, Storck-Masson, 1890, p. 118.
79. W. THOMAS et F. ZNANIECKI, *The Polish Peasant in Europe and America*, Boston, Badger, 5 vol., 1918.
80. Voir F.H. MATTHEWS, *Robert E. Park, and the Chicago School*, Englewood Cliffs, NJ, Prentice-Hall, 1967. R.E. PARK, *The Collected Papers of R.E. Park*, Glencoe, Ill., Free Press, 1955.
81. C. JAVEAU, « Georg Simmel : un aperçu », *Les Cahiers du Grif*, Paris, n° 40, printemps 1989.
82. C.S. PEIRCE, « What Pragmatism Is ? », *Monist*, avril 1905 (La traduction de la citation est donnée par le *Vocabulaire technique et critique de la philosophie* de A. LALANDE, Paris, PUF, 1956.)
83. Voir A. COULON, *L'École de Chicago*, Paris, PUF, 1992.
84. C.H. COOLEY, *Human Nature and the Social Order*, New York, C. Scribner's Sons, 1902. Voir également : C.H. COOLEY, *Sociological Theory and Social Research*, New York, Henry Holt and Co., 1930.
85. Voir A. et M. MATTELART, *Penser les médias*, Paris, La Découverte, 1986, partie II, « De nouveaux paradigmes ».
86. G. TARDE, *La Psychologie économique, op. cit.*

Chapitre 11

1. E.J. MAREY, « La station physiologique de Paris », *La Nature*, n° 536, 8 septembre 1883, p. 227.
2. *Ibidem*, p. 279 et 227.
3. E.J. MAREY, *La Machine animale. Locomotion terrestre et aérienne*, Paris, F. Alcan, 1886, quatrième édition, p. 26.
4. E.J. MAREY, *La Méthode graphique dans les sciences expérimentales et principalement en physiologie et médecine*, Paris, G. Masson, 1885, deuxième tirage augmenté, p. 111.
5. E.J. MAREY, *La Chronophotographie*, Paris, Gauthier-Villars, 1899, p. 5.

6. E.J. MAREY, « Exposition d'instruments et d'images relatifs à l'histoire de la chronophotographie », *in Musée centennal, Exposition universelle internationale de 1900 à Paris*, Paris, 1900, p. 2.
7. P. BACHLIN, *Histoire économique du cinéma*, Paris, La nouvelle édition, 1947.
8. E.J. MAREY, *La Chronophotographie, op. cit.*, p. 26.
9. E.J. MAREY, *ibidem*, p. 39-40.
10. E.J. MAREY, *in Musée Centennal, Exposition universelle internationale de 1900, op. cit.*, p. 25.
11. *Ibidem*.
12. E.J. MAREY, *La Méthode graphique dans les sciences expérimentales..., op. cit.*, p. 1.
13. E.J. MAREY, *ibidem*, p. 77.
14. E.J. MAREY, « La station physiologique », *art. cit.*, p. 226.
15. G. DEMENŸ, *Mécanisme et éducation des mouvements*, Paris, Alcan, 1904.
16. E.J. MAREY, *La Machine animale, op. cit.*, p. 47.
17. E.J. MAREY, « Du moyen d'économiser le travail moteur de l'homme et des animaux », *Comptes rendus des séances de l'Académie des sciences*, séance du 22 août 1874.
18. C. FRÉMONT, « Les mouvements de l'ouvrier dans le travail professionnel », *Le Monde moderne*, février 1895.
19. E.J. MAREY, *La Machine animale, op. cit.* ; p. VII-VIII.
20. F. W. TAYLOR, *La Direction des ateliers*, Paris, Dunod, p. 10-11.
21. Cité *in* A.D. CHANDLER, *La Main invisible des managers, op. cit.*, p. 305.
22. En français ce mémoire est présenté *in* F.W. TAYLOR, *La Direction des ateliers, op. cit.*
23. F.W. TAYLOR, *Scientific Management Comprising Shop Management, The Principles of Scientific Management, Testimony Before the Special House Committee*, with a Foreword by H.S. Person, New York, Harper, 1927, p. V. Cet ouvrage regroupe les deux ouvrages principaux de l'auteur et les comptes rendus des auditions du Comité de la Chambre des représentants. Chaque ouvrage a sa propre pagination.
24. H.S. PERSON et The Taylor Society (sous la direction de), *Scientific Management in American Industry*, New York, Harper & Brothers, 1929, p. 2.
25. F.W. Taylor, *Testimony..., op. cit.*, p. 88.
26. F.K. GILBRETH, *Motion Study*, New York, D. Van Nostrand, 1911.
27. G. LANTERI-LAURA, *Histoire de la phrénologie, op. cit.*, p. 169.
28. *Ibidem*, p. 171.
29. F.W. TAYLOR, *Shop Management, op. cit.*, p. 152.
30. F.W. TAYLOR, *Testimony..., op. cit.*, p. 238.
31. Voir par exemple : J.M. LAHY, « L'étude scientifique des mouvements et le chronomètrage », *La Revue socialiste*, décembre 1913 ; « Le système Taylor : peut-il déterminer une organisation scientifique du travail ? », *La Grande Revue*, 25 décembre 1913.
32. A. GRAMSCI, « Américanisme et fordisme » (1929), *Cahiers internationaux*, n° 89, septembre-octobre 1957.
33. A. CHANDLER, *op. cit.*, p. 122.
34. C.S. MILL, « Business Press Traces Its Ancestry to Colonies », *Advertising Age*, 19 avril 1976.
35. G. KOLKO, *Railroads and Regulation*, Princeton, Princeton University Press, 1965, p. 239.

Chapitre 12

1. H. JUIN, *Lectures du XIXᵉ siècle*, Paris, 10/18, 1976, p. 112.
2. Voir le numéro consacré à Eugène Sue de la revue *Europe*, novembre-décembre 1982.
3. A. GRAMSCI, *Notas sobre Maquiavelo, sobre politica y sobre el Estado moderno*, Mexico, J. Pablos Editor, 1975, p. 323-324.
4. Toutes les citations sur le sujet sont extraites de : M. DE CERTEAU, *La Culture au pluriel*, Paris, Bourgois, 1980, 2ᵉ édition, chap. III, « La beauté du mort ».
5. *Ibidem*.
6. K. MARX et F. ENGELS, *La Sainte Famille* (1845), Paris, Éditions sociales, 1972.
7. *Ibidem*, p. 236.
8. M.B. PALMER, *Des petits journaux aux grandes agences. Naissance du journalisme moderne*, Paris, Aubier, 1983, p. 26 et 29.
9. R. GUBERN, *El lenguaje de los comics*, Barcelone, Peninsula, 1974.
10. H. JUIN, *Lectures du XIXᵉ siècle, op. cit.*, p. 117.
11. N. ATKINSON, *Eugène Sue et le roman-feuilleton*, Paris, Librairie ancienne et moderne A. Nizet et M. Bastard, 1929.
12. A. GRAMSCI, *Literatura y vida nacional*, Mexico, Juan Pablos, 1976, p. 139.
13. J. BAUDRILLARD, *Pour une critique de l'économie politique du signe*, Paris, Gallimard, 1972.
14. Voir M. et A. MATTELART, *Le Carnaval des images*, Paris, INA-La Documentation française, 1987.
15. P. LAFARGUE, *Le Droit à la paresse (1880)*, Paris, Maspero, 1976, p. 121.
16. *Ibidem*, p. 153.
17. Articles repris *in* P. KROPOTKINE, *La Conquête du pain*, Paris, Stock, 1908.
18. E. DE La BOÉTIE, *Le Discours de la servitude volontaire*, Paris, Payot, éd. 1993, p. 29.
19. *Ibidem*, p. 30.
20. « Transcription du *Discours de la servitude volontaire* (1836) », par Ch. TESTE *in ibidem*, p. 203.
21. Voir la présentation de l'œuvre de La Boétie par M. ABENSOUR et M. GAUCHET, *ibidem*.
22. Th. VEBLEN, *The Theory of the Leisure Class*, New York, The Modern Library, 1943 (édition française : Gallimard, 1970).
23. A.M. THIESSE, *Le Roman au quotidien. Lecteurs et lectures populaires à la Belle Époque*, Paris, Le Chemin vert, 1984.
24. P. LAVROV, *La Propagande socialiste : son rôle et ses formes* (1887), Paris, Bureaux des Temps Nouveaux, 1898.
25. *Lenin about the Press*, Prague, International Organization of Journalists, 1972.
26. G. LAGNEAU, *Les Institutions publicitaires. Fonction et genèse, op. cit.*
27. G. LAGNEAU, *op. cit.*, p. 235.
28. T. FLEMING, « How it Was in Advertising : 1776-1976 », *Advertising Age*, 19 avril 1976. Numéro spécial Bicentenaire de l'Indépendance.
29. J. HABERMAS, *L'Espace public, op. cit.*, p. 70.
30. *1909 JWT' Blue Book' Defined Role of Advertising*, New York. Reproduit en fac-similé *in Advertising Age*, 7 décembre 1964 (numéro spécial Commémoration du centenaire de l'agence J. Walter Thompson).
31. *Ibidem*.
32. Q.J. SCHULTZE, « Professionalism in Advertising : the Origin of Ethical Codes », *Journal of Communication*, printemps 1981.
33. « How Advertising and Advertising Agencies Started and Grew in the US : a Brief History », *Advertising Age*, 7 décembre 1964.
34. Voir G. MIRACLE et T. NEVETT, *Voluntary Regulations of Advertising*, Lexington Books, 1987.

35. « M. Bleustein-Blanchet on the Future of Advertising in Europe », *Advertising Age (International)*, 30 mai 1977, p. 59.
36. Voir A. MATTELART, *L'Internationale publicitaire*, Paris, La Découverte, 1989.
37. « Thompson Tightens Organization » *Advertising Age*, 7 décembre 1964, p. 198.
38. J.J. HONOMICHL, « Since First Straw Vote in 1824, Research Grows », *Advertising Age*, 19 avril 1976.
39. H.S. PERSON et The Taylor Society, « Research for Merchandising and Selling », *in Scientific Management in American Industry, op. cit.*
40. H.H. MAYNARD *et al., Principles of Marketing*, New York, Ronald Press, 1932, cité *in* C. PARADEISE et R. LAUFER, *Le Prince bureaucrate, Machiavel au pays du marketing*, Paris, Flammarion, 1982.
41. S.J. PALIWODA, *International Marketing*, Londres, Heinemann, 1986, p. 1.
42. M. BLANCHARD, *Essentials of Advertising*, cité *in* D.J. BOORSTIN, « The Rhetoric of Democracy », *Advertising Age*, 19 avril 1976.
43. S. EWEN, *Consciences sous influence. Publicité et genèse de la société de consommation, op. cit.*
44. D.J. BOORSTIN, *art.cit.*
45. J.C. PASSERON, *in* C. GRIGNON et J.C. PASSERON, *Le Savant et le Populaire. Misérabilisme et populisme en sociologie et littérature*, Paris, Gallimard-Seuil, 1989, p. 90.
46. *The Public Opinion Quarterly*, Vol. I, 1937.
47. Nous avons fait l'histoire du rapport guerre-médias *in La Communication-Monde, op. cit.*, Première partie.
48. E. MAYO, *The Human Problems of an Industrial Civilization*, New York, McMillan, 1933.
49. Voir le parallélisme entre les deux hommes établi par M. POLLAK, *Une identité blessée. Études de sociologie et d'histoire*, Paris, A.M. Métailié, 1993.
50. R.K. MERTON, « Manifest and Latent Functions », in *Social Theory and Social Structure*, Glencoe, Ill., 1951, 2ᵉ édition, note 49.
51. A.R. RADCLIFFE-BROWN, « On the Concept of Function in Social Science », *in Structure and Function in Primitive Society*, Londres, Cohen & West, 1952, p. 179 et suivantes.
52. Cité *in* R. LÖWIE, *Histoire de l'ethnologie classique, op. cit.*, p. 202.
53. A.R. RADCLIFFE-BROWN, *op. cit.*
54. H.R. LASSWELL, « The Structure and Function of Communication in Society », *in The Communication of Ideas*, sous la direction de L. BRYSON, New York, Harper & Bros, 1948.
55. R.K. MERTON, *Social Theory and Social Structure, op. cit.*

Épilogue

1. Sur cette évolution, voir A. et M. MATTELART, *Penser les médias, op. cit.*, chap. 3 et 4.
2. A. MONS, *La Métaphore sociale*, Paris, PUF, 1992, p. 9.
3. J. RUFFIÉ, *De la biologie à la culture*, Paris, Fayard, 1983, p. 354 et 356. Nous citions déjà cet ouvrage dans *Penser les médias*.
4. R. PETRELLA, « Vers un "techno-apartheid" global », *Les Frontières de l'économie globale*, Manières de voir n° 18, *Le Monde diplomatique*, mai 1993.
5. Ph. SCHWEBIG, *Les Communications d'entreprise*, Paris, Mc GRAW-HILL, 1988. Voir également H. LANDIER, *L'Entreprise polycellulaire*, Paris, Entreprise moderne d'édition, 1987.
6. A. MATTELART, *La Communication-monde, op. cit.*, p. 255.
7. G. BÉNEY, « La citoyenneté au risque de l'écologie globale », *IFDA Dossier*, Nyon, Suisse, n° 79, octobre/décembre 1990, p. 78.

8. Voir A. MATTELART et M. PALMER, « La formation de l'espace publicitaire européen : la liberté d'expression commerciale en quête de légitimité », *Réseaux*, Paris, n° 42, juillet-août 1990.

9. J.P. Le GOFF, *Le Mythe de l'entreprise*, Paris, La Découverte, 1992.

10. Voir M. PAGÈS *et al.*, *L'Emprise de l'organisation*, Paris, PUF, 1979.

11. Voir notre chapitre 6, section « Samuel Butler et l'évolution machinique ». Nous remercions notre collègue de l'université de Rennes-2, Jean-Max Noyer, d'avoir attiré notre attention sur cet ouvrage.

12. F. GUATTARI, *Chaosmose*, Paris, Galilée, 1992, p. 15 et 17.

INDEX

Achenwall G., 61
Ader C., 302
Adorno T., 335
Albinus B., 265
Alembert (d') J., 73
Alix (docteur), 265
Allent P.A., 70
Angelucci (professeur), 270
Annunzio (d') G., 275
Arago F., 120
Arendt H., 200, 201, 236
Arsonval (d') A., 268
Assoun P.L., 38
Atkinson N., 315
Avery O., 337

Babbage C., 77, 78
Babeuf G., 163
Bacon F., 29, 32, 34, 73, 154
Baer (von) K., 83, 88, 91
Bagehot W., 285
Bairoch P., 187
Balzac (de) H., 86, 312, 315
Barreda G., 197
Barret-Kriegel B., 238
Barthes R., 39, 40, 118
Bastide R., 218
Baudrillard J., 316
Bazard S.-A., 109, 110
Bell A.G., 140
Béney G., 343
Benjamin W., 129, 136, 160, 318
Bergerac (de) C., 176
Bergson H., 88
Bernays E., 329

Bernhardt S., 52
Bertalanffy (von) L., 39
Bertillon A., 261, 262, 263, 264, 265, 268, 269, 276, 280
Beveridge A.J., 242
Beyhaut G., 138
Bichat X., 102
Bismarck (von) O., 227, 245, 260
Blanc L., 261
Blériot L., 247
Bleustein-Blanchet M., 326
Boas F., 147, 287
Bolivar S., 240
Boorstin D.J., 331
Bouillé (de) F.C., 108
Bourgeois L., 248, 261
Bouvier J., 24
Braudel F., 24, 55, 65, 94, 186, 187, 200, 218, 219
Brecht B., 221
Brillat-Savarin A., 162
Broca P., 263, 278
Buffalo Bill, alias Cody W., 151, 152
Bülow (von) H., 225, 237
Bunau-Varilla P.J., 196
Butler S., 176, 177, 344

Cabet E., 163, 164, 165, 166, 167
Calderon de la Barca P., 17
Camoens (de) L., 213
Campanella T., 153, 167, 318
Canetti E., 188
Canguilhem G., 59, 96, 257
Cantillon R., 61
Cassini J.D., 19, 27

Cassini de Thury C., 23, 58, 64
Cassou J., 17
Cavaignac L.E., 129
Cavalcanti A., 221
Certeau (de) M., 313
Cervantes (de) M., 16, 17, 18, 213
Chanan M., 285
Chandler A., 308, 309, 310
Chappe C., 64
Chaptal J., 134
Charcot J.M., 279
Charlemagne, 57
Charles II, 27
Chauveau A., 268
Chayanov A.V. (alias Kremniov I.), 180, 181
Cherbulliez V., 272
Chesneaux J., 125
Chevalier M., 109, 111, 112, 115, 119, 121, 122, 123, 124, 125, 126, 128, 129, 135, 136, 142, 143, 156, 192, 196, 197, 202, 219, 231
Chicoteau Y., 23
Clément XIII, 208
Cobden R., 124
Colbert J.B., 18, 19, 22
Colin J., 227
Colomb C., 144, 147, 240
Colt S., 67, 296
Comte A., 78, 83, 84, 85, 86, 87, 88, 101, 105, 137, 172, 278
Comte C., 302
Condillac (de) E., 161
Condorcet (de) M.J.A., 48, 58, 60, 61, 62, 79, 84, 340
Considérant V., 162, 167
Conté N.J., 245
Cooke W., 65
Cooley C.H., 290
Cooper F., 152, 276
Copernic N., 30
Corbin A., 149
Corneille P., 151
Corot, J.B., 151, 152
Coubertin (de) P., 146, 302
Crick F., 337
Cromwell O., 28, 32
Cruz Costa J., 220
Cugnot J., 66, 67
Cyrus (le Grand), 319

Danielson N., 118
Darboux J., 268

Darwin C., 90, 91, 92, 93, 94, 95, 170, 235, 265
Dastre A., 268
Dauvers M., 193
Davenant C., 33
Debout S., 162
Delacroix E., 151
Deleuze G., 81
Demenÿ G., 302
De Paepe C., 168, 169
Deparcieux A., 61
Derrida J., 343
Descartes R., 17, 18, 38, 300
Desrosières A., 35, 62
Dewey J., 290
Diaz P., 137, 197
Diderot D., 7, 37, 40, 49, 50, 73, 208, 217, 303, 339
Disraeli, B., 198
Dreyfus A., 246, 273, 276, 280
Dumas A., 315
Dumas G., 218
Dupanloup F., 206, 242
Durkheim E., 282, 287, 336
Duruy V., 211
Dutacq A., 312
Duveyrier C., 112, 126, 127, 128

Eastman G., 297
Edison T.A., 141, 152, 243, 295, 298, 299
Eichtal (d') A., 120
Eichtal (d') E., 231
Elias N., 11
Enfantin B.P., 109, 111, 112, 113, 114, 115, 116, 117, 125, 128
Evans O., 66, 67
Everboeck C., 112
Ewald F., 258
Ewen S., 330

Faidherbe L., 211
Farge A., 48
Febvre L., 219, 220
Ferri E., 269, 273
Ferry J., 214
Ferry G., 152
Fessenden R.A., 249
Fichte J., 238
Flaherty R., 221
Flaubert G., 86
Floyer J., 37
Ford H., 330

Foucault L., 295
Foucault M., 26, 38, 39, 81, 93, 262, 343
Fourier C., 125, 154, 155, 156, 157, 158, 159, 160, 161, 162, 163, 167, 318
Fournial H., 272, 273, 278
Franklin B., 322
Frémont C., 302
Freud S., 280, 281, 283
Furet F., 214
Furtado C., 138

Gale H., 327
Galien C., 29
Galilée G., 36, 67, 203
Gall F.J., 263
Gallup G.H., 329, 332
Galton F., 264, 265, 266
Gambetta L., 245
Garofalo R., 269
Gauss C.F., 68, 230
Gautier M., 52
Geddes P., 169, 172, 173, 174, 175, 290
Gide C., 210, 212
Gilbreth F.B., 306
Gille B., 86, 218
Girardin (de) E., 126, 259, 260, 261, 312
Godwin W., 79
Gonnard R., 44
Gramsci A., 308, 313, 315, 316
Gratiolet P., 265
Graunt J., 34, 35
Grégoire XIII, 60, 202
Grégoire XV, 202
Grégoire XVI, 204, 208
Grierson J., 221
Grimoin-Sanson R., 120
Guattari F., 344
Guépin (docteur), 125
Guerry de Champneuf, A.M., 262
Guibert (de) J., 225
Guillaume II, 227

Habermas J., 47, 48, 322
Habsbourg (maison de), 59, 226
Haeckel E., 83, 235
Halley E., 34
Harrisson J., 37
Hartley R.V.L., 250
Harvey W., 29, 30

Hauser H., 221, 222
Haushofer K., 239
Haussmann E.G., 138
Havas (agence), 126, 128, 190
Hearst W.R., 243, 321
Helmholtz (von) H., 295
Henri IV, 151, 203
Henry Ier, 58
Henry E.R., 266, 268
Herbette, F.L., 264
Herrsfeld (von) J., 231
Herschell J.W., 265
Hildebrand B., 95
Hilferding R., 198, 199
Hobbes T., 34
Hobsbawm E., 94
Hobson J.A., 198
Hollerith H., 63
Hovland C.I., 333
Hughes D., 140
Hugo V., 86, 145
Humann (amiral), 190
Humbolt (von) A., 213
Huxley A., 180
Huxley T., 88
Huyghens C., 34, 37, 67

Isaacs J.D., 297
Ivens J., 221

Jacob F., 338, 340
Jacquard J.M., 63
Jakobson R., 338
James W., 289
Janssen J., 67, 296, 297, 299
Jaricot (Mme), 205
Jessop W., 66
Jomini (de) H., 225, 226
Juarez B., 143
Juin H., 315
Julia D., 313
Jurien de la Gravière J., 211

Kant E., 161, 180
Kaufmann (von) R., 21
Kepler J., 30
King G., 35
Kjellèn R., 239
Kolko G., 310
Korinman M., 238
Krantz C., 147
Kropotkine P., 169, 170, 171, 172, 173, 174, 175, 318
Kula W., 59

La Boétie (de) E., 318, 319
Lacassagne J., 268, 271, 272
Lacordaire H., 208
Lafargue P., 152, 317, 318
Lagneau G., 128, 322
Lahy J.M., 307
Laire (de) M., 73
Lamennais (de) F., 208
La Mettrie (de) O., 36, 37, 38, 39, 262
Landes D.S., 28, 69, 249
Lanteri-Laura G., 306
Laplace (de) P.S., 58, 62, 258
Larbaud V., 176
Larousse P., 70, 124
Laschi R., 271, 272, 279
Lasswell H., 332, 333, 336
Lavater J.G., 263
Lavigerie C.M., 211
Lavoisier A.L., 58
Lavrov P., 320
Law J., 33
Lazarsfeld P.F., 333, 334, 335
Le Bon G., 272, 273, 277, 278, 279, 280, 282, 283, 287
Le Bras H., 61, 214
Lee I., 329
Le Gobien (père), 206
Le Goff J.P., 344
Leibnitz G.W., 156
Lepetit B., 52
Lénine (Oulianiov dit) V.I., 199, 200, 201, 321
Le Play F., 135, 172, 173, 290
Le Roy P., 37
Leroy-Beaulieu P., 70
Lesseps (de) F., 114, 115, 196, 211
Lévi-Strauss C., 218
Lewin K., 333
Liebers F., 246
Linant de Bellefonds M.A., 114
Lincoln A., 246
List F., 229, 230, 231, 232, 233, 234, 235, 237
Locard E., 268
Locke J., 35, 104
Lombroso C., 269, 270, 271, 272, 279
Londe A., 280
London J., 141
Louis XI, 57
Louis XIV, 18, 22
Louis XVI, 51
Louvois (de) M., 18

Löwie R., 95, 286
Lubbock J., 287
Ludwig K., 295
Lumière A. et L., 141, 150, 298
Luxemburg R., 198, 199, 200
Lwoff F., 338
Lyotard J.F., 343

Mac Adam J., 52
Macaulay T.B., 216
Mac Dougall W., 281
Machiavel N., 34
McClellan G., 228, 310
McKinley W., 244
McLuhan M., 175
Magitot (docteur), 272
Mahan A.T., 241, 242
Malinowski B., 335
Malpighi M., 30, 35, 265
Malthus T.R., 62, 63, 79, 80, 81, 82, 92, 285, 322
Marat J.P., 271
Marconi G., 186, 247, 249
Maréchal (père), 206
Marey E.J., 67, 280, 292, 293, 294, 295, 296, 297, 298, 299, 300, 301, 302, 303
Martin M., 128
Marx K., 42, 47, 94, 117, 118, 119, 167, 169, 314, 316, 317
Maspero G., 211
Maull O., 239
Maurepas (de) J.F., 53, 54
Maximilien (empereur), 143
Mayo E., 334
Mead G.H., 290
Méhémet-Ali, 114
Méliès G., 17, 18, 150, 244
Méré (de) (chevalier), 34
Merton R.K., 335
Mill J.S., 75, 76, 77, 87, 285
Millaud M.P., 315
Millet J.F., 152
Milne-Edwards H., 90
Mirabeau (de) V.R., 61
Moltke (von) H., 224, 226, 227, 245
Monbeig P., 218
Monge G., 58
Monod J., 338
Monroe J., 143, 240, 243
Mons A., 339
Montaigne (de) M., 17, 18, 319, 321, 322

Montalembert (de) C., 208
Montchrestien (de) A., 19
Montesquieu (de) C., 20
Montyon (Moheau dit) J.B.A., 61, 63
More T., 34, 153, 162, 163, 164, 318
Moreau P.F., 178
Morelly, 163, 164, 318
Morse S., 68
Muiron J., 162
Mumford L., 175
Musso P., 101
Muybridge E., 297

Nadar F., 247
Napoléon Bonaparte, 64, 65, 114, 143, 204, 205, 224, 225, 226, 245
Napoléon III, 124, 142, 143, 146, 189, 197, 258
Napp R., 194
Neufchâteau (de) F., 133, 134
Newton I., 28, 30, 35, 77, 104, 156
Ney (maréchal), 226
Nielsen A.C., 329, 330
Nisard C., 313, 314
Nobel A., 229
Northcliffe (lord), 321

Obst E., 239
Ons-en-Bray (d') L., 294, 300
Otlet P., 175
Orry J., 22
Orwell G., 180
O'Sullivan J.L., 241
Owen R., 157, 163, 167
Ozouf J., 214

Palmer M., 314, 315
Papin D., 66
Park R.E., 288, 333, 334
Parsons T., 81
Pascal B., 34, 258
Passeron J.C., 331
Pasteur, L., 211
Patouillet (père), 206
Paxton J., 132
Peel R., 120
Peirce C.S., 289
Pereire E. et I., 116, 117, 120, 128
Pernetti, J.,
Perriault J., 39, 40
Perroux F., 218, 219
Petit (Mme), 205
Petrella R., 341
Petty W., 32, 33, 34, 35, 72

Picon A., 23
Pierre (le Grand), 234
Platon, 72, 153, 154, 163
Playfair W., 301
Polk J.K., 241
Poncin P., 210
Pönitz K., 224, 226
Portalis J., 204
Prony (de) G., 78
Proudhon P.J., 124, 167, 168
Purkinje J.E., 265, 266

Quéau P., 341
Quesnay F., 42, 43, 44, 45, 46, 57, 61
Quételet A., 63, 135, 256, 257, 258, 261

Radcliffe-Brown A.R., 335
Rancière J., 166
Rastignac, 151
Ratzel F., 95, 235, 236, 237, 238, 239, 241
Ravaillac F., 272
Reclus E., 171, 173, 210
Reclus O., 210
Regnault F., 302
Renan E., 211
Renaudot T., 50, 321, 322
Reuter (agence), 190
Revel J., 313
Reynaud E., 141
Rhodes C., 200
Richelieu (de) (cardinal), 234, 322
Rigaud J., 221
Riquet P.P., 20
Robert-Houdin J.E., 17, 244
Robinson C., 329
Rochefort O., 248
Rodin A., 136
Roosevelt F.D., 330
Roscher W., 95
Rostow W.W., 96
Rothschild (maison), 117
Rouget de Lisle C., 108
Rousseau J.J., 31, 153, 163, 164
Rowland-Hill (sir), 145
Ruffié J., 340
Ruysch F., 265

Sade (de) marquis, 39, 40
Saint-Pierre (de) B., 167
Saint-Simon (de) C.H., 86, 101, 102, 103, 104, 105, 106, 107, 108, 109, 112, 122, 125, 149, 157, 210, 342

Salsbury N., 152
Sand G., 129, 315
Sarmiento D.F., 136
Saussure (de) F., 289
Savery T., 66
Saxe (de) M., 61
Schaeffle A., 95
Schlanger J., 31, 35, 36, 104
Schleicher A., 213
Schneider J.E., 117
Schrödinger E., 337
Scott W.D. 327
Seghers A., 221
Seguin M., 66
Shannon C., 251, 337
Sighele S., 272, 273, 274, 275, 276, 282
Simmel G., 288, 289
Smith A., 55, 71, 72, 73, 74, 75, 78, 83, 90, 92, 135, 232, 233, 285, 322
Soddy F.A., 217
Solano Lopez (maréchal), 195
Soliman Pacha, 114
Sombart W., 144
Sorokin P., 334
Spencer H., 82, 87, 88, 89, 90, 91, 92, 95, 235, 290
Spykman N., 220
Stanford L., 297
Starch D., 329, 332
Steichen E., 250
Stendhal H., 86
Stephenson G., 66, 67, 193
Stourdzé Y., 64, 132
Strong J., 240, 241
Sue E., 275, 276, 312, 313, 314, 315, 316
Sully (de) M., 18
Süssmilch J.P., 61
Swift J., 32, 176

Taft W.H., 242
Taine H., 211
Talabot P., 116, 117
Talleyrand (de) C.M., 60
Tarde G., 271, 273, 281, 282, 283, 284, 285, 286, 287, 288, 289, 291
Taylor F.W., 26, 179, 180, 303, 304, 305, 306, 307, 308, 315, 316, 317, 328
Thiers A., 119, 120
Thiesse A.M., 320
Thomas W.I., 288, 333

Thompson J.W., 324, 325
Tocqueville (de) A., 51, 78
Todd E., 214
Tort P., 170
Towne H.R., 304
Tresaguet P.M., 51, 52
Trevithick R., 66
Troost J., 268
Trudaine D., 22, 23
Turgot A.R.J., 51, 52, 53, 54, 55, 59, 72, 83, 84, 217
Turing A., 250

Uri P., 24

Vattel (de) E., 245
Vauban (de) S., 15, 16, 18, 19, 20, 21, 23, 25, 26, 27, 31, 59, 119
Vaucanson (de) J., 36, 37, 38, 39
Vaux (de) C., 137
Veblen T., 320
Verne J., 125
Véron F., 203
Vespucci A., 162
Victoria (reine), 198
Vinçard L., 113
Vinci (de) L., 20
Virilio P., 16, 66, 68, 249
Voltaire F.M., 49, 50, 318
Vucetich J., 266, 267, 268

Wakefield E.G., 76, 77
Wallerstein I., 186, 200
Washington G., 108
Watson J., 338
Watson J.B., 332
Watt J., 66, 67, 295
Weber M., 18
Weber W., 68, 230
Wells H.G., 65, 178, 215, 216, 217
Weyler V., 243
Wheatstone C., 65, 68
Wiener N., 251
Wolff (agence), 190
Wolff C.F., 82, 83
Wright W., 247

Young A., 53
Young T., 295

Zamiatine E., 178, 179, 180
Zea L., 220
Znaniecki F., 288
Zola E., 143, 275, 276, 280

Table

Introduction : le flux, le lien, l'espace et la mesure 7

I. LA SOCIÉTÉ DE FLUX

1. *Les voies de la raison* 15
   Philosophes du doute et du mouvement 15
   Vauban et la topographie fluviale 18
   Les ingénieurs des Ponts 21
   Vers une science utile 25
   La découverte du mouvement circulatoire 29
   Arithmétique politique et anatomie de l'organisme social. 31
   Vaucanson, La Mettrie, Sade, la machine et le système 36

2. *L'économie de circulation* 41
   François Quesnay et le Tableau économique 42
   Un espace pour le public éclairé 46
   Turgot et la construction du réseau routier 51
   Circuler, c'est mesurer : l'adoption d'un système unique de poids et mesures 56
   La « raison statistique » 60
   Télégraphe et chemin de fer : vers un nouvel usage du temps 64

3. Le carrefour de l'évolution 71
   Adam Smith et la théorisation de la division du travail 71
   Wakefield et Babbage : coopération et division du travail mental 75
   Malthus et la concurrence vitale 79
   Les lois du développement et le positivisme d'Auguste Comte 82
   Herbert Spencer et la « société organique » 87
   L'influence décisive de l'évolutionnisme darwinien 91
   Le diffusionnisme et la généralisation de l'idéologie du progrès 93

II. LES UTOPIES DU LIEN UNIVERSEL

4. Le culte du réseau 101
   Saint-Simon, l'organisme et l'organisation 101
   La nation comme grande société d'industrie 106
   Le saint-simonisme aux temps de la prédication .. 109
   Enlacer l'univers : Enfantin et le canal de Suez ... 113
   Les réseaux « spirituels » et « matériels » 115
   Chevalier et le salut par le chemin de fer 119
   L'annonce publicitaire : le legs du saint-simonisme 126

5. Le temple de l'industrie 131
   Genèse de l'exposition industrielle 132
   Paris, capitale de la culture universelle 136
   Les grands récits de la concorde générale 139
   Un espace public international en formation 144
   Le syndrome de Buffalo Bill : le progrès au péril du spectacle 150

6. La cité communautaire 153
   De la Nouvelle Atlantide au Phalanstère de Charles Fourier 154
   Le voyage aux sources d'Étienne Cabet 163
   Proudhon, De Paepe et l'émancipation communale 166
   Kropotkine, Geddes : du paléotechnique au néotechnique 169
   Samuel Butler et l'évolution machinique 176
   Zamiatine et Kremniov : anti-utopie et utopie venues du froid 177

III. L'ESPACE GÉOPOLITIQUE

7. La hiérarchisation du monde 185
   Les échanges inégaux à l'heure universelle 185
   Empire du câble 188
   De la périphérie vers le centre 192
   La Méditerranée américaine, nouvelle configuration
      régionale.................................. 195
   Impérialisme : tensions autour d'un concept 198

8. La propagation symbolique 202
   La propagande, apanage de l'Église 202
   La presse missionnaire d'une nation prédestinée .. 204
   L'Alliance française et le combat darwinien pour la
      survie de la langue 209
   H.G. Wells : les hégémonies linguistiques en l'an
      2000 214
   Le choc en retour d'une stratégie saint-simonienne 217

9. La pensée stratégique 223
   Lignes et troupes de communication 224
   Friedrich List, le rail et le nationalisme économique 229
   Friedrich Ratzel et la science du territoire........ 235
   Espace maritime et « Destin manifeste » 239
   Débarquement à Cuba : première guerre de l'image 243
   L'information renseignement, le journaliste espion 245

IV. L'INDIVIDU-MESURE

10. Le profil des foules 255
   Adolphe Quételet, l'homme moyen et la société du
      risque 256
   Alphonse Bertillon et l'anthropométrie 261
   Galton, Vucetich et la fiche dactyloscopique 264
   L'« homme délinquant » de l'anthropologie crimi-
      nelle 269
   Scipio Sighele, initiateur de la psychologie des foules 272
   Gustave Le Bon : de l'âme de la race à l'âme de la
      foule 277
   Gabriel Tarde : l'ère des publics 281
   L'école de Chicago et la psychosociologie des inter-
      actions 287

11. Les cadences du moteur humain 292
    Les appareils enregistreurs du physiologiste Étienne Marey 292
    Du chronophotographe au cinématographe 296
    Un nouveau Discours de la méthode 300
    Taylor et l'organisation scientifique du travail 303
    Les chemins de fer américains et le gestionnaire... 308

12. Le marché des cibles 311
    Le roman-feuilleton : un genre et un public populaires 311
    La controverse Sue-Marx et l'idéologie du contenu 314
    Le régime de paresse, figure négative du loisir 317
    Des origines lointaines de l'annonce 321
    L'internationalisation des premiers réseaux publicitaires 324
    Naissance du marketing et de la « mass culture » . 327
    Vers l'analyse fonctionnelle 332

Épilogue : De nouvelles totalités organiques ? 337

Notes 347

Index 371

Dans la même collection

Littérature et voyages

Fadhma Amrouche, *Histoire de ma vie.*
Taos Amrouche, *Le grain magique.*
Ibn Batûtta, *Voyages* (3 tomes).
Louis-Antoine de Bougainville, *Voyage autour du monde.*
René Caillié, *Voyage à Tombouctou* (2 tomes).
Christophe Colomb, *La découverte de l'Amérique. Journal de bord et autres écrits, 1492-1493* (tome 1).
Christophe Colomb, *La découverte de l'Amérique. Relations de voyage et autres écrits, 1494-1505* (tome 2).
James Cook, *Relations de voyage autour du monde.*
Hernan Cortés, *La Conquête du Mexique.*
Bernal Díaz del Castillo, *Histoire véridique de la conquête de la Nouvelle-Espagne* (2 tomes).
Charles Darwin, *Voyage d'un naturaliste autour du monde.*
Homère, *L'Odyssée.*
Jean-François de Lapérouse, *Voyage autour du monde sur l'Astrolabe et la Boussole.*
Bartolomé de Las Casas, *Très brève relation de la destruction des Indes.*
Louis-Sébastien Mercier, *L'an 2440, rêve s'il en fut jamais.*
Louis-Sébastien Mercier, *Le tableau de Paris.*
Louise Michel, *La Commune, histoire et souvenirs.*
Martin Nadaud, *Léonard, maçon de la Creuse.*
Paul Nizan, *Aden Arabie.*
Mongo Park, *Voyage dans l'intérieur de l'Afrique.*
Lady M. Montagu, *L'islam au péril des femmes.*
Marco Polo, *Le devisement du monde, le livre des merveilles* (2 tomes).
Mémoires de Géronimo.
Victor Serge, *Le Tropique et le Nord.*
Victor Serge, *Les Années sans pardon.*
Inca Garcilaso de la Vega, *Commentaires royaux sur le Pérou des Incas* (3 tomes).

Essais

Mumia Abu-Jamal, *En direct du couloir de la mort.*
Rochdy Alili, *Qu'est-ce que l'islam ?*
Michel Authier et Pierre Lévy, *Les arbres de connaissances.*
Louis Barthas, *Les carnets de guerre de Louis Barthas, tonnelier, 1914-1918*
Nicolas Beau et Jean-Pierre Tuquoi, *Notre ami Ben Ali.*
Michel Beaud, *Le basculement du monde.*
Sophie Bessis, *L'Occident et les autres.*
Paul Blanquart, *Une histoire de la ville.*
Augusto Boal, *Jeux pour acteurs et non-acteurs.*
Augusto Boal, *Théâtre de l'opprimé.*
Lucian Boia, *La fin du monde.*
Philippe Breton, *L'utopie de la communication.*
François Burgat, *L'islamisme en face.*
Ernesto Che Guevara, *Journal de Bolivie.*
Daniel Cohn-Bendit, *Une envie de politique.*
Sonia Combe, *Archives interdites.*
Adam Czerniaków, *Carnets du ghetto de Varsovie.*
Frantz Fanon, *Les damnés de la terre.*
Gustave Folcher, *Les carnets de guerre de Gustave Folcher, paysan languedocien, 1939-1945.*
Daniel Guérin, *Ni Dieu ni Maître* (2 tomes).
Roger-Henri Guerrand, *Les lieux.*
Roger-Henri Guerrand, *L'aventure du métropolitain.*

La Découverte/Poche

Jean Guisnel, *Guerres dans le cyberespace.*
Jean Guisnel, *Libération, la biographie.*
Joseph Klatzmann, *Attention statistiques !*
Paul R. Krugman, *La mondialisation n'est pas coupable.*
Pierre Larrouturou, *Pour la semaine de quatre jours.*
Jean-Pierre Le Goff, *Les illusions du management.*
Jean-Pierre Le Goff, *Mai 68, l'héritage impossible.*
Pierre Lévy, *L'intelligence collective.*
Pierre Lévy, *Qu'est-ce que le virtuel ?*
Paul Lidsky, *Les écrivains contre la Commune.*
André L'Hénoret, *Le clou qui dépasse.*
Alain Lipietz, *La société en sablier.*
Gilles Manceron, *Marianne et les colonies.*
Ernest Mandel, *La pensée politique de Léon Trotsky.*
Sven Ortoli et Jean-Pierre Pharabod, *Le cantique des quantiques, le monde existe-t-il ?*
Daya Pawar, *Ma vie d'intouchable.*
Paulette Péju, *Ratonnades à Paris.*
Michel de Pracontal, *L'imposture scientifique en dix leçons.*
Jeremy Rifkin, *La fin du travail.*
Charles Rojzman, *Savoir vivre ensemble.*
Bertrand Schwartz, *Moderniser sans exclure.*
Armartya Sen, *L'économie est une science morale.*
Victor Serge, *L'an I de la révolution russe.*
Victor Serge, *Vie et mort de Léon Trotsky.*
Maryse Souchard, Stéphane Wahnich, Isabelle Cuminal, Virginie Wathier, *Le Pen, les mots.*
Isabelle Stengers, *Sciences et pouvoirs.*
Benjamin Stora, *La gangrène et l'oubli.*
Pierre Vermeren, *Le Maroc en transition.*
Pierre Vidal-Naquet, *Algérie : les crimes de l'armée française.*
Michel Wieviorka, *Une société fragmentée ?*
Michel Wieviorka, *Le racisme, une introduction.*

Sciences humaines et sociales

Louis Althusser, *Pour Marx.*
Benedict Anderson, *L'imaginaire national.*
Jean-Loup Amselle et Elikia M'Bokolo, *Au cœur de l'ethnie.*
Paul Bairoch, *Mythes et paradoxes de l'histoire économique.*
Étienne Balibar et Immanuel Wallerstein, *Race, nation, classe.*
Yves Bénot, *Massacres coloniaux 1944-1950.*
Bernadette Bensaude-Vincent et Isabelle Stengers, *Histoire de la chimie.*
Philippe Breton, *La parole manipulée.*
François Chast, *Histoire contemporaine des médicaments.*
Jean-Michel Chaumont, *La concurrence des victimes.*
Yves Clot, *Le travail sans l'homme ?*
Serge Cordellier, *La mondialisation au-delà des mythes.*
Georges Corm, *L'Europe et l'Orient.*
Mike Davis, *City of Quartz. Los Angeles, capitale du futur.*
Alain Desrosières, *La politique des grands nombres.*
François Dosse, *L'empire du sens.*
François Dosse, *Paul Ricœur.*
Mary Douglas, *De la souillure.*
Florence Dupont, *L'invention de la littérature.*
Jean-Pierre Dupuy, *Aux origines des sciences cognitives.*
Patrice Flichy, *Une histoire de la communication moderne.*
François Frontisi-Ducroux, *Dédale.*
Yvon Garlan, *Guerre et économie en Grèce ancienne.*
Peter Garnsey et Richard Saller, *L'Empire romain.*
Jacques T. Godbout, *L'esprit du don.*
Nilüfer Göle, *Musulmanes et modernes.*
Anne Grynberg, *Les camps de la honte.*
E.J. Hobsbawm, *Les bandits.*
Camille Lacoste-Dujardin, *Des mères contre les femmes.*
Yves Lacoste, *Ibn Khaldoun.*

La Découverte/Poche

Bernard Lahire (sous la dir. de), *Le travail sociologique de Pierre Bourdieu*.
Bruno Latour, *Nous n'avons jamais été modernes*.
Bruno Latour, *Pasteur : guerre et paix des microbes*.
Bruno Latour et Steve Woolgar, *La vie de laboratoire*.
Prosper-Olivier Lissagaray, *Histoire de la Commune de 1871*.
Geoffrey E.R. Lloyd, *Pour en finir avec les mentalités*.
Georg Lukacs, *Balzac et le réalisme français*.
Armand Mattelart, *L'invention de la communication*.
Armand Mattelart, *La communication-monde : histoire des idées et des stratégies*.
Armand Mattelart, *Histoire de l'utopie planétaire*.
John Stuart Mill, *La nature*.
Arno Mayer, *La « solution finale » dans l'histoire*.
Gérard Mendel, *La psychanalyse revisitée*.
François Ost, *La nature hors la loi*.
Élisée Reclus, *L'homme et la Terre*.
Roselyne Rey, *Histoire de la douleur*.
Maxime Rodinson, *Peuple juif ou problème juif ?*
André Sellier, *Histoire du camp de Dora*.
Jean-Charles Sournia, *Histoire de la médecine*.
Francisco Vergara, *Les fondements philosophiques du libéralisme*.
Jean-Pierre Vernant, *Mythe et pensée chez les Grecs*.
Jean-Pierre Vernant, Pierre Vidal-Naquet, *Mythe et tragédie en Grèce ancienne* (2 tomes)
Michel Vovelle, *Les Jacobins*.
Max Weber, *Économie et société dans l'Antiquité*.
William Foote Whyte, *Street Corner Society*.
C. Wright Mills, *L'imagination sociologique*.

La Découverte/Poche

BUSSIÈRE CAMEDAN IMPRIMERIES

GROUPE CPI

Reproduit par procédé photomécanique
Impression réalisée sur Cameron
à Saint-Amand-Montrond (Cher)
en juin 2003 *(2ᵉ tirage).*
Dépôt légal du 1ᵉʳ tirage : 4ᵉ trim. 1997.
N° d'impression : 032970/1.
Imprimé en France